Über dieses Buch Nancy M. Henley untersucht die »Politik der nonverbalen Kommunikation« und ihre Beziehungen zum Geschlecht und zur Macht der Kommunizierenden. Sie analysiert das Vokabular der Körpersprache: Gestik, Bewegung, Körperhaltung, Gesichtsausdruck und ihre Bedeutungen. Scheinbar harmlose Gesten, ein Lächeln, ein Augenaufschlag, eine Berührung am Oberarm, ein Schulterklopfen enthüllen sich bei genauem und kritischem Hinsehen als Ausdrucksmittel für hierarchische Strukturen, und dies ganz besonders in der Beziehung zwischen den Geschlechtern. Sexismus findet hier einen deutlichen, »augenfälligen« Ausdruck. Die »harmlosen« Gesten, so zeigt sich, stehen den einen zu und sind den anderen verwehrt. Dies System funktioniert nach unausgesprochenen, aber allgemein anerkannten »Regeln«, mit deren Hilfe tagtäglich eine soziale Hierarchie hergestellt und gefestigt wird. Was innerhalb dieses hierarchischen Systems für Angehörige der Unterschicht gilt, trifft erst recht für alle Frauen – gleich welcher Schichtzugehörigkeit – zu: Es steht ihnen bei Interaktionen weniger Zeit als Männern zu, ein geringerer Aktionsraum, weniger Berührungsaktivität. Sie müssen Unterwerfungsgesten produzieren, um – etwa bei Diskussionen – gehört und wahrgenommen zu werden. Dem steht das Dominanzgebaren von Männern gegenüber mit einer ganzen Skala von Körperstrategien, durch die sie sich Gehör und Ansehen verschaffen.
Die einfachsten alltäglichen Handlungen, die wir automatisch und konventionell tätigen, analysiert Nancy M. Henley im Hinblick auf Machtausübung und Unterwerfung und macht uns die Zusammenhänge bewußt, so daß Frauen und Männer, einmal hellsichtig geworden, verräterische und entlarvende Gesten erkennen, ihren Ursachen nachgehen und ihr Verhalten ändern können.

Die Autorin Nancy M. Henley ist Professorin für Psychologie und Leiterin der Abteilung für Frauenstudien an der University of California, Los Angeles. Zahlreiche wissenschaftliche Veröffentlichungen.

Nancy M. Henley

Körperstrategien

Geschlecht, Macht und nonverbale Kommunikation

Aus dem Amerikanischen von
Helga Herborth

Fischer Taschenbuch Verlag

Die Frau in der Gesellschaft
Lektorat: Ingeborg Mues

11.–13. Tausend: Mai 1989

Deutsche Erstausgabe
Veröffentlicht im Fischer Taschenbuch Verlag GmbH,
Frankfurt am Main, August 1988

Titel der amerikanischen Originalausgabe:
»Body Politics«
Erschienen bei Simon & Schuster, Inc., New York

Umschlagentwurf: Susanne Berner
Gesamtherstellung: Clausen & Bosse, Leck
Printed in Germany
ISBN 3-596-24716-0

Inhalt

»Wer da meint, ich behaupte, daß zwischen den Geschlechtern Krieg herrsche, dem kann ich nur sagen, daß es diesen Krieg immer gegeben hat – und die Frauen immer die Verlierer gewesen sind.«
Phyllis Chesler, *Frauen – das verrückte Geschlecht?*

Vorwort und Danksagungen

Für jeden, der sich für Macht interessiert – dafür, wie Macht über ihn persönlich ausgeübt wird, dürfte dieses Buch von Interesse sein. Es macht deutlich, daß die Art, wie wir sitzen, lächeln, Raum einnehmen, blicken, den Kopf zur Seite legen oder andere berühren, mit Macht zu tun hat. Unsere Körpersprache umfaßt nicht nur Botschaften, die Freundschaft oder Sexualität signalisieren: Es sind auch Machtstrategien, die wir mit unserem Körper vollziehen. Körpersprache ist Politik.

Dieses Buch richtet sich an alle Menschen, die fühlen, daß sie unterdrückt werden, aber oft nicht wissen, welches die Mechanismen sind, durch die dies geschieht, und welches Gesicht die Macht angenommen hat, die ihnen gegenübersteht. Vor allem ist dieses Buch für Frauen gedacht, die allein aufgrund ihres Geschlechts unterdrückt werden, und die für nonverbale Machtbotschaften und -strategien empfänglicher sind als Männer. Außerdem richtet es sich an all jene, die gegen offene und krude Machtausübung über ihr Leben protestieren und sich dagegen wehren, die aber gleichzeitig die Bedeutung vieler ihrer alltäglichen Interaktionen, an denen Macht beteiligt ist, ignorieren.

Dieses Buch wurde auch für all die Menschen geschrieben, die sich – auch wenn sie selbst nicht unmittelbar betroffen sind – über die Ungerechtigkeiten und die Ungleichheit um sie herum empören; ferner für diejenigen, die sich von der Flut von Buch- und Medienpublikationen beeinflussen ließen, die folgende Ideologie verbreiten: Körpersprache sei trivial oder hauptsächlich ein Medium, Gefühle auszudrücken; die Tatsache, daß Männer und Frauen mit ihrem Körper anders »sprechen«, sei auf angeborene Unterschiede zurückzuführen und die ansonsten zu beobachtende Gestenvielfalt auf individuelle und Persönlichkeitsmerkmale; ferner wird hier unterstellt, Menschen, die Machtgesten benutzen, seien »geborene Führer« und dergleichen mehr. Hätten sie Zugang zu alternativer Literatur gehabt, wären viele Leser dieser vorherrschenden Körpersprache-Ideologie vielleicht nicht so leicht auf den Leim gegangen. Aber auch wenn es sie vielleicht etwas Mühe kostet – sie haben nichts zu verlieren, wenn sie sich darauf einlassen, Körpersprache auch ganz anders zu betrachten.

Letztlich ist dieses Buch für alle, die mehr über nonverbale Kommunikation wissen möchten und etwas darüber erfahren wollen, was zwischen ihnen und anderen auf Ebenen geschieht, die ihnen nicht bewußt sind. Viele dieser Interessierten werden Studenten und Forscher sein, die, wie ich hoffe, die Ideen, die ich hier vorstelle, weiterentwickeln werden. Quellen sind für jene, die sie aufsuchen wollen, im Detail angegeben.

Obwohl dieses Buch das erste ist, das sich ausschließlich mit dem Machtaspekt nonverbaler Kommunikation auseinandersetzt, kann kein Buch allen alles bieten. Dieses Buch kann keine Einführung in nonverbales Verhalten sein; die Leser, die sich über den Machtaspekt hinaus über andere Facetten dieses Themas informieren wollen, werden sich bei anderen Autoren umsehen müssen (die Arbeiten von Albert Scheflen seien hier besonders empfohlen). Mein Buch leistet auch nicht die grundlegende radikal-politische Analyse, die sich mancher vielleicht wünscht – vor allem deshalb nicht, weil wir, so meine ich, noch nicht genug wissen, um eine solche Analyse vorzulegen; aber ich hoffe, der erste Schritt in diese Richtung wird hier getan. Und letztlich, dieses Buch ist keine »objektive« Sozialwissenschaft, denn so etwas gibt es nicht. Fakten vorzulegen, ohne Schlüsse aus ihnen zu ziehen oder etwaige Schlüsse jeden emotionalen Gehalts zu berauben, Ergebnisse von ungeheurer sozialer Schlagkraft so zu behandeln, als seien sie neutral, dies sind die vorurteilsvollen Methoden der vermeintlich unvoreingenommenen »objektiven Sozialwissenschaft«. In diesem Buch werden Schlußfolgerungen, die sich auf solide Forschungsergebnisse und klar umrissene logische Argumente stützen, in die soziale Realität getragen werden; und ich überlasse es dem Leser, diesem Weg zu folgen und selbst zu urteilen.

Meine eigene Voreingenommenheit – d.h. meine Überzeugung, daß unsere Sozialorganisation einer radikalen Umstrukturierung bedarf, damit jene zu ihrem Recht kommen, die deren Reichtum erarbeiten – wird sich von selbst kundtun. Auch mein besonderes Engagement für Frauenfragen wird in diesem Buch deutlich werden, wobei ich jedoch anmerken

möchte, daß *für* Frauen zu sein und gegen Männerherrschaft nicht unbedingt heißt, daß man ein Männerfeind ist. Dieses Buch richtet sich an Leser beiderlei Geschlechts und jeden Hintergrunds.
Ich hoffe, daß der Leser im Laufe der Lektüre ebenso viel über Körperstrategien und Körperpolitik erfahren wird, wie ich es tat, als ich die hier zitierten und vorgestellten Untersuchungen durcharbeitete. Und ich hoffe, daß ihm sein neues Wissen hilft, sein Leben zu verändern.
Gleichgültig, wie alleinverantwortlich die Autorschaft – kein Buch wird allein geschrieben. Wenn ich also sage, daß die folgenden Seiten das Produkt vieler Menschen sind, so ist das nicht der Versuch, die Verantwortung dafür zu delegieren, oder – wie Frauen zuweilen vorgeworfen wird – die eigene Leistung herabzusetzen.
Dieses Buch ist in der Tat das Produkt vieler Menschen. Das Verdienst einiger ist leicht zu benennen: Barrie Thorne war meine Kollegin, Ko-Autorin und Kritikerin bei vielen vorangegangenen Projekten – eine Zusammenarbeit, die durchgängig von gemeinsamer Verantwortlichkeit, gegenseitiger Bestärkung und Unterstützung geprägt war. Von Anfang an zeigte sie engagiertes Interesse an meinen Ideen, und die Zusammenarbeit mit ihr war meine glücklichste professionelle Erfahrung. Dieses Manuskript las sie sorgfältig und kritisch gegen; die Fragen, die sie stellte, klärten und verdichteten es an vielen Stellen; darüber hinaus ist mir klar, daß viele der hier als meine eigenen vorgestellten Ideen sich nur durch die Diskussionen mit ihr entwickelten. Gleicherweise war mir Craig Jackson ein beständiger und hilfreicher Kritiker, der das Manuskript in seinen frühen und späteren Phasen durchlas und mir bei vielen Fragen half, mein Verständnis zu vertiefen. Sowohl seine Unterstützung mit konkreten Materialien als auch seine unbeirrte Ermutigung hielten mich während der langen Arbeit und in Krisen aufrecht. Auch andere Kollegen haben mich durch ihren Glauben an meine Ideen mehr aufgerichtet, als ihnen vielleicht bewußt ist. Zu ihnen zähle ich besonders Jo-Ann Gardner, Robert Brannon und Mary Parlee.
Zick Rubin, der Herausgeber dieser Reihe, gehört ebenfalls zu den Menschen, die mir sowohl durch ihr Interesse als auch durch ihre engagierte und hilfreiche Kritik eine Stütze waren. Für seine editoriale Betreuung und vor allem für sein Zartgefühl, den verlegerischen Druck genau so zu dosieren, daß ich

bei der Sache blieb, danke ich ihm. Shirley Weitz danke ich, daß sie das ganze Manuskript gegenlas, und für ihre Vorschläge, die das Buch zweifellos verbesserten; auch Richard Heslin und Steve Ellyson, die ausgewählte Kapitel lasen, danke ich, ferner den Lektoren und anderen Mitarbeitern bei Prentice-Hall, die meine Worte in die gedruckte Form brachten.
Viele der hier aufgestellten Thesen und ein großer Teil der ihnen zugrundeliegenden Forschungen wurden während meines postdoktoralen Jahres an der Harvard Universität erarbeitet; Förderung erhielt ich von der Special Research Fellowship (1 FO3 MH 35977-0 MTLH) des National Institute of Mental Health, dem ich zu Dank verpflichtet bin. Roger Brown war mein akademischer Betreuer während dieses Jahres; zu danken habe ich ihm sowohl für die Inspiration durch seine eigenen Theorien als auch für sein Interesse daran, daß ich sie, so wie ich es in diesem Buch tat, aufgriff und erweiterte. Weitere Forschung und Niederschrift geschah während meiner Lehrtätigkeiten an den Universitäten von Maryland (Baltimore County) und Lowell; für die institutionelle Unterstützung, die mir beide Universitäten gewährten, möchte ich an dieser Stelle danken.
Zu einem Zeitpunkt, als ich nicht mehr in der Lage war, weitere Details zu sondieren, übernahm Carol Woolfe es für mich, die Zitate auf Stimmigkeit zu überprüfen. Lisa und Larry Kuenning stellten ein intelligentes und sorgfältiges Maschinenscript her. Ich danke ihnen allen, daß sie diese Arbeit für mich taten.
Zum Schluß danke ich den vielen Menschen, die sich bei den verschiedenen hier vorgestellten Forschungsprojekten (meine eigenen eingeschlossen) als Versuchspersonen zur Verfügung stellten. Sie gaben wertvolle Informationen über ihre Person preis, um den Forschern Wissen zu vermitteln und weiterzuhelfen, oft ohne ihrerseits mit etwas Vergleichbarem entschädigt zu werden. Ich hoffe, daß dies mit dem in diesem Buch zugänglich gemachten Wissen zumindest teilweise nachgeholt wird.
Was ich den Gelehrten schulde, die mir vorausgingen und den Weg ebneten, wird für jeden Leser leicht erkennbar sein: Es sind vor allem die Werke von Erving Goffman, Roger Brown, Ray Birdwhistell und anderer bekannter Größen der Sozialwissenschaft, auf denen viele meiner Thesen aufbauen. Weniger offensichtlich ist es vielleicht, was ich zwei Frauen verdanke, die weniger berühmt sind: Lynn O'Connor und Nicole Anthony. Ihre Einsichten in die sexuellen/politischen Aspekte

nonverbaler Kommunikation – besonders im Bereich von Berührungen – griff ich auf und versuchte sie zu erweitern.
Selbstverständlich ist es möglich, daß all die genannten Personen mit den hier vertretenen Ansichten nicht übereinstimmen. Nicht immer bin ich den Vorschlägen anderer gefolgt. Für die Irrtümer und Schwächen dieses Buches übernehme ich natürlich die volle Verantwortung.

Kapitel 1

Die andere Dimension

»Liebe Ann Landers«, schreibt Mister Geradeheraus an unsere (vielleicht) größte Sittenrichterin und -chronistin. »Wie oft hören wir, daß Frauen wegen ihrer aufreizenden Kleidung kritisiert werden – ihrer engen Hosen, durchsichtigen Blusen und zu kurzen Röcken... Einer Ihrer Leser schrieb: ›Kein Wunder, daß so viele Frauen vergewaltigt werden. So wie sie sich anziehen, fordern sie es ja heraus.‹« Mister Geradeheraus zitiert dann den Direktor eines Behandlungszentrums für vergewaltigte Frauen: »Vergewaltigung ist kein Sexual-, sondern ein Gewaltverbrechen... viele [Vergewaltiger] erinnern sich später nicht einmal mehr daran, wie ihr Opfer aussah. In den meisten Fällen ist der Vergewaltiger ein wütender Mann. Als Opfer sucht er sich eine beliebige Frau, um sich an einer bestimmten, die er haßt, zu rächen...«
Mister Geradeheraus bittet die Kolumnistin, mit dem alten Irrtum aufzuräumen, daß Frauen durch ihre Kleidung oder ihr Benehmen die Vergewaltigung provozierten. Ann Landers enttäuscht ihn jedoch. Was den »klassischen Vergewaltiger« angehe, möge die Kapazität vom Behandlungszentrum ja recht haben, räumt sie ein, aber »es gibt einen anderen Typ von Vergewaltiger, den, der sein Opfer kennt. Die meisten Vergewaltigungen fallen in diese Kategorie. Diese Männer wissen *sehr wohl*, wie die Frauen aussehen. Und mehr als eine Vergewaltigung wurde durch eine durchsichtige Bluse, einen zu kurzen Rock oder eine enge Hose ausgelöst.«[1]
Ann Landers ist nicht die einzige Autorität, die davon überzeugt ist, es sei die äußere Erscheinung einer Frau, nach der man beurteilen müsse, ob sie sexuell geneigt sei oder nicht. 1975 verurteilte ein Kopenhagener Gericht eine Frau wegen öffentlicher Prostitution aufgrund der Zeugenaussage eines Polizisten. Er habe sie festgenommen, weil er ihre Absicht an ihrem Gang erkannt habe. Der Gang wie auch die Kleidung werden als Signale mit sexuellem Aufforderungscharakter gedeutet, denen mehr Bedeutung beigemessen wird als Worten.

Was haben diese Fälle mit nonverbaler Kommunikation zu tun? Auf höchst dramatische Weise treffen hier die Dimensionen Macht, Geschlecht und nonverbale Kommunikation aufeinander – die Dimensionen, um die es in diesem Buch geht. Bis heute herrscht die Tendenz vor, Übergriffe auf Frauen zu rechtfertigen – »Sie hat es ja provoziert« – »Sie sagt zwar ›nein‹, aber sie meint ›ja‹«. Nicht das verbale, sondern das nonverbale Verhalten einer Frau muß als Rechtfertigung für diese Interpretation herhalten.
Die gesellschaftlichen Folgen (wirklicher oder vermeintlicher) nonverbaler sexueller Winke von Frauen und deren männliche Interpretation sind klar ersichtlich. In anderen Bereichen sind die Konsequenzen unseres nonverbalen Verhaltens oft weniger drastisch und nicht so unmittelbar erkennbar, aber doch von immenser Bedeutung für unser individuelles Leben (gleichgültig, welchen Geschlechts wir sind) und für die Struktur unserer Gesellschaft. In diesem Buch geht es nicht um Sexualität oder Geschlecht, sondern um *Macht*. Es versucht zu zeigen, daß die vorhandenen »Geschlechtsunterschiede«, »Rassenunterschiede« und »Klassenunterschiede« im nonverbalen Verhalten auf Machtunterschiede zurückgeführt werden können; weiterhin soll deutlich gemacht werden, daß diese Unterschiede erlernt sind und daß sie dazu dienen, das bestehende System von Macht und Privilegien zu stärken.

Zwei Dimensionen nonverbaler Kommunikation

Der Leser, der zu diesem Buch greift, wird sich in irgendeiner Form für nonverbale Kommunikation interessieren – dafür, wie wir Dinge durch Körperhaltungen, Bewegungen, Gesichtsausdruck, Gesten, Berührungen, Augenkontakt, räumliches Verhalten etc. ausdrücken. Den Lesern, die bereits andere Bücher oder Artikel zu diesem Thema kennen, ist vielleicht aufgefallen – oder sie sind, gemeinsam mit den meisten Autoren auf diesem Gebiet, selbstverständlich davon ausgegangen –, daß nonverbale Kommunikation vor allem mit folgendem zu tun hat: Nähe, Zuneigung und Abneigung, Intimität, Sexualität, Ausdrucksformen von Gefühlen oder Signalen, die geeignet sind, positive oder negative Haltungen zu übermitteln oder auch zu verdecken.
Aber zwischenmenschliche Beziehungen haben noch eine an-

dere Seite – eine, die großen Einfluß auf uns ausübt, die wir jedoch kaum ermutigt werden, zu beachten. Es geht um das Element von Status, Macht, Dominanz, Überlegenheit. Diese Elemente bilden die vertikale Dimension menschlicher Beziehungen, wie unsere räumlichen Metaphern »die Oberen«, »die Unteren«, »über jemandem stehen« und »zu jemandem aufblicken« signalisieren. Freundschaftsbeziehungen bilden die horizontale Dimension, und die entsprechenden räumlichen Metaphern beziehen sich auf Nähe – »sich nahe sein«, »sich fern sein«. Machtbeziehungen sind die »andere« Dimension nonverbaler Kommunikation. Aber obwohl dieser Dimension solch große Bedeutung bei der Regulierung menschlicher Interaktion zukommt, wurde ihr von den Erforschern nonverbalen Verhaltens bisher sehr wenig Aufmerksamkeit geschenkt.[2*]

Die Trivialitäten unseres täglichen Lebens – andere berühren, näher heran- oder weiter wegrücken, den Blick senken, lächeln, jemanden unterbrechen – werden gemeinhin als Hilfsmittel sozialer Kommunikation betrachtet, aber nicht in ihrer Bedeutung als mikropolitische Gesten gewürdigt: als Aufrechterhalter des Status quo, d. h. des Staates, der Reichen, der Autoritäten, all jener, deren Macht in Frage gestellt werden könnte. Aber diese Details gehören zur ständigen sozialen Kontrolle, die bei der internalisierten Sozialisation beginnt und bei roher körperlicher Gewalt endet.

Der politisch-ökonomischen Struktur, die unser Leben bestimmt und den Kontext unserer zwischenmenschlichen Beziehungen abgibt, steht eine mikropolitische Struktur gegenüber – und ist in sie verflochten –, die hilft, erstere aufrechtzuerhalten. Diese mikropolitische Struktur ist die Substanz unserer Alltagserfahrung. Die Erniedrigung, jemandem untergeordnet zu sein, wird oft am schärfsten und schmerzlichsten empfunden, wenn man beim Sprechen ignoriert oder unterbrochen wird oder jemand durch seine körperliche Präsenz so dominiert, daß man von seinem eigenen Platz weichen muß beziehungsweise so eingeschüchtert wird, daß man unwillkürlich den Blick senkt, Kopf und Schultern hängen läßt. Umgekehrt: Diejenigen, die die Macht haben, das Leben anderer zu manipulieren, Bestechungsgelder entgegenzunehmen, Gangster zu kaufen oder die Bombardierung von Bauern am anderen Ende der

Hochziffern ohne * beziehen sich auf Quellenangaben, Hochziffern mit * auf Kommentare der Autorin.

Welt zu planen, vermitteln diese Macht zum Teil durch ihre Art, wie sie die Aufmerksamkeit anderer erzwingen. Sie vermitteln sie durch ihre Art zu lächeln, durch ihre Angst vor Berührung und Nähe oder dadurch, wie sie sich an einen hängen, um eine Information zu ergattern oder um einen Gefallen zu bitten.
All diese kleinen Dinge bilden den Teig für jenen großen, mehrschichtigen Kuchen, den wir unsere Gesellschaft nennen.
Wir kennen einige anekdotische Berichte, die das Funktionieren nonverbaler Herrschaft gut illustrieren. Sie enthalten Wahrheiten über unsere unausgesprochenen Machtbeziehungen, die uns unmittelbar einleuchten. Ein Beispiel: Jay Haleys ironische Beschreibung von »The Art of Psychoanalysis«, in der er die Interaktion zwischen Therapeut und Patient vom Standpunkt des »Sportsfreundes«[3] aus betrachtet. Seine Aufmerksamkeit gilt nicht nur den Verhaltensweisen von Analytiker und Patient, in denen sich deren Überlegener-Unterlegener-Beziehung spiegelt, sondern auch den Elementen der räumlichen Anordnung, die gleichermaßen das Herrschaftsmuster bestärken.

Indem er den Patienten auf eine Couch legt, gibt der Analytiker ihm das Gefühl, mit den Füßen in der Luft zu hängen, während er ihn gleichzeitig wissen läßt, daß er, der Analytiker, mit beiden Beinen auf dem Boden steht. Der Patient, den es ohnehin verwirrt, daß er während des Sprechens flach liegen muß, wird auch noch dadurch aus der Fassung gebracht, daß er auf diese Weise dem aufrecht auf seinen Stuhl sitzenden Analytiker buchstäblich »unterlegen« ist, wodurch die Tatsache, daß er auf der Verliererseite ist, noch verstärkt wird.
Auch damit, daß er sich hinter die Couch setzt, von wo aus er den Patienten beobachten kann, der Patient aber nicht ihn, verfolgt der Analytiker eine Strategie. Der Patient hat dadurch unweigerlich das Gefühl, mit verbundenen Augen in den Kampf geschickt zu werden. Da er nicht sehen kann, welche Reaktionen seine Winkelzüge hervorrufen, weiß er nie, ob er auf der Gewinner- oder Verliererseite ist. Der Patient allerdings, dem es gelingt, einen Blick auf den Analytiker zu werfen (ein seltener Fall), wird nur ein völlig ausdrucksloses Gesicht zu sehen bekommen. Denn das gehört zu den Grundregeln der Psychoanalyse.
Noch ein weiterer Zweck wird durch die Position des Analytikers hinter der Couch verfolgt: Unausweichlich bekommt alles, was der Analytiker sagt, eine übertriebene Bedeutung, denn der Patient hat ja keine Möglichkeit, seine Wirkung auf den Analytiker entsprechend einzuschätzen. Ihm bleibt nichts anderes übrig, als nach jedem Wort von hinter der Couch zu lechzen. Und qua Definition ist der, der nach dem Wort eines anderen lechzt, auf der Verliererseite.[4]

Überlegene oder unterlegene Position im Raum... sitzende oder liegende Körperhaltung... Sichtbarsein oder Unsichtbarsein... Teilnahmsloses oder ausdrucksvolles Benehmen – diese selten beachteten Details einer Begegnung können sehr viel über die Macht aussagen, die eine Person über eine andere hat.

Eine weitere anekdotische Beschreibung, die uns einen Einblick in das Funktionieren nonverbaler Machtbotschaften gibt, ist Erving Goffmans aufschlußreicher Essay »Über Ehrerbietung und Benehmen«.[5] Aus seinen zahlreichen Einzelbeobachtungen auf einer Krankenhausstation kommt Goffman zu einem Allgemeinprinzip: dem Prinzip *symmetrischer Beziehungen zwischen Statusgleichen und asymmetrischer zwischen Über- und Untergeordneten*. D. h. Statusgleiche, zum Beispiel gleichverantwortliche Arbeitskollegen, können sich gegenseitig beim Vornamen anreden; beide haben das gleiche Recht, sich vom andern den Kugelschreiber auszuleihen, sich auf den Stuhl des anderen zu setzen; sie können sich berühren oder zu einem Drink einladen. In der Beziehung zwischen Über- und Untergeordneten dagegen wird der eine wahrscheinlich mit seinem Titel, der andere beim Vornamen angeredet, und einer wird Rechte haben, die dem anderen verwehrt sind. Auf dieses Prinzip werden wir bei unserer Untersuchung nonverbalen Verhaltens noch oft zurückkommen.

Außerdem weist Goffman auf subtile Aspekte des verbalen Verhaltens hin, die Überlegenheit oder Untergebenheit signalisieren, zum Beispiel Tonfall, Wortwahl, jemanden unterbrechen, Selbstenthüllung.

Ehrerbietung wird häufig durch Anredeformen, die mit Titeln verbunden sind, übermittelt, wenn etwa eine Krankenschwester auf einen Tadel im Operationssaal mit dem Satz »Ja, Herr Doktor« antwortet und dabei durch Anrede und Tonfall zu verstehen gibt, daß sie die Kritik verstanden hat und daß sie, auch wenn es ihr noch so unangenehm ist, keine Veranlassung hat, zu rebellieren.[6]

Zwischen Statusgleichen werden wir vermutlich Interaktionen finden, deren Grundlage symmetrische Vertrautheit ist. Zwischen Über- und Untergeordneten finden wir vermutlich asymmetrische Beziehungen, in denen sich der Übergeordnete das Recht auf eine gewisse Vertrautheit nimmt, die der Untergeordnete nicht erwidern darf. In der Forschungsklinik wurden die Krankenschwestern von den Ärzten meist mit ihrem Vornamen angeredet, während sie selbst mit »höflicher« oder »formeller« Anrede antworteten. Ähnlich kann in der amerikanischen

Geschäftswelt der Chef den Fahrstuhlführer teilnahmsvoll nach dem Befinden seiner Kinder fragen, während ein solches Eindringen in das Leben eines anderen dem Fahrstuhlführer verwehrt ist. Er kann das Interesse des Chefs zwar würdigen, darf es aber nicht erwidern. Deutlichstes Beispiel für diese Asymmetrie im Verhalten ist die Psychiater-Patient-Beziehung: Der Psychiater hat das Recht, Aspekte im Leben des Patienten zu berühren, an die sich noch nicht einmal der Patient selbst heranwagt, während dieses Privileg seitens des Arztes natürlich nicht reziprok ist.[7]

Wir sehen also, daß sich das von Jay Haley beschriebene »Vorteilsspiel« des Analytikers sogar auf den Charakter seiner Zuhörerrolle erstreckt – wer alles erzählt und wer zuhört, auch das ergibt ein Machtspiel. Was Ausdruck von Sympathie sein kann, wenn es sich um Statusgleiche handelt, wird zum Ausdruck von Privileg, wenn es sich um Über- und Untergeordnete handelt. Gleichermaßen kann eine einfache Berührung zur Machtgeste werden.

In Abteilung A des Krankenhauses, wie auch in anderen Abteilungen, gab es ein »Berührungssystem«. Außer symmetrischen Berührungsbeziehungen gab es auch asymmetrische. Die Ärzte konnten Angehörige der Klinik mit geringerem Dienstgrad berühren, um ihnen freundliche Unterstützung zu signalisieren und Trost zuzusprechen, aber diese wußten zumeist, daß es anmaßend wäre, die Berührung eines Arztes zu erwidern, geschweige denn einen solchen Kontakt mit einem Arzt zu initiieren.[8]

Vorname gegen förmliche Anrede, persönliche Fragen stellen oder sie beantworten, jemanden berühren oder sich berühren lassen, Statushuldigungen, Tonfall – auf diese und andere unauffällige Aspekte einer Begegnung zwischen Statusungleichen lenkt Goffman unsere Aufmerksamkeit; darüber hinaus macht er deutlich, daß sie nicht nur in interpersonalen Beziehungen wirksam sind, sondern auch innerhalb von Gruppenstrukturen. Haley und Goffman zeigen, daß nonverbale Botschaften eine außerordentlich wichtige und komplexe Rolle bei der Aufrechterhaltung der sozialen Ordnung spielen: als Zeichen und Symbole von Herrschaft, als subtile Drohgebärden oder Unterordnungsgesten.
Nonverbale Botschaften sind auch in der Interaktion von Menschen gleichen sozialen Niveaus von Bedeutung; Gesten der Anerkennung, Freundschaft, Liebe, Geringschätzung, Ableh-

nung – sie alle regulieren und konstituieren Verhalten. Dieses Buch konzentriert sich jedoch auf den Machtaspekt nonverbaler Kommunikation – sowohl auf der interpersonalen als auch auf der Intergruppen-Ebene; *einer* Dimension von Macht, der männlichen Dominanz, gilt dabei unser besonderes Interesse. In allen Teilgebieten der Sozialwissenschaften gibt es umfangreiche Literatur zum Thema Rassendiskriminierung und Macht; was jedoch die nonverbalen Aspekte dieses Themas betrifft, finden wir sehr wenig. Um etwas über das Funktionieren nonverbaler Botschaften, die zur Aufrechterhaltung von Rassenherrschaft beitragen, aussagen zu können, waren wir zumeist darauf verwiesen, aus den vorhandenen allgemeineren Studien zum Thema Rassendiskriminierung zu extrapolieren. Eine Fülle von Literatur gibt es dagegen zur nonverbalen Interaktion zwischen den Geschlechtern; selten wird sie jedoch in einem politischen (d. h. macht-orientierten) Zusammenhang interpretiert.

If a body meet a body ...[9]*

Das Thema nonverbale Kommunikation versetzt viele Leute in Angst. Sie glauben, jemand, der sich dafür interessiert, wie sie ohne Worte kommunizieren, dringe plötzlich in alle ihre Geheimnisse ein, könne ihre Gedanken lesen und die Löcher in ihrer Unterwäsche sehen. Sie werden grantig, gehen in die Defensive, und ihr ganzer Körper stellt seine Zeichen auf Abwehr. Denkt man an die Werbekampagnen, mit denen einige populärwissenschaftliche Bücher über »Körpersprache« auf den Markt geworfen wurden, ist diese Reaktion nicht verwunderlich.
»Lernen Sie, einen Körper zu lesen wie ein Buch!« fordert das Titelblatt eines Taschenbuchs. Ein anderes Buch behauptet, es lehre, »dahinter zu kommen, ob die Person, mit der man spricht, lügt« und »die falsche Geste« aufzuspüren, die darauf abzielt, einen »zu überrumpeln«. Der Titel des größten Verkaufserfolgs zeigt das Bild einer langhaarigen, barfüßigen Frau, die, Arme und Beine gekreuzt, auf einem durchsichtigen Stuhl sitzt, umgeben von den Fragen: »Sagt ihr Körper, daß sie eine liederliche Frau ist? Sagt ihr Körper, daß sie andere manipuliert? Sagt ihr Körper, daß sie eine Schwindlerin ist? Sagt ihr Körper, daß sie einsam ist?« Der Werbetext auf der Rückseite rät dringend, das Buch zu lesen, «um in die persönlichsten Ge-

heimnisse sowohl der intimsten Freunde als auch völlig Fremder eindringen zu können.«
Alle haben also Angst, aber jeder rennt los, um die Körper anderer Leute lesen zu lernen, denn dieses Wissen bedeutet in der Tat Macht. Aber abgesehen von dem Medienbombardement hat unser ängstlicher Umgang mit nonverbaler Kommunikation andere, gewichtigere Gründe. Wir ahnen, daß unsere Gestensprache zu uns gehört wie die chemischen Vorgänge in unserem Körper – vielleicht von einer ähnlichen Bedeutung für unser Leben ist. Und eine ähnliche Scheu wie die, sich zu genau mit unseren Körpervorgängen zu befassen, gilt für unseren Umgang mit Gesten. Wir trauen uns nicht zu, sie genauer zu analysieren – weder bei uns selbst noch bei anderen.
In unserer Kultur ist es die verbale Kommunikation, der die größte Bedeutung beigemessen wird; in unseren Schulen zum Beispiel wird die Muttersprache bis zur letzten Klasse unterrichtet, damit Kinder sie besser verstehen und sich besser in ihr auszudrücken lernen. Aber nonverbale Kommunikation wird nicht unterrichtet. Nirgendwo lernen wir zu analysieren, was bestimmte Posen, Gesten und Blicke bedeuten oder wie wir uns selbst nonverbal besser ausdrücken können. Natürlich erlernen wir nonverbale Kommunikation als eine unter vielen Überlebensstrategien, so wie wir ja auch unsere Muttersprache beherrschen, ehe wir sie in der Schule schreiben und lesen lernen.
Manche Dinge, die unseren Körper betreffen, lernen wir in der Kindheit – zum Beispiel, daß es unhöflich ist, Leute anzustarren oder mit dem Finger auf sie zu zeigen (beides geläufige Dominanzgesten, die Erwachsene offenbar nur bei Kindern für unangebracht halten). Wir werden ermahnt, bei bestimmten Anlässen aufzustehen oder uns zu setzen, uns in der Öffentlichkeit nicht an bestimmten Körperstellen zu kratzen oder in der Nase zu bohren. Man hält uns an, aufrecht zu sitzen, keine Grimassen zu schneiden, und uns (besonders den Jungen) wird beigebracht, die Hand zu geben, wenn man jemandem vorgestellt wird. Aber all dies sind sehr begrenzte und spezifische Anweisungen, die mit der vitalen Bedeutung unserer ersten Sprachinstruktionen nicht vergleichbar sind.
Die Tatsache, daß wir keinen offiziellen Unterricht in nonverbaler Kommunikation erhalten, heißt jedoch nicht, daß nicht jeder wüßte, daß Blicke und Posen etwas – vielleicht alles bedeuten, besonders in von Emotionen bestimmten Inter-

aktionen. Aber bei der offiziellen Kommunikationsanalyse zählen Blicke und Posen nicht. Regierungsprotokolle und Zeitungsberichte zeichnen sie nicht auf. Und auch in der persönlichen Auseinandersetzung wird ihnen selten Gewicht gegeben. (»Welcher Blick? Welcher Tonfall? Sieh mich an, meine ich ja oder meine ich es nicht?«)[10]*

Nonverbale Kommunikation ist zweifellos ein wichtiger Faktor im menschlichen Zusammenleben; sie ist der Maßstab, an dem Worte und Absichten gemessen werden. Es gibt Experimente, die uns helfen, die Bedeutung nonverbaler Kommunikation in der menschlichen Interaktion einzuschätzen. Unter der Leitung von Michael Argyle entwarf einTeam von britischen Forschern ein Experiment, das es – unter anderem – erlaubt, die Bedeutung nonverbaler Botschaften im Vergleich zu der verbaler einzuschätzen.[11] Die 120 Versuchspersonen des Experiments bewerteten 18 Videobänder, die sich auf folgende Weise voneinander unterschieden: Zwei Darstellerinnen übermittelten verschiedene Botschaften, die verbal entweder Überlegenheit, Gleichheit oder Unterlegenheit ausdrückten. Begleitet wurden diese Botschaften von einem nonverbalen Verhalten, in dem sich entweder Überlegenheit, Neutralität oder Inferiorität ausdrückte. Im Laufe des Experiments wurden verbale und nonverbale Botschaft in allen denkbaren Paarungen kombiniert. Eine überlegene Botschaft lautete zum Beispiel:

> Wir meinen, Sie, die Versuchspersonen, dürfen sich glücklich schätzen, daß Sie unserer Einladung gefolgt sind, an diesem Experiment mitzuwirken. Denn Sie gewinnen hier einen kleinen Einblick in das, was psychologische Forschung heißt. Der ganze Vorgang ist in Wirklichkeit natürlich weit komplexer, als es jemand ermessen kann, der sich nicht ausgiebig mit Forschungsmethoden, Paralinguistik, kinesischer Analyse und ähnlichem befaßt hat.[12]

Dieser Text wurde einmal mit Überlegenheitsgestik (kein Lächeln, erhobener Kopf, laute Stimme, selbstbewußter Ton) übermittelt, einmal mit Unterlegensheitsgesten (ehrfürchtiges Lächeln, gesenkter Kopf, nervöser, übereifriger Ton) oder mit neutraler Gestik (leichtes Lächeln, gerade Kopfhaltung, neutraler bis freundlicher Ton).

Eine frühere Testreihe mit anderen Versuchspersonen hatte gezeigt, daß, wenn verbale und nonverbale Botschaft getrennt übermittelt wurden, die Aussagekraft beider fast identisch war.

Die getrennte verbale Botschaft erschien als maschinengeschriebener Text auf der Leinwand; für die nonverbale Botschaft zählte der Darsteller laut vor sich hin, aber mit der Gestik einer der drei nonverbalen Stile.
Die Versuchspersonen der späteren Testreihe sahen alle 18 Videobänder und bewerteten ihren Eindruck von jeder Darstellung innerhalb einer Skala von zehn Wertungspaaren – zum Beispiel »feindselig–freundlich«, »überlegen–unterlegen«, »unangenehm–angenehm«, »nachgiebig–dominant«. Da jede verbale Botschaft jeweils mit einer anderen der nonverbalen Botschaften kombiniert wurde, war es möglich, die Wirkung verbaler und nonverbaler Komponenten unabhängig voneinander zu messen.
Die britischen Forscher fanden heraus, daß die verbale Variable sechs der zehn Wertungspaare signifikant beeinflußte, die nonverbale dagegen *alle* Wertungspaare. Darüber hinaus war der Wirkungsumfang der nonverbalen Variablen viel größer als der der verbalen.[13]*
Einen weiteren Hinweis auf die überragende Bedeutung nonverbaler Botschaften finden wir in den Arbeiten des Harvard-Psychologen Robert Rosenthal und seiner Mitarbeiter, die ein Empfänglichkeitsmaß gegenüber nonverbaler Kommunikation entwickelten.[14] In einem Film mit 200 Segmenten zeigt eine Schauspielerin verschiedene Emotionen in bestimmten Zusammenhängen. Die Versuchspersonen schätzten die porträtierten Szenen und Emotionen so genau ein, daß die Forscher die Dauer der Filmausschnitte immer weiter verkürzten, um zu sehen, an welchem Punkt die Genauigkeit abnahm. Aber selbst noch bei einer Ausschnittdauer von einer vierundzwanzigstel Sekunde waren die Einschätzungen in über zwei Dritteln der Fälle korrekt.
Dieses Ergebnis scheint zu bestätigen, was Edward Sapir 1927 feststellte: daß »wir mit einer außerordentlichen Wachsamkeit auf Gesten reagieren; es scheint fast so, als verfügten wir über einen hochentwickelten Geheimcode, der zwar nirgends geschrieben steht, den aber jeder kennt und versteht.«[15] Im folgenden wollen wir uns einigen Konsequenzen dieser Tatsache zuwenden.

Von der Self-Fulfilling Prophecy zum Teufelskreis

Wenn Sie kein Schwarzer auf der Suche nach einer Anstellung sind, versetzen Sie sich einmal für einen Augenblick in seine Lage:

Sie machen sich auf den Weg zu einem Einstellungsgespräch. Ihrer Meinung nach sind Sie qualifiziert für den Job, und Sie haben auch alle Anstandsregeln befolgt: sich ordentlich gekleidet, sauber rasiert, und während des Gesprächs bezeugen Sie dem Interviewer den Respekt, den Sie für angemessen halten. Sie zeigen sich aufgeschlossen und interessiert. Und doch, irgendwie scheinen Sie bei dem Interviewer – ein Weißer, wie in den meisten Fällen – nicht anzukommen. Er scheint nicht dasselbe Interesse an dem Interview zu haben wie Sie; in der Tat, er wirkt fast so, als wären seine Gedanken bei ganz anderen Dingen. Das Interview dauert dann auch nicht lange. Noch etwas anderes ist Ihnen aufgefallen, aber Sie können es nicht genau benennen; vielleicht war es nur das Ihnen inzwischen vertraute Verhalten von Weißen, das Ihnen schon so oft dieses eigenartige Gefühl vermittelt hat – das Gefühl, eigentlich gar nicht zu existieren. Nach dem Interview fühlen Sie sich frustriert; Sie sind unzufrieden mit Ihrem eigenen Auftritt. Obwohl Sie doch im Grunde recht selbstsicher sind, waren Sie während des Interviews leicht nervös und unsicher. Sie fragen sich, ob Ihre Gefühle vielleicht damit zusammenhingen, daß der Interviewer so abweisend und zerstreut war.

Was ging vor sich? Hatte man sich schon entschieden, jemand anderen einzustellen? Wollte man deswegen Ihre Zeit nicht unnötig verschwenden? Sie fühlen sich benachteiligt, aber auf welche Weise, können Sie nicht genau beschreiben. – Keine Frage, wir haben es hier mit Rassismus zu tun, aber kraft welcher Prozesse funktionierte er?

Diese hypothetische Situation ist keineswegs irreal, auch wenn es vielleicht schwerfallen dürfte, sie im wirklichen Leben zu dokumentieren. Glücklicherweise steht uns jedoch ein exzellentes Experiment zur Verfügung, das uns hilft, die Prozesse in solchen und ähnlichen Situationen zu analysieren und zu verstehen. Die Princeton-Forscher Word, Zanna und Cooper[16] entwickelten dieses Experiment und führten es durch. Die Wissenschaftler wollten untersuchen, welche Rolle nonverbales Verhalten in dem besonders teuflischen Teufelskreis der Inter-

aktion zwischen verschiedenen Rassen spielt. Ihr Interesse konzentrierte sich vor allem auf eine besondere Ausprägung der self-fulfilling Prophecy: Das Verhalten, das Weiße gegenüber Schwarzen zeigen, ist stigmatisierend; als Reaktion darauf verhalten sich Schwarze in einer Weise, die dem Stigma entspricht, was wiederum dazu führt, daß sich Weiße in ihrer Abwertung der Verhaltensweisen Schwarzer bestärkt fühlen.
Word, Zanna und Cooper stellten fest, daß schwarze Haut in einer weißen Kultur als ein ähnliches Stigma gilt wie körperliche Behinderung und daß Menschen ohne dieses Stigma Schwarze und Behinderte auf ähnliche Weise behandeln.[17] Das Augenmerk der Princeton-Forscher richtete sich auf die Verhaltensweisen gegenüber stigmatisierten Personen. Es überrascht uns kaum, daß sie auf eine allgemeine Vermeidungshaltung stießen. In einer Serie von Experimenten schlüsselten Kleck und Mitarbeiter diese allgemeine Vermeidungshaltung auf: die Tendenz, auf größeren Abstand zu gehen, die Interaktion schneller zu beenden, zurückhaltende Körperpose.[18] Sowohl Vermeidungs- als auch Annäherungsverhalten (Reserviertheit – spontane Zuwendung) sind dazu angetan, als Reaktion das gleiche Verhalten auszulösen.
Im allgemeinen sind wir uns jedoch unseres nonverbalen Verhaltens kaum bewußt; wenn wir also, ohne es zu wissen, Zeichen von uns geben, die ausdrücken, daß wir den anderen mögen oder ablehnen, dann interpretieren wir das Antwortverhalten des anderen normalerweise nicht als Reaktion auf unser Verhalten. Wir schreiben es viel eher dessen eigenen Motiven oder Charakterzügen zu. Auf diese Weise können positive Zyklen aufgebaut werden, aber gleichermaßen negative – so wie Word, Zanna und Cooper ihre Hypothese formulieren:

> ... Weiße, die mit Schwarzen interagieren, werden nonverbale Verhaltensweisen zeigen, die ihren negativen Einstellungen entsprechen, und ... Schwarze ihrerseits werden darauf mit weniger aufgeschlossenen Verhaltensweisen reagieren. Wenn der Kontext einer solchen Interaktion ein Einstellungsgespräch ist, bei dem der Weiße den Schwarzen interviewt, wird das Reaktionsverhalten des Schwarzen als Versagen interpretiert werden und auf diese Weise die ursprüngliche Einstellung des Interviewers bestätigen.[19]

Um ihre Hypothese zu überprüfen und die nonverbalen Auslösemechanismen solcher self-fulfilling Prophecies in der Interaktion zwischen Schwarzen und Weißen zu analysieren, führten Zanna u. a. zwei miteinander verknüpfte Experimente durch. Im ersten ging es darum, herauszufinden, welche unterschiedlichen Verhaltensweisen weiße Interviewer gegenüber schwarzen und weißen Interviewten zeigen. Das zweite sollte die Theorie überprüfen, ob diese Verhaltensweisen die Reaktionen der Interviewten beeinflussen. In Experiment 1 glaubten weiße männliche Versuchspersonen, sie führten ein Einstellungsgespräch mit Bewerbern für ein Teamprojekt, in dem es um ein Gruppenentscheidungsexperiment ging. Jede Versuchsperson interviewte einen schwarzen und einen weißen männlichen Bewerber für die Position, wobei sie heimlich durch einen Einwegspiegel beobachtet und gefilmt wurde. Die »Bewerber« waren in Wirklichkeit in das Experiment eingeweiht. Man hatte sie auf einen bestimmten Standard trainiert, d. h. den Auftritt für das Interview so lange geprobt, bis alle – schwarze und weiße – Bewerber gleichermaßen qualifiziert erschienen.
In diesem Experiment stellte sich heraus, daß sich die weißen Interviewer in der Tat schwarzen und weißen Bewerbern gegenüber unterschiedlich verhielten. Bei den schwarzen Bewerbern rückten sie ihre Stühle in eine bedeutend größere Entfernung; sie zeigten insgesamt bedeutend weniger »spontane Zuwendung« – ein Maß, das die Forscher zusammensetzten aus den Elementen: sich nach vorn beugen, Augenkontakt suchen, Schulterstellung (Direktheit). Darüber hinaus beendeten die Interviewer bei Schwarzen das Gespräch bedeutend schneller, und ihnen unterliefen Sprechfehler (wie Stottern, sich wiederholen, Sätzeabbrechen – ebenfalls Indikatoren für Reserviertheit). Das Experiment zeigte nicht nur, daß Schwarze und Weiße unterschiedlich behandelt wurden, sondern auch, daß die »reservierten« Verhaltensweisen den Schwarzen gegenüber dieselben Züge aufwiesen wie das Verhalten gegenüber stigmatisierten Individuen.
Welche Wirkung hat ein solches reserviertes, negatives Verhalten nun auf diejenigen, gegen die es sich richtet? Experiment 2 näherte sich dieser Frage, indem es die Rollen des ersten Experiments vertauschte: Jetzt waren die »Bewerber« die Versuchspersonen und die Interviewer die Experimentkomplizen. Weiße männliche Versuchspersonen glaubten, sie bewür-

ben sich um einen Job als Ausbilder von Interviewern und daß die Geldsumme, die man ihnen gegeben hatte, als Anreiz gedacht sei, sich wirklich für diesen Job ins Zeug zu legen. Die Interviewer hatte man trainiert, sich den Bewerbern gegenüber entweder »spontan zuzuwenden« oder »reserviert« zu zeigen – zum Beispiel den Stuhl näher rücken/wegrücken, konzentriertes Sprechen/sich versprechen, Interview lang/kurz halten. Mit anderen Worten, ihre Aufgabe war es, eine Hälfte der Bewerber – alle waren Weiße – als Weiße zu behandeln und die andere als Schwarze.

Die Reaktionen der Bewerber auf diese Manipulationen waren höchst aufschlußreich: Sie reproduzierten den Grad spontaner Zuwendung, den der Interviewer ihnen gegenüber zeigte; im Laufe des Interviews rückten sie ihre Stühle näher oder weiter fort, je nachdem, wie sich der Interviewer zuvor verhalten hatte. Die Versuchspersonen, denen man mit reserviertem Verhalten begegnete, wurden von neutralen Interviewbeobachtern (die nicht in die Experimentbedingungen eingeweiht waren) als weniger leistungsfähig und weniger gefaßt beurteilt. Dementsprechend empfanden diese Versuchspersonen ihre Interviewer als unfreundlicher und insgesamt unfähiger. (Ihre eigene Verfassung während des Interviews schätzten sie etwas – nicht bedeutend – negativer ein, als die Versuchspersonen, denen man sich spontan zugewandt hatte.)

Ein Prozeß, keine Ursache. Weiße werten die Leistungen und das Auftreten Schwarzer normalerweise ab – eine Tatsache, die von weitreichender Konsequenz für unsere Gesellschaft ist; denn wie Jobs, Gehälter und andere Reichtümer verteilt werden, bestimmen fast ausschließlich Weiße. Das Experiment von Word u. a. zeigt mit großer Deutlichkeit einen der Mechanismen auf, durch den eine self-fulfilling Prophecy in Gang gesetzt werden kann, und es demonstriert, welche Folgen self-fulfilling Prophecies im interpersonalen Bereich haben. Word und Mitarbeiter weisen auf die Tendenz der Sozialwissenschaften hin, gesellschaftliche Probleme anhand einer »Opferanalyse« zu erklären – »Opferanalyse« ist der von Ryan eingeführte Begriff für die Überkonzentration auf die Wunden, Mängel und Persönlichkeitsstrukturen auf der Opferseite.[20] Aufgrund ihrer Experimentierergebnisse kommen Word, Zanna und Cooper jedoch zu der Auffassung, daß Analysen der Interaktion zwischen schwarz und weiß fruchtbarer wären, wenn das »Problem« schwarzen Verhaltens innerhalb dieses Interaktionsrah-

mens selbst und weniger in der schwarzen Bevölkerung gesehen würde.
Zweifellos, die »Schuld hat das Opfer«-Theorie ist willkommenes Instrument bei der Diskriminierung Schwarzer, Armer und anderer Minderheiten. Eine neue Version dieser Theorie – die das nonverbale Verhalten betrifft – wird neuerdings auch gegen Frauen ins Feld geführt (leider manchmal von Frauen selbst). Nach dieser Version liegt die Hauptursache der Benachteiligung von Frauen darin, daß sie sich nicht richtig »darstellten« – daß ihr nonverbales Verhalten (wie ihr verbales) Unfähigkeit und Schwäche kommuniziere. Das Experiment von Word u. a. macht deutlich, wie beispielsweise Unsicherheit selten Charakterzug eines der Kommunikationsteilnehmer ist, sondern vielmehr – in einem interaktiven Prozeß – durch das Verhalten anderer hervorgelockt wird.
Ein solcher Verhaltensauslöse-Prozeß ist mehr als ein einfacher Diskriminierungsakt, mit dem die Machtlosen »auf ihren Platz verwiesen« werden. Er ist außerdem ein Erziehungsakt, in dem beide Interaktionsteilnehmer in ihren jeweiligen Einstellungen bestätigt werden. Jedes solche Interview bestätigt die Einstellung des weißen Interviewers, präsentiert ihm weitere Beispiele »unfähiger« Schwarzer. Und jedes solche Interview verstärkt (zumindest bei wiederholter Erfahrung) die nonverbalen Reaktionen eines schwarzen Bewerbers auf einen weißen Interviewer und damit sein negatives Selbstbild.
Diese Studie beleuchtet einen der Prozesse, wie (selbst bei wohlwollenden Weißen) Rassismus funktioniert. Zweifellos wirken solche Mechanismen auch gegenüber anderen Zielscheiben von Diskriminierung – seien es die andere Hautfarbe, der spanische Nachname, das Geschlecht, eine sexuelle Neigung, Alter oder irgendein anderes Stigma. Wir dürfen jedoch nicht übersehen, daß nonverbale Kommunikation ein Vorurteilsmechanismus ist – keine Ursache von Vorurteil.
Solange Vorurteile nicht über Bord geworfen werden, hat es wenig Sinn, Frauen dazu erziehen zu wollen, in ihrem nonverbalen Verhalten bestimmter aufzutreten; dies würde nur dazu führen, daß man sie als »schwanzabschneidende Hexen« beschimpft. Gleicherweise wird eine Schwarze, die allen rassistischen Anfeindungen zum Trotz ein Bild von Selbstvertrauen und Tüchtigkeit abgibt (oder gelernt hat, sich weißes Gehabe zuzulegen), sich wahrscheinlich die Titulierung »hochnäsige Niggerin« einhandeln. Wenn wir unser nonverbales Verhalten

ändern, werden wir also weder Vorurteil noch Unterdrückung aus der Welt schaffen – diese Übel müssen an ihren politischen und ökonomischen Wurzeln angegangen werden. Aber bei nonverbaler Kommunikation haben wir es mit einem Ausschnitt der mikropolitischen Struktur zu tun, bei dem es möglich ist, ihn im Detail zu untersuchen. Das Verständnis dieses alle gesellschaftlichen Bereiche durchdringenden Prozesses wird uns deutlich machen, wo wir im persönlichen Bereich *beginnen* können, bewußter mit unseren Interaktionen umzugehen – wo wir beginnen können, unsere Möglichkeiten und die anderer zu verändern.

Eine Kaste von Millionen[21]

Im Leben von Frauen scheint nonverbales Verhalten eine besonders wichtige Rolle zu spielen. Zahlreiche Studien kommen zu dem Ergebnis, daß Frauen empfänglicher für nonverbale Botschaften sind als Männer. Die zitierte britische Studie zum Beispiel, die gezeigt hatte, daß die Wirkungskraft nonverbaler Kommunikation die der verbalen weit übersteigt, fand ebenfalls heraus, daß sich dies bei Frauen deutlicher äußerte als bei Männern.[22] Andere Untersuchungen ergaben, daß Frauen nonverbal dargestellte Emotionen, unabhängig davon, ob die Darsteller männlich oder weiblich waren, genauer benennen konnten als Männer, daß sie außerdem sensibler auf nonverbale Kommunikation durch Töne reagierten und bei Dialogen leichter die verborgenen Untertöne heraushörten.[23]

Die zuvor erwähnte Untersuchung von Rosenthal u. a. hat die Empfänglichkeit für nonverbale Kommunikation wohl am umfassendsten erforscht.[24] Diese Wissenschaftler zeigten ihre Filmszenen mehr als 130 Gruppen von Versuchspersonen aus den verschiedensten Kulturen – von amerikanischen und kanadischen Collegestudenten bis zu Eskimos und australischen Ureinwohnern. Außerdem unterschieden sich die Versuchspersonen erheblich in Alter, Bildung, kulturellem Hintergrund, beruflicher Ausbildung und geistiger Gesundheit; aber durchgängig zeigten sich die Frauen aller Alters- und aller Kulturgruppen sensibler für nonverbale Signale als Männer. In 81 von 98 Versuchsgruppen – alle gemischten Geschlechts – erreichten die Frauen höhere Gesamtwertungen als die Männer. Obwohl der Unterschied nicht außergewöhnlich groß war, war er doch durchgängig zu beobachten.

Da es die Forscher für möglich hielten, dieses Ergebnis sei durch die Tatsache beeinflußt, daß die Stimulusperson weiblich war (wie auch in den Experimenten von Argyle u. a.), wiederholten sie einen Teil des Experiments mit einem männlichen Darsteller; aber auch hier zeigte sich, daß es den weiblichen Versuchspersonen besser gelang, nonverbale Botschaften zu erkennen. Darüber hinaus bestätigte sich diese weibliche Überlegenheit durch alle sieben in den Test einbezogenen Schuljahrgänge hindurch (von Klasse fünf bis zum Anfang des Colleges); die Überlegenheit gegenüber den männlichen Versuchspersonen nahm jedoch mit zunehmendem Alter ab. Diese größere Empfänglichkeit gegenüber nonverbaler Kommunikation könnte man teilweise so interpretieren, daß Frauen ganz allgemein stärker auf soziale Stimuli reagieren – ein Befund, zu dem man in der psychologischen Forschung wiederholt gekommen ist.[25]

Für sich selbst genommen, mag größere soziale Sensibilität eine Gabe sein. Aber sie kann auch eine Last sein – für die Benachteiligten, zum Beispiel Frauen in einer männerbeherrschten oder Schwarze in einer von Weißen beherrschten Gesellschaft. Pam English weist darauf hin, daß frühere Schriftsteller oft das große Talent von Sklaven beschrieben, den Charakter anderer zu erfassen. Die Autorin glaubt, daß diese Fähigkeit mit der Wachsamkeit gegenüber nonverbalen Signalen zusammenhängt, die Sklaven und Frauen gleicherweise eigen ist.[26]

Wir haben auch einen Hinweis jüngeren Datums auf die Empfänglichkeit Schwarzer für nonverbale Signale: In einer Bostoner Studie von 1972 porträtierten Schauspieler (»Expressoren«) sieben Emotionen. Die Photos ihrer Darstellungen zeigte man Testpersonen (»Perzeptoren«), die benennen sollten, welche Emotion jeweils porträtiert wurde.[27] Beide, Expressoren und Perzeptoren, waren schwarz oder weiß, männlich oder weiblich. Es stellte sich heraus, daß schwarze Perzeptoren diese nonverbalen Emotionen genauer dekodierten als weiße – unabhängig davon, ob der Expressor weiß oder schwarz, männlich oder weiblich war. (Unterschiede in der Wahrnehmungsgenauigkeit zwischen Frauen und Männern stellte dieses Experiment nicht fest.) Es leuchtet ein, daß jemand, dessen Leben durch eine bedrückende soziale Situation zum Kampf wird, sich sehr fein auf die Nuancen dieses Kampfes einstimmt.

Daß die weibliche Sensibilität gegenüber nonverbaler Kommunikation in einem ähnlichen Zusammenhang zu sehen ist, zei-

gen die Untersuchungen von Shirley Weitz. Sie spricht von einem »weiblichen Radarsystem«, das sich auf männliche Charakteristika einstimmt.[28] In Weitz' Experimenten wurden Männer und Frauen bei der Interaktion mit einem Partner entweder desselben oder des anderen Geschlechts gefilmt. Beobachter (die nicht wußten, welchen Geschlechts der jeweilige Partner war) sollten beurteilen, was die Gesichter und Körper ausdrückten. Bei der Interaktion mit Männern stimmten die Frauen ihre Verhaltensweisen stark auf die männlichen Persönlichkeitsmerkmale ab (wie Dominanz und Affiliation). Außerdem zeigte sich, daß Frauen stärker auf die Gesichter hochdominanter Männer fixiert waren als auf die weniger dominanter. Weitere Belege für weibliche Sensibilität und Aufmerksamkeit finden wir in den folgenden Kapiteln.
Ohne die Untersuchung solcher mikropolitischen Mechanismen wird man die Stellung der Frau in unserer Gesellschaft nicht verstehen können. Wenn nonverbale Botschaften ein solch wichtiger Faktor für die Aufrechterhaltung des Status quo sind, dann werden sie auch eine Schlüsselrolle bei der Veränderung dieses Status quo spielen. Frauen, die sich aufmachen, gegen ihre Unterdrückung zu kämpfen, werden alle Ketten, die sie gefangen halten, untersuchen müssen, seien sie körperlicher, gesetzlicher oder psychologischer Natur. Darüber hinaus gibt es zwei Gründe, die den Verdacht nahelegen, daß nonverbale Machtausübung die wirksamste Methode ist, »Frauen auf ihren Platz zu verweisen«.
Erstens: Als die Gruppe, die planvoll zu Sanftmut und Passivität sozialisiert wird, sind Frauen die geeignetsten Objekte für diese mildere Form sozialer Kontrolle.
Zweitens: Da Machtzentren von Frauen umgeben sind (Ehefrauen, Sekretärinnen etc.), sind die Machtinhaber gezwungen, häufig mit Frauen zu kommunizieren, verbal und nonverbal.
Dies gilt weit weniger für andere unterdrückte Gruppen in unserer Gesellschaft, die oft von den Machtzentren ferngehalten werden – entweder geographisch, durch Ghettos oder durch Arbeitshierarchien. (Ein persönlicher Diener hält sich natürlich auch in der Nähe seines Machtzentrums auf.) Es ist naheliegend, daß in solchen Fällen engen und häufigen Kontakts nonverbale Machtausübung am ehesten wirksam wird.
Die Widersprüche, die nonverbale Kommunikation umgeben (besonders der, daß sie für uns so wichtig ist, wir aber so wenig über sie wissen), bereiten uns allen Probleme. Für Frauen, die

viel enger in das nonverbale Drama verwickelt sind, gibt es noch zusätzliche Unsicherheiten. Manchmal, vor allem, wenn sie sexuelle Anträge zurückweisen, bekommen sie zu hören, sie hätten zuvor »Signale« ausgesandt, wären selbst »erotisiert« gewesen. Stimmt das? Wenn nicht, was haben sie *dann* getan?

Viele Frauen sind ratlos. Wenn eine Stimulussituation vage und unstrukturiert ist, lassen wir uns bei der Interpretation einer solchen Situation leicht von gesellschaftlichen Klischees beeinflussen.[29] Wenn wir also mit mehrdeutigen nonverbalen Botschaften konfrontiert werden, sind wir geneigt, jede beliebige angebotene Interpretation zu akzeptieren, eingeschlossen solche Allzweck-Status-quo-Legitimationen wie das Geschlechtsstereotyp: »Alle Frauen sind Verführerinnen«.

Ob Frauen verführen wollen oder nicht, scheint dabei wenig zu interessieren. Wie bereits bemerkt, betrachtet der Volksglaube weibliche Kleidung und weibliche Bewegungen als Signale mit hohem sexuellen Aufforderungscharakter. Dem, was die Frauen selbst sagen, wird wenig Beachtung geschenkt.[30]*

Diese Haltung dient, wie wir festgestellt haben, leicht als Vorwand, Vergewaltigung zu rechtfertigen. Wenden wir uns zwei weiteren Gerichtsurteilen aus dem Jahr 1975 zu, die illustrieren, wie weit diese allgemeine Volksmeinung institutionalisiert ist.

Die Essenz des einen Urteils faßte der Korrespondent der *Los Angeles Times* treffend wie folgt zusammen: »Die uralte männliche Überzeugung, daß eine Frau, die ›nein‹ sagt, in Wirklichkeit ›ja‹ meint, scheint nun in die britische Gesetzgebung über Vergewaltigung eingegangen zu sein.« In diesem Fall waren drei Soldaten der Royal Air Force in erster Instanz wegen Vergewaltigung der Ehefrau eines Sergeanten verurteilt worden. Der Ehemann hatte die drei zum Geschlechtsverkehr mit seiner Frau eingeladen und sie aufgefordert, ihre Proteste zu ignorieren. Die produziere sie nur, um sich selbst sexuell zu stimulieren, hatte er erklärt. In der Berufung entschied das Hohe Britische Gericht, ein Mann, der ernsthaft vom Einverständnis des Opfers überzeugt gewesen sei – unabhängig davon, wie unvernünftig diese Überzeugung war, und unabhängig von den Protesten, die die Frau von sich gegeben habe –, könne nicht wegen Vergewaltigung verurteilt werden.

In einem anderen Fall, diesmal in New York, entschied ein Richter, daß ein der Vergewaltigung angeklagter Mann sich in Wirklichkeit noch innerhalb jenes schwierig zu umgrenzenden

Bereichs gegenseitigen Einverständnisses bewegt habe; er habe die Frau verführt, nicht vergewaltigt. Der Geschlechtsverkehr habe zwar gegen ihren Willen stattgefunden, aber sie sei naiv gewesen, habe sich nicht *genug* gewehrt. Das Gericht, schloß der Richter, könne Frauen nicht vor ihrer eigenen Naivität schützen (obwohl es natürlich die Rechte von Menschen vertritt, die durch ihre Naivität Geld oder Besitz verloren haben).

Frauen werden in unserer Gesellschaft zu körperlicher Schwäche erzogen – dazu, naiv und passiv zu sein. Man belohnt sie dafür, sich verführerisch zu bewegen und zu kleiden, aber genau dieses Verhalten wird ihnen zur Last gelegt, wenn sie von Männern angegriffen werden. Wenn sich Frauen durch solche Anklagen, die einer Atmosphäre von Ignoranz entspringen, eingeschüchtert fühlen, haben sie ein gutes Motiv, so viel wie möglich über nonverbales Verhalten zu lernen, und ein ebenso starkes, die Machtkonstellation im Hintergrund dieser Situation, die sie so verletzlich macht, anzugreifen.

Ich gehe davon aus, daß keiner der Leser dieses Buches sexuelle Gewalt gegen Frauen (oder irgend jemanden) befürwortet. Aber viele fragen sich vielleicht, ob nicht manche Frauen, auch wenn sie mit ihrem Körper keine sexuellen Übergriffe herausfordern, nicht vielleicht doch unbewußt oder naiv sexuelle Signale aussenden. Ob Frauen sich sexuell einladend verhalten oder nicht, ist für die Frage, ob sich jemand eine Vergewaltigung zuschulden kommen läßt, irrelevant; denn Vergewaltigung ist kein Sexual-, sondern ein Gewaltverbrechen. Männer treten oft sexuell viel herausfordernder auf, aber sie riskieren damit nicht, wegen ihrer Sexualität von Frauen angegriffen, geschlagen oder getötet zu werden. Vielleicht überlegt der eine oder andere Leser auch, ob Männer und Frauen womöglich eine andere Körpersprache haben, was zur Folge hätte, daß sie sich schlicht und einfach mißverstehen. In gewissem Sinne scheinen Männer und Frauen wirklich verschiedene nonverbale Sprachen (oder Dialekte) zu sprechen – aber sie interpretieren ihre gegenseitigen Aktionen so, als sprächen sie dieselbe Sprache. Die Rolle dieses »Kommunikationsproblems« wird jedoch oft überbewertet und überstrapaziert – vor allem im Kontext sexueller Herrschaft und Ausbeutung, wo es als Ursache von Vergewaltigung betrachtet wird und zu deren Rechtfertigung herhalten muß.

Noch etwas anderes verwirrt uns, wenn wir uns die Bereiche

von Sexualität und Macht ansehen: Beide werden oft miteinander verwechselt. Wir können wohl mit Recht davon ausgehen, daß Männer öfter über Macht verfügen als Frauen. Wenn wir nun bestimmte Verhaltensweisen eher einem Geschlecht zuschreiben als dem anderen – woher wollen wir dann wissen, ob diese Verhaltensunterschiede durch das Geschlecht oder durch Macht bedingt sind? Ein Beispiel: Fassen männliche Vorgesetzte ihre weiblichen Sekretärinnen öfter an als umgekehrt, weil sie Männer sind oder weil sie Vorgesetzte sind? Anfassen oder Angefaßtwerden als »Geschlechtsrollen«-Verhalten zu interpretieren, würde die Tatsache verschleiern, daß hier zwei soziale Hierarchien im Spiel sind – die Arbeitshierarchie und die Geschlechtshierarchie.[31*]

Um die Bereiche von Geschlecht und Macht entwirren zu können, wird es uns weiterhelfen, einen Blick auf andere Machtquellen als die der Geschlechtszugehörigkeit zu werfen – auf Reichtum und Rasse beispielsweise. Wenn sich ein Verhalten, das mit Geschlechtsdominanz verknüpft ist, ebenso in ökonomischen oder rassischen Dominanzsituationen auffinden läßt, dann haben wir einen Hinweis darauf, daß Dominanz der diesem Verhalten zugrundeliegende Faktor ist. Auf diese Praxis, nach parallelen Verhaltensweisen in unterschiedlichen Dominanzsituationen Ausschau zu halten, werden wir bei unserer Untersuchung nonverbaler Macht noch oft zurückgreifen.

Es gibt keinen Grund für die Annahme, daß die Geschlechtsunterschiede, die wir *hier* erörtern wollen, unveränderlich, angeboren oder im biologischen Sinne geschlechtsbedingt sind. Die größere Sensibilität von Frauen gegenüber anderen Menschen beispielsweise kann leicht auf die Sozialisation zu einer Geschlechtsrolle zurückverfolgt werden, in der soziales Bewußtsein belohnt wird, sein Fehlen bestraft. Auf die gleiche Weise ist die Körpersprache, ähnlich der vokalen Sprache, erlernt und nicht angeboren. Einige Aspekte von Körperbewegung und Stimmlage gehen auf anatomische Unterschiede zwischen einzelnen Individuen und zwischen den Geschlechtern zurück; sie fallen jedoch weit weniger ins Gewicht als die erlernten Aspekte.

Unglücklicherweise schreiben die meisten von uns der Biologie eine weit größere Verantwortung für die feststellbaren Geschlechtsunterschiede zu, als sie übernehmen kann. Diesen Fehler sollten wir bei unserer Untersuchung nonverbalen Verhaltens von Anfang an vermeiden. In Wirklichkeit sind Männer und Frauen nicht so verschieden, wie man gemeinhin unterstellt. Birdwhistell schreibt, daß, wenn man ein Spektrum erstellte, inwieweit sich bei den verschiedenen Spezies die Geschlechter aufgrund ihrer sekundären Geschlechtsmerkmale unterscheiden, dann würden die Menschen viel weiter am undifferenzierten Ende des Spektrums erscheinen, als mancher vielleicht gern glauben möchte.[32] Seine Untersuchungen auf dem Gebiet der Kinesik (Wissenschaft von Körperbewegungen) führen ihn zu der Annahme, »daß [Menschen] und wahrscheinlich eine Anzahl anderer Spezies, bei denen die Geschlechter wenig dimorph sind, notwendigerweise auf der Ebene von Haltung, Bewegung und Ausdruck viele geschlechtsspezifische Differenzierungen ausbilden.«[33] Wir sehen also, daß unser nonverbales Verhalten zu weiten Teilen keineswegs »natürlich« ist, sondern sich im Laufe eines Entwicklungsprozesses herausgebildet hat, um Geschlechts- und Klassenunterschiede auszudrücken und zu betonen – so wie auch die Art, wie wir uns kleiden und wohnen, eine Entwicklungsgeschichte hat und ähnlichen Zwecken dient.

In einem 1943 in der Zeitschrift *Psychiatry*[34] erschienenen Artikel kommt dessen Autor zu einem ähnlichen Schluß: »Der *Entweder-Oder* Charakter, den die Sitten westlicher Kulturen von Männern und Frauen in ihrem sexuellen Verhalten – unter Androhung strenger Strafen bei Nichterfüllung – verlangen, hat nichts zu tun mit der Form sexueller Adaptation, die sich im Laufe der biologischen Evolution entwickelt hat.«[35] Die Arbeiten der Psychologin Sandra Bem bestätigen den adaptationshemmenden Charakter extremer Geschlechterpolarisierung: Bei den verschiedenen Situationen und Aufgabenstellungen ihrer Experimente erwiesen sich weder die »maskulinen« Männer noch die »femininen« Frauen als so flexibel und handlungsfähig wie jene »androgynen« Personen beiden Geschlechts, die nicht so rigide in ihre Geschlechtsrollen eingezwängt waren.[36]

Wir haben bisher also verschiedene Aspekte der Beziehung zwischen Geschlecht und nonverbalem Verhalten betrachtet: die größere weibliche Sensibilität für nonverbale Botschaften und deren große Bedeutung im Leben von Frauen; daß Frauen ihr nonverbales Verhalten angelastet wird, um Vergewaltigung zu rechtfertigen; daß Frauen und Männer mit ihrem Körper eine unterschiedliche nonverbale Sprache zu sprechen scheinen; daß dieser Unterschied jedoch erlernt ist und daß er adaptations-hemmend sein kann. Diese Punkte dürfen wir nicht aus den Augen verlieren, wenn wir uns den vielen Geschlechtsunterschieden zuwenden, die in der nonverbalen Kommunikation feststellbar sind, und wenn wir diese mit den Unterschieden vergleichen, auf die wir in der Interaktion zwischen Mächtigen und Machtlosen stoßen werden.

Die Henne ist die Macht

Was verstehen wir unter Macht? Für Sozialwissenschaftler hat Macht gewöhnlich derjenige, der andere beeinflussen kann, das zu tun, was er selbst möchte. Diese Beeinflussung wird im allgemeinen als asymmetrisch verstanden. Wenn zwei Personen sich abwechselnd gegenseitig beeinflussen und dabei insgesamt gesehen annähernd den gleichen Erfolg haben, wird man von keinem behaupten, er habe Macht, der andere nicht. Darüber hinaus müssen, will man von Macht sprechen, Versuche, den anderen zu beherrschen, Erfolg haben, und zwar regelmäßig.
Menschen können Macht über andere ausüben, weil sie über Dinge verfügen – entweder Belohnungs- oder Bestrafungsmittel –, die andere nicht haben. Macht gründet sich auf die Kontrollgewalt über Ressourcen und deren Verteidigung, in einfachen Worten: Wir wissen, daß »die an der Macht« die Mittel und/oder Kanonen haben, ihre Interessen durchzusetzen. Wenn wir (zumindest die meisten von uns) in unserem Alltag auch selten mit brutaler Gewalt konfrontiert werden, steht sie doch den Mächtigen als letztes Refugium jederzeit bereit – sei es in der Beziehung zwischen Staat und Individuum, sei es in der Beziehung zwischen Mann und Frau.[37] Derjenige in einer Beziehung, der über diese Mittel verfügt, ist weniger auf den Bestand der Beziehung angewiesen und kann sich als Folge davon freier in ihr bewegen.[38]*
Wie wichtig ist Macht in unserem Alltag? Vielleicht denken wir bei Macht eher an Befehle, Drohungen und massive Zwänge und sehen nicht, wo täglich Macht über uns ausgeübt wird oder wir sie selbst ausüben. Wie der Soziologe George Homans verdeutlicht, sind die indirekten Formen von Macht und Einfluß jedoch viel verbreiteter als die direkten.[38] Diese indirekten Einflüsse unseres Alltags erscheinen, wie wir noch sehen werden, oft in der Gestalt von Gesten, die Macht signalisieren und Dominanz absichern.
Der Begriff *Dominanz* wird manchmal gleichbedeutend mit

Macht, so wie ich sie definiert habe, gebraucht, ist aber gleichzeitig in die Umgangssprache eingegangen und wird oft zur Kennzeichnung von Personen und persönlichen Beziehungen angewandt. Im psychologischen Gebrauch beschreibt Dominanz im allgemeinen die Persönlichkeitstendenz, andere beeinflussen und beherrschen zu wollen. *Autorität* umschreibt Macht, die sich auf irgendeine Weise legitimiert, durch Gesetz oder Tradition beispielsweise. Aber nichtsdestoweniger handelt es sich hier um Macht, und ihre vermeintliche Legitimität kann als Vorwand für krude Beeinflussung dienen – beim Patriarchen zum Beispiel, Lehrer oder Arzt.

Status ist nicht dasselbe wie Macht, obwohl beide Begriffe oft durcheinander gebracht und mehr oder weniger synonym benutzt werden. Status bezieht sich auf die gesellschaftliche Position einer Person und darauf, wie diese Person von einer gesellschaftlichen Gruppe beurteilt wird (aus welchen Werten und Maßstäben sich dieses Urteil auch immer zusammensetzen mag). Auch wenn Status sehr oft mit Macht und Autorität einhergeht, gibt es doch Fälle, wo wir Status unabhängig davon beobachten können, etwa bei einem verarmten englischen Landadeligen, der in seiner näheren Umgebung noch immer Respekt gebietet, aber *buchstäblich* über nichts mehr zu verfügen hat. Nach Brown ist Status (»sozialer Wert«) an den Besitz bestimmter, von der Gesellschaft hochgeschätzter Merkmale geknüpft, beispielsweise gutes Aussehen, männliches Geschlecht, höheres Alter.[40] Sherif und Sherif dagegen rücken Status enger an Macht heran und definieren ihn als »die Stellung des einzelnen in der Hierarchie von Machtbeziehungen innerhalb einer sozialen Einheit.«[41] Unabhängig davon, wie eng Status nun wirklich an Macht geknüpft ist, *tritt* er doch fast immer als Macht *auf*. Aber dies mag alles sein, was ihm vergönnt ist. Denn Statusausrüstung, der Schein von Macht, verhilft nicht zu wirklicher Macht. In diesem Punkt stimme ich mit Mills überein, der schreibt: »Die Henne ist die Macht und kommt zuerst, das Ei ist der Status.«[42]

In den meisten Fällen sind nach unserer Erfahrung Macht und Status jedoch miteinander vermengt, d. h. eine Person, die im Besitz ersterer ist, verfügt wahrscheinlich auch über letzteren. Das Interesse dieses Buches gilt der Macht: Und zweifellos vermittelt die Untersuchung von Macht interessantere Einsichten als die Analyse von derem äußeren und sichtbareren Zeichen, dem Status; er ist leichter zu erfassen und dient, wohl aus diesem Grund, in den meisten soziologischen Untersuchungen als Gradmesser gesellschaftlicher Herrschaft. Im Laufe unserer Untersuchung werden wir immer dann auf solche Studien zurückgreifen, wenn sie neben ihrer Konzentration auf den Status einen Zusammenhang zwischen nonverbalem Verhalten und Macht aufzeigen. Bei unseren Schlußfolgerungen werden wir also die eben erörterte Beziehung zwischen Macht und Status nicht außer acht lassen dürfen. (Bei der Heranziehung solcher Untersuchungen werde ich jeweils kenntlich machen, welche Variable die Autoren betrachten).

In den meisten Erörterungen wird Macht in die großen Szenarien verlegt: die Machtverteilung innerhalb von Kommunen, einzelnen Nationen, der ganzen Welt. Die Mehrzahl dieser Erörterungen stammt zweifellos von Politikwissenschaftlern, die die Kontrolle über Ressourcen, Industrien, politische Organe und Armeen im Auge haben. Im Gegensatz dazu tendieren die Untersuchungen, die von Psychologen stammen, dahin, sich nur für individuelle Unterschiede in der Motivation zur Macht zu interessieren. Vor allem der dominante und der submissive Persönlichkeits-»Typ« haben es den Psychologen angetan; und die psychologische Makroanalyse endet meist mit der Feststellung, daß die Nationen sich wie (neurotische) Personen verhalten. Die Sozialpsychologie nähert sich dem Machtproblem, indem sie sich eher die Merkmale von Situationen – nicht so sehr die von Personen ansieht, die geeignet sind, Dominanz zu fördern oder zu unterdrücken. Ihr Hauptinteresse richtet sich auf die verschiedenen Faktoren, die die gesellschaftliche Gesamtstruktur stützen; zum Beispiel stellt sie die Frage, welche Mechanismen dazu beitragen, den Status quo mit seinen Machtbeziehungen aufrechtzuerhalten. Ich wähle den Ansatz der Sozialpsychologie. D. h.: Wir wollen uns in diesem Buch die sozialen Beziehungen ansehen, die die gesellschaftliche Superstruktur zusammenkleben. Und wir wollen uns betrachten, woraus dieser Klebstoff sich zusammensetzt und was er bewirkt.

Damit soll nicht gesagt sein, daß die ökonomische und politische Analyse der Makrostruktur nicht notwendig oder daß sie falsch wäre, sondern nur, daß sie nicht ausreicht. Natürlich wird auch dieses Buch in seinem Versuch, einem bisher vernachlässigten Bereich Geltung zu verschaffen, nicht alle Aspekte untersuchen können, die zum Verständnis der Sozialstruktur erforderlich sind. Aber wir nehmen es in Kauf, denn jener vernachlässigte Bereich bildet eine riesige Lücke in unserem Wissen über Macht: unser nonverbales Verhalten, das Wahrheiten über unsere Machtbeziehungen ausspricht, die unsere Worte verschweigen.

Der letzte große amerikanische Mythos

Es ist auffallend, wie wenig Beachtung die meisten Untersuchungen nonverbalen Verhaltens dem Machtaspekt schenken. Verwunderlich ist dies jedoch nicht, denn wir neigen dazu, alle Hinweise auf Ungleichheit in unserer vermeintlich doch egalitären Gesellschaft zu unterdrücken oder zu übersehen. In den amerikanischen Sozialwissenschaften finden wir die starke Tendenz, den großen amerikanischen Mythos von der klassenlosen Gesellschaft zu übernehmen und so zu tun, als lebten wirklich alle Amerikaner in jener sterilen »Mittelklasse«-Welt, die das Szenarium für so viele Fernsehserien und Werbespots abgibt. In der Psychologie läßt man den sozialen Kontext gern ganz außer acht und führt menschliche Probleme auf die Psyche der Individuen zurück; d. h. man sieht die Basis zwischenmenschlicher Konflikte in der einen oder anderen Ausprägung der »menschlichen Natur«. Psychologen beschreiben menschliche Beziehungen zumeist als Beziehungen zwischen Gleichen; Probleme entstehen für sie eher aus gestörter Kommunikation als durch ungerechte Lebensbedingungen.
Das deutlichste Beispiel für diese Tendenz ist wohl die Freudsche Psychoanalyse, die (in den Worten von Ronald Sampson) »alle politischen Konflikte auf die Ebene psychischer Konflikte reduziert, die aus der privaten Sphäre in die öffentliche verschoben wurden.«[43] Die Innenwelten der Freudschen Patienten waren jedoch kein soziales Vakuum, in denen die Dimensionen von Status und Macht keine Rolle gespielt hätten. Im Gegenteil: Die Probleme seiner Patienten hatten sehr viel mit Status zu tun. Sampson schreibt:

> ... während wir Freud durch die Beweismasse folgen, die er in seiner Traumdeutung zusammengetragen hat, fällt uns auf, welch überaus wichtige Rolle Statusängste und -wünsche in den latenten Traumgedanken spielen – Ängste und Wünsche, die aus der Zugehörigkeit seiner Patienten zu einer Berufsgruppe oder gesellschaftlichen Klasse entspringen.[44]

Es lag vor allem an Freuds eigener Interpretation, daß die Dimension von Ungleichheit nicht zum Vorschein kam.
Sampson weist außerdem auf Freuds Unfähigkeit hin, »zu begreifen, daß Gleichheit sogar im Bereich sexueller Beziehungen etwas Anstrebenswertes ist.« In der Tat, es gibt wohl keinen Bereich, in dem Gleichheit nicht erstrebenswert wäre. Sampson zeichnet ein bestürzendes Bild der psychischen Schäden sozialer Ungleichheit, besonders natürlich auf seiten der Benachteiligten. Es kann sein, daß wir uns bewußt auf eine Weise verhalten, die uns nicht die Feindschaft der Mächtigen einbringt; durch diesen Akt verbergen und verbiegen wir unsere wahren Gedanken. Diese Praxis kann jedoch zum Habitus werden, und auf dem Weg dorthin wird das Bewußtsein von unserer Unterdrückung verdrängt – wir verlieren den Faden zu unseren ursprünglichen Gedanken; eine »allmähliche Zerstörung der Fähigkeit, sich ein wahres Bild von der Wirklichkeit zu machen und damit zu leben«, findet statt. Wenn wir schließlich unsere psychische Unterdrückung durch jemand anderen erkennen, versuchen, ihr den Kampf anzusagen und unser Verhalten zu verändern, dann ist eine enorme Anstrengung erforderlich, die verfälschte Realität zu überwinden – unsere eigenen Ängste und die Schutzbarrieren des anderen. Viel von all dem geschieht – wie wir sehen werden – auf der nonverbalen Ebene – jener, über die wir am wenigsten wissen; und von dem, was wir wissen, gibt es wenig, das uns hilft, Macht zu verstehen.
Trotz der umfangreichen Literatur, die die Psychologie über solche Gegenstände wie Leistungsmotivation, sexuelle Unterdrückung, Geburtenrang hervorgebracht hat, finden wir sehr wenig Hinweise, die uns helfen, die psychischen Auswirkungen von Klassenzugehörigkeit zu verstehen – die Details sozialer Herrschaft, das Netz der Mechanismen, mit der sich Geschlechtsprivilegien durchsetzen.[45] Wundern dürfen wir uns darüber nicht, denn wir wissen, daß in jedes soziale System starke Kontrollen eingebaut sind, die gewährleisten, daß alle Kräfte dazu beitragen, den Status quo aufrechtzuerhalten; auch die akademische/intellektuelle Sphäre bildet da keine Ausnahme. Sie dient zugleich der Reflektion *und* der Rechtfertigung des Systems. Seit ihrem Beginn hat sich die Sozialwissenschaft als Ganzes (und in ihren Einzelstudien) in den Dienst der vorherrschenden Ideologien gestellt.[46] In vielen frühen Schriften der amerikanischen Psychologie erkennt man zum Beispiel die Tendenz, Rassismus zu rechtfertigen oder zumindest zu ak-

zeptieren, so wie heute viele Schriften Sexismus und Klassenprivilegien (und Rassismus) rechtfertigen. Der Nationalsozialismus in Deutschland, um ein anderes Beispiel zu nennen, hätte sich keine bessere philosophische Rationalisierung wünschen können als die von ihren sozialwissenschaftlichen Apologeten angebotene. Die Nazis brauchten ihre Politik des Massenmordes an psychisch Kranken gar nicht erst selbst auszuführen: Die Psychiater stolperten übereinander bei der Eile, es für sie zu übernehmen.[47]

Wenn dieses Buch etwas von dem Anstrich abkratzen will, der eine selten erfaßte gesellschaftliche Realität übertüncht, dann in der Absicht, dem Leser zu helfen, diese freigelegte neue Realität zu verstehen. An allen Stellen meiner Untersuchung wird das Hauptgewicht weniger auf den individuellen psychischen Faktoren von Verhalten liegen (was viele Leser vielleicht von einem sozialpsychologischen Ansatz erwarten), sondern auf den viel zu oft ignorierten und umgangenen gesellschaftlichen Faktoren. Mit der Absicht, den gesellschaftlichen Einfluß auf menschliche Beziehungen nachzuweisen, will ich natürlich nicht unterstellen, die Menschen hätten keine Probleme, die an ihnen selbst lägen, oder es gäbe keine interpersonalen Konflikte, an denen die äußeren gesellschaftlichen Bedingungen weitgehend unbeteiligt sind.

Damit soll nur gesagt sein, daß es gewichtige äußere Faktoren gibt, und dazu ermutigt werden, etwas zu betrachten, das unsere geliebten gesellschaftlichen Mythen so gern verdecken. Anliegen dieses Buches ist es einerseits, die Wissenschaft weiterzubringen – bei einer, die die Realität weitgehend ignoriert oder verfälscht, ist das zweifellos vonnöten; gleichzeitig will es jedoch einen ersten Schritt in Richtung auf Veränderung dieser Realität weisen. Weiterhin so zu tun, als hätte die Zugehörigkeit zu einer gesellschaftlichen Klasse keine Folgen, als gäbe es überhaupt keine Ungleichheit, die der Rede wert wäre, hieße sich zum Komplizen der großen und teuflischen Verschwörung zu machen, die durch Verleugnung zum Fortbestand von Klassen und Kasten beiträgt.

Nonverbales Verhalten – unser Forschungsgebiet

Dieses Buch kann keine Einführung in das Gebiet nonverbaler Kommunikation leisten; trotzdem werde ich versuchen, einiges Grundwissen mitzuvermitteln, das zum Verständnis der Phänomene, die ich erörtern möchte, notwendig ist. Interessierten Lesern bleibt es anheim gestellt, sich anhand der zitierten und in den Anmerkungen erwähnten Bücher gründlicher zu informieren. Einige einführende Bemerkungen seien jedoch erlaubt, um zu vermeiden, daß es zu Mißverständnissen meiner Darstellungsform kommt.

Der System-Ansatz. Erstens: Obwohl wir nonverbale Kommunikation oft isoliert betrachten werden, um sie besser untersuchen zu können, soll damit nicht gesagt werden, daß sie ein isoliertes, aus dem Handlungs- und Kommunikationsfluß herausgelöstes Phänomen *ist*. Kommunikation ist integral; sie geschieht auf vielen Ebenen und mittels vieler Kanäle gleichzeitig. Auch die anderen künstlichen Abtrennungen von Kommunikationsebenen, die sich in der Wissenschaftstradition herausgebildet haben, dienen der Übersichtlichkeit, sind also nur Konventionen.

Ein noch wichtigerer Punkt: Obwohl sich unsere Aufmerksamkeit zuweilen auf die Interaktoren oder einzelne Verhaltensweisen konzentriert, sehen wir das Hauptgewicht – und den wesentlichen Kontext zum Verständnis dieser Phänomene – in der Gesamtsituation von Kommunikation. Wir folgen hier Scheflen, der sich nicht einzelnen Dingen und Kräften zuwendet, sondern den System- oder Feldansatz wählt. Scheflen hat den Weg beschrieben, auf dem sich unser Verständnis nonverbaler Kommunikation, wie auch das verschiedener anderer Forschungsgebiete, in den letzten Jahren von einer Aristotelischen Konzeptualisierung zur Feldtheorie (Einsteinschen Theorie) hin bewegt hat.[48]

Für unsere Erörterung nonverbalen Verhaltens bedeutet dies, daß wir nicht den Fehler begehen wollen, bestimmte Verhaltensweisen auf solch ungewisse Kräfte wie »Gefühle« oder »Triebe« zurückzuführen, also auf intrinsische Motive der einzelnen Interaktoren; wir wollen vielmehr das Gesamtfeld, d. h. das Zusammenspiel von Kräften im Auge behalten und die Gesamtheit von Organisation und Veränderung innerhalb dieses Feldes. Der alte Ansatz brachte halb-wahre Dogmen hervor (»die sich gut in den Dienst politischer Verschleierungs- und

Schuldzuschreibungsstrategien stellen ließen«, schreibt Scheflen); es entstanden sich gegenseitig bekämpfende, der einen oder anderen Doktrin verhaftete Schulen, die sich jedoch in folgendem zumeist einig waren: in der Überzeugung, daß die Beschreibung eines Übels dessen Ursache sei, und dem Glauben an »große Rätsel, die nur der ›Experte‹ zu ›entschlüsseln‹ vermag.«[49]

All das diente natürlich vor allem der wuchernden Ausbreitung von Wissenschaft und Wissenschaftlern; gleichzeitig lenkte es die Aufmerksamkeit von dem Gesamtfeld ab, zu dem (unter anderem) auch Machtunterschiede, Sozialstruktur, Ökonomie, Rasse, Geschlecht, Alter und all deren Auswirkungen gehören.

In unserem Ansatz werden Phänomene, auch wenn sie zuweilen des besseren Verständnisses wegen isoliert behandelt werden, nie als eigenständige Kräfte in der Interaktion verstanden. Nur wenn sie mit dem Gesamtfeld rückverknüpft werden, können sie richtig gewürdigt werden – als einzelne Phänomene *innerhalb eines Systems von Phänomenen.*

Probleme, Fallgruben oder Möglichkeiten. Zweitens: Die Erforschung nonverbalen Verhaltens ist noch sehr jung und daher notwendigerweise voller Unsicherheiten. Oft ist die Terminologie noch verschwommen[50] und das Denken unklar. Wiener und seine Kollegen fragen zum Beispiel: Kann man jedes nonverbale *Verhalten* als nonverbale *Kommunikation* betrachten? Wenn nonverbales Verhalten (von den Beobachtern) als kommunikativ *interpretiert* wird, wird es dadurch zu einem solchen? Wenn eine Botschaft »empfangen« wird, aber der »Sender« bestreitet, sie gesandt zu haben (wie es in der psychoanalytischen Deutung oft der Fall ist), können wir von solchen unbewußten Botschaften trotzdem behaupten, sie wurden ausgesandt? Und können wir unter solchen Umständen von *Kommunikation* sprechen, zumal es für die Interagierenden keinen eingeführten oder akzeptierten Code gibt (nur den Code, der von den interpretierenden »Experten« benutzt wird)?[51]

Da wir uns in einem Bereich bewegen, der noch solche Probleme mit seiner Terminologie und Konzeptualisierung hat, müssen wir also sehr vorsichtig mit unseren Interpretationen sein, aber nicht ganz enthaltsam. Selbst in ihrem frühen Stadium hat die Wissenschaft nonverbalen Verhaltens Studien hervorgebracht, aus denen wir viel lernen können. Wir hoffen, daß wir mit unserem Beitrag sowohl zu neuen Einsichten verhelfen als auch neue Fragen aufwerfen. Unsere Konzentration auf Macht und Status will neue Richtungen für die nonverbale Forschung aufweisen und die alten Richtungen und Ansätze hinterfragen. Wie Wiener u. a. betonen, hat man sich in diesem Bereich durch die Überkonzentration auf den Affekt (Emotion) unnötigerweise selbst beschränkt und dadurch verhindert, daß andere bedeutende Faktoren erfaßt wurden.

Zum Schluß: Mit einigen der oben erwähnten Probleme hängt die Tatsache zusammen, daß ein großer (vielleicht der größte) Teil der Forschung auf diesem Gebiet sich auf die Feststellung von Korrelationen beschränkte. Das heißt, die Forscher beobachteten ein nonverbales Verhalten und registrierten die Situationen, in denen es vorkam, und die Persönlichkeitszüge des Verhaltensurhebers. Sie hielten es fest, wenn sie zwischen beiden eine verläßliche Beziehung fanden: X und Y treten zusammen auf. Wir können nicht wissen, ob X (die Situation oder der Persönlichkeitszug) Y (das Verhalten) verursacht, ob Y in irgendeiner Weise X bedingt, oder ob ein dritter Faktor sie beide bedingt. Aus diesem Grunde halten Psychologen seit langem das Experiment für die fruchtbarste Untersuchungsmethode, da sie hier eine gewisse Kontrolle über die einzelnen Faktoren haben.[52]*

Wie dem auch sei, dieses Problem ist nicht so schlimm wie viele es darstellen. Ein beachtlicher Teil der Forschung in diesem Bereich – wie zum Beispiel auch die zuvor erwähnte interrassische Untersuchung – überprüfte Korrelationen durch Variation der experimentellen Situation. In manchen Fällen können auch unwissenschaftliche Informationen Hinweise auf Kausalitäten geben. In anderen Fällen ist allein die Tatsache, zu wissen, daß es bestimmte Beziehungen gibt, eine Hilfe. Wenn man weiß, daß bestimmte Komponenten zusammen auftreten, kann man darangehen, Hypothesen über Kausalität im Experiment und durch praktische Erfahrung zu überprüfen.

Ob die Verhaltensweisen, mit denen wir uns beschäftigen werden, als lediglich mit Macht *assoziiert* betrachtet werden oder als sie *beeinflussend*, aus ihr *hervorgehend*, als deren *Symbole* oder *Ausdrucksformen* – als Macht *beschreibend*, *etablierend* oder *aufrechterhaltend* –, wir werden immer feststellen, wie eng Macht und bestimmte nonverbale Verhaltensweisen ineinander verwoben sind. Diese Verbindung verdient eine nähere Prüfung.

Die Frage individueller Unterschiede

Wenn die Sprache auf das Thema Berühren kommt, neigen viele Menschen, sogar Psychologen, dazu, alle Hinweise auf äußere Bedingungen abzuwehren und sich auf individuelle Unterschiede zu berufen: »Ich bin einfach jemand, der andere oft anfaßt; es hat nichts mit Macht zu tun.« Es wäre töricht, wollte man leugnen, daß es bei der Neigung, andere zu berühren – wie bei jeder anderen nonverbalen Verhaltensweise –, individuelle Unterschiede gibt. Denn unsere alltägliche Erfahrung lehrt uns, daß es sie gibt. Es wäre jedoch ebenso töricht, zu leugnen, daß es unterschiedliche extrapersonale Faktoren – wie Art der Beziehung, Situation etc. – gibt, die von ähnlichem Einfluß sind wie die individuellen Unterschiede – vielleicht mit ihnen zusammenwirken.

Zum Beispiel: Person A kann als »Berührer« charakterisiert werden, während man Person B einen »Nicht-Berührer« nennen könnte. Haben A und B mit Personen zu tun, gegenüber denen sie in der dominanten Position sind, wird wahrscheinlich die Berührungshäufigkeit bei beiden ansteigen, aber die von A wird immer noch größer sein als die von B. In einer Situation, die die Neigung zum Berühren hemmt, wird sowohl bei A als auch bei B die Berührungshäufigkeit sinken, aber bei B stärker als bei A. Wir sehen also, daß die Existenz individueller Unterschiede nicht bedeutet, daß nicht auch äußere Umstände auf das Verhalten einwirken.[53]* Die Untersuchung von Verhaltensunterschieden, die auf gesellschaftliche Situationen zurückzuführen sind, ist traditionellerweise Gegenstand der Sozialpsychologie, so wie sich die Persönlichkeitsforschung die Untersuchung von Unterschieden, die im Individuellen liegen, zum Thema gemacht hat. Eine wirklich integrative Psychologie wird beide Ansätze berücksichtigen und sie miteinander verbinden.

Aufbau des Buches

Aus Gründen der Übersichtlichkeit, aber auch aus einer gewissen inneren Logik heraus habe ich meine Untersuchung nonverbalen Verhaltens in neun Bereiche unterteilt. Wir werden mit den großen Themen von *Raum, Zeit* und *Umwelt* beginnen, uns dann vom Unpersönlichen dem Persönlichen nähern, zunächst den subtileren Aspekten von *Sprache*, dann der globalen Dimension *Benehmen*. Den Schlußteil werden die einzelnen Aspekte *Berührung, Körperhaltung, Augenkontakt* und *Gesichtsausdruck* bilden. Die Ergebnisse unserer Untersuchung und deren Implikationen werden wir am Ende zusammenfassen.

Anmerkungen Kapitel 1

1 Ann Landers' Kolumne im Bostoner *Globe*, 9. Januar 1976, S. 20

2* Albert Mehrabian untersuchte Statusrelationen bei nonverbalem Verhalten und unterschied drei Dimensionen, entlang derer nonverbale Kommunikation variiert: Wertschätzung, Einfluß oder Status und Empfänglichkeit (Nonverbal Communication [Chicago: Aldine-Atherton, 1972]). Die von mir genannten zwei Dimensionen beziehen sich auf die konzeptuellen Hauptdimensionen, die parallel zu anderen Aspekten sozialen Verhaltens verlaufen; ich stütze mich hierbei auf das Werk von Roger Brown (*Social Psychology* [New York: Free Press, 1965]).

3 Jay Haley, »The Art of Psychoanalysis«, in: S. I. Hayakawa (Hrsg.), *The Use and Misuse of Language*. Greenwich, Conn. (Fawcett) 1962, S. 207–218.

4 Haley, »Art of Psychoanalysis«, S. 208–10.

5 Erving Goffman, *Interaktionsrituale*. Frankfurt/M. (Suhrkamp Verlag) 1971, S. 54–105

6 Goffman, *Interaktionsrituale*, S. 68f.

7 Goffman, *Interaktionsrituale*, S. 72. Auch Roger Brown und Mitarbeiter analysierten dieses Symmetrie/Asymmetrie-Muster. Ihre Arbeiten werden in Kapitel 5 ausführlicher dargestellt.

8 Goffman, *Interaktionsrituale*, S. 82f.

9* Titel eines alten schottischen Volksliedes.

10* Als Richard Nixon dem House Judiciary Committee, das (im April 1974) über die Frage seiner Amtsenthebung verhandelte, Abschriften, keine Tonbandaufzeichnungen, seiner Gespräche übersandte, beschwerten sich die Mitglieder des Komitees mit Recht, daß sich aus einer Abschrift nicht die volle und korrekte Bedeutung einer Äußerung ersehen lasse, da sie keine Stimmschwankungen wie Stress oder andere Nuancen enthalte. Sie forderten die Tonbänder. Diese Forderung ist ein Meilenstein für die Anerkennung der Legitimität paralinguistischer Kommunikation – jener Merkmale gesprochener Worte, die für deren Interpretation von Bedeutung sind, aber außerhalb dessen stehen, was normalerweise unter Sprache verstanden wird.

11 Michael Argyle, et al., »The Communication of Inferior and Superior Attitudes by Verbal and Non-Verbal Signals«, *British Journal of Social and Clinical Psychology*, 1970, 9, 222–31

12 Argyle, et al., »Verbal and Non-Verbal Signals«, S. 224.

13* Dies wurde auf zwei verschiedene Weisen demonstriert. Erstens: Die Summe der Fälle, in denen die Bewertungsvariationen der Versuchspersonen auf die nonverbale Botschaft zurückgingen, war 21.7 mal größer als die Summe der Bewertungsvariationen aufgrund der verbalen Botschaft. Zweitens: Wenn verbale und nonverbale Botschaft getrennt voneinander präsentiert wurden, zeigten beide den gleichen Wirkungsgrad auf die Einschätzungen der Versuchspersonen; wurden beide jedoch kombiniert, war der Wirkungsgrad der nonverbalen Botschaften 4.3 mal größer als die der verbalen.

14 Robert Rosenthal, et al., »Body Talk and Tone of Voice: The Language Without Words,« *Psychology Today*, September 1974 (vol. 8, no. 4), 64–68. Von diesen Autoren s. auch: »Assessing Sensitivity to Nonverbal Communication: The PONS Test,« *Division 8 Newsletter*, Division of Personality and Social Psychology of the American Psychological Association, Januar, 1974, 1–3.

15 Edward Sapir, »The Unconscious Patterning of Behavior in Society,« 1927. In D. G. Mandelbaum, (Hrsg.) *Selected Writings of Edward Sapir* (Berkeley: University of California Press, 1949), S. 544–59.

16 Carl O. Word, Mark P. Zanna, und Joel Cooper, »The Nonverbal Mediation of Self-Fulfilling Prophecies in Interracial Interaction«, *Journal of Experimental Social Psychology*, 1974, 10, 109–20.

17 Siehe Erving Goffman, Stigma. *Über Techniken der Bewältigung beschädigter Identität.* Frankfurt/M. (Suhrkamp) 1967.

18 Robert E. Kleck, H. Ono, und A. H. Hastorf, »The Effects of Physical Deviance Upon Face-to-Face Interaction,« *Human Relations*, 1966, 19, 425–36. Robert E. Kleck, »Physical Stigma and Nonverbal Cues Emitted in Face-to-Face Interactions,« *Human Relations*, 1968, 21, 19–28. Robert Kleck, et al., »Effects of Stigmatizing Conditions on the Use of Personal Space«, *Psychological Reports*, 1968, 23, 111–18. Robert E. Kleck und W. Nuessle, »Congruence Between the Indicative and Communicative Functions of Eye Contact in Interpersonal Relations,« *British Journal of Social and Clinical Psychology*, 1968, 7, 241–46.

19 Word, Zanna, Cooper, »Nonverbal Mediation,« S. 111.

20 William Ryan, *Blaming the Victim* (New York: Random House, 1971), S. 119–20.

21 Diese Überschrift entstammt der Plattenhülle zu *Mountain-Moving Day*, einem Album mit Liedern der Frauenbefreiungsbewegung (Produziert von Rounder Records).

22 Argyle, et al., »Verbal and Non-Verbal Signals.«

23 Alle diese Ergebnisse sind zitiert in Wayne N. Thompson, *Quantitative Research in Public Address and Communication*. New York (Random House) 1967, S. 47–48.

24 Robert Rosenthal, et al., »Body Talk and Tone of Voice«, 64–68.

25 Siehe zum Beispiel Untersuchungen wie: Sam Witryol und Walter Kaess, »Sex Differences in Social Memory Tasks«, *Journal of Abnormal and Social Psychology*, 1957, 54, 343–46; und die von Julia Sherman zitierten in: *On the Psychology of Women*. Springfield, Ill. (C. C. Thomas), 1971, S. 18. Eleanor Maccoby und Carol Jacklin sind jedoch in *The Psychology of Sex Differences*, Stanford (Stanford Univ. Press) 1974 davon überzeugt, daß die größere soziale Empfänglichkeit von Frauen nicht eindeutig nachweisbar ist, zumindest nicht unter jungen Menschen (S. 213–14).

26 Pam English, »Behavioral Concomitants of Dependent and Subservient Roles,« 1972, unveröfftl. Arbeit, Harvard University.

27 A. George Gitter, Harvey Black und David Mostofsky, »Race and Sex in the Communication of Emotion«, *Journal of Social Psychology*, 1972, 88, 273–76.

28 Shirley Weitz, »Sex Role Attitudes and Nonverbal Communication in Same and Opposite-Sex Interactions,« vorgelegt der American Psychological Association, 1974; und »Sex Roles and Nonverbal Communication,« der American Sociological Association, 1975 vorgelegt.

29 See Muzafer Sherif and Carolyn W. Sherif, *Social Psychology*. New York (Harper & Row, 1969), These 10, S. 70: »Je unstrukturierter die Stimulussituation, desto größer die Wirkungskraft (äußerer) sozialer Einflüsse ...«

30* Daß die Volksmeinung dem, was die Frauen selbst sagen, keine Beachtung schenkt, fügt sich bruchlos in jenes allgemeine Muster ein, daß Unterlegenen (zum Beispiel Kindern, Insassen psychiatrischer Anstalten) oft verweigert wird, ihre eigenen Motive zu äußern. Dies gehört zur Macht der Psychiatrie: Menschen Motive zu unterstellen, die diese selbst nicht für sich beanspruchen. Individuen das Recht zu verweigern, ihre eigenen Absichten zu erklären, heißt, sie des letzten Rests ihrer menschlichen Würde berauben [Diesen Hinweis verdanke ich Barry Thorne]. Zu einer umfassenden Analyse von Vergewaltigung als einer Institution siehe Susan Brownmiller, *Gegen unseren Willen*. Frankfurt/M. (S. Fischer) 1978.

31* Individuelle Tendenzen und biologisches Geschlecht können ebenso eine Rolle spielen; darauf werden wir später in diesem Kapitel und diesem Buch eingehen.

32 Ray L. Birdwhistell, »Masculinity and Femininity as Display«, in *Kinesics and Context*. Philadelphia (University of Pennsylvania Press, 1970), S. 39–46. Zu dem »beispielsweise im Vergleich zur

Familie der Robben wenig ausgeprägten physischen Dimorphismus bei den Hominiden« siehe D. G. Freedman, »A Biological View of Man's Social Behavior«, in William Etkin, *Social Behavior from Fish to Man*. Chicago (University of Chicago Press, 1967), besonders S. 160–61.

33 Birdwhistell, *Kinesics and Context*, S. 41–42.

34 William E. Galt, »The Male-Female Dichotomy in Human Behavior,« *Psychiatry*, 1943, 6, 1–14.

35 Galt, »Male-Female Dichotomy,« S. 9.

36 Sandra L. Bem, »Sex Role Adaptability: One Consequence of Psychological Androgyny,« *Journal of Personality and Social Psychology*, 1975, 31, 634–43; und »Androgyny vs. the Tight Little Lives of Fluffy Women and Chesty Men,« in *Psychology Today*, September, 1975 (Bd. 9, Nr. 4) 58–62

37 Siehe Peter M. Blau, *Exchange and Power in Social Life*. New York (Wiley) 1964: »... uniliterale Verteilung der Ressourcen, die die Grundbedürfnisse befriedigen, ist das vorletzte Mittel von Macht. Ihr letztes Mittel ist natürlich physische Gewalt« (S. 22).

38* Dies ist das 1938 von Waller wie folgt definierte Prinzip des Geringsten Interesses: »Die Person, die in der Position ist, die Bedingungen einer Beziehung zu diktieren, ist zugleich diejenige, die das geringste Interesse an deren Fortbestand hat.« Wallers Prinzip kann man natürlich auch in der Beziehung zwischen Mann und Frau, gegen die Frau, wirken sehen: Neben ökonomischer Abhängigkeit ist auch die weibliche Sozialisation dafür verantwortlich, daß Frauen im allgemeinen mehr an der Beziehung liegt.

39 Willard Waller, *The Family*. New York (Drydan) 1938, S. 275. George Homans, in *Elementarformen sozialen Verhaltens*. Köln/ Opladen (Westdeutscher Verlag) 1968, definiert das Geringste Interesse als das Prinzip, aufgrund dessen Macht faktisch ausgeübt wird, und schließt es in seine Allgemeindefinition von Macht ein. Homans, *Elementarformen sozialen Verhaltens*, Kapitel 5, S. 71–94

40 Roger Brown, *Social Psychology* (New York: Free Press, 1965), S. 55, 73–74.

41 Sherif und Sherif, *Social Psychology*, S. 140.

42 C. Wright Mills, *The Power Elite*. New York (Oxford University Press, 1956), S. 264.

43 Ronald Sampson, *The Psychology of Power*. New York (Random House, 1965); siehe besonders Kapitel 2.

44 Sampson, *Psychology of Power*, S. 203.

45 Es gibt natürlich Ausnahmen, z. B. in der Literatur über Rassenvorurteile oder in *Blaming the Victim* (William Ryan, Random House, 1971), oder *The Hidden Injuries of Class* (Richard Sennett und Jonathan Cobb, Knopf, 1972).

46 S. Loren Baritz, *The Servants of Power.* Middletown, Conn. (Wesleyan University Press, 1960), zu einer guten Analyse.

47 Zur Dokumentation beider Punkte siehe Fredric Wertham, *A Sign for Cain.* New York (Macmillan, 1966), besonders Kapitel 9.

48 Albert E. Scheflen, *How Behavior Means.* Garden City, N. Y. (Doubleday Anchor, 1974), besonders Kap. 12. Siehe auch Scheflens *Communicational Structure: Analysis of a Psychotherapy Transaction.* Bloomington, Ind. (Indiana University Press, 1973), weniger populär geschrieben; und Starkey Duncans Artikel »Nonverbal Communication,« *Psychological Bulletin*, 1969, 72, 118–37.

49 Scheflen, *How Behavior Means*, S. 187–88.

50 Siehe Mehrabian, *Nonverbal Communication*, Kap. 1.

51 Morton Wiener, et al., »Nonverbal Behavior and Nonverbal Communication,« *Psychological Review*, 1972, 79, 185–214.

52* Natürlich sind der experimentellen Methode noch weitere Grenzen gesetzt, vor allem durch die Frage, wie weit sich ihre Ergebnisse auf die Begebenheiten des »wirklichen Lebens« übertragen lassen.

53* Es ist natürlich auch möglich, daß bestimmte individuelle Unterschiede mit bestimmten sozialen Situationen zusammenwirken, so daß die Aktionen eines Menschen durch die Kenntnis nur eines der beiden Faktoren nicht vorhersehbar sind; aber dies ist ein Problem, das weiter erforscht werden muß.

Kapitel 2

Eng mich nicht ein: Raum

Exzerpt aus: »First Venusian Anthropological Expedition to Earth:«

Das auffallendste Merkmal ihrer Hierarchie ist eine Erscheinung, die wir die »Raumblase« genannt haben. Jeder Erdling hat eine Raumblase um sich herum, jene Menge Raum, die zu seinem eigenen Körper gehört. (Je nach Situation und offensichtlich auch aufgrund innerer Strömungen kann sie sich leicht verändern). Dominante Erdlinge haben größere Raumblasen; nicht nur ihr innerster »persönlicher Raum« ist größer, auch ihre Fortbewegungsmittel und ihre Schutzbereiche, wie Fahrzeuge, Wohnungen usw., sind geräumiger.
Man braucht nur zu beobachten, wie sich die Erdlinge in ihren unterschiedlich großen Blasen herumbewegen, wie eine Blase sich der andern nähert, um sofort zu wissen, wer der Überlegene und wer der Unterlegene in der Interaktion ist...

Wohl kaum eine Erörterung der Verteilung von Raum kommt umhin, mit dem Territorialitätskonzept zu beginnen; dieses Konzept ist inzwischen allgemein bekannt und wurde in der jüngsten Zeit in Büchern und Zeitschriftenartikeln geradezu zu Tode geritten. Territorialität ist ein vergleichsweise neues Konzept der biologischen Wissenschaften; es beschreibt das Verhalten, ein Revier abzustecken, d. h. es auf irgendeine Weise zu markieren und gegen die anderen Mitglieder der eigenen Spezies zu verteidigen. Territorialität und Dominanz werden als einander ergänzende – und alternative – Systeme gesehen, die dazu dienen, die Aggression innerhalb einer Spezies zu kontrollieren. Sie organisieren die Beziehungen innerhalb einer Gruppe, so daß jedes Mitglied – im wörtlichen wie im übertragenen Sinne – seinen Platz kennt.
Um Territorialität als menschliches Phänomen zu erörtern, muß man keineswegs von einem angeborenen Territoriumstrieb ausgehen; das gilt gleichermaßen für andere Aspekte menschlichen Verhaltens, zu denen es Analogien in der Tierwelt gibt. Aber bei der Beobachtung von Tierverhalten stechen

uns einige Merkmale viel deutlicher in die Augen – so wie wir auch andere Gesellschaften eher mit den Augen eines Anthropologen sehen als unsere eigene; und dies hilft uns, einige Aspekte menschlichen nonverbalen Verhaltens besser zu verstehen. Wenn wir den drohenden Blick, das beschwichtigende Lächeln und die Revierverteidigung der Tiere vor Augen haben, sind wir vielleicht nicht so schnell bereit, ähnliche Verhaltensweisen bei Menschen, zumal wenn sie unter solch ähnlichen Umständen auftreten, als »individuelle Merkmale« abzutun.[1]*

Tier-Reviere. Territorialität und Dominanz sind nicht nur einander ergänzende Systeme zur Triebregulierung; man muß sie auch als gemeinsam agierende Systeme betrachten – erstere als räumliches Korrelat der Rangposition, letztere als Rangkorrelat der räumlichen Position. Sommer[2] gibt ein Beispiel: »In dem Hühnerhof haben die ranghöchsten Hühner den größten Raum und können sich auch überall hin bewegen, während die rangniederen Tiere auf kleinere Bereiche beschränkt sind und überall, wo sie sich hinbegeben, gehackt werden können.«[3] Hall berichtet dasselbe Phänomen von den Wanderratten: »Hochrangige Ratten müssen anderen Ratten nicht so viele Zugeständnisse machen wie solche von niedrigem Rang. Ihr Status wird zum Teil durch jene Areale innerhalb des Territoriums angezeigt, die ihnen zugänglich sind. Je höher der Status, desto größer die Anzahl der Gebiete, die sie aufsuchen dürfen.«[4]

Raum, der Bewegungsfreiheit ermöglicht, und die Gewährleistung körperlicher Unversehrtheit sind natürlich nicht das, was man gemeinhin unter Territorialität versteht, aber sie reflektieren dem Zusammenwirken von Raumverteilung und Dominanz verwandte Aspekte. Ein weiterer solcher Aspekt ist die von Hall bei den Tieren beobachtete »Individualdistanz« – jene Distanz, die die Mitglieder einer Spezies normalerweise zueinander einhalten: Dominierende Tiere haben im allgemeinen größere Individualdistanzen als rangniedere; und untergeordnete Tiere wurden beobachtet, wie sie an dominierende Raum abtreten. Hall stellt fest, daß diese Korrelation zwischen Individualdistanz und Status in der einen oder anderen Form das ganze Reich der Wirbeltiere zu durchziehen scheint.[5]

Daß ranghöheren Tieren Raum abgetreten wird, wurde auch von Washburn und Devore beobachtet. »Die ranghöchsten männlichen Tiere... können sich die Futter- und Ruheplätze ihrer Wahl suchen. Wenn sich ein dominantes Tier einem rangniederen nähert, geht das niedere ihm aus dem Weg. Allein daran, wie sich Paviane verhalten, wenn sie aneinander vorbeigehen, kann ein Beobachter deren Position in der Rangordnung bestimmen.«[6]

Es gibt jedoch noch einen weiteren Aspekt räumlicher Dominanz: die Frage, *wo* man seinen Platz hat, kann eine ebenso wichtige Rolle spielen wie dessen Größe. In fast allen Kulturen gibt es Kinderspiele wie das amerikanische »Bergkönig«-Spiel, in dem jeder versucht, zum Höchsten zu avancieren, d. h. den Platz auf der Spitze irgendeiner Erhebung zu gewinnen und zu verteidigen. Die Beziehung zwischen »über«-legener räumlicher Position und sozialer Position funktioniert auch anders herum, denn die überlegene Position verschafft bessere Angriffs- und Verteidigungsmöglichkeiten. Geht es um den Zugang zu solch entscheidenden Dingen wie Nahrung oder (wie im Falle des Hügels) um bessere Übersicht (Information), spielt die horizontale räumliche Position eine ebenso wichtige Rolle wie die vertikale. Ein gutes Beispiel hierfür liefern die Beobachtungen eines Wissenschaftlers über die Rangordnung von Vögeln, die sich jeweils veränderte, wenn die Futterstation von einem Gebiet in ein anderes verlegt wurde. Je näher das Revier eines Vogels beim Futterplatz lag, desto höher stieg er in der Rangordnung.[7]

Es gibt also verschiedene Weisen, auf die der Raum die Rangordnung bei den Tieren widerspiegelt:

1. Ranghöhere Tiere kontrollieren ein größeres Revier.
2. Sie können sich freier auf allgemeinem Areal bewegen und leichter in die Reviere der anderen Tiere eindringen.
3. Ihnen wird ein größerer persönlicher (körperlicher) Raum zugestanden.
4. Rangniedere Tiere treten ranghöheren Raum ab, wenn ein ranghöheres Tier sich ihnen nähert, oder beim Aneinandervorbeigehen.
5. Ranghöhere Tiere besitzen die günstigsten Positionen hinsichtlich des Zugangs zu oder der Kontrolle über die wichtigen Ressourcen.

Wir wollen nun betrachten, wie der Raum bei den Menschen von ihren hierarchischen Beziehungen beeinflußt ist.

Sehr raumeinnehmende Menschen

Bei Menschen stoßen wir auf dieselben Muster wie bei den Tieren, aber die Rolle, die das Raumeinnehmen in menschlichen Dominanzhierarchien spielt, ist viel weniger erforscht. Wir müssen daher unser Material aus den verschiedensten Quellen zusammensuchen und versuchen, daraus ein Bild zusammenzusetzen.

Als erstes können wir feststellen, daß die gesellschaftliche Elite auch die räumliche Elite ist. Privilegierte besitzen ganz schlicht und einfach mehr Raum als weniger Privilegierte. Mehr Raum steht ihnen darüber hinaus in vielerlei Hinsicht zur Verfügung. »In der menschlichen Gesellschaft«, schreibt Sommer,

> besitzt die gesellschaftliche Elite mehr Raum in Form von größeren Anwesen und Häusern, mehr Zimmern pro Haus und Ferienhäusern. Darüber hinaus haben die Privilegierten größere Bewegungsfreiheit und mehr Fluchtmöglichkeiten, wenn ihnen eine Situation zu angespannt, unbequem oder langweilig wird.[8]

Großer Raum ist in der Tat das Vorrecht der Reichen und Mächtigen; es sind die Armen, die in überfüllten Räumen, den übervölkerten Stadtvierteln ohne Gärten leben müssen, die in Schulen, Krankenhäusern und sogar auf den Friedhöfen auf dem kleinen für sie vorgesehenen Raum Körper an Körper zusammengedrängt werden.

Das Territorialprivileg der Reichen bezieht sich sowohl auf ihre großen Besitztümer als auch darauf, daß sie über einen größeren persönlichen, privaten Raum verfügen. In seiner Klassifizierung von acht »Reservaten« – sowohl im wörtlichen als auch im metaphorischen Sinne räumliche Kategorien zur Beschreibung situationeller oder persönlicher Territorien – stellt Goffman die Verbindung zwischen räumlicher Ausdehnung des Territoriums und persönlichem Raum her.

Auch Goffman schreibt, daß der Umfang der Reservate je nach Macht und Rang höchst verschieden sein kann. Ranghöhere besitzen nicht nur größere Territorien, sondern haben auch über die Grenzen ihres Territoriums hinaus größere Rechte. Als Beispiel zitiert er, daß »Erwachsene [in einem Haushalt] im allgemeinen sehr viel größere territoriale Anrechte [haben] als Kinder.«[9]

Der Akt solcher Raumaneignung, d. h. Territorium durch spezifische, für die eigene Person stehende Symbole zu markieren, kann in einer Konkurrenzsituation stattfinden, wobei dem erfolgreichsten Raumaneigner das größte Prestige zufällt. Wie Freedman betont, sind bei den Menschen Territorialität, Besitzergreifung und sozialer Status unentwirrbar miteinander verknüpft. Ein Beispiel für die in seinen Worten »ineinander verknäulten Bereiche von Territorialität und Status in der menschlichen Adaptation«[10] kann man in der folgenden Mitteilung eines Fakultätsmitglieds einer bekannten Universität (das ungenannt bleiben möchte) sehen:

Im letzten Jahr kam ich in den fragwürdigen Genuß, in das Raum-Komitee meiner Fakultät berufen zu werden. Da ich zuvor noch nie mit einem solchen Komitee zu tun hatte, nahm ich an, es handele sich lediglich um eine weitere dieser lästigen Aufgaben, die uns die Universitätsverwaltung zuschob und die ohnehin niemand ernst nahm. Den Sinn der ersten Komitee-Sitzung fand ich dann auch in der Tat recht rätselhaft. Es schien darum zu gehen, Karten von den Räumen der Fakultät anzulegen und sie mit vier verschiedenen Farben zu kennzeichnen, je nach dem, ob es sich um Einzelbüros, Einzel-Laboratoriumsplätze, Gemeinschafts-Labors und so weiter handelte. Erst allmählich dämmerte mir, daß ich hier an keinem reinen Zeitvertreib teilnahm, sondern vielmehr an der Neuverteilung von Räumen im Zuge der Neuorganisation unserer Fakultät. Angesichts der Emotionalität, mit der sich alle Beteiligten verhielten, hätte man meinen können, man habe Truman, Churchill und Stalin in Potsdam vor sich. Die Argumente hatten recht wenig damit zu tun, wer wirklich Räume brauchte (zum Beispiel für Forschung, Tierkäfige oder ähnliches); es schien lediglich um die Frage zu gehen, wie viel Platz jeder vor der Neuorganisation hatte, wieviel man ihm versprochen hatte, und wieviel er zu verdienen meinte. Die Zuteilung von Büros, Laboratorien und ähnlichem schien plötzlich über jedermanns Status und Wert als menschliches Wesen zu entscheiden.

Weitere Hinweise auf die Bedeutung von Raumerwerb werden wir später bei unserer Erörterung der Umweltaspekte von Macht finden. Ein letztes Beispiel für die Konsequenz, mit der Privilegierte in allen Bereichen größeren Raum für sich beanspruchen: ihre Unterschrift; auch sie ist sehr platzeinnehmend. Je höher jemand auf der akademischen Leiter steigt – vom Hilfsassistenten bis zum Professor – desto größer wird seine Unterschrift.[11]

Analog zu der Freiheit dominanter Tiere, sich in den Territorien anderer Artgenossen zu bewegen, stehen die Rechte statushoher Menschen, die über die Grenzen ihres Territoriums hinausgehen. Der Chef kann mit großer Selbstverständlichkeit das Büro eines Untergebenen betreten und sich seinem Schreibtisch nähern, aber der Untergeordnete hat nicht das gleiche Recht, das Chefzimmer zu betreten. Die dominante Bande in einem Stadtteil wird ungestraft in das Revier der Gegnerbanden eindringen können; umgekehrt ist das nicht der Fall.

Wie bei den Tieren besitzt die Elite nicht nur mehr Raum, sondern auch die *begehrtesten* räumlichen Positionen, sei es das Haus am Strand, die Theaterkarte im ersten Rang, die Farm mit fruchtbarem Land oder die Hotelsuite mit dem fantastischen Ausblick. Selbst bei solch auf den ersten Blick unbedeutenden Fragen wie der Tischordnung bei einem offiziellen Dinner verteilt ein ausgeklügeltes Protokoll die Vorzugsplätze unter den VIPs genau entsprechend ihrem Rang. Die Position am Tisch bedeutet natürlich keine wirkliche Bevorzugung oder Benachteiligung hinsichtlich des Zugangs zu den Ressourcen (VIPs hungern normalerweise nicht), sondern erfüllt vor allem eine symbolische Funktion.

Auch bei Anlässen mit informellen Sitzordnungen okkupieren Statushöhere die bevorzugten und privilegierten Plätze (sei es, daß sie selbst auf sie zusteuern, oder andere sie ihnen überlassen). In einer Reihe von Untersuchungen zu diesem Phänomen ließen Lott und Sommer Studenten durch Fragebogenbeantwortung und durch Aktion anzeigen, welchen Platz sie sich an einem rechteckigen Tisch in Beziehung zu einer anderen (hypothetischen) Person aussuchen würden. Der hypothetischen Person wurde alternierend höherer, niederer oder gleicher Status zugeschrieben; sie war entweder männlich oder weiblich. Wenn die Versuchspersonen höheren Status hatten als die hypothetische, stach klar die Tendenz vor, sich die »Haupt«-Position (Kopfende des Tisches) auszusuchen; wenn die Studenten in der untergeordneten Position waren, räumten sie diesen Platz fast durchgängig der überlegeneren Person ein.[12] Bei kleinen Gruppen neigen die Führer dazu, sich ans Kopfende zu setzen. In einem Experiment stellte sich nicht nur heraus, daß bei einer beliebig zusammengesetzten Jury diejenigen, die am Kopfende saßen, öfter zum »Vorsitzenden« gewählt wurden, sondern auch, daß die Personen mit höherem sozioökonomischen Status (Eigentümer und Manager beispielsweise) beim Eintreten in den Raum von sich aus dazu neigten, sofort auf diesen Platz zuzusteuern.[13]

Kontrolle größeren Territoriums, Zugang zu den begehrten Territorien und größere Bewegungsfreiheit – die drei Aspekte, in denen, wie wir feststellen, bei den Tieren Raum Dominanz reflektiert, charakterisieren auch die hohe Stellung eines Menschen in der sozialen Hierarchie. Wie sieht es nun mit der Beziehung zwischen Hierarchie und den Individualdistanzen beim Menschen aus? Betrachten wir zuerst, wie die Sozialwissenschaftler den Abstand, den Menschen zueinander einhalten, behandeln. *Proxemik* wird dieser Forschungszweig genannt.

Sperrzonen. Verschiedene Autoren gehen von Distanzzonen oder interpersonalen Distanzen aus, die Wesen und Inhalt einer Interaktion charakterisieren. Man kann davon ausgehen, daß die verschiedenen Kulturen ähnliche Zonen aufweisen, daß aber die Distanzen innerhalb dieser Zonen von Kultur zu Kultur variieren; in den Kulturen angelsächsischen Ursprungs wird man mit Recht die größten Distanzen erwarten. Nachstehend das von Hall entworfene System. Wir zitieren es ausführlich, weil wir im Laufe unserer Untersuchung noch oft darauf zurückkommen werden. Wir finden vier Unterteilungen des »informellen Raums« mit den folgenden für Amerika typischen Distanzen:[14]

Die intime Distanz

Nahe Phase: 0 bis 15 Zentimeter. Bei sehr intimer (normalerweise nicht-öffentlicher) Interaktion, an der körperlicher Kontakt beteiligt ist – wie körperliche Liebe, Ringen, Trösten, Schützen.

Weite Phase: 15 bis 45 Zentimeter. Bei weniger intensiver, aber doch intimer Interaktion, die normalerweise in der Öffentlichkeit als unschicklich gilt, es sei denn, sie ist erzwungen, wie in überfüllten U-Bahnen, wo die Passagiere jedoch über Abwehrmaßnahmen verfügen, die echte Intimität in solchen Situationen verhindern (bei jungen Menschen ist sie jedoch zuweilen auch hier zu beobachten).

Die persönliche Distanz (»die die Artgenossen der kontaktfeindlichen Spezies unveränderlich trennende Distanz«)

Nahe Phase: 45 bis 75 Zentimeter. Bei in irgendeiner Weise miteinander verbundenen Menschen; beispielsweise Ehepaare, Eltern und Kinder.

Weite Phase: 75 bis 120 Zentimeter. »Die Grenze körperlicher

Herrschaft« wird bei der Erörterung von Themen mit persönlichem Interesse und Engagement benutzt.

Die soziale Distanz
Nahe Phase: 120 bis 220 Zentimeter. Bei unpersönlichen Angelegenheiten; eingehalten von Menschen, die miteinander arbeiten, oder bei lockeren sozialen Zusammenkünften.
Weite Phase: 220 bis 360 Zentimeter. Bei formellen Anlässen und sozialem Diskurs – in Büros oder in einem Heim –, in dem keine oder nur lockere Kommunikation gewünscht wird.

Die öffentliche Distanz
Nahe Phase: 360 bis 750 Zentimeter. Bei Bedrohung gibt sie die Möglichkeit, Verteidigungsmanöver zu unternehmen. Es wird eine förmliche Sprache gebraucht; die Anlässe sind formelleren Charakters, zum Beispiel jemanden einem kleinen Publikum vorstellen oder kurze, unpersönliche Botschaften wie Aufforderungen zu bestimmten Dingen ausrufen.
Weite Phase: 750 Zentimeter oder mehr. Nonverbale Gesten erhalten größere Bedeutung (etwa für Schauspieler); »das Redetempo verringert sich, die Worte werden klarer ausgesprochen«. Menschen, die sich kennen, interagieren auf diese Distanz zumeist nur gezwungenermaßen, beispielsweise wenn einer dem andern über einen Hof oder Sportplatz hinweg zuruft.
Es gibt also verschiedene, vom jeweiligen Charakter der Interaktion abhängige Distanzen, nach denen wir unsere Positionen ausrichten. Andersherum: Wenn wir eine feste Position eingenommen haben, kann sie den Charakter der Interaktion beeinflussen. Wie Goffman in seinem »Reservate«-Konzept veranschaulicht, können diese Zonen darüber hinaus einerseits unsere Position in der sozialen Hierarchie beeinflussen, andererseits von ihr beeinflußt sein. Welches die »schickliche« Distanz ist, die in einer Interaktion eingehalten werden muß, bestimmt die mächtigere Person, was wiederum den Charakter der Interaktion beeinflussen wird.
Es fällt nicht schwer, Beispiele dafür zu finden, in denen dominanten Individuen ein größerer persönlicher Raum zugestanden wird: In bestimmten gesellschaftlichen Bereichen gibt es hierfür sogar einen genauen Code. Beim Militär zum Beispiel darf sich ein Unteroffizier einem Offizier nur bis auf drei Schritte nähern – eine, wie Hall sagt, zu ehrfürchtige Distanz,

um bequem miteinander zu sprechen.[15] Ein weiteres Beispiel sind die traditionellen indischen Kastenbeziehungen, in denen meßbare Abstände gelten, die genau vorschreiben, wie weit sich Personen verschiedener Kasten einander nähern dürfen.[16]
Hall geht davon aus, daß »neun Meter die Entfernung [ist], die automatisch bei bedeutenden Personen der Öffentlichkeit beachtet wird.« Er zitiert ein Beispiel aus Whites *The Making of the President 1960*: Als John F. Kennedys Nominierung zur Gewißheit wurde, brandeten die »übrigen im Raum ... vorwärts in dem Impuls, sich ihm anzuschließen. Dann hielten sie an. Eine Entfernung von ungefähr neun Metern trennte sie von ihm; aber sie war unüberschreitbar.«[17] (Oft wird diese Distanz zu Personen der Öffentlichkeit nicht automatisch gewahrt, sondern durch Leibwächter oder ein Gefolge von Freunden, Bediensteten und Günstlingen hergestellt.)
All diese Beispiele zeigen die Korrelation zwischen *Status* und persönlichem Raum. Dessen Beziehung zur *Dominanz* ist weniger erforscht, aber King, der bei Hühnern eine Korrelation zwischen Individualdistanz und Dominanz nachwies, beobachtete auch das Verhalten von Kindern. Bei Vorschulkindern stellte er fest, daß sie zu anderen Kindern, die sich ihnen gegenüber zuvor in eine dominante Position gebracht hatten, einen größeren Abstand einhielten.[18]
Das Phänomen, Dominanten Raum abzutreten, wurde vor allem bei Tieren und weniger bei Menschen erforscht. Ein Forscher, der proxemisches Verhalten auf der Straße untersuchte, beobachtete, daß für junge amerikanische Männer das Aneinandervorübergehen auf der Straße oft Anlaß für eine kurze Zurschaustellung von Aggression ist. In seiner Observation wirklichen Lebens fand er heraus, daß Männer an anderen Männern viel dichter (durchschnittlich in einem Abstand von 11,7 cm) vorübergehen als an Frauen (Durchschnittsdistanz 32,5 cm) oder Frauen aneinander (Durchschnittsdistanz 30,5 cm).[19] Wenn solche Situationen wirklich das Szenarium für die Zurschaustellung von Aggressionen abgeben, dann werden sie auch das Szenarium für den Austausch von Dominanz- und Submissionsgesten sein – den Wahrzeichen unserer Sozialstruktur. Wir werden später sehen, daß es Frauen sind, die Männern Platz machen. Die Menge Raum, die einer Person eingeräumt wird, ist also ein Indikator für den Zusammenhang zwischen Dominanz und persönlichem Raum – ein Zusammenhang, der

sich gleicherweise in der Tatsache reflektiert, daß Untergeordnete dominanten Personen Raum abtreten. Auf allen fünf Ebenen, auf denen es bei den Tieren einen Zusammenhang zwischen Dominanz und Raum gibt, sind beide Phänomene auch bei den Menschen miteinander verknüpft.

Raum/Rasse

Man würde vermuten, daß die Raumverteilung auch von rassischen und ethnischen Faktoren abhängig ist, die oft mit einer bestimmten Stellung in der Klassen- und Machthierarchie zusammenfallen; zu dieser Frage können wir jedoch auf wenig solides Material zurückgreifen. Zunächst sind die Ergebnisse einiger Untersuchungen über ethnische Faktoren bei interpersonalen Distanzen widersprüchlich. Bei den Messungen zum Beispiel, wie dicht Menschen beim Sprechen aneinander herangehen, kam Willis bei Kaukasiern (untereinander) auf eine Durchschnittsdistanz von 57,1 cm, bei Schwarzen auf eine von 60,9 cm; Willis zog daraus den Schluß, daß Schwarze zu einer größeren interpersonalen Distanz neigen als Weiße; Conolly, der eine andere Untersuchungsmethode anwandte, kam zu dem entgegengesetzten Schluß. In seiner Untersuchung, in der er Bilder von sich gegenüberstehenden und miteinander sprechenden Männern auswertete, fand er heraus, daß schwarze Sprecher zu einer *geringeren* Distanz (53,3–60,9 cm) neigten als Weiße (66–71 cm).[20]

Wie zu erwarten, sind die interpersonalen Distanzen bei der Interaktion von Mitgliedern derselben Rasse kleiner als bei der Interaktion von Mitgliedern verschiedener Rassen. Bei einer Gruppe stellte Willis fest, daß sich Weiße Weißen bis auf eine Durchschnittsdistanz von 55,9 cm näherten, Schwarzen bis auf eine Durchschnittsdistanz von 71,1 cm.[21]* Hier haben wir es zweifellos mit einer Auswirkung der zuvor erörterten Stigmatisierung zu tun. Wir können davon ausgehen, daß es sich bei der größeren Distanz, die Mitglieder verschiedener Rassen zueinander einhalten, um ein erlerntes Verhalten handelt. Hierfür haben wir den wissenschaftlichen Beleg: Eine Untersuchung der Schwarz/Weiß-Dyaden in Schulen erwies, daß die interpersonalen Distanzen von den Erstklässlern über die Mittelstufe bis zu den Collegeanwärtern kontinuierlich anstiegen.[22]

Die Spekulationen über ähnliche Erscheinungen hinsichtlich

anderer ethnischer Bevölkerungsgruppen bestätigten sich nicht. In seiner Observationsstudie im Houston Zoo stellte Baxter jedoch große und signifikante[23]* Unterschiede zwischen den Distanzen innerhalb der einzelnen ethnischen Gruppen fest: Die Mexiko-Amerikaner standen am dichtesten zusammen, gefolgt von Anglo-Amerikanern und dann den schwarzen Amerikanern.[24] Jones dagegen, der zwei Untersuchungen unter schwarzen, puertorikanischen, italienischen und chinesischen Bevölkerungsgruppen in sechs Bezirken New Yorks durchführte[25], berichtet, er habe zwischen diesen Gruppen keine bedeutenden Unterschiede feststellen können – weder hinsichtlich des Stehabstands voneinander noch im Körperneigungswinkel (Direktheit). Vielmehr standen 80 Prozent der in seiner zweiten Studie beobachteten Menschen in der Öffentlichkeit in einer Distanz von ungefähr 45 bis 75 cm zueinander – nach Hall für Ostküstenamerikaner der weißen Mittelschicht die »nahe Phase« der persönlichen Distanz (zwischen einander vertrauten Menschen). Jones sieht in dieser Homogenität der Distanz bei den ethnischen Subkulturen, die durchgängig geringer ist als bei der dominanten Kultur, den Spiegel einer »Kultur der Armut«. D. h. beim Raumeinnehmen und Distanzhalten haben Klassenunterschiede ein größeres Gewicht als ethnische Unterschiede. Dies würde wiederum unterstreichen, daß bei nonverbaler Kommunikation Status- und Machtunterschiede wichtigere Faktoren sind als die oft ins Feld geführten ethnischen.

Frauen, die vor Schreck zusammenschrumpfen

Vergleicht man die Raumbeanspruchung weiblich/männlich mit der von untergeordnet/übergeordnet bei Tieren und Menschen, können wir feststellen, daß in unserer Gesellschaft Frauen ganz allgemein über weniger und weniger begehrten Raum verfügen als Männer. Das hängt weitgehend mit den Privilegien zusammen, die Männer qua Status besitzen. Wie wir bereits erörtert haben, sind in unserer Gesellschaft Geschlechts-Status und sozialer Status miteinander verknüpfte Variablen. Männer haben meistens einen höheren sozialen Status und damit einhergehend jene Räume, die ein höherer Status eben verschafft – geräumige Büros, geheime Schlupfwinkel, größeren Besitz (Boote, Autos, Flugzeuge, Zweitwohnungen und -häuser usw.) In den Zentren der Macht – als Industrielle oder Manager – besitzen sie darüber hinaus den privilegierteren Raum: pompös ausgestattete Büros in strategisch günstiger Lage – mit Panoramafenstern, eigenen Aufzügen und Toiletten. Ihre Sekretärinnen haben weniger Raum, weniger kostspieliges Mobiliar, müssen Toiletten und Aufzüge mit anderen teilen, und ihre Büros haben oft überhaupt keine Fenster (je nach Status ihres Chefs und ihrem eigenen). Wie sehr Frauen aufgrund ihres Status qua Frau in die benachteiligte räumliche Position verwiesen werden – in das fensterlose Büro –, illustriert die Essaysammlung *Rooms with No View*. Die Aufsätze stammen von Frauen, die in den Medien arbeiten. Eine anonyme Autorin beschreibt die Situation in einer Fernsehstation:

> In der NBC Verkaufsabteilung für Werbespots arbeiten sechzehn männliche Kundenkontakter und sechzehn weibliche. Aufgabe der Kundenkontakter ist es, Kunden für die Fernsehwerbung zu aquirieren (Spots von sechzig, dreißig und zehn Sekunden). Die Männer sitzen in Einzelbüros mit Fenstern. Die Frauen (alle sechzehn) sitzen zusammengedrängt in einem Büro im hinteren Korridor. Der Lärm von sechzehn Schreibmaschinen, Telefonen und Stimmen in diesem hinteren Flur ist ohrenbetäubend.[26]

Wer über bevorzugte Räume verfügt und wer über weniger bevorzugte, das ist also nicht nur eine Frage der hierarchischen Position. Auch die Geschlechtszugehörigkeit entscheidet, selbst wenn alle anderen Statusaspekte sich gleichen. In einer Experimentserie gab man Studenten Diagramme von rechteckigen Tischen und forderte sie auf, anzuzeigen, welchen Platz sie sich, wenn sie jemand in der Caféteria träfen, geben würden und welchen dem anderen.[27] Die andere (hypothetische) Person war entweder männlich oder weiblich, in bezug auf die Studenten entweder höheren Status' (Professor), gleichen Status' (Kommilitone) oder niederen Status' (Erstsemester, der ein schlechter Schüler gewesen war). Studentinnen neigten eher als die Studenten dazu, sich neben die hypothetische Person an die Längsseite des Tisches zu setzen – eine Wahl, zu der die Versuchspersonen allgemein neigten, wenn sie in der niederen Statusposition waren. Professoren wurde am häufigsten das Kopfende zugewiesen; aber einige Studenten gaben sich selbst den Platz am Kopfende; von diesen wählten 37 »Professor Susan

Smith« als vis-à-vis, während nur ungefähr halb so viele sich »Professor Henry Smith« als vis-à-vis aussuchten.

Irene Frieze, die die Literatur über Raum und Geschlecht durchsah, erwähnt eine Untersuchung über die Wohnverhältnisse der unteren Mittelschicht, die feststellte, daß Mütter viel seltener ein Zimmer für sich haben als Väter und daß, wenn sie so etwas wie einen persönlichen Bereich hatten, dieser viel öffentlicher war als die Bereiche der Väter. Frieze fügt ihre eigene Beobachtung hinzu, daß Väter viel öfter ihren »besonderen« Stuhl haben als Mütter. Und sie vermutet, daß auch, wenn Mann und Frau zusammen in einem Bett schlafen, die Männer mehr Raum beanspruchen – mehr, als durch ihre unter Umständen größeren Körpermaße gerechtfertigt wäre.[28]

Eine Anzahl von Studien kommt zu dem Ergebnis, daß Männer einen größeren persönlichen Raum haben als Frauen. Dominanz hat hier also die gleichen Auswirkungen wie in anderen Bereichen.[29] Ein vielfach bestätigtes Charakteristikum für die Nähe innerhalb von Dyaden ist, daß bei weiblich-weiblich Paaren die Distanz geringer ist als bei männlich-männlichen Paaren, während sie bei weiblich-männlichen Paaren entweder in der Mitte dieser beiden Werte liegt oder geringer ist als bei weiblichen Paaren.[30] Diese Tendenz läßt sich nicht nur in Situationen des wirklichen Lebens beobachten, sondern auch in experimentellen – zum Beispiel bei der Aufgabe, auf einem Diagramm einzuschätzen, wie weit sich Leute einander nähern, oder aber, kleine Figuren auf einem Feld zu verteilen.[31]

Diese Untersuchungen wurden jedoch weitgehend mit weißen Versuchspersonen durchgeführt; bei anderen Kulturen oder interkulturellen Kontakten würde man möglicherweise zu anderen Ergebnissen kommen. Dennis und Powell beispielsweise stellten fest, daß schwarze Schülerinnen bei der Interaktion mit weißen Mitschülerinnen eine viel *größere* Distanz einhielten als schwarze Schüler (ca. 12 cm Durchschnittsdistanz vs. 4,8 cm Durchschnittsdistanz). Diese Differenz nahm von Schuljahr zu Schuljahr zu und hatte größere Auswirkungen auf die Kontakte der Schülerinnen als auf die der Schüler: Die Interaktionen schwarzer Schüler, bei denen es zu Berührungen oder körperlichem Kontakt mit weißen Mitschülern kam, verringerten sich von 63 Prozent (Anfang der Schulzeit) zunächst auf 61 Prozent (mittlere Schulzeit) bis auf 53 Prozent (Ende der Schulzeit). In den gleichen Zeitintervallen sanken jedoch bei den schwarzen Schülerinnen die Interaktionen mit körperlichem Kontakt mit

weißen Mitschülerinnen von 50 Prozent auf 38 Prozent und schließlich auf 0 Prozent! Aus dieser Untersuchung wird jedoch nicht ersichtlich, ob eine oder beide Interaktionsgruppen den Abstand bestimmten (und wenn nur eine, welche); wir wissen auch nicht, ob der Interaktionsabstand auch bei den weißen Schülern je nach Geschlecht variierte. Wir können also nicht beurteilen, worauf die größere Distanz der schwarzen Schülerinnen zu ihren weißen Mitschülerinnen beruhte – auf Stigmatisierung, Ehrerbietung oder andere Faktoren.
Nicht nur das Territorium der Frauen und ihr persönlicher Raum sind eingeschränkt, selbst ihr Körper unterliegt räumlichen Einengungen und Einschränkungen. Das weibliche Schönheitsideal wird ja tatsächlich danach bemessen, wie wenig Platz eine Frau mit ihrem Körper einnimmt, während die Männlichkeit von Männern nach der Imposanz ihrer Körpermaße und Stärke ihrer weitausholenden Gesten beurteilt wird. Die Schriftstellerin Marge Piercy hat diesen Kontrast in einer Passage eingefangen, in der Wanda, die Leiterin einer Theatergruppe, ihre Schauspieler über Bewegungen aufklärt.

Wanda machte ihnen bewußt, wie sie sich bewegten, wie sie ruhten, welchen Raum sie einnahmen. Sie demonstrierte, wie Männer sich auf die Bänke einer Metro setzen und wie Frauen. Männer okkupieren so viel Raum wie irgend möglich. Sie rekeln sich, strecken die Beine von sich. Sie legen ihre Arme auf beide Lehnen. Sie schlagen die Beine übereinander, indem sie den Fuß des einen auf dem Knie des anderen abstützen. Ihre Körper expandieren und dominieren den Raum.
Frauen schrumpfen zusammen. Wenn Frauen die Beine übereinanderschlagen, legen sie das eine möglichst eng über das andere. Frauen halten die Ellbogen dicht an ihrem Körper, um so wenig Raum wie möglich einzunehmen. Sie verhalten sich, als wäre es ihre Pflicht, keinen Mann zu streifen, zu berühren, anzustoßen. Wenn es zu einer Berührung kommt, schrecken die Frauen zurück, und ihre Körper schrumpfen noch mehr zusammen. Wenn eine Frau einen Mann anstößt, hat er die Wahl, es als ein Anbändeln aufzufassen. So wie die Frauen ihre Ellbogen halten, vermeiden sie es mit Bedacht, Raum des anderen zu tangieren oder ihr Territorium zu markieren, sondern sind nur darauf bedacht, ihre verletzliche Haut zu schützen.[32]

In diesen Beobachtungen geht es nicht nur um den Raum, den jemand okkupiert, sondern auch darum, wie wir uns bewegen, um mit unserem Körper viel oder wenig Raum einzunehmen. In einem späteren Kapitel werden wir diese unterschiedliche

männlich/weibliche »Körpersprache« näher untersuchen (und Piercys Beobachtungen im wesentlichen bestätigt finden).
Trotz der Tatsache, daß Frauen ohnehin in vieler Hinsicht weniger Raum einnehmen, gibt es viele Belege dafür, daß der kleine Raum, den sie haben, öfter verletzt wird als der von Männern. So wurde zum Beispiel festgestellt, daß sowohl Männer als auch Frauen an Frauen näher herangehen als an Männer.[33]
Phyllis Chesler weist darauf hin, wie leicht und wie oft der Raum von Frauen verletzt wird – besonders durch ihre Kinder. Gleichzeitig trifft sie eine scharfsinnige Beobachtung über die Territorialrechte von Kindern:

In der heutigen amerikanischen Gesellschaft okkupieren die meisten Kinder Privatsphäre, Lebensraum, Gesundheit und Selbst der Mutter in solchem Maße, daß diese gezwungen ist, auf diese Dinge zu verzichten, um nicht gewalttätig zu werden. (Die Invasion eines unbesiedelten Gebietes ist vielleicht weniger schmerzhaft als die eines besetzten und funktionierenden. Solche Invasionen werden allerdings von Müttern bei ihren Kindern begangen. Auch Väter okkupieren Kinder, aber nicht so häufig. Sie haben es nicht nötig: Sie besitzen ohnehin das ganze Territorium und können sich daher auf gelegentliche Inspektionsfahrten beschränken.)[34]

Dichte ist der Kontext häufiger – und gegenseitiger – Raumverletzungen, ein Punkt, der mit der ständig anwachsenden Bevölkerungsdichte in unseren Städten nicht nur den Politikern Sorge macht. Reagieren Männer und Frauen unterschiedlich auf Massen? Um diese Frage zu untersuchen, stellten Marshall und Heslin verschiedene Arten von Massen zusammen, große und kleine, dichte und weniger dichte, gleichgeschlechtliche und gemischt-geschlechtliche. Frauen und Männer wurden befragt, welche Art von Gruppierungen sie bevorzugten. Die Antworten waren recht vielschichtig: Während Männer Gruppen gemischten Geschlechts vorzogen, bevorzugten Frauen Gruppen gemischten Geschlechts nur, wenn sie groß waren, und gleichgeschlechtliche Gruppen, wenn sie klein waren. Außerdem bevorzugten Frauen Gruppen gemischten Geschlechts, wenn sie dicht waren, und gleichgeschlechtliche, wenn sie weniger dicht waren.
Die Ergebnisse dieser Studie differieren etwas von denen vergleichbarer Untersuchungen; die Autoren erörtern die möglichen Gründe für diese Abweichungen und kommen zu der außerordentlich interessanten theoretischen Überlegung, daß

der Verlust von Individualität (Deindividuation), der mit der Anonymität in Massensituationen einhergeht, nicht nur unterdrückte negative Verhaltensweisen freisetzt, sondern auch positive. Da Frauen in ihrem Verhalten traditionellerweise gehemmter sind als Männer, werden sich auch die Auswirkungen der Deindividuation in Massensituationen bei ihnen deutlicher bemerkbar machen. Dies könnte erklären, warum Frauen Gruppen gemischten Geschlechts nur dann bevorzugten, wenn sie groß waren: Gemischt-geschlechtliche Gruppen rühren, wie allgemein angenommen wird, eher und vielfältigere Emotionen an; durch die in großen Gruppen stattfindende Deindividuation werden diese Emotionen freigesetzt und finden ein Ventil; da – im allgemeinen – in gleichgeschlechtlichen Gruppen weniger Gefühle angesprochen werden, bedarf es also auch keines solchen Freisetzungsmechanismus' wie der Deindividuation.[35]

Frauen scheinen anders als Männer darauf zu reagieren, wenn jemand in ihren Raum eindringt: Und die Art ihrer Reaktion zeigt ihre Verletzlichkeit. Eine in Atlanta (Georgia) durchgeführte Untersuchung von Bürgersteigverhalten fand heraus, daß Frauen beim Warten vor einer Ampel eher von ihrem Platz wichen, wenn in ihren Raum eingedrungen wurde, als Männer.[36] In Eugene (Oregon) beobachtete Jeanette Silveira, wie Menschen auf dem Bürgersteig aneinander vorübergingen, und hielt fest, wer wem aus dem Weg ging. In zwölf von 19 gemischtgeschlechtlichen Begegnungen stellte sie fest, daß es die Frau war, die zur Seite ging; in vier Fällen machten sich beide Platz und in drei Fällen Männer den Frauen. (Bei gleichgeschlechtlichen Begegnungen gingen in 50 Prozent der Fälle beide Personen zur Seite; in der anderen Hälfte nur einer.)[37]

In der Umgebung von Lansing (Michigan) führte eine Studentin der Michigan State University eine Bürgersteig-Observation durch, an der über 100 Versuchspersonen beteiligt waren.[38] Sie stellte nicht nur die Tendenz fest, daß Frauen öfter aus dem Weg gingen als Männer, sondern auch, daß sie an einem früheren Punkt des Aufeinanderzugehens zur Seite wichen; (dieselbe Tendenz beobachtete sie bei jüngeren Leuten, wenn sie auf ältere zugingen).

In Sydney (Australien) beobachteten Forscher die Bewegungen in menschlichen Massen. Aufgrund ihrer Analysen stellen sie fest, daß »Frauen bei Straßenüberquerungen viel öfter [von Autos] in ihrer Bewegung behindert werden als Männer.«[39]

Eine Anzahl von Studien ergab, daß Frauen und Männer auch

unterschiedliche Präferenzen hinsichtlich der Richtung haben, in der sich ihnen jemand nähert. Männer fürchten eher die frontale Annäherung, Frauen eher die seitliche.[40] Obwohl wir den Grund für diesen Unterschied nicht kennen, dürfen wir vermuten, daß er mit den unterschiedlichen angstbesetzten Situationen beider Geschlechter zusammenhängt: bei Männern die Furcht vor einer frontalen Auseinandersetzung mit einem Gegner, bei Frauen die sexuelle Angst, jemand könne aus einem seitlichen Gebüsch springen, oder die Angst vor dem Mann auf dem Nachbarsitz im Kino.

Die Art, mit der Frauen – eher als Männer – sich so bewegen, um anderen (sogar Autos) die Bewegung zu erleichtern, läuft parallel zu jenem bei Menschen und Tieren feststellbaren Phänomen, daß Untergeordnete eher ihren persönlichen Raum preisgeben, wenn sich ihnen jemand nähert, als Übergeordnete. Die Tatsache, daß Frauen im allgemeinen ehrerbietiger sind, kann vielleicht einige offene Fragen in den Forschungsergebnissen klären, zum Beispiel die, daß schwarze Schülerinnen bei der Interaktion mit weißen Mitschülerinnen eine größere Distanz einhielten als schwarze Schüler zu ihren weißen Mitschülern; oder daß weibliche Versuchspersonen in einem Puppen-Verteil-Experiment, in dem eine Interaktion mit einer Autoritätsperson dargestellt werden sollte, die nichtautoritäre Puppe weiter von der autoritären (beide Puppen waren weiblich) abrückten als Männer, wenn diese eine ähnliche Transaktion unter Männern kennzeichnen sollten.[41] Bedauerlicherweise wurde die Beziehung zwischen Raum und Ehrerbietung bisher noch nicht systematisch erforscht. In vielen Untersuchungen menschlichen Raumverhaltens wird der Fehler gemacht, zu übersehen, daß räumliche Annäherung nicht notwendigerweise eine reziproke gesellschaftliche Variable ist; d. h. A muß sich B nicht bis auf denselben Abstand nähern wie B sich A.

In den Untersuchungsergebnissen über Raum und Geschlecht fallen noch weitere Ungereimtheiten ins Auge; mehrere Autoren weisen darauf hin.[42] Bis zu einem gewissen Grad sind diese Diskrepanzen zweifellos auf die unterschiedlichen Untersuchungsmethoden und wissenschaftlichen Konzeptualisierungen der einzelnen Studien zurückzuführen. Darüber hinaus sind die Beobachtungen von Unterschieden zwischen den Geschlechtern oft auch deshalb fragwürdig, weil sie in Wirklichkeit nicht alle so einfach und eindeutig feststellbar sind wie die Tatsache, daß Frauen untereinander einen geringeren Abstand einhalten. Der eigentliche Unterschied zwischen den Geschlechtern liegt möglicherweise in der *Art, wie* Männer und Frauen auf Situationen reagieren. Verschiedene Untersuchungen illustrieren beispielsweise, daß Frauen nonverbal (stärker) auf Unterschiede reagieren, die Männer gar nicht (oder kaum) wahrnehmen. In einer Studie unterschieden die Frauen darin, wie weit sie sich dem anderen näherten, zwischen den Geschlechtern, die Männer dagegen nicht. In einer anderen Untersuchung über öffentliche Dyaden war bei weiblichen die Distanz weitgehend von der Beziehung zwischen beiden abhängig, während die Distanz innerhalb männlicher Dyaden davon unabhängig war. Und in einem dritten Experiment machten die weiblichen Versuchspersonen den Platz, den sie gezeichneten Figuren gaben, auffallend stark von der jeweiligen Hintergrundszenerie abhängig; die männlichen Versuchspersonen dagegen nicht.[43]*

Wir sind nicht überrascht, auch in diesem Zusammenhang festzustellen, daß Frauen nonverbal stärker auf soziale Faktoren – wie Art der Beziehung – reagieren, und daß auch ihr räumliches Verhalten ein Ausdrucksmedium ihrer größeren nonverbalen Sensibilität ist. Raumverhalten, so scheint es, ist ein Faktor, der stark manipulativ wirken kann, stärker vielleicht als manch anderes »Sprachorgan« unseres Körpers.

Unsere Erörterung der Beziehung zwischen räumlichen und hierarchischen Ordnungen der Menschen zeigte, daß hier dieselben Faktoren vorherrschen wie in der Tierwelt. Auch wenn es uns vielleicht kaum bewußt ist, so ist unsere Welt doch so eingerichtet, daß die Mächtigen über ein größeres Territorium verfügen, sich über ihr Territorium hinaus auf allgemeinem Areal und in den Territorien anderer freier bewegen – mit ihren Körpern, Besitztümern und Symbolen mehr Raum einnehmen. Wir machen ihnen Platz, und sie nehmen ihn uns weg, je nach den Umständen (oder dem Grad unserer Einwilligung) offen oder verdeckt. Darüber hinaus befindet sich das kleine Fleckchen in der Welt, das wir, wenn wir nicht zur räumlichen Elite gehören, unser eigen nennen, an einem ungünstigen Ort – denn Raum ist nicht gleich Raum. Unser Raum verschafft uns nicht die Ressourcen, Privilegien, Annehmlichkeiten oder gar Überlebenschancen, die der Raum der Mächtigen bereithält. Und genau dies ist es, was das Wort »Position« für das Leben eines Menschen bedeutet.

Anmerkungen zu Kapitel 2

1* Welche Schlüsse man aus der Beobachtung naturalistischen Tierverhaltens ziehen kann, ist natürlich ein Gegenstand der Kontroverse. In Erörterungen dieser Frage werden solche Data oft mißbraucht, und die ungeheure Bedeutung kultureller Einflüsse wird übersehen. Zur weiteren Auseinandersetzung siehe Kapitel 11.

2 Robert Sommer, *Personal Space: The Behavioral Basis of Design*. Englewood Cliffs, N.J. (Prentice-Hall) 1969, S. 17

3 Für diese Feststellung zitiert Sommer Glen Mc Bride, *A General Theory of Social Organization and Behaviour*. St. Lucia (University of Queensland Press) 1964.

4 Edward T. Hall, *Die Sprache des Raumes*. Düsseldorf (Pädagogischer Verlag Schwann) 1976, S. 42.

5 Hall, *Die Sprache des Raumes*, S. 26.

6 S. L. Washburn und Irven Devore, »The Social Life of Baboons«, *Scientific American*, 1961, 204, Nr. 6, 62–71. Nachgedruckt in *Primate Social Behavior*, Charles H. Southwick, Hrsg. Princeton, N.J. (Van Nostrand) 1963. Zitat auf S. 107.

7 A. D. Bain, »Dominance in the Great Tit, Parus Major«, *Scottish Naturalist*, 1949, 61, 369–472. (Zitiert in Hall, *Die Sprache des Raumes*, S. 23).

8 Sommer, *Personal Space*, S. 17

9 Erving Goffman, *Das Individuum im öffentlichen Austausch. Mikrostudien zur öffentlichen Ordnung*. Frankfurt/M. (Suhrkamp) 1974, Kapitel 2, S. 70.

10 D. G. Freedman, »A Biological View of Man's Social Behavior,« in William Etkin, *Social Behavior from Fish to Man*. Chicago (University of Chicago Press) 1967, 8.

11 K. Zweigenhaft, »Signature Size: Key to Status Awareness,« *Journal of Social Psychology*, 1970, 81, 49–54.

12 Dale F. Lott und Robert Sommer, »Seating Arrangements and Status,« *Journal of Personality and Social Psychology*, 1967, 7, 90–95.

13 Fred L. Strodtbeck und L. H. Hook, »The Social Dimensions of a Twelve Man Jury Table,« *Sociometry*, 1961, 24, 397–415.

14 Hall, *Die Sprache des Raumes*, Kap. 10, bes. S. 121–130.

15 Edward T. Hall, *The Silent Language*. Garden City, N.Y. (Doubleday) 1959, S. 163.

16 Siehe Goffman, *Das Individuum im öffentlichen Austausch*, S. 75.

17 Hall, *Die Sprache des Raumes*, S. 129. Theodore H. White, *The Making of the President 1960*. New York (Atheneum) 1961.

18 Murray G. King, »Interpersonal Relations in Preschool Children and Average Approach Distance,« *Journal of Genetic Psychology*, 1966, 109, 109–16.

19 Dean C. Ing, »Sex Differences and Street Proxemics«, vorgetragen vor der Western Speech Communication Association, November 1974. Ing demonstrierte die Gültigkeit und Zuverläßlichkeit solcher Beobachterurteile über die Distanzen beim Aneinandervorübergehen in seiner Dissertation »Proxemics Simulation: A Validation Study of Observer Error«, University of Oregon, 1974.

20 Frank N. Willis, Jr., »Initial Speaking Distance as a Function of the Speakers' Relationship,« *Psychonomic Science*, 1966, 5, 221–22. Patrick Conolly, Dissertation, University of Iowa, 1974.

21* Betrachtet man die Sache jedoch von einem anderen Blickwinkel aus (nicht, auf welche kurze Distanz Weiße sich anderen nähern, sondern wie dicht andere an Weiße herangehen), war der Unterschied zwischen Schwarzen und Weißen beim sich Annähern von Weißen nicht signifikant. (Dieses Ergebnis scheint der zuvor getroffenen Feststellung, daß Personen höheren Status' größerer Raum zugestanden wird, zu widersprechen; aber in dieser Untersuchung gab es – trotz der Rassenunterschiede – wahrscheinlich geringe Statusunterschiede, denn die meisten Versuchspersonen waren Collegestudenten. Außerdem war die Zahl der Versuchspersonen gering und die Signifikanz der Ergebnisse marginal.)

22 Virginia C. Dennis und Eva R. Powell, »Nonverbal Communication in Across-Race Dyads,« *Proceedings, 80th Annual Convention*, American Psychological Association, 1972, 7, Teil 2, 557–58.

23* Psychologen bestimmen die statistische Signifikanz eines Ergebnisses, indem sie die Wahrscheinlichkeit kalkulieren, daß es allein durch Zufall zustandegekommen sei. Wenn diese Wahrscheinlichkeit sehr gering ist, weniger als eins in 20 (.05), sind sie im allgemeinen bereit, das Ergebnis als gültig zu betrachten und die Möglichkeit, daß es auf Zufall zurückgeht, weitgehend auszuschließen.

24 James C. Baxter, »Interpersonal Spacing in Natural Settings,« *Sociometry*, 1970, 33, 444–56.

25 Stanley E. Jones, »A Comparative Proxemics Analysis of Dyadic Interaction in Selected Subcultures of New York City,« *Journal of Social Psychology*, 1971, 84, 25–44.

26 Ethel Strainchamps (Hrsg.) *Rooms with No View: A Woman's Guide to the Man' World of the Media*. New York (Harper & Row) 1974, S. 12.

27 Dale F. Lott und Robert Sommer, »Seating Arrangements and Status.«

28 Irene Frieze, »Nonverbal Aspects of Femininity and Masculinity which Perpetuate Sex-Role Stereotypes,« 1974 der Eastern Psychological Association, vorgelegt. Der zit. Überblick in: »The Ecology of Home Environments,« von I. Altman und P. A. Nelson

(Technical Report, Project No. 0-0502, U.S. Department of Health, Education and Welfare, Office of Education, Januar 1972).

29 Gary W. Evans und Roger B. Howard besprechen diese Untersuchungen in »Personal Space,« *Psychological Bulletin*, 1973, 80, 334–44.

30 Siehe z. B. Baxter, »Interpersonal Spacing in Natural Settings«; Robert Sommer, »Studies in Personal Space«, *Sociometry*, 1959, 22, 247–60; R. J. Pellegrini und J. Empey, »Interpersonal Spatial Orientation in Dyads,« *Journal of Psychology*, 1970, 76, 67–70.

31 Zum Beispiel Darhl M. Pedersen und Anne B. Heaston, »The Effects of Sex of Subject, Sex of Approaching Person, and Angle of Approach Upon Personal Space,« *Journal of Psychology*, 1972, 82, 277–86.

32 Marge Piercy, *Small Changes*. New York (Doubleday) 1973, S. 438.

33 Willis, »Initial Speaking Distance,« S. 221–22.

34 Phyllis Chesler, *Frauen – das verrückte Geschlecht?* Reinbek bei Hamburg (Rowohlt) 1974, S. 283 f.

35 Joan E. Marshall und Richard Heslin, »Boys and Girls Together: Sexual Composition and the Effect of Density and Group Size on Cohesiveness,« *Journal of Personality and Social Psychology*, 1975, 31, 952–61.

36 James M. Dabbs, Jr., »Sex, Setting and Reactions of Crowding on Sidewalks,« *Proceedings, 80th Annual Convention*, American Psychological Association, 1972, 205–06; Nancy Felipe und Robert Sommer, »Invasions of Personal Space,« *Social Problems*, 1966, 14, 206–14.

37 Jeanette Silveira, »Thoughts on the Politics of Touch,« *Women's Press* (Eugene, Ore.), 1972, 1, 13 (Feb.), 13.

38 Katherine McKinney, Referat ›Sociology of Sex Roles‹ (Barrie Thorne, Dozent), Michigan State University, 1974.

39 L. F. Henderson und D. J. Lyons, »Sexual Differences in Human Crowd Motion,« *Nature*, 1972, 240, 353–55.

40 Jeffrey D. Fisher und Donn Byrne, »Too Close for Comfort: Sex Differences in Response to Invasions of Personal Space,« *Journal of Personality and Social Psychology*, 1975, 32, 15–21.

41 Kenneth B. Little, »Cultural Variations in Social Schemata,« *Journal of Personality and Social Psychology*, 1968, 10, 1–7.

42 S. Evans und Howard, »Personal Space,« S. 334–44; Baxter, »Interpersonal Spacing,« S. 444–56; und Nancy M. Henley, »Women and Men: the Silent Power Struggle,« bei der Seventh Annual Conference of Applied Linguistics, 1976 vorgelegtes Referat.

43* In der ersten Untersuchung näherten sich in einer Gruppensituation die Versuchspersonen einander jeweils einzeln. Frauen gingen dichter an andere Frauen heran als an Männer; aber die männlichen Versuchspersonen unterschieden beim Annähern nicht zwischen den Geschlechtern. (Interessant ist, daß auch Experimentteilnehmer, die man unter Stressbedingungen stellte – in diesem und in anderen Experimenten –, an andere nicht so dicht herangingen; sollte Stress ein Faktor sein, der für dieses unterschiedliche Verhalten von Männern und Frauen verantwortlich ist?) Michael A. Dosey und Murray Meisels, »Personal Space and Self-Protection« *Journal of Personality and Social Psychology*, 1969, 11, 93–97.

In der zweiten Untersuchung machten Stanley Heshka und Yona Nelson in London (offen) Fotos von Dyaden. Sie fanden heraus, daß die Dyaden von Männern dieselbe Allgemeindistanz einhielten, unabhängig von ihrer Beziehung zueinander. In weiblich-männlichen Dyaden oder nur weiblichen Dyaden standen Fremde jedoch weiter auseinander als Freunde. »Interpersonal Speaking Distance as a Function of Age, Sex and Relationship«, *Sociometry*, 1972, 35, 491–98.

In der dritten Untersuchung verteilten männliche und weibliche Versuchspersonen gezeichnete Figuren (desselben Geschlechts wie die Versuchsperson) auf gezeichneten Hintergründen, um Interaktionen mit verschiedenen Graden von Bekanntheit darzustellen. Frauen placierten Figuren in der Straße weiter auseinander als Figuren in einem Büro. Kenneth B. Little, »Personal Space«, *Journal of Experimental Social Psychology*, 1965, 1, 237–47.

Kapitel 3

Laß mir – Zeit

»Ich soll warten?«
Es war eher ein Aufschrei als eine Frage. Erwartete man von Minister Henry Kissinger, dem vom Schicksal Auserwählten, daß er Däumchen drehte, während sich der Ausschuß für afrikanische Fragen zur Senatsetage begab, um abzustimmen? Es schien unfaßbar, aber genauso war es.[1]

So beschreibt Mary McGrory den Affront eines Kongreß-Ausschusses gegenüber dem Minister zu einem Zeitpunkt, als dessen Supermann-Anzug schon etwas fadenscheinig geworden war. Deutlicher hätte man Kissinger nicht demonstrieren können, daß er nicht mehr wichtig war – jemanden warten lassen, ist wahrscheinlich ein wirksameres Mittel, ihn herabzusetzen, als ihm mit Worten zu sagen, was man von ihm hält. In unserer Gesellschaft ist Zeit bei weitem kein neutrales philosophisch/physikalisches Konzept: Zeit ist eine politische Waffe.
Ehe wir uns den Aspekten von Zeit zuwenden, die explizit Macht beinhalten, soll uns ein Blick auf die Parallelen zwischen Raum und Zeit helfen, unser Zeitverständnis neu zu überdenken.
Das Raum-Zeit-Kontinuum. Unsere Sprache drückt die Dimensionen von Zeit in räumlichen Metaphern aus, man denke nur an die vielen umgangssprachlichen Raum-Zeit-Analogien, etwa die Wendung »wieviel Zeit kannst du mir einräumen«; außerdem sprechen wir ja tatsächlich von Zeit*raum*. Solche Übersetzungen vollziehen wir ständig, zum Beispiel wenn wir eine Reihe (räumliche Aufeinanderfolge wie Schlange stehen) bilden, um eine zeitliche Aufeinanderfolge (an die Reihe kommen) zu regeln. Hall weist nach, daß auch andere Lebewesen solche Übersetzungen vornehmen; beispielsweise in einem »Verhaltenspfuhl«, der als Reaktion auf eine gestörte Sozialorganisation – zumeist, wenn Tiere in ungewöhlich großer Zahl auf engem Raum zusammengedrängt leben – entsteht. In dem beobachteten Pfuhl bildeten sich zwei Gruppen von Ratten her-

aus, angeführt von drei dominierenden Ratten. Da kein Raum vorhanden war, tauschten diese Ratten Zeit für Raum aus. Statt räumlicher Territorien errichteten sie in der Nähe der Futterplätze *Zeit*territorien, die sie markierten und verteidigten.[2]
Ähnliches gibt es auch unter den Menschen, wenn sie bestimmte Räume als zu wertvoll erklären, als daß sie nur von einer einzigen (gewöhnlichen) Person in Besitz genommen werden dürften; (zeit-)limitierte »Eignerschaft« setzt man für solche Luxusräume wie eine Villa mit Meerblick ein.[3]*
Will man die Raum-Zeit-Analogie weiterführen, kann man sich Zeit-Segmente denken, die jeweils bestimmten Arten von Begegnungen entsprechen, ähnlich den zuvor beschriebenen Raumsegmenten. Die unpersönlichsten und »distanziertesten« Begegnungen, wie zum Beispiel mit einem Fremden, der nach einer Straße fragt, werden auf die kürzeste Art abgehandelt. Aber Menschen, mit denen wir freiwillig große Zeitspannen verbringen, sind diejenigen, die uns am nächsten sind und für die wir Zuneigung empfinden. Wir sehen also, daß das Ausmaß der »Zeitzonen« *direkt* proportional zur Intimität der Situation steht, im Gegensatz zum Ausmaß der Raumzonen, das in *umgekehrter* Proportion stand.
Obwohl ich nicht den Anschein erwecken möchte, mir einen systematischen Überblick über die Zeitzonen in der amerikanischen Kultur verschafft zu haben, halte ich es doch für gerechtfertigt, analog zu Edward Halls im vorigen Kapitel zitierten vier räumlichen Distanzen von Zeitzonen zu sprechen.
Öffentliche Zeit – die für anonym und/oder unengagierte Interaktionen aufgebrachte, wie nach der Richtung fragen, Bibliotheksauskünfte einholen usw. Sie wird eine Spanne von wenigen Sekunden bis wenigen Minuten dauern. Entsprechend der Neun-Meter-Pufferzone um VIPs gibt es eine Zeitpufferzone. Bei den offiziellen Händeschüttelparaden verweilen die VIPs nur wenige Zehntelsekunden bei jedem einzelnen. (Menschen, die Institutionen repräsentieren, oder bestimmten Ereignissen, wie dem *Easter Seal Poster Child*[4]*, werden vielleicht 15 Minuten von der Zeit des Präsidenten gewährt, aber ich vermute, daß nur sehr wenig dieser 15 Minuten wirklich auf persönliche Interaktion verwandt wird.)
Soziale Zeit – für unpersönliche Angelegenheiten, wie Einkäufe tätigen, Auskünfte über Dienstleistungen einholen, wahrscheinlich von zwei oder drei bis 15 Minuten.
Persönliche Zeit – jene Menge Zeit, die sich die Mitglieder un-

serer Spezies gewöhnlich einräumen – zumeist von 15 bis 30 Minuten. Ich komme hierauf in Anbetracht der Zeitspanne, die wir uns normalerweise in einer Aufeinanderfolge von Menschen aufhalten (in einer zeitlichen wie auch räumlichen Schlange). Es scheint, daß trotz der Gegensätzlichkeit und Vielfältigkeit der Angelegenheiten, um die es gehen kann – angefangen von Einstellungsgesprächen bis zu Arzt- oder Zahnarztterminen, College-Beratungen oder Kundenbesuchen –, die Termine so angesetzt werden, daß sie entweder 15 oder 30 Minuten auseinanderliegen.

Intime Zeit ist die ausgedehnteste (während der intime Raum der am wenigsten ausgedehnte ist). Bestimmte längere Termine – wie beispielsweise die typischen 50 Minuten für eine Therapeutensitzung, Eheberatung und andere Arten von Konsultationen, gehören zweifellos in diese Kategorie, da die ausgetauschten Informationen persönlicher Natur sind. Dies ist die »weite Phase« der Intimen Zeit. Die »nahe Phase«, die Menge Zeit also, die wir mit eng Vertrauten verbringen, wird lediglich durch unsere gegenseitigen Toleranzgrenzen eingeschränkt. Auch wenn Paare und Familien in den Ferien oder Menschen im Ruhestand oft 24 Stunden am Tag am selben Ort verbringen, glaube ich doch, daß die Menschen auch hier (und selbst in den Flitterwochen) dazu neigen, die gemeinsam verbrachte Zeit zu begrenzen (am liebsten wahrscheinlich auf wenige Stunden). Einer der Beteiligten wird die Zeitgrenze setzen – ob nun freundlich oder gewaltsam, sie wird gesetzt.

Bei all diesen Zeitzonen – wie auch bei den Raumzonen – wird es als Verletzung empfunden, wenn die Grenzen überschritten werden. Wir werden ungeduldig, wenn unsere engsten Freunde und Verwandten zu lange bleiben, und wir ärgern uns über den Fremden, der mehr als eine Minute unserer Zeit in Anspruch nimmt (wir empfinden es so, als träte er uns zu nahe). Eine ganze Stunde für eine unpersönliche Angelegenheit aufzuwenden, betrachten wir als ebensolche Zumutung. Auf der anderen Seite sind wir verletzt, wenn der, den wir lieben, uns zu wenig Zeit gibt; oder wir sind beleidigt, wenn wir von einem Geschäftspartner zu schnell abgefertigt werden.

Der Zwang, irgendwo Zeit zu verbringen, kann durch die Handhabung des Raums abgemildert oder verschärft werden: Ein langer Termin mit einer Person, vielleicht einer Sprechstundenhilfe oder einem Sozialarbeiter, wird leichter auf große Distanz bewältigt. So können zum Beispiel große Warteräume lange Wartezeiten erträglicher machen: In einer zeitraubenden unpersönlichen Angelegenheit mit dem anderen auf engen Raum begrenzt zu sein, verursacht Unbehagen. So nah zusammen würden sich in diesem Zeitraum wahrscheinlich soziale Beziehungen entwickeln. Kurze Begegnungen können natürlich, und werden es meistens, auf relativ kleine Distanz abgewickelt werden.

So wie die mächtigere Person in einer Begegnung den »schicklichen« Abstand bestimmt, wird sie auch die Dauer einer Interaktion und deren Charakter bestimmen. Und so wie die Mächtigen das Privileg besitzen, uns so nahe zu kommen, wie sie wollen, haben sie auch das Vorrecht, so viel von unserer Zeit in Anspruch zu nehmen, wie sie wünschen. Und so wie wir eine größere Distanz zu ihnen einhalten müssen, dürfen wir nur um kleine Spannen ihrer Zeit bitten.

Wir sehen also, daß wie beim Raum, gegenseitigen Berühren und anderen Aspekten unserer Sozialorganisation auch bei der Zeit die Faktoren von Macht und Intimität das Feld bestimmen. Zwischen Gleichen wird Zeit gleich verteilt – kurze Spannen für Unbekannte und Fernstehende, lange für Nahe und Vertraute. Aber zwischen Ungleichen ist Zeit asymmetrisch verteilt: Die Mächtigen teilen so wenig ihrer Zeit wie möglich mit den Machtlosen, während diese ihnen so viel ihrer Zeit opfern müssen, wie ihnen abverlangt wird.

Barry Schwartz hat eine höchst aufschlußreiche Analyse eines in unserer Gesellschaft sehr bedeutungsvollen Aspekts von Zeit vorgelegt – dem Warten. Schwartz widerlegt hier all die simplizistischen Erklärungen des Wartens, nach denen Verzögerungen und Verspätungen allein durch Knappheit von Gütern und Dienstleistungen verursacht seien. Seine Hauptthese besagt, »daß die Verteilung von Wartezeiten mit der Verteilung von Macht koinzidiert.«[5] Auch Schwartz weist auf die Parallele zwischen sozialer Distanz und »zeitlicher Distanz« hin, die beide der Aufwertung jener dienen, die deren Ausmaße bestimmen. Distanz wirkt als Barriere; stünde sie nicht als Grenzstein zwischen den Schichten, könnten diese sich möglicherweise auflösen. Beides, jemanden warten zu lassen und ihn auf räumliche Distanz zu halten, dient der Aufrechterhaltung hierarchischer Abgrenzungen.

Normalerweise wenden wir Zeit nur für unsere eigenen Zwecke und Ziele auf. Schwartz weist jedoch darauf hin, daß sich beim Warten unsere Zeit in eine Ressource verwandelt, über die allein der gebietet, auf den wir warten. Und während solches Warten uns nichts einbringt, nutzt es oft den Interessen dessen, der uns warten läßt. Schwartz' Hinweis auf die psychologischen Aspekte des Wartens und Wartenlassens verdient besondere Beachtung:

Derjenige, der warten muß, befindet sich nicht nur im Zustand objektiver Abhängigkeit und Unterlegenheit; weil er an seinen Platz gefesselt ist, bis der andere ihn erlöst, *fühlt* sich der Wartende auch abhängig und erniedrigt. Auf jemanden warten zu müssen, besonders eine ungewöhnlich lange Zeit auf ihn warten zu müssen, heißt, es amtlich bescheinigt zu bekommen, daß die eigene Zeit (und damit der eigene soziale Wert) weniger wiegt als die Zeit und der Wert dessen, der uns die Wartezeit auferlegt... Selbstverständlich steht das Wartenmüssen nicht am Anfang der Erniedrigung; es unterstreicht lediglich die von vornherein vorhandene Unterlegenheit, die oft schon durch die Tatsache gegeben ist, daß man überhaupt derjenige ist, der warten muß. Es sollte gesagt werden, daß dieses Gefühl von Erniedrigung seinen Gegenpol auf der anderen Seite der Beziehung hat. Derjenige, der andere warten läßt, löst nicht nur in den Wartenden Gefühle aus, sondern auch in sich selbst. Seine Gefühle verhelfen ihm nicht nur dazu, sich seiner eigenen Macht bewußt zu werden – sich selbst mit den Augen seiner Klientel zu sehen – sondern auch, in sich die unabhängige Macht zu fühlen, die jene ihm geben, die auf ihn warten.[6]

»Rituelles Warten«, das Schwartz als Warten definiert, das unabhängig von der Zeitknappheit dessen ist, auf den gewartet wird, ist eine Form von Mystifikation. Die Unerreichbarkeit dessen, auf den man wartet, flößt Ehrfurcht vor seiner Rarheit und seinem sozialen Wert ein. Und wenn er sich endlich mit dem Wartenden befaßt, wird allein schon dieser Akt als Gunst aufgefaßt. Je wichtiger ein Mensch, desto länger werden wir ohne Murren darauf warten, bis er uns die Ehre erweist, uns seine Dienste oder seine Aufmerksamkeit zu schenken. Es gibt sogar Fälle, in denen auf jemanden gewartet wird, nur um ihm – als eine Art zeremonieller Akt – Ehrfurcht zu erweisen.

Gekaufte Zeit

Um Schwartz' Beobachtungen zu verdeutlichen und weiterzuführen, ist es wiederum hilfreich, die Verteilung von Raum und die Verteilung von Zeit miteinander zu vergleichen. Auf den ersten Blick mag es so aussehen, als würde sich der politische Gebrauch von Zeit vom politischen Gebrauch des Raums unterscheiden. Schließlich sind es doch die an der Macht, die am *wenigsten* Zeit haben, nicht wahr? Und die am ganz anderen Ende der Skala, die völlig Machtlosen, sind die, die »Zeit in Hülle und Fülle« haben – zum Beispiel Kinder, die Alten, die Arbeitslosen, Insassen von psychiatrischen Anstalten und Gefängnissen. Und für uns alle, arm oder reich, hat jeder Tag 24 Stunden – oder nicht?

Nein, im Gegensatz zum äußeren Anschein unterscheidet sich das Zeit-an-sich-Reißen nur wenig vom Raum-an-sich-Reißen. Wie über den Raum herrschen die Mächtigen auch über die Zeit: Sie halten sie besetzt wie die großen Weiten einst jungfräulichen Territoriums, die sie an sich gerissen haben. Unglücklicherweise gibt es für die Zeit, anders als beim Raum, fast keine gesetzlichen Regelungen; und so kann sie noch leichter und auf krudere Art kolonialisiert und annektiert werden.

Werfen wir zunächst einen Blick auf den äußeren Anschein. Leute an der Macht sind gewöhnlich in ihrer Zeit so gefesselt, daß Minute um Minute ihrer Tage verplant ist. »Ich bin nicht Herr meiner Zeit«, werden sie sagen. Ihre Zeit ist so wertvoll (»Zeit ist Geld«), daß sie anderen zumeist nur gegen einen hohen Preis davon abgeben, dessen Beschaffenheit von der Beschaffenheit der Situation abhängen wird (zum Beispiel 100 Dollar pro Stunde oder die Entgegennahme von Schuldgefühlen für die Inanspruchnahme ihrer wertvollen Zeit). Von den Mächtigen erwartet niemand, auf andere zu warten, alle anderen warten auf sie. Dort, wo andere Schlange stehen, werden sie sofort bedient. Aber meistens können sie es sich ohnehin leisten, die Dinge, für die andere anstehen, sich andernorts, wo es keine Wartezeiten gibt, zu besorgen oder, wenn nicht, jemanden zu schicken, der für sie Schlange steht. Denn schließlich haben sie ja keine Zeit zu verschenken!

Arme und Machtlose haben oft, jedoch eher unfreiwillig als freiwillig, zu viel Zeit »zu verschenken«. In mehr als einem Gefangenenbrief war zu lesen: »Zeit ist das einzige, was ich im Überfluß habe.« Und Arbeiter oder Angestellte in niedrigen Positionen haben »Freizeit«, wenn sich die Fabriktür oder die automatische des Bürohochhauses hinter ihnen schließt. Sie müssen nicht wie die Manager der Top-Etagen Tag und Nacht in Rufbereitschaft sein. Zumindest ihre Nächte und Wochenende gehören ihnen. Und trotz seines höheren Verdienstes muß dem

Industriellen mit seiner 80-Stunden-Woche die 40-Stunden-Woche seiner Arbeiter und Angestellten wie ein Zeitparadies vorkommen.

Ja: So haben wir gelernt, die Dinge zu sehen; und nein: So sind die Dinge jedoch keineswegs.

Gewiß, die Armen mögen viel Zeit haben, aber die brauchen sie auch, denn den größten Teil ihrer Zeit verbringen sie mit Warten. Ihr Leben besteht sozusagen aus Wartezeiten – in überfüllten Not-Krankenhäusern und Arztpraxen, auf den Fluren von Arbeits- und Sozialämtern, an Schaltern für Essensmarken, den Kassen der Billigmärkte – überall. Sie warten. Dieses Warten kann sie um einen großen Teil ihres Verdienstes bringen. Da die meisten dieser Einrichtungen nur während der Arbeitszeit zugänglich sind, verlieren Arbeiter, die tage- oder stundenweise bezahlt werden, Geld, weil sie sich für ihre Gänge freimachen müssen. Aber all jene in Manager-Positionen und aufwärts können sich straflos eine Stunde oder einen halben Tag für einen Gerichts- oder Zahnarzttermin, für ihre kranken Kinder, Autoreparaturen usw. freinehmen oder jemanden für diese Aufgaben delegieren.[7] Wie Schwartz betont, müssen die wirklich wichtigen Leute die Dienstleistungs-Einrichtungen nicht aufsuchen – sie kommen zu ihnen. Und bei den seltenen Gelegenheiten, wo auch sie warten müssen, beispielsweise auf Flughäfen, stehen den VIPs größere Annehmlichkeiten zur Verfügung – etwa der »Salon für VIPs«. In der Tat – ob arm oder reich, Zeit ist für uns alle Geld.

Es gibt noch einen weiteren Aspekt der Beziehung zwischen sozialer Klasse und der Bedeutung von Zeit. Einige Autoren behaupten, die verkürzte Arbeitszeit (pro Tag und pro Woche) habe eine neue Arbeiterklasse hervorgebracht – die Freizeitklasse, die sowohl über die Zeit als auch die finanziellen Mittel verfüge, sich faktisch denselben Freizeitaktivitäten hinzugeben wie die Reichen – Skilaufen, Segeln, Luxus-Kreuzfahrten. (In dem Maße, in dem diese Aktivitäten der arbeitenden Klasse zugänglich werden, werden die Reichen diese Vergnügen natürlich aufgeben oder sie in grandioserer Version betreiben.) Darin, wie die neue Freizeit bewältigt wird, sehen diese Autoren das größte Problem unserer Zukunft, denn die alten Klassenschranken sind für sie lange gefallen.

Marxistisch geschulte Autoren sehen jedoch weiter als solche einäugigen Analytiker; für sie hat der Zugewinn an Freizeit für die Arbeiterklasse zwei Seiten. Zwischen der Beziehung der

Arbeiterklasse zum Produktionsprozeß und ihrem Konsumverhalten hat sich ein dramatischer Kontrast herausgebildet. Auf der einen Seite sind die Arbeiter immer noch durch die Bedingungen des *Produktions*prozesses gefesselt und unterdrückt; die Arbeiterklasse – qua Definition ihrer Beziehung zum Produktionsprozeß – besteht also unverändert weiter. Als *Konsumenten* andererseits haben die Arbeiter eine neue Freiheit und Unabhängigkeit gewonnen. Was das Konsumverhalten betrifft, sind die Klassenunterschiede also bis zu einem gewissen Grade verwischt.[8] An der Kleidung, die sie zur Arbeit tragen, kann man Arbeiter und Kleinbürger immer noch voneinander unterscheiden; ebenso an der Umgebung und Gestalt ihrer Arbeitsplätze, aber kaum noch, wenn man sie sonntags in einem Fußballstadion sieht. Der Trend zu mehr Freizeit überwindet die Klassenunterschiede jedoch keineswegs; in ihm zeigt sich lediglich ein weiterer und später Mechanismus kapitalistischer Ökonomie, deren Hauptprobleme heute nicht mehr in der Produktion, sondern im Konsum liegen. Die Arbeiter werden dazu angetrieben, ihre neue Freizeit mit Konsum auszufüllen, statt zuzulassen, daß sie diese mühsam erworbenen Stunden für sich selbst nutzen. (Die Kaufwut vieler Frauen ist natürlich das deutlichste Beispiel dafür, wie in unserer Gesellschaft Konsumzwänge funktionieren.)

Um die politische Bedeutung von Zeit besser zu verstehen, treibe man den Raum-Zeit-Vergleich einmal weiter. Es gibt nur eine begrenzte Menge Zeit, so wie es auch nur eine begrenzte Menge Raum gibt. Wir alle haben nur eine Zeitspanne von 24 Stunden pro Tag zur Verfügung, nicht einzelne 24-Stunden-Päckchen, die verschieden unter uns verteilt würden. Manche Leute haben die Macht, die Zeit anderer zu annektieren; und je mehr sie annektieren, desto mächtiger werden sie. Und: Je mächtiger sie sind, desto mehr Zeit anderer können sie an sich reißen.

Diese zeitlichen Übergriffe sind das Äquivalent zu den räumlichen Übergriffen; die Beute solcher Raubzüge in die Zeit anderer kann man leicht an der Dauer der annektierten Zeit ermessen. Es sind nicht die Unterprivilegierten, die Herr ihrer Zeit sind, im Gegenteil. Wenn sie Arbeiter sind, wird ihre Arbeit mit der Stechuhr eingetrieben und verkauft. Im Akkord (wo die Quoten des Arbeits-Outputs höher liegen als bei normaler Produktion) und an beschleunigten Fließbändern wird ihre Zeit von anderen manipuliert, um so viel Arbeitskraft wie möglich aus ihnen zu saugen. Jene, die ohne jemandem Rechenschaft abgeben zu müssen, kommen und gehen können wie sie wollen (wie Unternehmer mit vielen Angestellten und Arbeitern), sind Herr ihrer Zeit. Sie manipulieren ihre eigene Zeit – wie die ihrer Arbeiter –, um auch noch die letzte Unze Profit aus ihr herauszuschlagen.

Was es heißt, jemandem – buchstäblich – seine Zeit zu stehlen, sehen wir am deutlichsten am Beispiel der einfachen Zwei-Personen-Interaktion. Wir alle wissen, daß derjenige mit höherem Status den mit niedrigerem warten lassen kann und dies oft aus keinem anderen Grunde tut, als seine Dominanz zu demonstrieren und zu festigen. Prestige wächst Zeit zu. Auf solch unverhohlenes Zeitstehlen reagieren wir – innerlich – mit dem entsprechenden Verdruß. Unsere Wut, daß uns jemand zwingt, Däumchen zu drehen, können wir jedoch normalerweise nicht offen zeigen, denn die Person, die in der Lage ist, uns so etwas aufzuerlegen, hat in irgendeiner Form Macht über uns – wenn nicht über unsere Arbeit oder irgendeinen Aspekt von ihr, dann vielleicht über unsere Gesundheit (als Arzt) oder unsere Versorgung (als Sozialarbeiter).

Je mächtiger und wichtiger eine Person, desto eher kann man davon ausgehen, daß andere, die deren Zeit in Anspruch nehmen wollen, sich auf einen genauen Termin festlegen müssen. Aber mit großer Wahrscheinlichkeit wird auch dieser Termin nicht eingehalten, und der Mächtige wird nicht zögern, diese Person warten zu lassen. Andererseits, je weniger wichtig eine Person ist, desto eher wird in ihren Zeit- und Arbeitsplan ohne Vorankündigung eingedrungen; die Mächtigen können sie herbeizitieren, so oft es ihnen beliebt. Mehr noch: Wenn es ein Untergeordneter schließlich so weit gebracht hat, daß ihm ein Übergeordneter seine Zeit widmet, wird auch während dieser Zeit seine eigene Zeit mißachtet – das Gespräch unterbrochen, weil sich der VIP anderen, noch »Wichtigeren« als er selbst widmet, sei es durch den eigenen Griff zum Telefonhörer oder weil einer dieser Super-VIPs gerade zur Tür hereinschneit.

Psychologisch bewirken solche Konstellationen, wie so viele andere nonverbale Machtdemonstrationen, daß der hierarchische Charakter der Beziehung bekräftigt wird – der Überlegene noch weiter erhöht, der Unterlegene weiter erniedrigt. »Der, der warten muß, versteht das völlig zu recht so«, schreibt Schwartz, daß sein eigener Wert so gering ist, daß der andere sich nicht veranlaßt sieht, seine anderen Verpflichtungen aufzugeben; man befindet ihn nicht für würdig, ihm seine volle Aufmerksamkeit zu schenken, sondern preßt ihn förmlich zwischen die anderen Termine. Auf diese Weise ist der Wartende gezwungen, zum Augenzeugen der Hinrichtung seines eigenen Selbstwertgefühls als geachtetes soziales Wesen zu werden.[9]

In einem von Sommer beschriebenen Experiment wird die Korrelation zwischen Status und Warten sehr schön deutlich. Ein Versuchspublikum soll hier den Status zweier in Filmszenen agierender Männer einschätzen. Zehn verschiedene Filmszenen zeigen Variationen der gleichen Situation – ein Mann sitzt über Akten gebeugt an seinem Schreibtisch, ein anderer klopft an seine Bürotür, tritt ein, nähert sich seinem Schreibtisch, um mit ihm zu sprechen. Die Zeitspanne zwischen Klopfen und Eintreten und die zwischen Klopfen und der Reaktion des Mannes am Schreibtisch entschieden jeweils darüber, welchen Status das Publikum beiden zuschrieb: Je länger es dauerte, bis der Mann am Schreibtisch auf das Klopfen reagierte, ein um so höherer Status wurde ihm gegeben.[10]

Bestimmte Professionen sind natürlich berüchtigt dafür, daß sie ihre Klientel warten lassen. Schwartz weist auf die Überbelegung der Zeit hin, die sowohl von Ärzten als auch von Gerichten praktiziert wird. Viele Ärzte haben vier oder fünf Sprechzimmer, in jedem befindet sich ein Patient – mehr oder weniger bekleidet, mehr oder weniger verstört – und wartet, während der Arzt wie ein Stehaufmännchen in jedes Sprechzimmer hereinpurzelt und schnell wieder verschwindet, um nur ja keine Zeit zu verschwenden – d. h. nicht seine eigene. Gleicherweise bestellen zum Beispiel Insitutionen wie Gerichte oder die (in angelsächsischen Ländern vor allem für mittellose Patienten eingerichteten) Krankenhaussprechstunden *alle* Patienten des Tages zum Sprechstundenbeginn, so daß die Professionals jederzeit über einen Pool wartender Klienten verfügen können. Auch hier eine höchst effiziente Nutzung von Zeit – zugunsten der Professionals, nicht der Klienten.

Organisierte Dienstleistungsbetriebe sind im allgemeinen überaus gierige Zeitverschlinger für die Gesellschaft. Außerdem wirken sie wie Trichter. Sie nehmen die Zeit der Massen auf und leiten sie an wenige Reiche weiter (unterstützt von an-

deren Institutionen und Korporationen). Sie sind Zeit-Abzugsröhren, saugen sie von »unten« ab und blasen sie – buchstäblich – nach »oben«.
Wenn wir an solche Zeitschlucker in persönlichen Interaktionen denken, dann fallen uns jene penetranten Personen ein, die ununterbrochen reden und uns Zeit wegnehmen, die wir ihnen nicht geben wollen. Solche Flegel gehören im allgemeinen natürlich nicht zu den Mächtigen. Den Mächtigen und Reichen andererseits, da kann man sicher sein, wird die Zeit nicht von solchen Eindringlingen gestohlen; meterdicke Schutzmauern gewähren ihnen die Sicherheit, daß höchstens ein Gleicher sich Zugang verschaffen kann. Auch unter Gleichen gibt es natürlich immer einen, der bestimmen kann, wieviel Zeit er mit dem andern verbringen will; und derjenige, der sich dem Zeitstehler widersetzt, wird der Dominante in der Situation sein; und auch in der privaten Interaktion von Gleichen kann Zeitstehlen ein letzter Versuch sein, den anderen zu dominieren, nachdem andere Strategien – wie ihm die Fäden vom Anzug lesen oder ihm die Krawatte geraderücken – versagt haben.
Die entscheidenden Fragen in der politischen Analyse von Zeit sind die folgenden: *Hat man die Kontrolle über die eigene Zeit* und *hat man Zugang zur Zeit anderer* (und damit zu ihrem Arbeitspotential) sowie die Frage nach der *Qualität der eigenen Zeit*. Wie Schwartz betont, sind diese Fragen keineswegs belanglos.

Zeit als solche (ist) eine allen zugängliche Ressource. In unserer Gesellschaft ist sie jedoch ungleich verteilt, eine Tatsache, die von Einfluß auf den Erwerb anderer, spezifischerer Vergünstigungen und damit auf die Lebenschancen ist... Weit davon entfernt, ein zufälliges Nebenprodukt von Macht zu sein, erweist sich die Kontrolle von Zeit vielmehr als eine der wesentlichen Voraussetzungen von Macht.[11]

Aus dem Erörterten wird klar, daß eine Philosophie, die zu dem Glauben verleitet, Zeit sei eine interessante abstrakte und apolitische Angelegenheit und es läge allein an uns, ob wir sie nutzen oder vergeuden, nur dazu dient, die komplexen Machtbeziehungen zu verschleiern, die Zeit organisieren.

Frauen in Wartestellung

Die Untersuchung der politischen Aspekte von Zeit hat gerade begonnen; das Thema »Geschlechtszugehörigkeit und Zeit« dagegen muß erst noch entdeckt werden. Ein Aspekt dieses Themas jedoch scheint fast ein Gemeinplatz zu sein: Frauen verbringen viel Zeit mit Warten. In der griechischen Mythologie finden wir das wohl deutlichste Beispiel für diesen Teil des Frauenlebens: Penelope. Obwohl ihr Gatte Odysseus viele Jahre fortblieb und totgeglaubt wurde, wies sie alle Freier zurück und wartete zehn Jahre treu auf seine Rückkehr. Aber warten Frauen wirklich mehr als Männer? Wie steht es mit dem Klischee der Frau, auf die man immer warten muß (weil sie ewig zum Schminken braucht) und die bei jeder Verabredung mit einem Mann zu spät kommt? Ich wüßte von keiner Untersuchung, die Aufschluß darüber gäbe, ob Frauen diesen Ruf zu recht genießen oder nicht; aber auf dem Hintergrund unserer Analyse der politischen Aspekte von Zeit erscheint es mir unwahrscheinlich, daß es die Frauen sind, die andere warten lassen.

Zwischen den Geschlechtern gibt es jedoch eine Form von Warten, die im System liegt: das Warten der Frauen auf ein Rendezvous. Die Tradition, daß der Aktive (Mann) um die Passive (Frau) wirbt, hat sich noch immer nicht überlebt. Immer noch ist der Mann derjenige, der die Verabredung initiieren muß, und die Frau die, die »all alone by the telephone« (ganz allein am Telephon), wie es in einem Schlager heißt, darauf wartet, bis er sich rührt. Sie muß ihre Zeit so handhaben, daß sie jederzeit für diese Eventualität gerüstet ist; und ihre Freundinnen müssen sich damit abfinden, daß ihre Zeit nichts wert ist, und damit rechnen, daß die mit ihnen getroffenen Verabredungen von einer Minute zur andern abgesagt werden.

Warten ist fest in der gesellschaftlichen Rolle der Frau als dienstbarer Geist und Förderin des Wohls anderer verankert. Da Männer im allgemeinen – sowohl im Berufs- als auch im Familienleben – als die wichtigeren Personen gelten, müssen Frauen ihnen ihrer Zeit opfern. In der Arbeitswelt steht die Zeit von Frauen, die keineswegs unausgefüllt ist, den (im allgemeinen männlichen) Vorgesetzten zur freien Verfügung. Viel Zeit von Frauen wird für unnötig zeitraubende Aufgaben verschwendet, wie Botengänge, Kaffee holen usw. Auf Band diktierte Texte tippen, ein weiterer typischer Frauenjob, ist notwendigerweise zeitaufwendig, wie jeder weiß, der es schon einmal tun mußte. Geschriebenes abtippen geht schneller, denn das Auge kann viel mehr Text auf einmal erfassen als das Ohr; außerdem ist es einfacher, Geschriebenes zu überprüfen; auf dem Bandgerät dagegen muß man vor- und zurückfahren, um hinter den Sinn irgendeines obskuren Satzes zu kommen.

Das Bild zu Hause ist nicht erfreulicher als am bezahlten Arbeitsplatz. Es ist nur verwirrender: Einerseits betrachtet man Hausfrauen und Mütter als 24-Stunden-Sklaven; andererseits malt man das Bild der unausgefüllten Frau, die durchdreht, weil sie nichts mit ihrer Zeit anzufangen weiß. Da – je nach Umständen – beide Porträts wahrheitsgetreu sein können, ist es schwer, mit Hilfe nur eines dieser Bilder eine Kritik an der Stellung der Frau in der Familie aufzubauen. In einem Punkt, und das ist die Krux des Ganzen, gleichen sich beide Porträts jedoch: *Die Zeit von Frauen ist unwichtig*. Wenn Frauen überarbeitet sind, dann mit ziemlicher Sicherheit deshalb, weil andere über ihre Zeit bestimmen; das Recht auf Zeit für ihre eigenen Interessen und Bedürfnisse gesteht man ihnen nicht zu. Und wenn Frauen, die Zeit haben, nichts mit sich anzufangen wissen (wohl eher eine »Maladie« der Frauen höherer sozialer Schichten oder jener in einem relativ späten Stadium der Familienentwicklung), dann deswegen, weil man ihnen ständig demonstriert, für wie überflüssig man ihren möglichen Beitrag zum Wohl von Familie und Gesellschaft hält – für wie wertlos die Zeit, die sie geben könnten, und damit ihre eigene Wertlosigkeit. Im Fall der überforderten wie im Fall der unterforderten Frau zeigt sich die Unwichtigkeit der Zeit von Frauen darin, wie leicht sie okkupiert werden kann. In Mutters Zeit wie in Mutters Raum kann jederzeit eingedrungen werden. Innerhalb der Familie hat sie – anders als die Väter – in den seltensten Fällen Zeit, die sie ihre eigene nennen könnte (oder abends »Ausgang«). Da ihre Arbeit geringer eingeschätzt wird, kann jedermann eine Frau beim Kochen, Putzen, Nähen, Rechnungen überweisen, Kinderwarten unterbrechen; zumeist erwartet man von ihr, sich gleichzeitig noch anderem zu widmen (besonders den Kindern), da das, womit sie gerade beschäftigt ist, ohnehin nicht zählt.

Zum Teil geht das Märchen, Frauen schwämmen in freier Zeit, zweifellos auf die Werbekampagnen der letzten Jahre zurück, die dazu beigetragen haben, die Ideologie von der »verhätschelten« amerikanischen Frau noch weiter zu verbreiten. Die

Anpreisung neuer technischer Geräte und anderer vermeintlicher »Arbeitssparer« und -beschleuniger hat den Eindruck erweckt, die US-Hausfrau sei von jeglicher Hausarbeit befreit. In Wirklichkeit hat sich jedoch die Zeit, die nicht berufstätige amerikanische Frauen mit Hausarbeit verbringen, während der letzten 50 Jahre überhaupt nicht verringert; sie beträgt immer noch – knapp bemessen – durchschnittlich 51 bis 56 Stunden pro Woche.[12]

Margolis überprüfte die Anwendbarkeit des Parkinsonschen Gesetzes auf die Hausarbeit. In ihre Untersuchung schloß sie 200 von der Kolumnistin Heloise angepriesene Haushaltstips ein. Margolis fand heraus, daß 37,5 Prozent der Tips unnötig zeitraubend waren, nur 7,5 zeitsparend; 40 Prozent waren zeitneutral.[13] All die unzähligen Haushaltstips dienen also eher dazu, die Zeit der Frauen zu absorbieren (ohne daß ein nennenswertes Ergebnis dabei herauskäme), als Zeit zu sparen.

Wie der Raum der Frauen wird auch ihre Zeit eingeschränkt und von anderen okkupiert. Traditionellerweise wird bei Frauen eher darauf geachtet, daß sie bestimmte Zeiten einhalten, als bei Männern. In den College-Schlafsälen von Mädchen zum Beispiel wird strenger darüber gewacht, daß die verordneten Ruhestunden eingehalten werden, als bei den Jungen. Außerdem verhängen Eltern über ihre Töchter häufiger – und strengere – Ausgehverbote als über ihre Söhne. Fox analysierte die Zeitrestriktionen, die Frauen als ein Mittel sozialer Kontrolle auferlegt werden – »anständige Mädchen« (jeden Alters) bewegen sich nur tagsüber allein in der Öffentlichkeit.[14]

Wenn es darum geht, in die Zeit von Frauen einzudringen, dann verhalten sich Geschlechtsgenossinnen oft ähnlich wie Familienmitglieder. Von Zeit zu Zeit kann man in den Frauenmagazinen Berichte darüber lesen, zu welchen Mitteln Frauen greifen, um sich vor den Eingriffen anderer Frauen in ihre Zeit zu schützen. Eine Frau log ihrer ewig zum Kaffeeklatsch aufgelegten Nachbarin vor, sie schreibe an einem Buch und erreichte auf diese Weise, daß ihre Zeit, die sie für ihre Hausarbeit und persönlichen Bedürfnisse brauchte, respektiert wurde.

Zweifellos kommt es vor, daß sich Frauen vor den Eingriffen extrem schwatzhafter Geschlechtsgenossinnen in ihre Zeit schützen müssen. Wir alle kennen den tiefverwurzelten Aberglauben, Frauen redeten mehr als Männer; er hat wohl zu mehr komischen Sketchen, Cartoonfiguren und Witzen inspiriert als so manche vermeintlich ethnische Eigenheit. Frauen-am-Telefon-Witze beispielsweise werden immer abgelacht. Gezielte Untersuchungen – observationelle wie experimentelle – bestätigen diesen Mythos nicht; im Gegenteil: Männer erwiesen sich oft als die schwatzhafteren.[15] Der Eindruck, daß Frauen schwatzhaft sind, konnte wohl nur aufgrund bestimmter Lebensbedingungen entstehen, wie beispielsweise Einsamkeit oder das oft zitierte Beispiel der Frau, die den ganzen Tag mit einem Säugling als einziger Gesellschaft verbringt und sich abends auf den erstbesten erwachsenen Zuhörer (meistens den Ehemann) stürzt.

Auch wenn man im allgemeinen feststellen kann, daß Frauen, wenn sie mit Männern zusammen sind und zweifellos auch in gemischtgeschlechtlichen Gruppen, weniger reden als Männer, ist es immer noch möglich, daß manche Frauen, wenn sie mit ihren Geschlechtsgenossinnen unter sich sind, sich durch ihre Gesprächigkeit Dominanz (oder Aufmerksamkeit) verschaffen wollen. Andererseits ist es ebenso wahrscheinlich, daß eine Frau es einer Geschlechtsgenossin mehr verübelt, wenn sie in ihre Zeit eindringt, als sie es bei einem Mann tun würde, denn zur Rolle der Frau gehört es, Mann und Kindern zu dienen, aber nicht einer anderen Frau.

Da die meisten Männer berufstätig sind, die meisten Frauen in beruflichen Sphären nur als Konsumenten auftreten (wiederum ein Teil der ihnen zugeschriebenen sozialen und ökonomischen Rolle), sind Frauen auch diejenigen, die man, wenn sie diese Sphäre in Anspruch nehmen, am ehesten warten läßt. Zweiundneunzig Prozent der Ärzte zum Beispiel sind Männer, aber ungefähr zwei Drittel aller Arzttermine werden von Frauen verabredet. Frauen nehmen diese Leistungen nicht nur für sich selbst in Anspruch, sondern sie müssen auch als Begleitperson für andere Familienmitglieder auftreten (wie beim Kinderarzt, beim Zahnarzt, beim Kleidereinkauf). Um andere Leistungen für die Familie empfangen zu können, müssen sie als deren Oberhaupt agieren (etwa bei Leistungen vom Sozialamt, Essenmarkenverteilung, beim Rechnungen bezahlen, Haushaltsgüter einkaufen).

Es scheint so, daß auch Frauen sich oft des Zeit-Stehlens schuldig machen, besonders wenn sie im Auftrag von Institutionen handeln, als Abschirmerin des großen Bosses, als Sprechstundenhilfe oder Sozialarbeiterin. Wie oft schon haben wir uns über Sekretärinnen oder Behördenfrauen geärgert, die ein perverses Vergnügen daran zu finden – und sich zugleich dadurch aufzuwerten – schienen, daß sie uns unnötig warten ließen. Es ist zweifellos richtig, daß viele Frauen sich auf diese Weise (gegenüber ihren Kollegen) zu einer Statuserhöhung verhelfen, aber letztenendes wurzelt ihr Status in der Position des Chefs, für den sie arbeiten. Wenn Frauen als Türhüter auftreten, handeln sie als Agenten von Vorgesetzten und Institutionen; und die vorübergehende Erniedrigung, die sie anderen antun, geht eher auf Chefs und Institutionen zurück als auf sie selbst, deren Dienerinnen. Tatsächlich werden Frauen oft auf diese Weise vorgeschoben, um der wartenden Person zu demonstrieren, wie unwichtig sie ist – sie ist es noch nicht einmal wert, daß ein Mann sie erniedrigt.

Anmerkungen Kapitel 3

1 »Congress Keeps Kissinger Waiting«, Boston, *Globe*, 31. Januar 1967, S. 8.

2 Edward T. Hall, *Die Sprache des Raumes*. Düsseldorf (Pädagogischer Verlag Schwann), 1976, S. 42.

3* Menschen werden diesen Raum-Zeit-Schacher zu ihrem eigenen Nachteil betreiben. Hall weist darauf hin, daß Amerikaner ihren Mißbrauch und ihre Fehlplanung von Raum durch eine übertriebene Zeitplanung kompensieren.

4* Jährlich von der amerikanischen Post zur Unterstützung behinderter Kinder herausgegebene Sondermarke. Das behinderte Kind, das auf ihr abgebildet ist, wird vom Präsidenten empfangen. (Anm. d. Übers.)

5 Barry Schwartz, »Waiting, Exchange, and Power: The Distribution of Time in Social Systems«, *American Journal of Sociology*, 1974, 79, 841–70. Siehe auch sein *Queuening and Waiting: Studies in the Social Organization of Access and Delay.* Chicago (University of Chicago Press) 1975.

6 Schwartz, »Waiting, Exchange, and Power«, S. 856.

7 D. H. J. Morgan schreibt: »Je niedriger der Arbeitsplatz, desto deutlicher die Unterscheidung zwischen Arbeitszeit und persönlicher Zeit«: Eine weitere Erörterung der Bedeutung von Zeit auf den verschiedenen Ebenen von Industrieunternehmen gibt er in »Autonomy and negotation in an industrial setting«, *Sociology of Work and Occupations*, 1975, 2, 203–226.

8 T. B. Bottomore erörtert dies in *Die sozialen Klassen in der moder-*

nen Gesellschaft. München (Nymphenburger Verlagshandl.) 1967, S. 36f. Für diese Unterscheidung beruft er sich auf Serge Mallet, *La Nouvelle Classe ouvriere*. Paris (Editions du Seuil), 1963.

9 Schwartz, »Waiting, Exchange, and Power«, S. 847.

10 Robert Sommer, *Personal Space: The Behavioral Basis of Design*. Englewood Cliffs, N. J. (Prentice-Hall) 1969, S. 19.

11 Schwartz, »Waiting, Exchange, and Power«, S. 868–869.

12 Joann Vanek, »Time Spent in Housework«, *Scientific American*, 1974 (November), 231, 5, 116–20.

13 Maxine Margolis, »In Hartford, Hannibal, und (New) Hampshire, Heloise is hardly helpful«, *Ms.*, 1976 (Juni) IV, Nr. 12, 28–36.

14 Greer Litton Fox, »Nice Girl: The Behavioral Legacy of a Value Construct«. Bei einer Sitzung des National Council on Family Relations 1973 vorgelegtes Referat.

15 Siehe Nancy Henley und Barrie Thorne, *She Said/He Said: An Annotated Bibliograhy of Language, Sex, and Nonverbal Communication*. Pittsburgh (KNOW, Inc.) 1975. Diese Bibliographie findet sich auch in Barrie Thorne und Nancy Henley (Hrsg.), *Language and Sex: Difference and Dominance*. Rowley, Mass. (Newbury House) 1975.

Kapitel 4

Macht-Landschaftsgemälde: Umwelt

Wir leben in einer Welt, die uns sagt, was wir zu tun haben – die uns die Bahnen vorherbestimmt, auf denen wir uns durch sie bewegen, die uns vorgibt, wie wir andere sehen und wie uns selbst, und die uns zeigt, wie wir uns je nach Situation und Umgebung zu verhalten haben. Sowohl die Tier- als auch die menschliche Welt geben ihre Anweisungen mit Hilfe stummer Botschaften; und die Verteilung von Raum fungiert auch hier als einer der Botschaftsträger. In diesem Kapitel ist es jedoch nicht nur der uns und unseren Körpern zugeteilte Raum, der uns interessiert, sondern auch jener Raum, durch den wir uns in unserer Arbeits- und Alltagswelt bewegen: die Ausstattungen unserer Büros und Heime, die äußeren Requisiten bestimmter Situationen, die Werbebilder (und Vignetten wirklichen Lebens), die wir täglich sehen – die Gestalt unserer Umgebung und wie wir uns durch sie bewegen, deren feindliche oder freundliche Atmosphäre und deren Zubehör. Die erhabene Höhe und der erhabene Raum von Gerichten und Regierungsgebäuden schüchtern jene ein, über deren Leben hier verhandelt wird; und das ist auch so beabsichtigt. Eine schillernde Kaufhausfassade will anlocken. Die kühlen Steinfassaden und entmutigend hohen Treppen eines Gerichts oder einer Bibliothek wollen abschrecken. Die Gestalt von Raum – in Quantität und Qualität – ist, wie bereits festgestellt, Ausdruck hierarchischer Strukturen.

Aber die Gestalt des Raums ist nur eine dieser stummen Botschaften, die Anordnungen im Raum eine weitere. Es geschieht nicht zufällig, daß man auf saubere Linien und geordnete Reihen zurückgreift, um bestimmte Gruppen von einem Ort zum anderen zu bewegen – Kinder, Soldaten, Gefangene –, bei anderen dagegen nicht, beispielsweise den von der Tourismusindustrie bewegten Mengen. Von außen auferlegte Ordnungen sind ein Indiz für den niederen Status derer, für die sie gelten, und für deren Machtlosigkeit. Die ordentlichen Tisch- und Stuhlreihen, die ganze rechtwinklige Anordnung des traditionellen Klassenzimmers sind äußerst wirksame Mittel, Körper und Geist der Schüler dahin zu bringen, geradlinig zu funktionieren.

Überlegene Höhe schüchtert immer ein, sei sie Charakteristikum einer Person oder Merkmal eines Büros. Der Richter, der Polizeikommissar hinter seinem erhöhten Schreibtisch, der Rabbi, Priester oder Pfarrer (ganz zu schweigen von Mammi und Papi) – sie alle erzählen uns von oben herab, was wir zu tun haben. Und wer käme schließlich auf die Idee, einen Lautsprecher, der ja Menschen beeinflussen soll, statt unter der Decke auf dem Fußboden anzubringen? Unser Respekt und unsere Ehrfurcht vor Höhe weben sich als Faden durch unsere ganze Sprache (in Ausdrücken wie *überlegen* und *unterlegen* – nur als ein Beispiel, es gibt sehr viel mehr) und durch all unsere Religionen (»höhere« Wesen erscheinen beispielsweise fast immer aus dem Himmel oder steigen in ihn auf). Wir bewerten Ränge, Schönheit, Reichtum, Talent, Intelligenz, Macht, sportliche Leistungen (um nur wenige Beispiele zu nennen) von oben nach unten, und unser (lineares) logisches Denken verläuft, wie die Untersuchungen von Desoto et al. erwiesen haben, offensichtlich in den gleichen Bahnen.[1] Die Verknüpfung von physikalischer Höhe mit Überlegenheit mag ihre Wurzeln darin haben, daß in unserer Entwicklungsgeschichte physikalische Höhe oft gleichbedeutend mit Vorteil war, beispielsweise in den Mann-gegen-Mann-Kämpfen unserer frühen Vorfahren; in späteren Zeiten waren es die hochgelegenen Adelsburgen, die militärischen Vorteil verschafften. Auch unsere religiöse Vorstellungswelt oder irgendeine atavistische (im Jungschen oder Chomskyschen Sinne) angeborene Ausformung unserer Gehirnstruktur mag eine Rolle spielen. Aber wo die Wurzeln auch liegen mögen, bei der Verknüpfung von Höhe und Überlegenheit handelt es sich offensichtlich um ein menschliches Universalprinzip.[2]

Auch im Kampf der Mächtigen um noch mehr Macht spielen die stummen Botschaften der Umgebung eine wichtige Rolle. Wenn es in diesem Kampf um Territoriumsgewinn geht, können sie in Gestalt spezifischer Markierungen auftreten, die dazu dienen, das eigene Feld abzustecken. Dem Obersten Verfassungsrichter Warren Burger wurde nachgesagt, bei Amtsübernahme in dieser Hinsicht besonders rigoros vorgegangen zu sein. Kolumnist Jack Anderson schrieb:

Zum Beispiel hat er sich jetzt zusätzlich zu seinen persönlichen Büroräumen den Gerichtsversammlungsraum einverleibt – jenes innere Heiligtum, wo sich die Richter in Geheimsitzung treffen, um über ihre Entscheidungen nachzugrübeln. Er hat sogar einen Schreibtisch dort aufgestellt, so daß niemand im Zweifel darüber sein kann, daß es Burgers Höhle ist, in der sich das Gericht versammelt.[3]

Obwohl es ihm natürlich vor allem darum ging, seine eigene Selbstherrlichkeit zu demonstrieren, ließ Burger es sich nicht nehmen, auch die anderen Richter zu erhöhen, indem er sie prunkvoll ausstattete – mit goldenen Teppichen, die zu ihren Bänken führten, und – erstmalig in der amerikanischen Geschichte – vom Kongreß gestellten Dienstwagen.

Die Innenausstattung von Macht

Eine exzellente Analyse der Machtlandschaft in Büros verdanken wir Michael Korda: Folgen wir seinen Beobachtungen, können wir darüber hinaus sehr viel über Machtarrangements im allgemeinen lernen.[4] (Es sei angemerkt, daß Kordas Analyse nicht den Anspruch einer systematischen Untersuchung erhebt; sie ist eher informellen und anekdotischen Charakters.) »Für einen Menschen, dessen Arbeit darin besteht, Macht auszuüben«, schreibt er, »wird der Ort, an dem er tätig ist, zum Forum der vielfältigsten Machtspiele – der Hauptquelle, aus der Macht sich nährt.« Nach Korda (und unsere eigenen Beobachtungen werden ihm Recht geben) konzentriert sich in Unternehmen die Macht im allgemeinen in den Eckzimmern und nicht in der Mitte. »Macht pflanzt sich gewöhnlich über Eck in Form eines X fort, wobei die mittleren Büros trotz ihrer Außenfenster, ihrer Größe und Bequemlichkeit vom Standpunkt der Macht zu Leerräumen werden.«

Die Nähe zur Macht ist es, was zählt, und natürlich auch die strategisch günstige Stellung im Hinblick auf den Fluß anderer wichtiger Ressourcen, zum Beispiel Information. Ein hochrangiger Manager zieht normalerweise eine Lage vor, in der er für andere nicht erreichbar ist; und eben dadurch gewinnt er Macht. Die Sekretärinnen dieser Herren andererseits müssen ein breites Sichtfeld haben, um alles Kommen und Gehen im Auge zu haben und sich strategisch darauf vorbereiten zu können. Zur Kaffee-Pausen-Geselligkeit werden die Protagonisten

des »Machtspiels« aus ihren entlegenen Winkeln schlüpfen und sich unter die Menge mischen, aber nur scheinbar, denn sie verstehen es, sich trotzdem von ihr und den anderen Machtspielern fernzuhalten. Möglichst in der Nähe der Tür suchen sie Rükkendeckung an einer der Wände, um sich Überblick zu verschaffen, wer sich ihnen nähert, und, wenn nötig, schnell die Flucht zu ergreifen.
Korda bemerkt, daß leitende Angestellte, die ein Stockwerk tiefer sitzen als das übrige Büropersonal, gewöhnlich jede Verantwortung für den täglichen Geschäftsablauf aufgegeben haben. Sitzen die leitenden Angestellten dagegen in der oberen Etage, sind sie eindeutig an der Spitze der Hierarchie und »haben... die Firma normalerweise fest im Griff.« Bei seiner Beschreibung eines Unternehmens, das seine Führungsspitze in einem abgetrennten luxuriösen Garten-Penthouse untergebracht hat, das nur durch einen Privataufzug zu erreichen ist, bemerkt er: »Ein Arrangement mit so eklatanten Rangunterschieden hat unter anderem den Sinn, die unteren Chargen auf ihre Plätze zu verweisen« und den Zugang zur Macht mysteriös, heikel und eindrucksvoll erscheinen zu lassen.
Kontrolle von oben manifestiert sich auch in der Idee des Großraumbüros, die unter dem Vorwand propagiert wird, ein solches Arrangement erleichtere die Kommunikation zwischen den Angestellten. Aber welcher Angestellte wurde schon für den Zweck angeheuert, frei und offen zu kommunizieren? Und so bedeutet diese Neuerung nur, daß niemand mehr in Ruhe arbeiten kann, sondern ständig den Blicken eines Publikums, seiner Kollegen und Vorgesetzten, ausgesetzt ist. Ein Großraumbüro ist wunderbar geeignet, die Angestellten unter Kontrolle zu halten.
Natürlich fehlt auch das Territorialitätskonzept nicht in Kordas Übersicht. Er beschreibt die Machtmaschen, mit denen es Abteilungsleiter und Manager darauf anlegen, ihr Territorium zu erweitern. Viele versuchen, mit ihren Untergebenen eine Art Pufferzone zu schaffen, andere sind darauf aus, »einen kleinen Brückenkopf weit außerhalb ihres Machtgebietes zu erobern, in der Hoffnung, daß ihnen allmählich das ganze Territorium zwischen ihrem Machtbereich und dem isolierten Außenposten zufällt.« Große bewegliche Aktenablagen, die wie Schachfiguren immer weiter vorgeschoben werden können, leisten beste Dienste im territorialen Machtkampf. Auch Flure eignen sich zur Markierung von Neuterritorium – durch Anschläge am

schwarzen Brett, Plakate oder gar Wandschmuck. Und selbst gewöhnliche Wandfarbe kann zur Revierüberschreitung nutzbar gemacht werden, erklärt man sie zu seiner Farbe, mit der man zuerst sein eigenes Büro versieht und sie dann in immer weitere Bereiche eindringen läßt, so daß die anderen Machtspieler, die keine solche Machtfarbe haben, in Angst und Schrecken versetzt werden. Denn die Farbe nimmt eine symbolische Bedeutung an und signalisiert die Ausdehnung eines fremden Herrschaftsbereichs. Auch ganz andere Dinge können natürlich zu solchen Symbolen werden – sie müssen nur klar mit ihrem Besitzer identifizierbar sein.

Für jeden Protagonisten im Machtspiel ist der Schreibtisch der innerste Kern seines Machtbereichs. Diese Kernzone ist absichtsvoll so angelegt, daß sie einschüchtert. Korda nennt einige Beispiele, die jedermann nachprüfen kann. Wir alle kennen die Büros leitender Angestellter und Geschäftsführer, in denen Besucher eine beträchtliche Strecke zurücklegen, Barrieren von Couchtischen, Sesseln und Sofas überwinden und sich vom Sonnenlicht blenden lassen müssen, ehe sie zum Schreibtisch gelangen. Meistens wird dem Besucher dann ein Platz im schrägen Winkel zum Schreibtisch angewiesen, selten direkt gegenüber, und wenn ja, dann muß er über eine Trennwand von Schreibtischtrivialitäten hinwegblicken oder auf eine Uhr, die ihn ständig daran erinnert, wie wertvoll die Zeit ist, die man ihm widmet. Oder er blickt auf Machtsymbole wie die doppelt-geschaltete Direktleitung zur Unternehmensspitze, Gemälde, Photos und Modelle der großen Besitztümer des Büroinhabers; zusätzlich verwirrt wird er noch von der »persönlichen Note«, mit der fast jeder Leitende sein Büro ausstattet – zum Beispiel ultrasimplizistischen, dramatischen und teuren Möbeln, die den Besucher zwingen, sich auch noch mit dem Geschmack des Leitenden auseinanderzusetzen.

Wie zur Untermauerung von Kordas Artikel erscheint in derselben Ausgabe des Magazins ein Bericht über Direktorenschreibtische – den so wichtigen Helfern im Kampf um die Macht.[5] Der Vizepräsident eines Unternehmens beispielsweise bestellte sich – zum Ärger aller seiner Mitarbeiter – einen Schreibtisch, der sich wie eine Festungsmauer fast ganz um ihn herumzog. Ein anderer Tisch hatte das Design und die Dimension eines Konferenzzimmertisches – ganze acht Fuß glatten, glänzenden Holzes! Wieder andere hatten protzige stehpultartige Aufsätze im Stile Louis XVI – zweifellos nicht weniger zur

Einschüchterung geeignet als die anderen Modelle. Der Schreibtisch der Schreibtische wurde jedoch von einem Journalisten beschrieben, der Nelson Rockefeller interviewt hatte.

Ich traute meinen Augen nicht, wie einfach sein New Yorker Büro eingerichtet war. Aber das Eigentliche war sein Trickschreibtisch. An einer Seite war eine herausziehbare Leiter angebracht. Und wenn Rockefeller sich Gehör verschaffen wollte, zog er sie heraus, stieg hinauf und stellte sich auf die Platte.[6]

Ein schönes Beispiel dafür, wie selbst unermeßlicher Privatbesitz, politische Macht und Herrschaftsposition nicht ausreichen, den Machthungrigen zu sättigen. Selbst das Mobiliar muß dazu herhalten, ihn zu erhöhen, so daß er auf andere – buchstäblich – hinabblicken kann.

Der Platz von Frauen

Der Chef, der diktiert, während die Sekretärin mit gesenktem Kopf stenografiert; der Arzt, der operiert, an seiner Seite die Schwester, die ihm assistiert – nur zwei vieler ähnlicher Bilder, die jede Frau auf dem täglichen Weg durch ihre Umwelt – bewußt oder unbewußt – in sich aufnimmt; sie sieht zum Beispiel auch den Unterschied zwischen ihrem Büro und dem des Mannes, für den sie arbeitet; sie sieht die Restaurants voller Serviererinnen, die Männer bedienen, und Bankschalter mit Frauen dahinter und Männern davor. Diese Bilder bevölkern ihre dreidimensionale wirkliche Welt ebenso wie die zweidimensionale der Magazine, Zeitungen und Bücher mit ihren Darstellungen der häuslichen und außerhäuslichen Welt. Die Werbung erinnert Frauen ständig daran, daß die Sorge für Haushalt und Kinder ihr obliegt, nicht ihrem Mann; die Werbespots lassen sie auch nicht vergessen, daß sie zuerst und vor allem Sexualobjekt ist und dazu verpflichtet, dieses Image zu nähren. All diese Bilder sind der Spiegel einer Umwelt, die die Möglichkeiten von Frauen einschränkt und die ihnen – oft – feindlich gegenübersteht.
Frauen werden nicht nur in ihrem persönlichen Raum und Territorium eingeschränkt, sondern es gibt auch viel weniger Bereiche, in denen sie sich frei bewegen können. Vergleichbar den bei Frauen und Mädchen strikter gehandhabten Ausgehzeiten,

unterliegen auch die Orte, an die sie sich begeben dürfen, einer strengeren Kontrolle. Bestimmte Stadtbezirke etwa, bestimmte Kinos, Restaurants und Bars oder Geschäfte »gehören sich für eine Dame nicht«, vor allem deswegen, weil sie dort offen mit sexuellem Material (oder – falls nicht in Begleitung eines Mannes – sexuellen Belästigungen) konfrontiert werden könnte.

Aber es gibt noch andere Faktoren, die die Bewegungsfreiheit von Frauen einschränken – die Erwartungshaltungen, die man an ihr Geschlecht stellt, und die Sozialisation von Frauen, diesen Erwartungen zu entsprechen. Solche Erwartungshaltungen strömen aus vielen Medien; für die Bereiche Werbung und Cartoons liegen uns Untersuchungen vor, die erforschten, in welche Umgebungen Männer placiert werden und in welche Frauen. Der Geograph David Lee überprüfte Männer- und Frauenmagazine über eine Zeitspanne von zehn Jahren (1963–1973) auf die in den Werbeanzeigen dargestellten Umgebungen hin und kategorisierte sie nach vier räumlichen Charakteristika: Heim und nähere Umgebung, Büro, Bezirk oder Region – und das »ferne Land« – jene interessanten, aber selten erreichten Orte, die der alltäglichen räumlichen, zeitlichen und gedanklichen Vorstellungswelt am entferntesten liegen. Von 700 Anzeigen in Frauenmagazinen zeigten 71 Prozent das Heim als Umgebung; in nur 34 Prozent von den 600 Anzeigen in Männermagazinen dagegen war eine häusliche Umwelt zu sehen. Als entgegengesetztes Extrem erschien das »ferne Land« (beispielsweise das Marlboro-Land) in über 17 Prozent der Anzeigen für Männer; bei den Anzeigen für Frauen dagegen nur in sieben Prozent der Fälle. »Das Gegenstück zum Frau-am-Herd-Bild ist das Image vom Mann-in-der-weiten-Welt«, schreibt Lee.[7]

Bei ihrer Untersuchung der Cartoons im *Ladies Home Journal*, *Playboy*, *Cosmopolitan* und *New Yorker* kam Cheris Kramer zu einem ähnlichen Ergebnis: Die in ihnen dargestellte Umwelt von Frauen ist viel weniger vielfältig als die der Männer; und auch eine Untersuchung des Frauenbildes in der Fernsehwerbung kam zu einem ähnlichen Resultat.[8]

Welche Auswirkungen diese Erwartungshaltungen auf das Leben von Frauen haben, wird in einem Brief von »Homebody« (Hausmütterchen) aufs eindringlichste deutlich. »Dear Abby«, schreibt sie an eine unserer Zeitungskummertanten,

Mein Mann kann nicht ins Kino gehen, denn er haßt es, still zu sitzen. Aus demselben Grund will er nicht in die Kirche. Er führt mich auch nicht zum Tanzen aus, weil er Tanzen albern findet. Und er weigert sich, zum Essen auszugehen, weil Restaurants zu teuer sind. Er hat keine Lust, eine Musikveranstaltung zu besuchen, weil er die Musik, die die Bands heute spielen, nicht mag.
Camping ist ihm zu unkomfortabel und Fischen zu langweilig. *Er* geht auf die Wildjagd, aber er will mich nicht mitnehmen, »weil kein Mann seine Frau mit auf die Jagd nimmt«. Er geht nicht mit mir spazieren, weil er dann eine seiner Lieblingssendungen im Fernsehen verpassen könnte.
Ich bin 38 und habe es satt, nur zu Hause zu sitzen. Was raten Sie?

Homebody

Abby, die Adresse für Frauen in Not, macht keinen Hehl daraus, auf wessen Seite sie steht und was sie von Frauen hält, die ihren Herd verlassen wollen (darüber hinaus impft sie der Beschwerdeführerin noch Schuldgefühle ein).

»Liebe Homebody, Sie sollten froh sein. Ein Mann, der seine eigenen Vorstellungen hat und der ein guter Vater ist, kann gar nicht so schlecht sein. Bauen Sie sich zu Hause ein geselligeres Leben auf! Laden Sie ein paar Freunde zu sich ein! Man muß nicht »aus«gehen, um sich zu amüsieren.«[9]

Selbst wenn Frauen aus ihren Häusern in die Welt der Büros fliehen, bedeutet das nur selten eine wirkliche Erweiterung ihres Umfeldes. Jene von Korda beschriebenen Räume, in denen sich die Kämpfe um die Macht im Unternehmen austoben, sind nicht für Frauen gedacht. Die große Mehrheit der in Büros arbeitenden Frauen bewegt sich nur an der Peripherie dieser Machträume. Und auch wenn Frauen zuweilen an deren Manipulation und Verteilung mitwirken, so doch in den meisten Fällen nur als Agentinnen der Mächtigen, in deren Dienst sie stehen, – als willenlose Werkzeuge werden sie in Positionen geschoben, die einen strategischen Vorteil im Machtspiel ihres Bosses bedeuten. In den von den Chefs, die gern alles unter Kontrolle haben, so geliebten Großraumbüros werden in den meisten Fällen Frauen eingepfercht, man denke nur an die großen Schreibsäle.
Eine beträchtliche Anzahl von Frauen betätigt sich in Bereichen, in denen es auf den ersten Blick so aussehen mag, als gestalteten sie ihre Umwelt selbst. Aber dieser Schein trügt; sie

haben auch hier keine freie Hand, und es ist kein »weiblicher« Raum, den sie schaffen. Als Innenarchitektinnen von Bürogebäuden und großen Hotels etwa besteht ihre Aufgabe zumeist darin, Räume so zu gestalten, daß Männer sich in ihnen wohlfühlen und wiedererkennen. Manche Frauen haben sich in ihren Häusern oder Appartements ihren eigenen Raum gestaltet, aber auch hier dient dieser Raum oft vor allem als Zufluchtsort für die ganze Familie. Wie gesagt, Frauen gelingt es nur selten, sich ihr eigenes Äquivalent zu den Domänen und Schlupfwinkeln der Männer zu schaffen.

Selbst die geheiligte Küche – der Ort, den Frauen mit Familien am ehesten ihren eigenen Bereich nennen können – ist nicht für sie geschaffen. In regelmäßigen Abständen bringen einschlägige Zeitschriften das Thema ›die Frau in ihrer Küche‹ zur Sprache: Die Schränke sind so angebracht, daß Frauen sie nicht erreichen können; die Arbeitsflächen sind nicht auf ihre Körpermaße abgestimmt; der Grundriß läßt außer acht, wie sich eine Frau in der Küche bewegt, welche Arbeitsabläufe dort stattfinden und so weiter. Männer sitzen an den Reißbrettern für Küchendesign, und blickt man auf das Resultat, könnte man meinen, es seien ihre Geschlechtsgenossen, die die Küchen bevölkern. Der Grund für dieses Interesse an der Küche liegt natürlich darin, daß sie im Mittelpunkt der Familienversorgung steht, sie ist die Nährzelle, der Kern des Familienlebens. Und Ineffizienz in diesem Bereich könnte schließlich bedeuten, daß Frauen ihre Funktion als Dienstleistungsorgan für die Familie nicht adäquat erfüllen.

Da die Küche zumeist als *der* Frauenbereich gilt, ist es nicht verwunderlich, daß viele Konflikte zwischen Frauen sich an diesem Ort entzünden. Wenn eine Frau die Küche einer anderen betritt und sich dort so verhält, als sei es ihre eigene (d. h. kocht, backt, spült, putzt), dann kommt das einer territorialen Invasion gleich.[10] Die eigene Küche wird oft so verbissen verteidigt, weil sie für viele Frauen das einzige Gebiet ist, auf dem sie souverän herrschen (natürlich haben sie auch über die Gemeinschaftsbereiche ihres Heims eine gewisse Kontrolle). Frauen, die dieses Territorialrecht nicht verletzen wollen, ist anzuraten, bei jedem Handgriff, den sie in der Küche einer anderen Frau verrichten, um Erlaubnis zu bitten oder, noch besser, zuerst zu fragen, ob die Domänenherrin überhaupt mit ihrem Tätigwerden einverstanden ist.

Auch wenn Frauen, die ihre Männer ermorden, dies häufig in

der Küche tun[11], glaube ich doch, daß sich ihre territorialen Verteidigungsmaßnahmen im allgemeinen nicht gegen männliche Eindringlinge richten, denn die sind von vornherein in der Vormachtstellung. Ihr Eindringen in dieses Territorium mag zwar allerhand Schaden anrichten, aber es tangiert nur selten den eigentlichen weiblichen Tätigkeitsbereich, d. h. für andere zu sorgen. Im Gegensatz zu weiblichen Eindringlingen haben Männer selten Interesse daran, ihre Territorialrechte auf die Küche auszuweiten, denn die »Inbesitznahme« dieses Reviers könnte schließlich Arbeit nach sich ziehen.[12]*

Die Umwelt von Frauen ist zumeist von Männern gemacht und von Männern beherrscht, und sie ist oft bedrohlich. Ein Teil dieser Bedrohung geht von der gewaltigen, oft gefährlichen Maschinerie (zum Beispiel große Autos) aus, die Frauen in den meisten Fällen weder benutzen dürfen noch bedienen können. Eine andere Form von Bedrohung liegt in der Tatsache, daß sie in dieser Männerwelt täglich mit Material (vor allem sexuellem) konfrontiert werden, das für sie selbst tabuisiert ist; eine weitere Bedrohung liegt in den (vor allem durch das angelernte Schwachsein von Frauen möglichen) direkten Attacken von Männern und gleicherweise in deren indirekten Attacken: den Frauenkörper taxierenden Blicken und den abschätzenden Kommentaren. Für viele Frauen ist die Umwelt voller Sperrbezirke und Sperrstunden, die zwar in den seltensten Fällen offiziell als solche deklariert, aber nichtsdestoweniger wirksam sind. In den wenigsten Familien »dürfen« sich Frauen – jung oder alt, aber besonders die jungen – frei in den Straßen der Stadt bewegen oder nach Einbruch der Dunkelheit öffentliche Verkehrsmittel benutzen. Und viele allein und unabhängig lebende Frauen erleben dieselben Einschränkungen ihrer Bewegungsfreiheit.

Auch wenn es manchmal so aussehen mag – diese Einengungen sind nicht selbstauferlegt. Es sind reale Kräfte, die Frauen in ihrer Handlungsfähigkeit einschränken. Da die Hauptbedrohung von männlichen Übergriffen ausgeht, männliche Begleitung andererseits der beste Schutz dagegen ist, hat man dieses Arrangement in Anlehnung an die Praktiken der Mafia als das Zahlen einer »Schutzgebühr« bezeichnet. Auch Golda Meirs Reaktion auf den Vorschlag, in Israel ein Ausgehverbot für Frauen zu verhängen, um sie vor Übergriffen zu schützen, erhellt diese Situation: Männer sollten mit einem Ausgehverbot belegt werden, denn wenn sich nur Frauen auf den Straßen bewegten, dann wären sie auch sicher. Geht es darum, Übergriffe auf Frauen zu analysieren, ist man allzeit bereit, die Schuld dem Opfer zu geben[13], und die beliebteste Lösung des Problems ist: die in unserer Gesellschaft ohnehin beschränkte Bewegungsfreiheit von Frauen noch weiter einzuschränken. Die Handlungs- und Bewegungsfreiheiten von Frauen sind so beschnitten, daß die Mahnung, »die Frau gehört ins Haus«, sich fast erübrigt hat; denn mehr Frauen, als man vielleicht glauben möchte, haben ohnehin Angst, diesen Ort zu verlassen.

Greer Fox weist darauf hin, daß von den drei Kontrollformen, die je nach Gesellschaftsform dazu benutzt werden, die Schritte von Frauen zu lenken, die in unserer Gesellschaft vorherrschende, die *normative* – d. h. Selbstkontrolle durch Verinnerlichung von Werten und Normen –, einen größeren Aktionsrahmen abdeckt als beispielsweise die Kontrolle durch äußere *Verbote* oder äußeren *Schutz* (zum Beispiel Anstandsdame). Die normativen Restriktionen, die inkrafttreten, wenn Frauen sich in die Welt hinauswagen und reisen, beziehen sich auf die Wahl der Verkehrsmittel, das Ziel und die Reisezeit. Restriktionen dieser Art verbünden sich mit ökonomischen und beruflichen Barrieren, um die möglichen Bereiche von Lebenserfahrung für Frauen noch weiter zu beschränken. Da Frauen die Welt, in der sie leben, weniger kennen, haben sie auch weniger Macht in ihr und über sie.[14] Auch Coser untersucht die Mobilitätschancen (u. a. auch die Möglichkeit zu reisen) von Frauen und kommt zu einem ähnlichen Ergebnis. Darüber hinaus weist sie nach, daß Mobilität in unserer Gesellschaft so verteilt ist, daß deren Klassencharakter nicht angerührt wird.[15]

In unserer Gesellschaft gab – und gibt es noch, heute zwar in abgeschwächterer Form als früher – die Tradition der Ritterlichkeit, die unter dem Vorwand, Frauen vor den Unbilden des Lebens zu schützen, sie daran hindert, »zu leben«. Der klassische Kavalier »bewahrte« seine Dame vor dem Kontakt mit den Kräften, die unsere Welt bewegen. Und auch heute noch öffnen Männer ihren Frauen die Tür,[16] tragen ihr Gepäck und chauffieren sie. Von solchen Banalitäten befreien sie sie, aber sie haben keine Skrupel, sich von ihnen bekochen, bedienen und die Hemden waschen und bügeln zu lassen. Die geheime Botschaft, die der Frau der Mittel- und Oberschicht zugeflüstert wird, besteht in der Aufforderung, ignorant und hilflos zu bleiben – stark zu machen habe sie sich nur für den reibungslosen

Ablauf des Haushalts. Den Frauen der Arbeiterklasse blieben solche Botschaften erspart, denn ihre Arbeitskraft war auch auf dem Arbeitsmarkt gefragt. Aus dem Vermächtnis schreibender Frauen wird deutlich, wie Frauen diese Ritterlichkeit empfanden – nicht als Gunst, sondern als das, was sie ist: ein Werkzeug zu ihrer Unterdrückung (auch dieser »Schutz« hat einen hohen Preis).[17]

Eine 1959 durchgeführte Einstellungs-Untersuchung stellte einen psychologischen Zusammenhang zwischen Ritterlichkeit und Frauenfeindlichkeit fest: Diejenigen, die ritterliche Eigenschaften bejahten, befürworteten auch offen die Unterordnung von Frauen – und beide Haltungen gingen Hand in Hand mit antidemokratischen Haltungen.[18] Die Praxis, Frauen nicht aktiv werden zu lassen, ihnen die Bewältigung der physikalischen Welt (wie Türen öffnen und Möbelrücken) abzunehmen, gibt ihnen das Gefühl, mit solchen Dingen (wirklich) nicht fertig zu werden. Dieses Ferngehaltenwerden ist ein historischer Grund für das Gefühl von Frauen, in einer fremden Umwelt zu leben. Ein berühmtes, vor einigen Jahren durchgeführtes Experiment arbeitete mit einer »Katzenkarussell« genannten Vorrichtung: Neugeborene Katzen wurden an dem Karussell festgebunden; eine mußte die Bahn ablaufen, die andere wurde auf einem Gondelsitz herumgefahren. Hinsichtlich der visuellen Wahrnehmung ihrer Umwelt waren beide in der gleichen Ausgangsposition; aber die laufende Katze machte zusätzlich die aktive Körper-Erfahrung, so daß sie Sicht und Bewegung koordinieren lernte. Diese Erfahrung verhalf ihr zu einer normalen Entwicklung ihrer motorischen Fähigkeiten, während sich bei der passiven Katze – mit dem »bequemen Leben« – keine normale Motorik ausbildete.[19] Auf ähnliche Weise werden Frauen von Kavalieren durchs Leben gelenkt und in Gondeln gesetzt, in denen ihre Fähigkeiten verkümmern.

Der Bericht von Jan Morris, die sich einer Geschlechtsumwandlung unterzog, illustriert diesen Prozeß sehr deutlich. Sie beschreibt, welchen Effekt es auf sie hatte, von anderen plötzlich als Frau behandelt zu werden.

> Je mehr man mich als Frau behandelte, desto mehr wurde ich zur Frau. Ich paßte mich wohl oder übel an. Hielt man mich für außerstande, ein Auto richtig einzuparken oder eine Flasche zu öffnen, dann merkte ich, daß mir das merkwürdig schwer fiel. Hieß es, ich könne doch den Koffer oder die Kiste nicht heben, kam mir das auch so vor.[20]

Ein anderer Aspekt der Umwelt von Frauen ist die rüschige, »verweiblichte« Atmosphäre, der sie – besonders stark natürlich in den nur für Frauen vorgesehenen Bereichen – ausgesetzt sind. (Männer ließen sich so etwas wahrscheinlich nicht bieten.) Schönheitssalons, Ruheräume für Frauen, Teenagerschlafzimmer sind oft mit einer schwindelerregenden Fülle von Rüschen, Spitzen, Krausen, rosa Schleifen und zarten Stoffen ausgestattet; an den Wänden reihen sich Ballerinenmotive, die für all dies als Vorbild dienen. In den Clubs und Bars von Männern dagegen reflektieren feste Stoffe, Leder, dunkle Farben und ekkiges, steriles Mobiliar das männliche Image von Nüchternheit und Härte.

In Bereichen, in denen sich beide Geschlechter bewegen, herrscht in den meisten Fällen männliches Dekor vor. In einem Forschungsprojekt der Michigan State University kamen Studenten bei ihrer Auswertung von Zeitschriften auf sechs raumgestalterische Differenzierungen. Leder, Holz und glatte, zierlose Materialien waren natürlich für männliche Umgebungen die Regel; und Rüschen, Krausen und Pastellfarben bei den weiblichen. »Familien«-Bereiche, die von Männern und Frauen genutzt werden, wiesen in ihrer Einfach- und Nüchternheit eher in Richtung des männlichen Musters.[21] Und so wie Männer die Kleidung von Frauen nicht in dem Maße imitieren wie umgekehrt, riskieren Männer es auch nicht, sich mit Ausstattungen zu umgeben, die weiblich wirken könnten – beim Dekor von Räumen wie bei der Ausstaffierung von Körpern hat Macht ihren eigenen Code.

Die weibliche Atmosphäre bildet die Hintergrundlandschaft weiblicher Immobilität. In dieser Szenerie kann man nur schön aussehen – in ihr aktiv werden, sich bewegen und stark fühlen kann man nicht. (Ballerinen sind natürlich herrlich durchtrainiert und aktiv, aber in dieser Art von Dekor sieht man sie zumeist nur in entspannter Ruhelage.) Das erschrekkendste Moment all dieser rüschigen und bebänderten Symbole weiblicher Paralyse ist jedoch, daß es dieselben Symbole sind, die Bestattungsunternehmen zur Ausschmückung des Todes verwenden.[22] Es ist kein Zufall, daß Särge mit Satinschleifen, Spitzen und Fransen (in denen tote *Männer* sich äußerst unbehaglich zu fühlen scheinen) ausgeschlagen sind und die Friedhofskapellen voller Blumen. Diese Zeichen von Weiblichkeit, die wir auch in jedem Schönheitssalon finden, symbolisieren gleicherweise die Ohnmacht der Toten und die

Machtlosigkeit von Frauen. Aber es sind *lebendige* Frauen, die versuchen müssen, sich inmitten dieser blassen Todespompons ihr Leben zu erschaffen.

Anmerkungen Kapitel 4

1 Siehe Clinton B. De Soto, M. London und S. Handel, »Social Reasoning and Spatial Paralogic«, *Journal of Personality and Social Psychology*, 1965, 2, 513–21.
2 Joseph Campbell schrieb hierüber in *The Mythic Image*. Princeton (Princeton University Press) 1974.
3 Jack Anderson, »Burger's Highhandedness«, Buffalo *Courier-Express*, 6. Juli 1971.
4 Michael Korda, »Office Power – You Are Where You Sit«, *New York*, 13. Januar 1975, 8, Nr. 2, 36–44. Siehe auch sein: *Macht und wie man mit ihr umgeht*. München (Mosaik) 1976; die hier erscheinenden Zitate vor allem auf den Seiten 74 und 80ff.
5 Joan Kron, »Executive Sweeteners«, *New York*, 13. Januar 1975, 8, Nr. 2, S. 66–67.
6 Felicia Roosevelt, zitiert in Marian Christy, »Famous Doors, Doors open Up to a Roosevelt«, Boston Sunday *Globe*, 4. Mai 1975, S. D4.
7 D. R. Lee, »Spatial Setting of Advertisements: Some Sexist Observations«, Mimeo (Dept. of Geography, Florida Atlantic University), 1974. Diese Untersuchung zeigt einen positiven Aspekt: Anzeigen aus beiden Arten von Zeitschriften schienen sich über die Jahre 1963–1973 in Richtung einer Angleichung der Umgebungen zu bewegen.
8 C. Kramer, »Stereotypes of Women's Speech: The Word from Cartoons«, *Journal of Popular Culture*, 1975, 8, 624–30: Joseph R. Dominick und Gail E. Rauch, »The Image of Women in Network TV Commercials«, *Journal of Broadcasting*, 1972, 16, 259–65.
9 *Chicago Tribune*, 31. August 1975, Sektion 5, S. 6.
10 Edward T. Hall, *The Silent Language*. Garden City, N. Y. (Doubleday) 1959, S. 148.
11 *Psychology Today*, 1975 (Juli), 9, 2, 35–42.
12* Interessant ist, daß das in den letzten Jahren zunehmende Freizeitkochen von Männern sich weitgehend auf Kochen im Freien beschränkt. Diese Wahl der Umgebung hängt wahrscheinlich mit folgenden zwei Kräften zusammen: der Revier-(Küchen-)Verteidigung von Frauen und dem Bestreben der Männer, nicht mit diesem Arbeitsplatz in Verbindung gebracht zu werden. Vielleicht haben Männer auch das Gefühl, daß durch das Assoziiertwerden

mit freier Luft ihre Männlichkeit steige. Ihr Ego wird zweifellos gestärkt durch die Aufmerksamkeit, die solchen Ausnahmeveranstaltungen geschenkt wird (verglichen mit der geringen Beachtung des Routinekochens von Frauen).

13 Die Artikel von Florence Rush geben eine hervorragende Illustration und Analyse dieses Phänomens, besonders in bezug auf junge Mädchen. Siehe »The Sexual Abuse of Children«, *Radical Therapist*, 1971 (Dezember), 2, 4, 9–10: und »The Myth of Sexual Delinquency«, *Rough Times*, 1972 (Juni), 2,7, 10–11. Als Nachdrucke erhältlich bei KNOW, Inc. P.O. Box 86031, Pittsburgh, Pa. 15221. Von Florence Rush als deutsche Übersetzung erschienen: *Das bestgehütete Geheimnis: Sexueller Kindesmißbrauch*. Berlin (sub rosa) 1985[3].

14 Greer Litton Fox, »›Nice Girl‹: The Behavioral Legacy of a Value Construct«, bei der Sitzung des National Council on Family Relations 1973 vorgelegtes Referat.

15 Rose Laub Coser, »Stay Home, Little Sheba: On Placement, Displacement, and Social Change«, *Social Problems*, 1975, 22, 470–480.

16 Zu einer interessanten Analyse des Türaufhalte-Zeremoniells siehe Laurel Walums Artikel unter dem Titel »The Changing Door Ceremony« in *Urban Life and Culture*, 1974, 2, 506–15.

17 George Eliot schrieb zum Beispiel über ihre Figur Dorothea (in *Middlemarch*, zuerst 1871–73 veröffentlicht): Es »herrschte der erstickende Druck, den jene Welt der vornehmen Dame ausübt, in der alles für sie getan wird und niemand sie um Hilfe bittet – wo das Gefühl, daß man mit einer vielfältig fruchtbaren Existenz verbunden ist, schmerzlich als innere Vision aufrechterhalten werden muß, statt daß es von außen in Form von Anforderungen, die ihre Energien entwickelt hätten, an sie herangetragen worden wäre.« Zitiert nach: *Middlemarch. Eine Studie über das Leben in der Provinz*. Stuttgart (Reclam) 1985, S. 371. Oder siehe Lucy Stones Rede von 1855, in der sie sagt, daß »Frauen die Galanterie von Männern als Besitzrechte an ihnen mißverstehen«. »Disappointment is the Lot of Woman«, ursprünglich in *The History of Woman Suffrage*, Exzerpt in Leslie B. Tanner, *Voices from Women's Liberation*. New York (New American Library) 1971, S. 75–77.

18 Eugene B. Nadler und W. R. Morrow, »Authoritarian Attitudes Toward Women, and Their Correlates«, *Journal of Social Psychology*, 1963, 56, 872–76.

19 R. Held und A. Hein, »Movement Produced Stimulation in the Development of Visually Guided Behavior«, *Journal of Comparative and Physiological Psychology*, 1963, 56, 872–76.

20 Jan Morris, *Conundrum. Bericht von meiner Geschlechtsumwandlung*. München, Zürich (Piper) 1975, S. 176.

21 Kathryn Civitello, Referat über Soziologie der Geschlechtsrollen (Dozent: Barrie Thorne), Michigan State University 1976.

22 Siehe Nancy M. Henley, »The American Way of Beauty«, *The Paper* (Baltimore, Md.) 1970, 1, 15, 7+. Als Nachdruck erhältlich bei KNOW, Inc. P. O. Box 86031, Pittsburgh, Pa. 15221.

Kapitel 5

Klingende Symbole: Sprache

Streng genommen gehört Sprache als verbale Kommunikation nicht in den Rahmen dieses Buches. Wir alle wissen ohnehin, daß unsere Vorgesetzten uns Dinge sagen können, die *wir* ihnen nicht sagen dürfen; auch die Tatsache, daß es klassenspezifische Sprachunterschiede gibt, bedarf keiner besonderen Erwähnung mehr.[1] Sprache ist jedoch der wesentlichste und vielschichtigste Aspekt sozialer Interaktion, und subtilste sprachliche Nuancen können zum Instrument von Machtausübung und Manipulation werden. Diesen subtilen Aspekten von Sprache, die in der gängigen Sprachforschung im allgemeinen nur wenig Beachtung finden, gilt unser Interesse. Einer dieser Aspekte – wohl auch der am ehesten erforschte – ist die Form, in der wir uns gegenseitig anreden.

Anredeformen. Dieselbe Anredeform kann sowohl dazu dienen, Solidarität zu bekunden (für seine Freunde ist Joe »Joe«) als auch dazu, Statusunterschiede zu markieren (denn auch für seinen Vorgesetzten Mr. Daniels, den Joe seinerseits beim Nachnamen anreden muß, ist er »Joe«). Roger Brown und seine Kollegen geben uns in ihrer Analyse der Normen persönlicher Anredeformen ein exzellentes Beispiel für diesen dualen Gebrauch.[2] Im Englischen, wie in einer Vielzahl anderer von ihnen analysierter Sprachen, werden die Anredeformen von zwei Grundprinzipien bestimmt: *Status* und *Solidarität* (d. h. Nähe zwischen Gleichen).

Liegt einer Interaktion das Solidaritätsprinzip zugrunde, zeigt es sich im wechselseitigen Gebrauch »informeller« oder »vertrauter« Anredeformen, wie zum Beispiel beim Vornamen oder Kosenamen. In Sprachen, die in ihren Pronomen zwischen förmlicher und vertrauter Anrede unterscheiden (im Englischen wurde das vertraute Anredepronomen *thou* nach dem 16. Jahrhundert fallengelassen), werden Formen wie das französische *tu*, das deutsche *du* und das spanische *tu* zwischen Freunden reziprok benutzt. Distanz auf der anderen Seite zeigt sich im wechselseitigen Gebrauch der »höflichen« oder formellen Anrede, im Englischen mit dem Titel oder Nachnamen (Mrs. Brown, Dr. Smith), in den anderen Sprachen darüber hinaus mit den Höflichkeits-Formen der Pronomen wie *vous, Sie* und *usted*.

Liegt einer Interaktion das Statusprinzip zugrunde, zeigt sich der Statusunterschied im non-reziproken Gebrauch vertrauter oder förmlicher Anrede: Der Kommunikationsteilnehmer niederen Status' benutzt die respektvolle Anrede wie Titel oder Höflichkeitspronomen. Der Kommunikationsteilnehmer höheren Status' redet den mit niederem Status informell an, beispielsweise beim Vornamen oder mit der vertrauten Form des Pronomens (in Sprachen, in denen es dieses Pronomen gibt, gilt es auch für Kinder, Tiere und Hausbedienstete). So ist der Arbeitgeber zum Beispiel Mr. Gordon und seine Angestellten sind Frank und Mary; der Dozent ist Professor Black und die Studenten sind Joan und Bob. Dieses Muster non-reziproken Gebrauchs finden wir auch in der Familie, wo die förmlichere (und respektvollere) Version im allgemeinen von den Kindern bei der Anrede Erwachsener erwartet wird (Mutter, Papa, Tante Jane); Erwachsene dagegen reden Kinder mit Vornamen oder deren Verniedlichungsformen an. Diese Praxis, die auch in Anredeformen außerhalb der Familie zu finden ist, läßt sich nicht allein aus dem Respekt vor dem Alter erklären, denn sie wird beibehalten, wenn die Kinder erwachsen sind. In der Vergangenheit (in manchen Regionen vielleicht auch heute noch) hatte jeder amerikanische Südstaatler, gleich welchen Alters, das Recht, jeden Schwarzen – ungeachtet dessen Alters – mit dem Vornamen anzureden, konnte von ihm jedoch die höfliche Anrede verlangen.

Wie wir im ersten Kapitel von Goffman lernten, beschränkt sich dieses Muster symmetrischer Beziehungen zwischen Gleichen und asymmetrischer zwischen Ungleichen nicht auf die Anredeform, sondern charakterisiert viele Facetten der jeweiligen Beziehung. Auch Brown weist darauf hin, wie durchgängig dieses Muster unsere sozialen Beziehungen charakterisiert – etwa unser räumliches Verhalten, unsere Gefühle. Bei unserer Handhabung des Raums beispielsweise zeigen sich Solidarität oder Nichtsolidarität in Nähe oder Distanz, Status darin, wer oben, wer unten steht und wer vorn und wer hinten. Solidarische Beziehungen sind durch Gefühle wechselseitiger Zuneigung und Sympathie gekennzeichnet oder wechselseitiger Gleichgültigkeit oder Abneigung; Status-Beziehungen durch angenehme Überlegenheitsgefühle oder unangenehme Unterlegenheitsgefühle.[3] Auf dieses duale Muster werden wir im Laufe unserer Auseinandersetzung mit nonverbalem Verhalten und Macht immer wieder stoßen. Im Schlußkapitel soll es uns dann dazu dienen, unsere Ergebnisse zu organisieren.

Verbales Dominieren und verbales Unterordnen. Wie sich die Beteiligten des Watergate-Verfahrens gegenseitig anredeten, war einer unter anderen Punkten, die einem Pressebeobachter zu denken gaben. Bei seiner Lektüre der Ausschußprotokolle fielen TRB von *The New Republic* verschiedene Anzeichen verbaler Dominanz auf.

> Haldeman und Ehrlichman behandeln den Präsidenten, als sei er ihresgleichen. Sie reden ihn nicht mit ›Sir‹ an; sie unterbrechen ihn, und je unsicherer er wird, desto mehr drangsalieren sie ihn.[4]

Informelle Anrede, Unterbrechen, Widersprechen, Herumkommandieren – all dies sind Privilegien des Überlegenen; dem Unterlegenen stehen sie nicht zu. Und angesichts der Umkehrung dieser Verhältnisse im oben zitierten Falle ist TRBs Überraschung nicht verwunderlich. Unterbrechungen sind ein weniger erforschtes Phänomen als Anredeformen; sie geben jedoch in gleicher Weise Aufschluß über den jeweiligen Status dessen, der unterbricht, und den Status dessen, der unterbrochen wird. Untergebene werden ihren Chef wohl kaum unterbrechen, beißen sich jedoch sofort auf die Zunge, wenn er ihnen ins Wort fällt. Die Machthierarchie innerhalb einer Gruppe ließe sich wahrscheinlich ohne weiteres erkennen, wenn man für jeden Beteiligten summiert, wie oft er andere – mit Erfolg – unterbricht (und von dieser Summe subtrahiert, wie oft er selbst erfolgreich unterbrochen wurde).

Über den Zeitraum eines akademischen Jahres analysierten Eakins und Eakins die Sitzungen einer Fakultät und errechneten für jeden Beteiligten den Anteil von »Unterbrochen-Werden« an der Gesamtmenge seiner Redebeiträge. Das Ergebnis zeigte nicht nur, daß Frauen (proportional) viel öfter unterbrochen wurden als Männer, sondern auch, daß »das Muster von Unterbrechungen innerhalb einer Geschlechtsgruppe die Statushierarchie der Fakultät exakt widerspiegelte.«[5]

Der Sprachstil des Untergebenen ist voller Redestereotypen,

die Selbstzweifel und Unsicherheit signalisieren, voller Rechtfertigungs- und Selbstherabsetzungsphrasen: *»Ich gebe natürlich zu, daß ich von diesen Dingen nicht viel verstehe, und wahrscheinlich sollte ich mich dazu nicht äußern*, aber *mein Lösungsvorschlag wäre, vielleicht doch*...[X].« – statt: »Wir sollten [X].« Solche Einleitungsphrasen können viele Funktionen erfüllen (zum Beispiel als Vorsichtsmaßnahme gegen mögliche Angriffe; sie können dazu dienen, Zeit zum Nachdenken zu gewinnen, sich die Möglichkeit zum Rückzug offen zu halten oder allein durch den Ballast von Worten beeindrucken zu wollen etc.); aber im Kern offenbaren sie immer die Machtlosigkeit derer, die ständig auf ihre eigene Unterlegenheit hinweisen müssen, die sich möglicher Initiative nur schleichend nähern, damit sie nicht von anderen darauf hingewiesen werden, daß dies nicht ihr Vorrecht ist.

Worte sind natürlich nicht der einzige Weg, in einer Konversation zu dominieren. Auch durch *Schweigen* kann man einem Unterlegenen seine Verachtung zeigen (Schweigen ist durchaus ein Aspekt von Sprache, nämlich dann, wenn Worte erwartet werden). Schweigen wird dem Unterlegenen auferlegt (»Sprich erst, wenn du gefragt wirst!«); der Überlegene kann schweigen, wann er will, und sein Schweigen nach Belieben einsetzen. Auch zum Sprechen kann der Unterlegene gezwungen werden (»Antworte mir, wenn ich dich etwas frage!«). Sprechenmüssen oder Schweigenmüssen – beides ist gleich erniedrigend. Schweigen kann Ausdruck von Desinteresse sein – beispielsweise wenn ein Sozialarbeiter die Fragen eines Klienten überhört; es kann auch bedeuten, daß der Zuhörer damit seine Mißbilligung zeigen oder auch, daß er sie verbergen oder wichtige Informationen zurückhalten will.

Ein Beispiel hierfür findet sich in Nina Totenbergs Beschreibung eines Demonstrationsbandes aus dem Watergate-Prozeß, in dem der damalige Präsident Nixon seinen Berater H. R. Haldeman zu Hause anrief. Haldeman, schreibt sie,

> ... hört sich an, als hätte er Wichtigeres zu tun, als mit dem Präsidenten der Vereinigten Staaten zu sprechen. Seine Antworten sind einsilbig, und als Nixon sein Pulver verschossen hat, herrscht nur noch Schweigen. Haldeman antwortet einfach nicht. Schließlich legt Nixon auf.[6]

Psychologisch gesprochen wird Nixon hier *ausgelöscht*. D. h. in dem Moment, wo ihm jede Form positiver Bestärkung, jegliches Interesse und selbst die kleinste Reaktion verweigert werden, verlöschen seine Worte wie eine Flamme, der man die Sauerstoffzufuhr abgeschnitten hat.

Sprache ohne Worte

Ein weiterer subtiler Aspekt von Sprache ist die *Parasprache*; definieren könnte man sie als die vom Stimmtrakt hervorgerufenen Laute (keine Worte), mit denen sich die Sprachforschung im allgemeinen nicht befaßt[7] – Äußerungen wie *tch-tch-mm-hmm*, Lachen oder sogar Husten und (in manchen Situationen) Räuspern. Bei der Parasprache kommt es nicht auf die »Bedeutung« der Worte an, die wir sagen, sondern darauf, *wie* wir sie sagen: d. h. auf Rhythmus, Stimmlage, Intensität, Nasalität, Silbenverschleifungen. William Austin zufolge schreibt unsere Oberklassen-Parasprache für Männer die klare, tiefe und orale (hier: nicht-nasale) Sprechweise vor; von Frauen verlangt sie die klare, orale und leise Art zu sprechen, wobei sie zwischen tiefer und hoher Stimmlage die Wahl haben. Es ist gewiß kein Zufall, daß viele der jungen Leute, die gegen ihre eigene Klasse rebellieren, sich auch weigern, »vornehm« zu reden, und stattdessen durch die Nase sprechen oder nuscheln.
Parasprache kann zum politischen Instrument werden. Austin zum Beispiel weist darauf hin, daß

> die herrschende weiße Mittelklassen-Kultur in den Vereinigten Staaten ihr festes Bild von der Sprache der schwarzen Unterschicht hat: Sie sei »laut«, »unklar«, »faul« und »verschleife die Silben«. Das Märchen, Schwarze sprächen laut, ist leicht als solches zu entlarven. Jeder Minderheit oder »Außenseitergruppe« wird nachgesagt, sie sei »laut« – Amerikanern in Europa, Engländern in Amerika und so weiter.[8]

Austin selbst ist andererseits der Meinung, ein Charakteristikum der Sprache Schwarzer seien die »Schwankungen in Stimmlage, Intensität und Tempo (soziale Unsicherheit).« Diese Gleichsetzung von »Schwankungen«[9]* bestimmter Sprachaspekte mit »sozialer Unsicherheit« kann man gewiß hinterfragen. In den letzten Jahren hat die Literatur, die sich mit Negro-Englisch befaßt, beträchtlich zugenommen; und

einige Autoren spüren dessen Wurzeln in afrikanischen Sprachen auf.[10] Die von Austin festgestellten Merkmale gehen vielleicht eher auf kulturelle Unterschiede als auf soziale Unsicherheit zurück. Trotzdem, seine Beobachtung ist provokativ und lohnt es, weiter erforscht zu werden (sowohl hinsichtlich des Einflusses von Klassen- wie des von Rassenzugehörigkeit).
Lachen ist eine Stimmäußerung, deren sozialer und politischer Charakter schon oft beleuchtet wurde. Welche Funktion Lachen innerhalb von Hierarchien erfüllt, wird beispielsweise in einer Untersuchung von Coser deutlich, die das Lachen unter Kollegen über mehrere Monate bei den Personalsitzungen einer psychiatrischen Anstalt beobachtete.[11] In verschiedener Hinsicht gibt Lachen Aufschluß über Dominanzbeziehungen: Wer macht einen Witz, auf wessen Kosten wird er gemacht und wer lacht darüber. Von den insgesamt 90 freiwilligen Witzen auf diesen Sitzungen machte von den Chef- und Oberärzten jeder durchschnittlich 7,5 Witze; von den Assistenzärzten jeder 5,5 und von dem Personal auf der untersten Sprosse der Leiter, den Pflegern und Schwestern, jeder nur 0,7 Witze. Sechsundachtzig der Witze gingen eindeutig auf Kosten anderer; diese »Opfer« standen jedoch nie höher in der Hierarchie als derjenige, der den Witz machte: Die beliebteste Zielscheibe der Oberärzte waren ihre jüngeren Kollegen; diese wiederum suchten sich mit Vorliebe die Patienten und deren Verwandte aus oder nahmen sich gegenseitig aufs Korn; das Hilfs- und Pflegepersonal machte sich ausschließlich auf Kosten der Patienten lustig, oder man verspottete sich gegenseitig. Die Funktion des Lachens als Spannungsabfuhr ist also keine neutrale Angelegenheit; die Spannung wird nach unten geleitet, gegen die Schwächeren. »Die hierarchische Struktur«, schreibt Coser, »wird durch den nach unten gerichteten Humor befestigt.« Später werden wir auf die Frage zurückkommen, wer am meisten über wessen Witze lacht.

Sich öffnen

Selbstenthüllung ist ein inhaltlicher Aspekt von Sprache, dessen Wechselbeziehung zum Status man bisher wenig Beachtung geschenkt hat. In Kapitel 1 zitierten wir Goffmans Beobachtung, daß »der Chef den Fahrstuhlführer teilnahmsvoll nach dem Befinden seiner Kinder fragen [kann], während ein solches Eindringen in das Leben eines anderen dem Fahrstuhlführer

verwehrt ist...« Laut Goffman zeigt sich in der Analytiker-Patient-Beziehung die deutlichste Ausprägung dieser Non-Reziprozität: Der Patient darf nichts zurückhalten, während der Arzt nicht das mindeste von sich preiszugeben braucht.
Eine Untersuchung der Anredeformen und sozialen Beziehungen in einem Geschäftsunternehmen bestätigt sowohl Goffmans Feststellungen über Selbstenthüllung als auch die von Brown und Mitarbeitern festgestellten Grundprinzipien von Anredeformen.[12] In dieser Untersuchung wurden weibliche Angestellte aus vier verschiedenen hierarchischen Bereichen einer Versicherungsgesellschaft befragt, welche Anredeformen sie gegenüber den anderen Unternehmensmitgliedern benutzen und wie weit sie sich ihnen anvertrauten. Bei einem solchen Unternehmen würde man vielleicht erwarten, daß – unabhängig von der hierarchischen Position – den älteren Angestellten oder denjenigen, die schon lange Jahre im Unternehmen (oder diesem Beruf) tätig waren, die respektvolle oder förmliche Anrede gegolten hätte; aber dem war nicht so. Das Untersuchungsergebnis zeigte, daß Alter und Dauer der Firmenzugehörigkeit keinen Einfluß auf die Anredeform hatten. Nur der Status zählte. An den Anredeformen konnte man die Unternehmensstruktur ablesen: Beim Vornamen redeten sich Gleiche untereinander an und Vorgesetzte ihre Untergebenen; unter Statusungleichen also auch hier das typische Muster: Der Übergeordnete wird mit Titel und Nachnamen angeredet, der Untergeordnete beim Vornamen.
Der mit der Selbstenthüllung befaßte Teil des Interviews befragte die Angestellten, ob sie sich mit anderen Mitarbeitern, gleich welcher Rangstufe, austauschten – etwa über solche Dinge wie Arbeitsfragen, kulturelle Vorlieben, ihre Ansichten zu strittigen Fragen oder über persönliche Probleme.[13] Die Angestellten berichteten, daß sie natürlich den Kollegen gleichen Ranges gegenüber am meisten von sich preisgäben, aber auch, daß sie ihren unmittelbar Vorgesetzten gegenüber mehr von sich enthüllten als gegenüber ihren unmittelbar Untergebenen.
Auch wenn Vorgesetzte nicht mit dem Vornamen angeredet wurden, vertraute man sich ihnen an – eine Tatsache, die die Forscher dieser Studie veranlaßte, Browns und Fords Beobachtungen zu hinterfragen, nach denen es immer der Statushöhere in einer Dyade sei, von dem alle Initiative zu größerer Intimität ausgehe. Sie mögen recht haben. Untergebene suchen wahrscheinlich wirklich oft (den Schein von) Intimität mit ihren Vor-

gesetzten, indem sie ihnen persönliche Dinge mitteilen. Aber für dieses Phänomen gibt es noch eine andere Erklärung: Persönliche Information fließt entgegengesetzt zum Fluß von Autorität. In der gleichen Weise, wie die an der Macht ihren Untergeordneten taktuell, visuell und emotional leichter (zu) nahe treten können, ist ihnen auch deren persönlicher Bereich leichter zugänglich. Oder, in den räumlichen Metaphern unserer Sprache ausgedrückt: Jemandem, der weniger Macht oder einen niederen Status hat, kann man »zu nahe treten«; man kann »in sein Leben eindringen«, sich »in sein Privatleben mischen« und »persönliche Dinge anrühren«.

Die politische Bedeutung dieser Tatsache mag auf den ersten Blick nicht ins Auge springen, denn wir neigen dazu, persönliche Data für trivial zu halten und die Beziehungen zwischen einzelnen und deren Charakteristika (wie den Grad an Selbstenthüllung) als isolierte Phänomene zu behandeln. Aber das Gegenteil ist der Fall: Wie wir gesehen haben, folgt die Selbstenthüllung in Beziehungen zwischen Ungleichen einem festen Muster, und zwar einem Muster, das sich in die institutionalisierten gesellschaftlichen Ungleichheiten einpaßt und sie unterstützt. Für die ewig mahlenden Räder unserer Gesellschaftsmühle ist *alles* Wissen, *jede* Information Wasser. Information ist die Voraussetzung zum Handeln; diejenigen, denen sie vorenthalten wird, bleiben handlungsunfähig. Und auch wenn Information an sich nicht unmittelbar zu Macht verhilft, so bedeutet allein der Akt ihrer Preisgabe auch Selbstpreisgabe: Symbolisch hat man dem Informationsempfänger zu Macht verholfen. Menschen in Machtpositionen brauchen keine Informationen über sich zu enthüllen; als krasseste Beispiele dieser Variante von Macht, der Selbstmystifizierung, siehe Howard Hughes und Big Brother.

Frauensprache – Männersprache

Eine Frau hebt zum Sprechen an, aber sie bleibt stumm, weil ein Mann gerade seinen Mund geöffnet hat; zwei Männer unterhalten sich – ihr Gespräch kann jederzeit in bitteren Konkurrenzkampf ausarten; eine Quartanerin sitzt ratlos vor ihren Schulbüchern, die in der Begriffswelt einer männlichen Kultur zu ihr sprechen und in denen jeder*mann* die ganze Menschheit repräsentiert. Was geschieht hier? Männer und Frauen sprechen unterschiedlich und über sie wird unterschiedlich gesprochen; dieser Unterschied ist nicht ohne Folgen für die Machtbeziehungen in unserer linguistischen Gemeinschaft. Da wir hier nur einen kurzen Überblick über diesen weiten und komplexen Bereich geben wollen, können wir viele Aspekte nur streifen. Inzwischen gibt es eine große Anzahl von Referaten und Büchern, die sich mit Geschlechtsunterschieden und Sexismus in der Sprache befassen.[14] Zwei Aspekte aus diesem Themenkomplex wollen wir herausgreifen.

Wie die Geschlechter Sprache unterschiedlich benutzen. Geschlechtsunterschiede im Sprachgebrauch sind so allgegenwärtig, daß sie schon Kindern im Vor-Vorschulalter bewußt sind. Ehe wir uns jedoch den Unterschieden in Vokabular und Satzstruktur zuwenden, wollen wir uns zwei besonders verbreitete Mythen über Geschlechtsunterschiede in der Sprache ansehen.

Mythos 1: Reden Frauen zu viel? Diesem Mythos zufolge sprechen Frauen mehr und länger als Männer. Dem ist schlicht und einfach nicht so. Ein Untersuchungsergebnis nach dem anderen erwies, daß Männer öfter und über eine längere Dauer sprechen als Frauen und daß sie andere Sprecher öfter unterbrechen als Frauen. Zu diesem Ergebnis kam man aufgrund der Beobachtung verschiedenster sozialer Konstellationen – es bestätigte sich sowohl bei Einzelstehenden als auch bei gleich- und gemischtgeschlechtlichen Paaren und Gruppen; außerdem in allen Berufssphären, bei »Paaren« und Ehepaaren sowie bei experimentell zusammengestellten Dyaden und Gruppen.[15]

Die Soziologin Jessie Bernard beobachtete, daß bei Podiumsdiskussionen im Fernsehen die Redebeiträge der Männer die der Frauen beträchtlich überstiegen; als allgemeines Gesprächsmuster stellte sie fest, daß es Frauen bei Gruppendiskussionen schwerer hatten, sich Gehör zu verschaffen, und öfter unterbrochen wurden als Männer.[16] Es liegt auf der Hand, daß Macht sich auch darin äußert, das Gespräch zu beherrschen und an sich zu reißen; und der schon vorhandene Machtvorteil hat die Tendenz, sich zu verdoppeln: Untersuchungen über Führerschaft kamen ausnahmslos zu dem Ergebnis, daß diejenigen, die am meisten redeten, als Führer wahrgenommen wurden.[17] Reines Volumen reicht also hin, Macht zu verstärken.

Wie Bernard betont, wird es Frauen, die etwas sagen wollen, schwer gemacht, es auch zu äußern, weil sie so überaus leicht zu unterbrechen sind. Zu diesem Tatbestand zähle man hinzu, daß sie selbst andere nur höchst selten unterbrechen (und wenn, zumeist mit wenig Erfolg). Mehrere Untersuchungen fanden heraus, daß Männer öfter unterbrechen als Frauen; die wohl zuverlässigste Studie auf diesem Gebiet beruht auf dem heimlichen Mitschnitt von Gesprächen zwischen gleich- und gemischtgeschlechtlichen Paaren (in realen Situationen). Es zeigte sich, daß 96 Prozent der Unterbrechungen und 100 Prozent der *Overlaps* (Gleichzeitigreden) in den Gesprächen auf Männer zurückgingen.[18]

In ihrer Analyse von Schweigepausen geben uns die Autoren dieser Studie ein interessantes Beispiel, wie Selbstbehauptungsversuche im Keim erstickt werden können. Sie fanden heraus, daß Frauen, wenn Männer am Gespräch beteiligt waren, ungewöhnlich viele Versprecher unterliefen. Außerdem verstummten sie öfter und länger – als Reaktion auf drei Typen männlicher Verhaltensweisen: Unterbrechen, Gleichzeitigreden und verzögerte, minimale Reaktion (wie ein mm-hm nach langem Schweigen, nicht als Bekräftigung des Redners, während er spricht). In einem der Beispiele wird deutlich, wie die Schweigepausen von Frauen umso länger zu werden schienen, je länger die Reaktion auf ihre Worte ausblieb und je spärlicher sie war. Wenn dieses Muster allgemein zutrifft, dann haben wir es hier mit einem weiteren Fall von Auslöschung zu tun: mit Verhalten, das (wie es scheint) sowohl durch negative Reaktion als auch durch das Ausbleiben positiver Reaktion im Keim erstickt wird.

Mythos 2: Bestie und Vögelchen – wie Männer klingen und wie Frauen klingen. Der zweite Mythos führt die hohe Stimmlage von Frauen allein auf deren Anatomie zurück. Es stimmt zwar, daß es zwischen der Kehlkopfanatomie von Frauen und Männern Unterschiede gibt, die für die leicht höhere Tonlage der Frauen verantwortlich sind; diese anatomischen Unterschiede sind jedoch nicht annähernd groß genug, um die Verschiedenheit männlicher und weiblicher Stimmen hervorzubringen, die wir täglich hören können.[19] In jüngster Zeit kamen Forscher zu dem Schluß, daß Stimmlage zumindest zum Teil ein erworbenes Geschlechtsmerkmal ist und eine linguistische Konvention darstellt. *Die Tonlagen von Männern und Frauen unterscheiden sich deshalb so sehr, weil das den Erwartungen entspricht, die an ihre sozialen Rollen gestellt werden.* Diese Erwartungshaltungen sind so stark, daß sich der Tonlagenunterschied bei Kindern noch vor dem männlichen Stimmbruch in der Pubertät bemerkbar macht, zu einer Zeit also, zu der der anatomische Unterschied nicht oder kaum zum Tragen kommt.[20]

Die Vorschrift, eine männliche Stimme habe tief zu sein, eine weibliche hoch, ist so rigide, daß jede Abweichung von dieser Norm ausschlaggebend dafür sein kann, wie eine Person von anderen wahrgenommen wird. Männer mit hohen Stimmen werden am Telefon leicht für Frauen gehalten und dementsprechend behandelt; in Gruppengesprächen überhört man sie oder macht sich hinter ihrem Rücken über sie lustig. Dagegen sind weibliche Werbe- und Nachrichtensprecherinnen mit tieferen Stimmen ausgesprochen gefragt und werden anderen Frauen vorgezogen: Da man die tiefere Stimmlage mit Männern assoziiert, die in unserer Gesellschaft mehr Autorität haben, mißt man dem, was Frauenstimmen sagen, offenbar mehr Gewicht bei, wenn sie tiefer klingen.

Es gibt noch weitere Unterschiede im Sprachklang der Geschlechter. In unserer Kultur drücken Jungen ihre Männlichkeit und Härte mit einem leicht nasalen Klang aus; Mädchen und »brave« Jungen sprechen oral, d. h. nicht nasal. Darüber hinaus sprechen Männer mit größerer Intensität als Frauen; ihre Stimmen sind tragender und kräftiger. 1848 kommentierte die Suffragette Susan B. Anthony diesen Nachteil für Frauen:

> Da ihnen eingeimpft wurde, eine leise [weiche] Stimme gehöre zum Idealbild der Frau, haben die Frauen begonnen, ihre Stimmorgane zu unterjochen, und sich auf diese Weise um den Vorteil lauter Töne und deren wohlbekannter Fähigkeit, die Welt zu erschüttern, gebracht.

Interessanterweise sieht Anthony die sanfte Stimme ganz eindeutig nicht als das Ergebnis weiblicher Anatomie oder »Natur«, sondern als Folge von Erziehung und Antrainierung.[21]

Frauen, die in irgendeiner Weise gegen gesellschaftliche Verhaltensvorschriften verstoßen, werden die Erfahrung machen, daß man sie als laut charakterisiert, unabhängig davon, ob ihr Dezibel wirklich die Norm übersteigt oder nicht. Wie schon erwähnt, werden alle Außenseitergruppen leicht als »laut« etikettiert. Ein geläufiges Beispiel aus jüngster Zeit: Feministinnen werden »schrille«, d. h. laute und sehr hohe Stimmen nachgesagt.

Auch in den Intonationsmustern von Männern und Frauen lassen sich Unterschiede feststellen. Die Intonation von Frauen ist variations- oder kontrastreicher als die von Männern. Von diesen größeren Schwankungen in der weiblichen Sprechweise wird behauptet, sie seien das Intonationsmuster von Unsicherheit – klagende, fragende, hilflose Töne, die zweifellos keiner Stimme Autorität verleihen. Aber diese Verknüpfung erinnert an die zuvor erwähnte Interpretation der »Schwankungen« in der Sprache Schwarzer (als »soziale Unsicherheit«). Stimmschwankungen können jedoch ebenso gut auf einer größeren emotionalen Expressivität im positiven Sinne beruhen. Wie wir gesehen haben, verhilft ihre größere emotionale Ausdruckskraft Frauen jedoch selten zu Macht, sondern trägt eher dazu bei, sie noch verletzlicher zu machen.

Die Bausteine der Sprache und wie man mit ihnen wirft (Worte und Sätze). Wenn es um die Frage geht, worin sich die Geschlechter hinsichtlich Vokabular und Satzstruktur unterscheiden, fällt bei vielen Untersuchungen die Tendenz auf, den stereotypen Vorstellungen von männlicher und weiblicher Rolle zu folgen: Frauen seien personen-orientiert, nach innen gerichtet und integrierten andere in ihre Welt; Männer dagegen seien selbst- und handlungsorientiert und projizierten ihr Selbst in die Umwelt. Von Frauen wird behauptet, sie seien euphemistisch, »bevorzugten« die feine, verschleierte und indirekte Ausdrucksweise. Solche Wortwahl ist natürlich viel eher das Ergebnis sprachlicher Tabus als Ausdruck weiblicher Vorlieben. Vor all diesen Erklärungen sollte man sich in acht nehmen. Sie mögen zwar zum Teil auf empirischer Forschung beruhen, aber Prämissen, Durchführung und Interpretation solcher Experimente stehen oft unter dem Stern fragwürdiger Vorurteile.

Robin Lakoff verknüpft zwei Ausprägungen der Satzstruktur mit der der weiblichen Sprechweise zugeschriebenen Unsicherheit: den Gebrauch verbrämter Fragen und Bitten.[22] Eine verbrämte Frage erscheint zum Beispiel in der Form: »Ich bin doch hier richtig, nicht wahr?«, nicht als einfache affirmative Feststellung oder direkte Frage: »Bin ich hier richtig?« Es handelt sich weder um eine klare Behauptung, noch um eine Ja-nein-Frage, sondern um eine Form, die es dem Sprecher erlaubt, die volle Verantwortung für seine Äußerung zu umgehen. Von Männern sagt man, daß sie nicht nur seltener verbrämte Fragen stellen, sondern auch, daß sie *fordern*, wo Frauen *bitten*, und auf diesem Weg ihre Wünsche wahrscheinlich eher erfüllt bekommen.

Mit dem Geschlecht verknüpfte Sprachunterschiede interagieren mit jenen, die mit dem sozio-ökonomischen Status einhergehen. Die angesehene und »richtige« Sprechweise, die mit Personen hohen Status' verbunden wird, legt Wert auf solche Feinheiten wie die Betonung des *r* beim Wort Tür und die Vermeidung jeglicher Dialektfärbungen. Eine Anzahl von Einzeluntersuchungen zur Frage, wer zu welchem dieser Sprachmuster neigt, kam zu dem Ergebnis, daß mehr Frauen als Männer die »richtige« Sprechweise benutzen. Daß Frauen eher zu den mit Prestige assoziierten Mustern neigen, scheint im Widerspruch zum Befund ihrer gesellschaftlichen Benachteiligung zu stehen; aber beides ist nicht notwendigerweise unvereinbar. Andernorts hat man diese Orientierung von Frauen auf ihre unsichere soziale Stellung zurückgeführt, die sie status-bewußter macht; die Tendenz von Männern andererseits zur »Nicht-Standard«-Sprache damit erklärt, daß diese Sprechweise mit Männlichkeit assoziiert wird.[23]

Gruppengespräche: Konversationsmuster. Außer der Tendenz von Männern, mehr zu sprechen und häufiger zu unterbrechen, gibt es noch weitere Unterschiede zwischen männlichen und weiblichen Konversationsmustern. Die meisten der festgestellten Unterschiede sind jedoch eher impressionistisch beschrieben – beispielsweise Bernards Charakterisierung weiblichen und männlichen Redestils: »Die traditionellen Normen für Weiblichkeit und Fraulichkeit fordern von Frauen, sich gefühlvoll und begeistert zu äußern, mit ihren Worten zu streicheln..., den Status des anderen zu erhöhen, Spannungen zu mildern, Einverständnis und Beifall zu zeigen, willfährig zu sein, verstehen und zu akzeptieren.« Das Männern zugeschriebene »instrumentelle« Sprechen weise Richtungen, übermittele Informationen, argumentiere und diskutiere.[24]
Die Aufgabe von Frauen, die Männer in einer Gruppe zu »streicheln«, wird in Cosers Analyse der »Scherzstruktur« auf den Personalsitzungen eines Krankenhauses sehr schön beleuchtet:

In dieser Kultur wird von den Frauen erwartet, passiv und rezeptiv zu sein. Hier gilt eine Frau als humorvoll, wenn sie lacht (aber nicht zu laut!), wenn ein Mann eine geistreiche Bemerkung macht oder einen guten Witz erzählt. Ein Mann hat Humor, wenn seine Bemerkungen geistreich sind und seine Witze gut. Der Mann produziert sich; die Frau empfängt. Und so machten auf diesen Sitzungen Männer bei weitem die meisten Witze – 99 von 103 –, aber die Frauen lachten mehr.[25]

Coser weist darauf hin, daß der geringere Witzbeitrag von Frauen nicht etwa an der geringeren Vertretung ihres Geschlechts auf solchen Sitzungen gelegen habe und daß dieselben Frauen außerhalb dieser Sitzungen durchaus witzig und geistreich waren.
Auch Grotjahn berichtet, daß man von Frauen, die der traditionellen gesellschaftlichen Rolle verhaftet sind, gemeinhin annimmt, »daß sie überhaupt unfähig sind, einen Witz zu erzählen«, obwohl sie doch mit allen notwendigen Zutaten zum Humor ausgestattet sind (»natürlicher Intelligenz«, »Feindseligkeit« und der Fähigkeit »sich am Witz zu erfreuen«). Sie verbeißen sich ihren eigenen Humor, weil Humor einen aggressiven Beigeschmack hat.

> Heutzutage müssen Frauen vorsichtig sein, denn jedes Anzeichen von Aggression, ob offen oder versteckt, wird in unserer Wettbewerbskultur von jedem Mann als Herausforderung angesehen,... der er sich gewachsen zeigen muß.[26]

Diese Beobachtung mag Ansporn sein, darüber nachzudenken, warum so oft die Behauptung aufgestellt wird, Feministinnen hätten keinen Sinn für Humor.
Die Tendenz zu zögern, sich zu entschuldigen und die eigenen Bemerkungen herabzusetzen – all diese Muster, die charakteristisch für Untergeordnete sind, finden sich auch bei Frauen. Ebenso können Anredeformen sowohl soziale Statusunterschiede als auch die Statushierarchie der Geschlechter reflektieren. Sprachforscher und Psychologen haben beobachtet, daß Frauen leichter und öfter beim Vornamen angeredet werden als Männer: Über wissenschaftliche Fakten, die diese Spekulation untermauerten, verfügen wir jedoch nicht (nur über die Gewißheit, daß Frauen ganz allgemein eher in untergeordneten Positionen arbeiten, die an sich schon die informelle Anrede nach sich ziehen).
Darin, wer den Verlauf eines Gesprächs bestimmt und wer passiv bleibt, zeigt sich, wer über Macht und Status verfügt und wer nicht. Zum Teil wegen der männlichen Neigung, zu unterbrechen, und zum Teil wegen der weiblichen Neigung, Männer zu unterstützen und ihnen zuzustimmen, gelingt es Männern zumeist, die Gesprächsthemen zu bestimmen; Frauen dagegen gelingt es kaum oder selten, von sich aus ein Thema aufs Tapet zu bringen, wenn Männer zugegen sind. Dies muß nicht unbe-

dingt nur daran liegen, daß Männer ohnehin alle Themen an sich reißen, sondern kann auch durch deren mangelnde Reaktion auf die von Frauen initiierten Themen bedingt sein. Phyllis Chesler schreibt:

Vielen Frauen gelingt es noch nicht einmal, den Verlauf eines einfachen – aber ernsthaften – Gesprächs zu bestimmen, wenn andere Männer, eingeschlossen der Ehemann, zugegen sind. Sehr selten, wenn überhaupt, kann man beobachten, daß Männer schweigend zuhören, wenn mehrere Frauen sich unterhalten. Selbst wenn die Frauen zahlreich vertreten sind und nur ein Mann zugegen ist, wird er die Frauen in Frage stellen ... immer in der Absicht, doch noch die Kontrolle über das Gespräch zu gewinnen; und immer wird er die Haltung des »Überlegenen« einnehmen.[27]

Diese Herrschsucht über Gespräche lebt sich nicht nur in den privaten Wohnzimmern aus. Mary Jean Tully, Berichterstatterin des Boston *Globe*, weist auf die schwierige Stellung von Frauen und Minderheitenangehörigen hin, wenn sie in die »blue-ribbon«-Kommissionen – die zumeist als Vorreiter der offiziellen Präsidentenpolitik fungieren – berufen werden. »Das Hauptproblem«, schreibt sie,

liegt in der Dynamik dieser Zusammenkünfte selbst. Nach der Erfahrung dieser Kommission [für private Philanthropie und Bedürfnisse der Öffentlichkeit] und ebenso der einiger früherer Kommissionen meldet sich von der Non-Establishment-Seite her entweder keine Stimme zu Wort oder, wenn es doch einmal geschieht, hört man ihr nicht zu. Zum Teil liegt das gewiß daran, daß diese Seite nur relativ gering vertreten ist, aber zum andern Teil zweifellos an der formalen Prozedur dieser Kommissionen, die sich vor allem an ihren Mitgliedern mit öffentlichem Ansehen wie etwa Vereinsvorständen ausrichtet, die es gewohnt sind, große Gruppen zu dominieren und ihrer Stimme und ihren Ansichten Gehör zu verschaffen.[28]

Selbstenthüllung. Selbstenthüllung ist ein weiterer Aspekt von Konversation, der von Geschlecht zu Geschlecht variiert. Eine Anzahl von Untersuchungen kam zu dem Ergebnis, daß Frauen anderen gegenüber mehr persönliche Informationen enthüllen als Männer, so wie auch Untergeordnete im allgemeinen mehr von sich preisgeben.[29] Frauen in Machtpositionen enthüllen wahrscheinlich weniger von sich als der Rest von uns, und sie bewahren, ähnlich wie die Männer, auch in den brenzligsten Situationen die Fassung. Die meisten Frauen wurden jedoch dahingehend sozialisiert, ihre Gefühle, ihre Gedanken und Ideen offenzulegen. Besonders im Kontext von Ungleichheit heißt diese Preisgabe von persönlichen Informationen, anderen Macht über sich zu geben. Selbstenthüllung (eingeschlossen das Zeigen von Gefühlen) ist für sich genommen weder Schwäche noch eine negative Verhaltensweise: Wie andere Intimitätsgesten hat sie positive Aspekte – zum Beispiel sich mitteilen und es zulassen, daß sich auch andere öffnen –, aber nur dann, *wenn die Selbstenthüllung freiwillig geschieht und reziprok ist.*

Selbstenthüllungen von Männern werden zumeist als etwas höchst Exklusives betrachtet: Viele Frauen schwören, daß nur sie die gefühlvolle und zärtliche Seite eines bestimmten Mannes kennen. Sie empfinden es als Privileg, daß ihnen dieser Blick ins Innenleben gewährt wird, und suggerieren damit, angesichts dieses verletzlichen Alter-egos der Männer müsse man ihnen ihr negatives öffentliches Selbst verzeihen. Diese Tradition ist jedoch gefährlich: Je mehr Frauen es Männern ermöglichen, sich auf diese Weise in zwei Selbst aufzuspalten, desto weniger Männer werden ihre Gefühle loslassen, sie vor anderen zeigen und sie als etwas akzeptieren, das zu ihnen gehört. Die harte Seite, die sie anderen Männern gegenüber an den Tag legen, und ihre Abwertung von Frauen als schwache und emotionale Wesen werden sich immer weiter verfestigen.

Frauen funktionieren auch noch in anderer Hinsicht als eine Art emotionaler Tankstelle für Männer (natürlich auch für ihre Familien und, in geringerem Ausmaß, für andere Frauen) – eine Tatsache, die im Hinblick auf die Analyse von Macht nicht ohne Bedeutung ist.[30] Insbesondere halten sie dazu her, den Zorn von Männern zu beschwichtigen[31], ermutigen sie, ihren niederen Status, Ungerechtigkeiten und die täglichen Herabsetzungen, denen sie ausgesetzt sind, zu akzeptieren. Auf diese Weise tragen Frauen sowohl zum Fortbestand der hierarchischen Systeme in der Männerwelt bei als auch zur Verfestigung der Geschlechtsrollen.

Die drei A's: Abtun, Abgrenzen, Ablehnen. Der zweite Aspekt von Geschlechtsunterschieden in der Sprache (der erste: wie Männer und Frauen Sprache unterschiedlich benutzen) ist, wie Frauen von der Sprache behandelt werden. Ein großer Teil des Gesprächs zwischen den Geschlechtern geschieht im Kontext verhohlener Machtkämpfe. In diesem Kampf ist die Sprache selbst Munition, die sich in den Dienst der Männer und gegen die Frauen stellt. Frauen begeben sich in das Wortduell mit der Pistolenmündung gegen sich gerichtet – die englische (keineswegs als einzige) Sprache ist gegen Frauen geladen. Erfreulicherweise hat das geschärfte Bewußtsein für Rassen- und Klassenungerechtigkeiten zu einer gewissen Liberalisierung des Sprachgebrauchs geführt; hinsichtlich der sprachlichen Behandlung von Frauen hat sich nichts geändert. Im Englischen erscheint Sexismus vor allem in den folgenden drei Formen: Erstens: Frauen werden abgetan (ignoriert); zweitens: Sie werden ab- und ausgegrenzt, und drittens werden sie abgelehnt. Auch diesen Aspekt können wir nicht im Detail erörtern; aber einige der wichtigsten Punkte, zu denen die kritische Sprachforschung gekommen ist, wollen wir herausgreifen.

Das herausragendste Beispiel dafür, wie Frauen in der Sprache ignoriert und ausgegrenzt werden, ist die generische Verwendung des Männlichen. Solch geläufige Ausdrücke wie *spokesman* (Sprecher) und *chairman* (Vorsitzender), Wendungen wie »the man for the job« (*»Das ist unser Mann«*), »the man in the street« *(»Der Mann in der Straße«*), »the working man« (*der Arbeiter*) (im Deutschen denke man an Ausdrücke und Wendungen wie »jedermann«, »man«, »Ein Mann, ein Wort« und vieles andere) machen deutlich, wie das Weibliche vermeintlich im Männlichen »eingeschlossen« ist, in Wirklichkeit aber eher aus der menschlichen Gattung »ausgeschlossen« wird.

Es gibt Hinweise darauf, daß der generische Gebrauch des Männlichen nicht unbedingt als solcher verstanden, sondern stärker mit dem Männlichen verknüpft wird. In einem Experiment beauftragte man Studenten, Bilder zu sammeln, die bestimmte Bereiche des sozialen Lebens illustrieren. Wurden ihnen diese Bereiche mit vermeintlich generisch männlichen Termini bezeichnet (zum Beispiel »die Sparer«), wählten sie öfter Bilder, auf denen nur Männer zu sehen waren, als bei neutral bezeichneten Bereichen (beispielsweise «Sparverhalten«). Einige Untersuchungen zeigen, daß die meisten männlichen Bezeichnungen auch Männer *meinen* und keine Gattungsbegriffe sind. Eine Auswertung von Kinderschulbüchern etwa brachte das Ergebnis, daß von den 940 Fällen, in denen das Wort *he* (er) benutzt wurde, es sich in 97 Prozent der Fälle auf Männer, männliche Tiere oder typisch männliche Beschäftigungen bezog.

Indem Sprache den »Platz« von Frauen ausgrenzt und eingrenzt, reflektiert sie deren untergeordneten Status und trägt gleichzeitig dazu bei, ihn zu perpetuieren. Wenn Männer charakterisiert werden, dann zumeist aufgrund ihrer Tätigkeiten – »der berühmte Bankmann« –, Frauen dagegen oft als deren Zubehör – »die 29jährige Frau des Arztes und Mutter von drei Kindern«. Frauen werden durch die Zuordnung zu Gruppen definiert, die man ihnen zugedacht hat: »Frauen und Kinder« – wie leicht geht das über die Zunge; und Frauen werden oft in einem Atemzug mit Schwachen und Inkompetenten genannt.[32]

Die Ablehnung und Abwertung von Frauen durch die Sprache äußert sich in den unterschiedlichen Konnotationen und Bedeutungen der Begriffe für männlich und weiblich. Frauen werden nicht nur aufgrund ihres Geschlechts ausgegrenzt; ihr Geschlecht ist auch die Basis für ihre Herabwürdigung. Eine Analyse der Begriffe für sexuelle Promiskuität brachte zu Tage, daß es für weibliche Promiskuität 220 Worte gibt, für männliche dagegen nur 22. Und Worte wie *König, Prinz, Lord, Meister* und *Vater* haben in unserem heutigen Sprachgebrauch noch ihre alte würdige Bedeutung beibehalten, während die weiblichen Entsprechungen *queen* (Königin, gleichzeitig abwertende Bezeichnung für Homosexuelle), *mistress* (Herrin, gleichzeitig Mätresse) und *dame* (Dame/Ordensinhaberin, gleichzeitig Gangsterliebchen) abschätzige Nebenbedeutungen angenommen haben (dies ist nicht auf diese Worte beschränkt, sondern ein allgemeines Muster). Viele Bezeichnungen für Frauen werden so konstruiert, daß den ursprünglich männlichen Worten eine weiblich/diminutive Endung angehängt wird: zum Beispiel *Dichterin, Autorin, Platzanweiserin*.

Alle Folgen dieser Trivialisierung, Abwertung, Ausgrenzung und Ablehnung abzuschätzen, ist sehr schwer. Es gibt nur sehr wenige Untersuchungen, die sich – wie beispielsweise die oben zitierte über die Reaktion auf männliche Gattungsbegriffe – damit beschäftigen, welche konkreten Nachteile die männerorientierte Sprache für Frauen bedeutet. Eine besonders provokative Studie fand heraus, daß Mädchen bei mathematischen Aufgaben, die in den traditionellen männlichen Begriffen gefaßt waren, schlechter abschnitten als die Jungen, die Aufgaben aber ebenso gut lösten wie diese, wenn weibliche Begriffe benutzt wurden.[33] Aber noch so umfangreiche experimentelle Untersuchungen können nicht abschätzen, welche Auswirkungen es auf Millionen von Frauen hat, Tag für Tag von einer

Sprache umgeben zu sein und mit Worten bombardiert zu werden, die ihnen suggerieren, sie seien bedeutungslos, zweitrangig, Sexualobjekte oder überhaupt nicht existent.

Anmerkungen Kapitel 5

1 Inzwischen liegen zahlreiche Bücher über die Beziehung zwischen Sprache und Sozialstruktur vor – zum Beispiel Joshua A. Fishman (Hrsg.), *Soziologie der Sprache.* München (Hueber) 1975; oder Frederick Williams (Hrsg.), *Language and Poverty.* Chicago (Markham) 1970, zu einer populärwissenschaftlichen Untersuchung einiger Oberschicht-Sprachgebräuche siehe Nancy Mitford (Hrsg.), *Noblesse Oblige: An Enquiry into the Identifiable Characteristics of the English Aristocracy.* New York (Harper) 1956.

2 R. Brown and A. Gilman, »The Pronouns of Power and Solidarity«, in T. A. Sebeok (Hrsg.), *Style in Language.* Cambridge, Mass. (Massachusetts Institute of Technology Press) 1960. R. Brown und M. Ford, »Address in American English«, *Journal of Abnormal and Social Psychology*, 1961, 62, 375–85. Roger Brown, *Social Psychology*. New York (Free Press) 1965.

3 Brown, *Social Psychology,* Kapitel 2, insbesondere S. 71–73.

4 TRB (R. Strout), »The Plot Sickens«, in Boston *Globe*, 14. Mai 1974, S.23.

5 Barbara Eakins und Gene Eakins, »Verbal Turn-Taking and Exchanges in Faculty Dialogue«, auf der *Conference on the Sociology of the Languages of American Women*, 1976, vorgelegtes Referat.

6 Nina Totenberg, »Obiter Dicta from the Watergate Press Table«, *New York*, 1975 (20. Januar), 8. Nr. 3. 38–43.

7 George L. Trager, »Paralanguage: A First Approximation«, *Studies in Linguistics*, 1958, 13, 1–12. Starkey Duncan, »Nonverbal Communication«, *Psychological Bulletin*, 1969, 72, 118–37 gibt bis für das Jahr 1968 eine Übersicht der Arbeiten auf diesem Gebiet.

8 William M. Austin, »Some Social Aspects of Paralanguage», *Canadian Journal of Linguistics*, 1965, 11, 31–39.

9* Dieser Ausdruck suggeriert an sich schon eher Schwäche als nur einen Unterschied; wenn Variationsreichtum als die Norm angesehen würde – und nicht Gleichmäßigkeit –, dann müßte man die Sprechweise weißer Mittelklasse-Amerikaner als variationsarm etikettieren.

10 Siehe William A. Stewart, »Toward a History of American Negro Dialect«, in Williams, *Language and Poverty*: Walt Wolfram und Nona Clarke (Hrsg.), *Black-White Speech Relationships*. Washing-

ton D.C. (Center for Applied Linguistics) 1971; J.L. Dillard, *Black English*. New York (Random House) 1972.

11 Rose Laub Coser, »Laughter among Colleagues«, *Psychiatry*, 1960, 23, 81–95.

12 Dan I. Slobin, Stephen H. Miller, und Lyman W. Porter, »Forms of Address and Social Relations in a Business Organization», *Journal of Personality and Social Psychology*, 1968, 8, 289–93.

13 Diese Technik wurde von Sidney Jourard und Paul Lasakow entwickelt und in ihrem Aufsatz geschildert: »Some Factors in Self-Disclosure«, *Journal of Abnormal and Social Psychology*, 1958, 56, 91–98. Siehe auch Jourard: *The Transparent Self*. Princeton, N.J. (Van Nostrand) 1964.

14 Dieser Überblick beruht auf einer gemeinsam mit Barrie Thorne durchgeführten Untersuchung, die detaillierter dargestellt ist in: »Womanspeak and Manspeak: Sex Differences and Sexism in Communication, Verbal and Nonverbal«, in Alice Sargent (Hrsg.), *Beyond Sex Roles* (St. Paul, Minn.: West Publishing, 1976); in B. Thorne und N. Henley (Hrsg.), *Language and Sex: Difference and Dominance* (Rowley, Mass.: Newbury House Publishers, 1975), und in N. Henley und B. Thorne, *She Said / He Said: An Annotated Bibliography of Language, Speech, and Nonverbal Communication* (Pittsburgh: KNOW, Inc., 1975). Alle erwähnten Forschungen sind in dieser Bibliographie ausführlich beschrieben und zitiert.

15 Siehe F.L. Strodtbeck, »Husband-Wife Interaction Over Revealed Differences.« *American Sociological Review*, 1951, 16, 468–73; F.L. Strodtbeck und R.D. Mann, »Sex Role Differentiation in Jury Deliberations«, *Sociometry*, 1956, 19, 3–11; F.L. Strodtbeck, R.M. James, und C. Hawkins, »Social Status in Jury Deliberations«, *American Sociological Review*, 1957, 22, 713–19; W.F. Kenkel, »Observational Studies of Husband-Wife Interaction in Family Decision-Making«, in M. Sussman (Hrsg.), *Sourcebook in Marriage and the Family* (Boston: Houghton Mifflin, 1963), S. 144–56; F. Hilpert, C. Kramer und R.A. Clark, »Participants' Perceptions of Self and Partner in Mixed-Sex Dyads«, *Central States Speech Journal*, 1975 (Frühjahr), 26, 52–56.

16 Jessie Bernard, *The Sex Game*. New York (Atheneum) 1972.

17 Siehe A. Bavelas, et al., »Experiments on the Alteration of Group Structure«, *Journal of Experimental Social Psychology*, 1965, 1, 55–70.

18 D.H. Zimmerman und C. West, »Sex Roles, Interruptions and Silences in Conversation«, in Thorne und Henley (Hrsg.), *Language and Sex*.

19 Ignatius M. Mattingly, »Speaker Variation and Vocal-Tract Size«, *Journal of the Acoustical Society of America*, 1966, 39, 1219 (abstract).

20 Siehe J. Sachs, »Cues to the Identification of Sex in Children's Speech«, in Thorne und Henley (Hrsg.), *Language and Sex*.

21 Susan B. Anthony, »Woman: The Great Unpaid Laborer of the World« (c. 1848), ursprüngl. in *The History of Woman Suffrage*, zitiert in Leslie B. Tanner, *Voices from Women's Liberation*. New York (New American Library) 1971, S. 42.

22 Robin Lakoff, »Language and Woman's Place«, *Language in Society*, 1973, 2, siehe auch ihr Buch mit demselben Titel. New York (Harper and Row) 1975.

23 Siehe Peter Trudgill, »Sex, Covert Prestige, and Linguistic Change in the Urban British English of Norwich», in *Language in Society*, 1972, 1, 179–95; in Thorne und Henley (Hrsg.), *Language and Sex*.

24 Jessie Bernard, *The Sex Game*, S. 137.

25 Coser, »Laughter among Colleagues«, S. 85.

26 Martin Grotjahn, *Vom Sinn des Lachens. Psychoanalytische Betrachtungen über den Witz, das Komische und den Humor*. München (Kindler) 1974, S. 38ff.

27 In Phyllis Chesler, »Marriage and Psychotherapy«, in Radical Therapist Collective (Hrsg.), *The Radical Therapist* (J. Agel; New York: Ballantine, 1971), S. 177.

28 Mary Jean Tully, »Open up Those Elite Commissions«, *Boston Evening Globe*, 19. Dezember 1975.

29 Paul C. Cozby, »Self-Disclosure: A Literature Review«, *Psychological Bulletin*, 1973, 79, 73–91. Auch wenn einige Studien in diesem Punkt keine Unterschiede zwischen Frauen und Männern beobachteten, stellte auch keine bei Männern größere Selbstenthüllung fest als bei Frauen.

30 Siehe Phyllis Chesler, *Frauen – das verrückte Geschlecht?* Reinbek b. Hamburg (Rowohlt) 1974.

31 Siehe Erving Goffmans klassische Analyse *»On Cooling the Mark Out«*, Psychiatry, 1952, 15, 451–63.

32 Siehe M. R. Key, »Linguistic Behavior of Male and Female«, *Linguistics*, 1972, 88 (Aug. 15), 15–31; und ihr *Male/Female Language*. Metuchen, N. J. (Scarecrow Press) 1975.

33 G. A. Milton, »Sex Differences in Problem Solving as a Function of Role Appropriateness of the Problem Content«, *Psychological Reports*, 1959, 5, 705–08.

Kapitel 6

Wie man für sich wirbt: Benehmen

Einige Äußerungen unseres Körpers – die wir uns alle zwar von Zeit zu Zeit gestatten – gelten, geschehen sie in der Öffentlichkeit, als so anstößig, daß sie in der Regel Empörung hervorrufen. Gähnen, Kratzen, Spucken, in der Nase bohren oder Rülpsen, Schluckauf und Winde sind in »vornehmer« Gesellschaft verpönt, werden aber im vertrauten Kreise oder in sehr zwanglosen Situationen bis zu einem gewissen Grade geduldet (Husten und Naseschneuzen werden zu den harmloseren Anstandsverletzungen gezählt). Die »vornehme« Gesellschaft, d. h. die gesellschaftliche Elite, und die, die sie imitieren, vermitteln den Eindruck, so über ihren Körpern zu stehen (was zweifellos zum Image ihrer Verklärtheit und Halbgöttlichkeit beiträgt), daß man sich kaum vorstellen kann, sie verspürten je das Bedürfnis, sich zu kratzen, zu rülpsen oder zu furzen. Schnappschüsse, die Personen des öffentlichen Lebens bei derartigen Tätigkeiten einfangen, werden normalerweise unterdrückt. Inhaber von Machtpositionen (oft Politiker) gehen sogar so weit, Aufnahmen zu verbieten, die sie rauchend oder Alkohol trinkend zeigen, denn das könnte ja auf einen Mangel an Selbstkontrolle schließen lassen, den niemand bei ihnen vermuten darf.

Diese verpönten Verhaltensweisen spielen eine interessante Rolle in der sozialen Interaktion; viele von ihnen – zum Beispiel Gähnen, Rülpsen, Kratzen, Schluckauf, Furzen – werden als unkontrollierbare Körperimpulse angesehen und deshalb, zeigt der Sünder sich reuig, wenn auch nicht gutgeheißen, so doch entschuldigt. Bis zu einem gewissen Grad unterliegt diese Art von Körpersprache jedoch der willentlichen Kontrolle (wahrscheinlich der Grund dafür, daß sie doch nicht so ganz entschuldbar ist), und so mancher hat es schon zur Meisterschaft gebracht, sie willkürlich einzusetzen. Goffman spricht von einer Klasse von Verstößen, die nicht als unkontrollierbare Körperäußerungen zu verstehen sind, sondern als Ausdruck absichtsvoller Boshaftigkeit und Gehässigkeit: »... häufig implizieren sie Arroganz, Verachtung, tiefe Feindseligkeit, so,

wenn ein Angehöriger der Mittelschicht anderen langsam und sorgsam direkt ins Gesicht gähnt... Will jemand Abneigung bekunden einem Menschen gegenüber, dem er normalerweise sich rigid an Formen haltend begegnen würde, so stehen ihm als Mittel dazu extreme Äußerungen von Freizügigkeit zur Verfügung.«[1] Man braucht nur an die kleinen Jungen zu denken, die beim Festmahl, zu dem alle Verwandten geladen wurden, einen herzzerreißenden Rülpser nach dem anderen produzieren, oder an die bösen Blicke, die sie für ihre unkontrollierten Blähvorgänge ernten, um zu wissen, wovon hier die Rede ist. Goffman zitiert T. E. Lawrences Beschreibung des Lebens in einem Ausbildungslager der Royal Air Force, wo die Soldaten auf die Weise für Unterhaltung sorgten, daß sie keine drei Minuten vergehen ließen »ohne daß jemand hörbar seine Winde fahren [ließ]«, woraufhin alle ungestraft in wildes Gelächter ausbrachen, »denn Fürze sind nicht strafbar im Gegensatz zu jeder anderen schlagfertigen Antwort.«[2]
Die Mächtigen aus der Fassung zu bringen, ist das letzte Machtresiduum der Machtlosen. Und es kann durchaus ein wirkungsvolles sein: Der Bogen, der mit solchen »Anstands«-Verletzungen beginnt, kann mit einem machtvollen Streik enden, in dem Arbeiter den glatten Fluß von Gütern und Dienstleistungen zum Stillstand bringen. Selbstgefälligen Autoritäten gegenüber »Luft abzulassen« oder Störungen autoritärer Situationen haben durchaus ihren Platz im Kampf gegen ungerechte Privilegien. In solchen Konfrontationen geht es darum, die gefaßte Miene der Autorität ins Wanken zu bringen (solche Affront-Spiele werden oft bis zur äußersten Grenze getrieben – so weit, wie es eben möglich ist, ohne sich mit dem Gesetz in Konflikt zu bringen). Zum Bild von Autorität gehört es, die Fassung zu bewahren, wenig Emotion zu zeigen und von allen Wirbeln unberührt zu bleiben. Diese Unberührtheit dient in der Interaktion zwischen Statusungleichen als Statusmarkierer: Den anderen zu ignorieren, sein Anliegen zu überhören heißt, ihm zu zeigen, daß man selbst für ihn viel wichtiger ist als umgekehrt. (Auch hier wieder das Prinzip des geringsten Interesses, das das Grundverhalten zweier Situationsteilnehmer bestimmt). Diese versteinerte Fassade zum Splittern zu bringen, kann also heißen, Autorität, wenn auch nur für einen Moment, von ihrem Sockel herunterzuholen.
Die Versuchung ist groß – und manche Autoren unterlagen ihr –, solche Affronts durch Rülpser, Gähner und Fürze als wir-

kungsvolle Machtdemonstrationen gegenüber den Autoritäten zu romantisieren. Diese Form von »Macht«-Demonstration ist aber zugleich Demonstration der eigenen Unterlegenheit und ihrem Wesen nach nichts anderes als der tiefe Diener oder Kratzfuß. Nur die Machtlosen sind darauf angewiesen, auf solche Weise ihr Kraftpotential zu zeigen. Und die Machtlosen, damit wir das nicht vergessen, sind die, die wenig zu essen und wenig Geld haben, spärliche Kleidung und Behausungen, die auf Bequemlichkeit verzichten müssen, und die zu seelischer Gelassenheit keinen Anlaß haben. Der Kampf gegen Ungerechtigkeit wäre überzeugender, würde man dem Unterdrücker mit anderen Waffen als Fürzen gegenübertreten.

Sich gehen lassen

Wir betrachten Benehmen, d. h. die Art, wie sich jemand gibt und aufführt, zumeist als das Ergebnis von etwas, das wir »Erziehung« nennen (der englische Begriff *breeding – Erziehung/Ausbrüten* hat sowohl die Konnotation »gesellschaftliche Erziehung« wie »genetische Ausstattung«). Zuweilen verstehen wir Benehmen auch als irgendeine mysteriöse Qualität, an der man die »Klasse« eines Menschen erkennt. Gleich welche Quelle wir nun verantwortlich machen, wir betrachten Benehmen im allgemeinen als individuelles und nicht als Situations- oder Gruppenmerkmal. All jene Dinge, die zum Benehmen gehören – wie man sich aufführt, kleidet, beträgt –, haben jedoch eindeutig klassen-spezifische Charakteristika. In Ober- und Unterschicht gelten unterschiedliche Regeln für die Art, sich zu benehmen, sich zu kleiden und aufzuführen. Und in engem Zusammenhang damit stehen die Benehmensregeln und -modalitäten, die mit Macht oder mit Machtlosigkeit einhergehen. Die oben beschriebenen Formen körperlichen Sichgehenlassens sind Extrembeispiele für »freizügiges« Benehmen. Weniger dramatische Versionen von Rigidität und Freizügigkeit durchziehen jedoch alle Bereiche unserer alltäglichen Interaktion, und wie die anderen Formen nonverbaler Kommunikation sagen sie viel über unseren Status und unsere Machtposition aus.

Wie im Falle der Ehrerbietungsbeispiele hängen auch die Benehmensregeln davon ab, ob es sich um eine symmetrische oder asymmetrische Interaktion handelt. Wie Goffman schreibt, gelten symmetrische Benehmensregeln im allgemeinen zwischen Gleichen, aber nicht zwischen Unter- und Übergeordneten. Im letzteren Falle ist dem Statushöheren eine relativ große Laxheit im Benehmen gestattet, während die Untergebenen vorsichtiger sein müssen:[3]*

...Bei Personalversammlungen der psychiatrischen Abteilung der Anstalt konnten Ärzte es sich erlauben, zu fluchen, von einem Thema zum anderen zu springen und lässig dazusitzen; Hilfspersonal dagegen hatte zwar das Recht, an der Versammlung teilzunehmen und auch Fragen zu stellen..., aber indirekt wurde von ihm erwartet, daß es sich vorsichtiger verhielt, als es von den Ärzten verlangt wurde... Ähnlich hatten Ärzte das Recht, im Schwesternzimmer umherzugehen, sich auf den Tisch der Medikamentenausgabe zu setzen und mit den Schwestern zu scherzen; andere niederen Dienstgrades nahmen an dieser informellen Interaktion mit Ärzten teil, aber erst, nachdem Ärzte sie angefangen hatten.[4]

Diese Verhaltensweisen gehören zu einem Komplex, den Goffman unter den Konzepten »Rigidität und Freizügigkeit« zusammengefaßt hat, d. h. »wie streng der einzelne an die verschiedenen Möglichkeiten gehalten ist, Respekt für die Zusammenkunft und ihren sozialen Anlaß auszudrücken.«[5] Wie respektvoll oder diszipliniert eine Person zu sein hat, hängt eng damit zusammen, welchen Grad von Engagement die jeweilige Situation erfordert. Der Respekt (oder fehlende Respekt) äußert sich beispielsweise darin, wie feierlich und ordentlich man sich gekleidet hat, ob man sich Nebenbeschäftigungen – wie Lesen, die Umgebung betrachten, Tagträumen – hingibt oder sich seinem Körper widmet: spuckt, in der Nase popelt, rülpst oder gähnt.

Vorsicht und Rigidität sind die Signale, die wir in der Anwesenheit Übergeordneter oder in der Öffentlichkeit aussenden, um damit unsere Unterordnung zu erkennen zu geben. Aufgrund seiner experimentellen Forschungen stellte Mehrabian eine Korrelation zwischen Körperanspannung und Status fest: Asymmetrische Stellung der Gliedmaßen, seitliche Neigung des Körpers beim Stehen, zurückgelehnter Rücken beim Sitzen, bestimmte entspannte Haltungen der Hände und des Nackens sind Indikatoren für die Freizügigkeit, die mit dem statushöheren Kommunikator assoziiert ist. Kommunikatoren sind bei einem Gegenüber mit niederem Status entspannter als bei einem Gegenüber mit höherem Status.[6]

Ein Blick auf das Watergate-Verfahren liefert uns auch in diesem Zusammenhang ein anschauliches Beispiel: Auf der einen Seite sehen wir die lässige Haltung von Selbstgerechtigkeit und Arroganz und als Kontrast dazu die Anspannung und den Druck starken Engagements. Der frühere Justizminister John Mitchell sitzt lässig auf der Zeugenbank, während er von Ankläger James O. Neal befragt wird; die Reporterin zeichnet ein anschauliches Bild vom Kontrast beider Stile: »Neal schob seinen Oberkörper förmlich über den Richtertisch, die Brille auf die Stirn gerückt, und ließ sein Fragenstakkato los. Mitchell lehnte bequem in seinem Stuhl und gab ihm knappe, lakonische Antworten.«[7]
Natürlich benimmt man sich auch im vertrauten Kreise entspannt. Wenn die Aufforderung, sich zu entspannen oder sich keinen Zwang anzutun, jedoch von jemandem mit höherem Status kommt, muß man darin ein weiteres Beispiel für das Privileg des Statushöheren sehen, größere Intimität zu initiieren (angesichts dessen ist eine solche Aufforderung natürlich leichter ausgesprochen als erfüllt). Einladungen dieser Art gehen viel eher in Richtung des militärischen Befehls »At ease« (»Entspannen«), deutsche Entsprechung: »Rührt euch!«), der natürlich nicht wirklich dazu einlädt, zu entspannen, sondern lediglich die Erlaubnis gibt, eine etwas bequemere Körperhaltung einzunehmen, während die gleiche Anspannung und Wachsamkeit wie zuvor verlangt wird.
Wir haben es hier also mit einem weiteren Beispiel für jenes Muster zu tun, nach dem das gleiche Verhalten, das Übergeordnete Untergeordneten entgegenbringen (Freizügigkeit), auch symmetrisch zwischen den Mitgliedern der unteren sozialen Schichten zu finden ist (wenn keine Machtinstanz in der Nähe ist).
Goffman weist darauf hin, daß sich Männer der amerikanischen Mittel- und Unterschicht hinsichtlich ihrer Freizügigkeit in der Öffentlichkeit deutlich voneinander unterscheiden.[8] Ihm zufolge können sich Männer der Unterschicht, die sich nicht darum zu kümmern brauchen, ob ihre Hosen zerknittert sind oder einen Fleck haben, und deren soziale Rolle keine enge Orientierung an öffentlichen sozialen Situationen verlangt, eine viel größere Freizügigkeit leisten als ihre Geschlechtsgenossen der Mittelschicht. Letztere müssen relativ sauber und ordentlich gekleidet, mit aufrechter, steifer Haltung, aufmerksamer und beteiligter Miene zu den Zusammenkünften ihrer sozialen Strata erscheinen.

Dieses Bild scheint Goffmans früherer Beobachtung zu widersprechen, daß von Untergeordneten erwartet wird, sich vorsichtiger zu benehmen als Übergeordnete. Die größere Vorsicht und Umsicht der Mittelschicht hat man jedoch mit der Aufstiegsorientiertheit dieser Schicht erklärt; und deren striktere Befolgung von Benehmensregeln (strikter sowohl in der Ober- als auch der Unterschicht) hängt zweifellos damit zusammen, daß sie sich durch »gutes« Benehmen für die oberen Ränge qualifizieren zu müssen meint. Beide Beobachtungen erscheinen auch dann nicht mehr widersprüchlich, wenn man beachtet, daß Goffman verschiedene Situationen beschreibt. Die Freizügigkeit der Unterschicht bezieht er auf Öffentlichkeit allgemein (zum Beispiel Bushaltestellen), die Rigidität der Mittelschicht auf konkrete öffentliche Situationen, beispielsweise Personalsitzungen, auf denen Vorgesetzte anwesend sind. Man kann sich gut vorstellen, daß sich die Freizügigkeit der Unterschichtmänner durch die Anwesenheit einer Autorität oder eines Übergeordneten – wie der eigene Vater, Polizist oder Chef – verflüchtigen würde. Auf diesem Hintergrund kann man die Unterscheidung treffen, daß Unterlegene Vorsicht nur (oder hauptsächlich) an den Tag legen, wenn Dominante zugegen sind; diese Vorsicht ist kein allgemeines Klassencharakteristikum. Arbeiter verbringen wahrscheinlich mehr Zeit unter Gleichen als Männer der Mittelklasse (und Frauen beider Klassen), die oft in der Nähe von Vorgesetzten arbeiten.

Wie Kleider einem Mann die Verantwortung abnehmen können

Wir alle wissen, daß sich die Reichen und Mächtigen teuer und exklusiv kleiden; zum einen tun sie es, weil sie es sich leisten können, und zum andern, weil Kleidung zu den Hauptindikatoren ihrer Klasse und ihres Status gehört. Wir wissen auch, daß die Superreichen die Freiheit haben, sich mit wilden alten Klamotten zu behängen, wenn sie die Lust dazu verspüren, denn sie haben es nicht nötig, ihren Reichtum herauszustreichen, da er ohnehin selbstverständlich ist. Der schlechte Sitz der Kleidung von der Stange – abgetragene Kleider, weil man es sich nicht leisten kann, neue zu kaufen – zu bestimmten Gelegenheiten in unpassender Kleidung zu erscheinen, weil der

Kleiderschrank zu Hause nicht voll genug ist – all das sind Begleiterscheinungen eines niedrigen sozialen Status. Was sonst könnte man über Kleidung noch sagen? Daß Kleider dominieren, beeinflussen oder abwerten können?
Herrenausstatter John Molloy, der »mehr als eine Dekade damit verbrachte, Männer für den Weg zum Erfolg auszurüsten«, würde diese Frage zweifellos bejahen. Seine Ratschläge an die Hauptbeteiligten des Watergate-Verfahrens illustrieren einige Aspekte der Möglichkeit, andere durch Kleidung zu beeinflussen, und ebenso einige Aspekte der Frage, was Kleidung mit Klasse und Rasse zu tun hat.[9] Als Haldeman, Ehrlichman und Mitchell vor dem Senat gehört werden sollten, kam es laut Kleidungsexperten John Molloy darauf an, vor der Öffentlichkeit glaubwürdig zu erscheinen. Nadelstreifenanzüge waren angesagt. »Für einen Mann, der unbedingt etwas verkaufen will, war der Nadelstreifenanzug schon immer der beste Garant für seine Glaubwürdigkeit«, bemerkt er.
Als die Herren vor Gericht erscheinen mußten, hielt Molloy diesen Aufzug jedoch nicht mehr für angebracht. Zum einen, weil »... die Überzeugungskraft des Nadelstreifens während der Senatshörungen ins Wanken geraten war«[10]* und weiterhin, weil es in einem Gerichtsverfahren auf andere Dinge ankomme. Einem Angeklagten sei anzuraten, sich – erstens – inoffensiv zu kleiden, und zweitens bei seiner Kleiderwahl immer die Jury und den Richter im Auge zu haben. Die traditionelle Ausstaffierung für den Senat, die vor allem an die Fernsehzuschauer der weißen Mittelschicht appellieren wollte, konnte nicht damit rechnen, viel Beifall bei einer Jury zu ernten, die hauptsächlich aus schwarzen Washingtonern zusammengesetzt war.
Molloy rät, die Angeklagten sollten sich »Jerry Fords Schlipse ausleihen«, denn die meisten Schlipse des Präsidenten seien nicht-autoritär und sportlich. Für seine hellen Anzüge gelte das ebenso. Und wenn man versuchen wolle, eine Jury visuell davon zu überzeugen, daß man nicht derjenige war, der die Verantwortung trug, sei das Tragen nicht-autoritärer Kleidung unbedingt anzuraten. Er war der Meinung, sie sollten keine leuchtenden Hemden tragen, Anzüge in gedämpften Tönen und Schlipse, die weder auffallend noch zu sehr nach Oberklasse aussähen. Er gestand jedoch ein, daß das Erscheinungsbild dieser Männer so bekannt sei, daß es nicht leicht wäre, ihr Image zu verändern.

Auch ohne seinen Rat (für den Auftritt vor Gericht) gehört zu haben, hatten zwei der Angeklagten von sich aus an der Veränderung ihres Images gearbeitet. Haldeman hatte von seinem berühmten Bürstenschnitt Abschied genommen und seine Haare auf Durchschnittslänge wachsen lassen. Molloys Kommentar dazu: Der Bürstenschnitt, die Frisur der 50er, wäre sofort mit der 50er-Jahre-Einstellung gegenüber Schwarzen in Verbindung gebracht worden. Mit längeren Haaren sähe Haldeman weniger voreingenommen aus. Ehrlichman erschien sonnengebräunt vor dem Gericht, in taubenblauem Anzug, und seine dunkle, schwere (finstere) Brille hatte er gegen eine mit einem feinen Golddrahtgestell ausgetauscht, außerdem hatte er sich mit einem reichlichen Vorrat an verbindlichem Lächeln ausgerüstet. Wie weit diese Imageveränderungen zu den relativ leichten Strafen beitrugen, die diese Männer für ihre Verbrechen erhielten, ist schwer zu beurteilen; gewiß ist jedoch, daß die neuen Images es der Jury erleichterten, die Angeklagten von ihrem früheren Boss und ihrem früheren Selbst zu trennen. Dies vor Augen, erinnern wir uns daran, wie diese Männer, als sie mächtig und verantwortlich erscheinen *wollten*, sich auf eine Weise kleideten, die sie als solche auswies. Wir sehen also, wie gefährdet wir alle sind, Einschüchterungsversuchen dieser Art auf den Leim zu gehen, und welch einfache Manipulationen ausreichen, Überlegene-Unterlegene-Beziehungen zu verfestigen.

Groß daherkommen

Auch wie wir unseren Körper tragen, verrät unsere Stellung im Leben. Wir alle kennen den Unterschied zwischen dem, was man die »Haltung eines Gentleman« nennt, und dem Schlurfen eines Dieners oder dem gekrümmten Gang eines »Niemand«. Krankheit, Erschöpfung und Arbeitsgefahren haben den Armen und hart Arbeitenden seit jeher zu hängenden Schultern, schlurfendem und humpelndem Gang oder anderen unschönen »persönlichen« Charakteristika verholfen, denn auch Häßlichkeit muß nicht unbedingt angeboren sein. Die »schönen Menschen« der Oberschicht haben es leicht, schön zu sein. Ihre Unversehrtheit an Seele und Körper wird durch keine entwürdigenden Arbeitsbedingungen in Gefahr gebracht; und darüber hinaus fehlt es ihnen nicht an Geld, das, was ihnen die Natur an

Schönheit versagt hat, durch eine gekaufte Fassade zu ersetzen.

Natürlich gibt es über die durch Klassenzugehörigkeit und Arbeitsbedingungen geprägten Körperhaltungen auch andere Ehrfurchts- und Dominanzposen. Scheflen zum Beispiel beschreibt die habituelle Unterwerfungspose, die sich in geduckter Haltung und dem Ausweichen der Blicke anderer ausdrückt.[11] Die militärische Pose auf der anderen Seite ist das wohl offenkundigste Beispiel für Befehlshaltung. Zu voller Höhe aufgerichtet, stock-steif und mit unbewegter Miene, das ist der Prototyp des unzugänglichen, eisernen, unmenschlichen Befehlshabers und der Prototyp dominanter Pose. Wir stehen hier jedoch auch einem offenkundigen Paradox gegenüber: Das Gebot, sich in Ausdruck und Bewegung Zwang aufzuerlegen (Hände an der Hosennaht), gilt normalerweise für Untergeordnete, nicht für Übergeordnete; und angesichts der Tatsache, daß Offizieren solche Restriktionen auferlegt werden, ist man vielleicht verwirrt. Das Militär ist jedoch eine Hierarchie, in der jeder Offizier jederzeit auch bereit sein muß, Soldat zu sein: Gehorsam spielt hier also eine offenkundigere und wichtigere Rolle als in anderen hierarchischen Strukturen; daher also die Gleichzeitigkeit nonverbalen Befehlens und nonverbalen Gehorchens in einem Organ.

Groß (aufrecht) stehen ist immer ein guter Weg, sich in eine dominante Position zu bringen: groß zu sein, ein noch besserer. Es ist allgemein bekannt, daß große Männer lieber eingestellt werden, höhere Gehälter bekommen, eher zum Präsidenten gewählt werden und sich leichter in den Genuß vieler anderer Vorteile bringen können als kleine Männer – ein Befund, der sowohl durch experimentelle Forschung als auch unsere alltägliche Erfahrung bestätigt wird.[12] Und dieses Phänomen wirkt auch andersherum: Wichtige Menschen erscheinen uns größer. Schwesternschülerinnen, die die Körpergröße zweier bekannter Dozentinnen ihres Ausbildungsinstituts und die zweier ihrer Mitschülerinnen einschätzen sollten, überschätzten die Größe der beiden Dozentinnen, und die der Mitschülerinnen unterschätzten sie.[13]* In einem ähnlichen Experiment wurde Gruppen von Erstsemestern (wahrscheinlich männlich und weiblich) ein Mann vorgestellt, dessen Größe sie schätzen sollten; vor jeder Gruppe wurde ihm ein anderer aus einer Skala von fünf akademischen Graden zugeschrieben. Die geschätzte Größe stieg in dem Maße, in dem der vermeintliche Status stieg.[14] Wir sind so daran gewöhnt, Privileg und Rang mit hochgewachsenen Menschen (normalerweise Männern) zu verknüpfen, daß wir, wenn wir Personen hohen Ranges sehen, automatisch annehmen, sie seien groß.

Weiblich daherkommen

In der Definition von Weiblichkeit spielt Benehmen traditionellerweise die Hauptrolle, und Benehmensregeln nehmen den größten Raum innerhalb des Gesamtvolumens gesellschaftlicher Vorschriften für Frauen ein. Zu dieser Tradition gehört, daß auf die Kleidung von Frauen, ein Aspekt von Benehmen, besonders geachtet wurde. In unserer Kultur war und ist Frauenkleidung so beschaffen, daß sie die weiblichen Körperkonturen betont.[15]* Gleicherweise dienen die zarten Gewebe (Spitzen, Chiffons) weiblicher Kleidung sozusagen als Schaufensterauslage weiblicher Schwäche. Die Zartheit und Feinheit der Materialien, die Schwierigkeit, sie zu reinigen (die Frauen dazu zwingt, ständig auf der Hut zu sein, sich nicht zu beschmutzen), und der Schnitt der Kleidung verbündeten sich, die Bewegungsfreiheit von Frauen einzuschränken. Röcke beispielsweise haben viele Frauen und Mädchen daran gehindert, sich an bestimmten körperlichen Aktivitäten zu beteiligen, und sie gezwungen, auf eine bestimmte Art zu sitzen. Vor allem enge Röcke verbieten es, zu rennen; manche modischen Schuhe machen es sogar fast unmöglich, überhaupt zu gehen, von rennen ganz zu schweigen. Auch einengende Unterwäsche – einzwängende Korsetts, Hüftgürtel und ähnliches – haben die körperlichen Aktivitäten von Frauen beschnitten.
Frauen wurde die Kleidung so eng auf den Körper geschneidert, daß noch nicht einmal Raum für das Anbringen von Taschen blieb,[16] anders als bei der loser sitzenden Männerkleidung, die dies erlaubt. Frauen sind gezwungen, Handtaschen zu tragen, was ihre Bewegungsfreiheit noch weiter einschränkt; diese Täschchen sind, kommt man vollbeladen vom Einkauf zurück, ein zusätzliches Hindernis – beim Türen öffnen, Kinder tragen oder rennen. Die Handtasche als Albatros der Frauen erfüllt mittlerweile eine symbolische Funktion, wenn es darum geht, Frauen lächerlich zu machen. Viele (sowohl von Frauen als auch Männern stammende) Karikaturen über Frauen stürzen sich auf dieses Accessoire von Weiblichkeit; und auch Dar-

stellungen männlicher Homosexualität benutzen das Täschchen als eine Art Schandmal. (Man braucht nicht zu betonen, daß des Täschchens psychoanalytische Implikation als »Kästchen«, einer Art Schatztruhe, die geöffnet und geschlossen werden kann, in diesen Interpretationen nicht verlorengeht.)
Einengende Kleidung ist nur ein Teil der Rüstung, die Frauen in die »würdige, damenhafte« Pose einzwängt. Das Training, sich wie eine »Dame« zu halten, ein anderer. Die Art »guter Haltung«, die Mädchen von klein auf beigebracht wird, macht es ihnen schwer, wie die Jungen stolz und kräftig (»militärisch«) aufzutreten. Darüber hinaus glorifizieren fast alle Jungmädchenvorbilder, wie die Fotomodelle in den Magazinen, die Pose stilvoller Trägheit und Passivität. Worauf es beim Haltungstraining der Mädchen ankommt, ist Anstand: beim Sitzen die Beine geschlossen halten, sich nicht nach vorn beugen, damit die Brüste nicht zu sehen sind, und darauf achten, daß die jeweils angesagte Rocklänge nicht unterschritten wird. Das von der Figur Wanda in Piercys Roman (s. Kapitel 2) beschriebene »Zusammenschrumpfen« des weiblichen Körpers ist das A und O des von Frauen erwarteten Benehmens. Frauen aller Klassen und Statusebenen ist es untersagt, in unwürdigen Posen zu sitzen, zu fluchen, sich auf Theken zu fläzen oder auf andere Weise eine Freizügigkeit in ihrem Benehmen zu zeigen, die Goffman als das Privileg von hohem Status kennzeichnete. Unabhängig davon, welch niedrige Stellung Frauen in der Arbeitswelt einnehmen mögen – von ihnen wird vorsichtiges Verhalten erwartet. Wie wir zuvor gesehen haben, trifft dies für Männer nicht im gleichen Maße zu, bei denen es stärker ausgeprägte klassenspezifische Unterschiede im Benehmen gibt.
Diese Vorsicht, die Benehmensrigidität des Statusunterlegenen, äußert sich auch in der Anspannung der Körper. In seinen Untersuchungen von Körperspannung und Entspannung fand Mehrabian heraus, daß Frauen im allgemeinen weniger entspannt sind als Männer, und außerdem, daß Frauen durch ihre angespannten Haltungen in stärkerem Maße Unterwerfung signalisieren.[17] In seinen Kommunikationsstudien kam Mehrabian darüber hinaus zu dem Schluß, daß Kommunikatoren (beider Geschlechter) eine entspanntere Haltung einnehmen, wenn ihr Gegenüber weiblich ist – so wie sie auch bei einem statusniederen Gegenüber entspannter waren als bei einem Gegenüber mit höherem Status.
Eine »freizügige Frau« ist eine mit einem schlechten Ruf; frei-

zügig wird sie genannt, weil sie nicht das von der Norm geforderte Maß an Unterdrückung ihrer eigenen Sexualität erfüllt. So wie dieser Frauentyp in literarischen und dramatischen Darstellungen porträtiert wird, zeigt, auf welche Weisen sich diese Freizügigkeit vermittelt – durch Kleidung, Posen und auch Sprache. (Die italienische Schauspielerin Anna Magnani hat oft solche Charaktere kreiert, zum Beispiel in *Rom – offene Stadt* oder *Die tätowierte Rose*.) Interessant ist es, festzustellen, daß die »rigide« Frau, eine, die nicht entspannt genug ist, von der entgegengesetzten Seite des Spektrums her gleichermaßen verdammt wird. Diese sich widersprechenden Forderungen sind jedoch nicht so unvereinbar, wie es erscheinen mag. Sie passen genau in das traditionelle Bild, nach dem eine Frau ihre Sexualität (und deren Symbole) überall unterdrücken muß, nur bei dem einen (Mann) nicht, zu dem sie in einer legitimen Beziehung steht: Und für ihn muß sie ein ewig sprudelnder sexueller Quell sein.

Da das Benehmen von Frauen solch strengen Restriktionen unterliegt, ist es Frauen unserer Kultur im allgemeinen verwehrt, die extrem freizügigen Körpertätigkeiten (wie Rülpsen, in der Nase popeln usw.) als Protest einzusetzen. Den willkürlichen Einsatz »unwillkürlicher« Körperfunktionen muß man wohl als eine spezifisch männliche Form von Aggressivität und Feindseligkeit gegenüber Autorität betrachten. Wenn diese Ausdrucksweisen jedoch jemals Eingang in das Verhaltensrepertoire der Frauen finden sollten, dann hieße das Kampfansage: Die falsche Aura, die den weiblichen Körper verklärt – ein Meilenstein in ihrer Unterdrückung –, würde unmittelbar unterminiert, was dann die bittersten Vergeltungsschläge nach sich zöge.

Körpergröße ist ein weiterer Faktor von Benehmen, der die Reaktionen von und auf Frauen beeinflußt. Da die meisten Frauen kleiner sind als die meisten Männer, sind Frauen von vornherein in der Ehrfurchtsposition, denn sie müssen zu Männern aufblicken. Mit der Frage, welche psychische Last und welche Ungerechtigkeit es für kurz geratene Männer bedeutet, kleiner als die Mehrzahl ihrer Geschlechtsgenossen durch die Welt gehen zu müssen, hat man sich schon oft und voller Mitgefühl beschäftigt. Auf den Versuch, die Dimensionen des möglicherweise verheerenden psychischen Tributs zu ermessen, den ein ganzes Geschlecht dafür zahlt, kleiner als das andere durchs Leben zu gehen, werden wir wohl noch warten müssen. Zu der

Tatsache, daß Kleinsein an sich schon bedeutet, stärker um Anerkennung kämpfen zu müssen, kommt bei Frauen noch die von einer Myriade von Belohnungen und Bestrafungen begleitete Rollenvorschrift hinzu, klein zu sein (so wie Männer groß zu sein haben). Großen Mädchen wird oft von allen Seiten eingeimpft, ihre Größe zu verbergen – nicht etwa, Vorteil aus ihr zu ziehen. Viele von ihnen gewöhnen sich eine gebeugte Haltung an, um ihre Größe zu verstecken und die Benachteiligungen, die sie mit sich bringt, zu umgehen.[18]*

All die verschiedenen Aspekte von Benehmen tragen zu dem bei, was man allgemein unter dem »ersten Eindruck« versteht. Aber worauf beruht dieses erste Urteil, wenn wir einem Fremden begegnen? Konzentriert sich der erste Eindruck auf die Kleidung, auf Größe, Gesicht, Rasse oder einen bestimmten Augenausdruck? Nein, ich glaube, das *Geschlecht* einer Person ist das erste, was man von ihr wahrnimmt, auch wenn man die ganze umfangreiche psychologische Literatur zur Eindrucksbildung durchlesen kann, ohne auf irgendeinen Hinweis auf diese Tatsache zu stoßen.[19] Welch wichtige Rolle das Geschlecht bei der Eindrucksbildung spielt, wurde mir klar, nachdem ich einige Male das Geschlecht von Fremden verwechselt hatte (einmal sogar in einer Damentoilette). Die Trends der Jugend und Gegenkultur in den letzten Jahren bieten uns ein exzellentes natürliches Laboratorium zur Untersuchung dieses Phänomens: »Unisex«-Frisuren und Kleidungsstile veranlaßten viele Außenstehende, sich bitter und heftig darüber zu beklagen, daß man die Geschlechter nicht mehr auseinanderhalten könne. Sie waren so ärgerlich, als hätte die Kindergeneration ein liebevoll selbstgebasteltes Geschenk ihrer Eltern in den Müll geworfen (was in der Tat so war). Selbst diejenigen von uns, die meinten, der androgyne Zustand sei ihnen willkommen, ertappten sich dabei, wie ihre Blicke jeden Fremden unwillkürlich nach Brüsten absuchten, dem einzigen unmittelbar erkennbaren Unterscheidungsmerkmal, das noch geblieben war.

Warum liegt uns so entsetzlich viel daran, »Mädchen und Jungen auseinanderzuhalten«? Dieses Bedürfnis ist offensichtlich so dringend, daß es fast so scheint, wir müßten uns erst Gewißheit über das Geschlecht des anderen verschaffen, ehe wir überhaupt in Aktion treten können. Der Grund dafür ist unsere Absicht, Menschen unterschiedlich zu behandeln – wie wir sie behandeln, hängt ganz davon ab, welchen Geschlechts sie sind.[20]*

Und in der Tat, »Junge oder Mädchen« ist immer die erste Frage oder Feststellung, wenn ein neues Kind auf die Welt kommt; und wenn die Kleinen sich zum ersten Mal in der Öffentlichkeit zeigen, werden viele Menschen sich nicht mit ihnen befassen, ohne vorher nach ihrem Geschlecht gefragt zu haben. Jeder, dessen Geschlecht schon einmal verwechselt wurde – zum Beispiel Frauen mit männlich klingenden Namen oder Männer mit hohen Stimmen (bei Telefongesprächen) –, wird bestätigen können, daß er je nach Geschlecht, das ihm zugeschrieben wurde, unterschiedlich behandelt wurde.
Autor Jan Morris beschreibt in *Conundrum* das Leben von beiden Seiten des Geschlechtszaunes her:

> Es heißt immer, der soziale Unterschied zwischen den Geschlechtern nehme heutzutage ständig ab. Doch meine Erfahrungen in beiden Geschlechtern haben mich gelehrt, daß es offenbar keinen Bereich unseres Daseins, keinen Augenblick, keinen Kontakt, keine Abmachung und keine Reaktion gibt, die nicht für Mann und Frau verschieden sind. Schon allein der Ton, in dem man nun [nach der Geschlechtsumwandlung zur Frau] zu mir sprach, die bloße Körperhaltung eines Menschen, der neben mir in derselben Schlange stand, die ganze Atmosphäre, wenn ich einen Raum betrat oder mich in einem Restaurant an den Tisch setzte, brachten mir meine veränderte Stellung zum Bewußtsein.[21]

Auf dem Geschlecht beruht unser erstes Urteil, wenn wir mit einem Fremden in Kontakt treten, weil – traurig genug – es vor allem das Geschlecht ist, das bestimmt, welchen Charakter dieser Kontakt annehmen wird.

Anmerkungen Kapitel 6

1 Erving Goffman, *Verhalten in sozialen Situationen. Strukturen und Regeln der Interaktion im öffentlichen Raum.* Gütersloh (Bertelsmann Fachverlag) 1971, S. 200, 209.

2 Goffman, *Verhalten in sozialen Situationen,* S. 209f.

3* Ich bin der Meinung, daß das Einsetzen solcher tabuisierten Verhaltensweisen als Protest nicht dem Allgemeinbild widerspricht, daß Dominante in ihrem Benehmen eine größere Freizügigkeit an den Tag legen. Diese Körperfunktionen liegen ja vermeintlich außerhalb jenes Bereichs manipulierbarer Selbstdarstellung. Anders ausgedrückt: Der Bereich, in dem Freizügigkeit dazu eingesetzt werden kann, Überlegenheit zu vermitteln, hat engere Grenzen.

4 Erving Goffman, *Interaktionsrituale*. Frankfurt/M. (Suhrkamp) 1971, S. 87f.

5 Erving Goffman, *Verhalten in sozialen Situationen,* Kapitel 13. (S. 184 – Zitat).

6 Albert Mehrabian, *Nonverbal Communication.* Chicago (Aldine-Atherton) 1972, S. 25–30.

7 Jane Denison, »Mitchell Testifies He Kept Silent to Ensure Nixon Win«, Boston *Globe*, 28. November 1974, S. 32.

8 Goffman, *Verhalten in sozialen Situationen,* Kapitel 13.

9 Marji Kunz, »Clothes Make the Defendant«, Boston *Globe*, 12. Oktober 1974.

10* Dies stimmt überein mit dem 1955 von Osgood und Tannenbaum formulierten »Kongruitäts-Prinzip«, das (grob wiedergegeben) in folgendem besteht: Wenn eine positiv bewertete Sache (Nadelstreifen-Anzug) und eine negativ bewertete Sache (unglaubwürdiger Regierungsvertreter) miteinander verbunden werden, dann nähern sich die Werte beider aneinander an. Charles E. Osgood und Percy H. Tannenbaum, »The Principle of Congruitiy in the Prediction of Attitude Change«, *Psychological Review,* 1955, 62, 42–55.

11 Albert E. Scheflen, *Communicational Structure: Analysis of a Psychotherapy Transaction.* Bloomington, Ind. (Indiana University Press) 1973, S. 194.

12 Siehe Saul Feldman, »The Presentation of Shortness in Everyday Life – Height and Heightism in American Society: Toward a Sociology of Stature«, auf dem Treffen der American Sociological Association 1971 vorgelegtes Referat.

13* Trotz dieses Ergebnisses, daß Frauen höheren Status' als größer wahrgenommen wurden, sollte man darauf hinweisen, daß es nicht gleichermaßen klar ist, daß größere Frauen mehr geschätzt werden und die gleichen Vorteile genießen wie große Männer. Phyllis Chesler und Emily Jane Goodman berichten jedoch, daß willkürlich aus der *Current Biography* ausgewählte Frauen signifikant größer waren als die durchschnittliche amerikanische Frau (*Women, Money and Power.* New York, [Morrow] 1976, S. 72).

14 W. D. Dannenmaier und F. J. Thumin, »Authority Status as a Factor in Perceptual Distortion of Size«, *Journal of Social Psychology,* 1964, 63, 361–65. Paul R. Wilson, »Perceptual Distortion of Height as a Function of Ascribed Academic Status«, *Journal of Social Psychology,* 1968, 74, 97–102.

15* In »Clothing and Sexuality« (*Sexual Behavior,* 1971, Mai, 1, 2) zeigt Unna Stannard jedoch, daß Frauenkleidung nicht seit jeher »sexy« und Männerkleidung »neutral« war. Bis in die viktorianischen Zeiten hinein schenkten sowohl Männer als auch Frauen ihrer Kleidung große Aufmerksamkeit, und Männerkleidung war oft auf skandalöse Weise enthüllend. Auf den ganzen Zeitraum gesehen und über die Kulturen hinweg haben sich Frauen und Männer öfter ähnlich gekleidet als sich in ihrer Kleidung unterschieden. Denn wie Stannard verdeutlicht, haben Traditionen wie Frauenröcke und Männerhosen nichts mit Sexualität oder anatomischer Struktur zu tun; sie sind lediglich Sitten (Teile von Stannards Erörterung finden sich auf S. 24–33 und 64 von *Sexual Behavior*).

16 Für diese Beobachtung bin ich Nancy Lawler zu Dank verpflichtet.

17 Mehrabian, *Nonverbal Communication,* S. 27–30.

18* Obwohl in bestimmten ultra-femininen Rollen, zum Beispiel bei Mannequins oder Show-»Girls«, Größe sehr gefragt ist, hat dies nicht dazu beigetragen, für Frauen allgemein Größe zu etwas Wünschenswertem werden zu lassen. Besagte Frauen existieren als exzentrische Wesen. Auch wenn die meisten Miss Amerikas recht groß waren – sie waren bisher nie außergewöhnlich groß. Und große Mannequins werden oft in lässig drapierter Pose fotografiert. Chesler und Goodman schreiben »›große‹ Frauen, besonders... erfolgreiche Frauen im Showgeschäft, verdienen oft... mehr als die meisten anderen Frauen...« Sie weisen darauf hin, daß das Groß-und-Schlank-Schönheitsideal in unserer Gesellschaft eine Art von Männer-Verkörperung in Frauen darstellt – unsere Kultur ist eine männlich-homosexuelle, deren Ideal in einer Frau das Aussehen eines schönen Jünglings schätzt. (*Women, Money and Power,* S. 47–48).

19 Siehe Chris L. Kleinke, *First Impressions: The Psychology of Encountering Others.* Englewood Cliffs, NJ (Prentice Hall) 1975, für eine gute Übersicht über diese Literatur.

20* Eine Computer-Analyse der den Figuren in Theodore Dreisers Romanen zugeschriebenen Charakterzüge fand heraus, daß die Unterscheidung weiblich/männlich eine zentrale Dimension bei seiner Charaktergestaltung war. Frauen waren fast immer attraktiv, charmant, trotzig, intelligent, kalt, clever – Männer ernst, genial, groß. Seymour Rosenberg und Russell Jones, »A Method for Investigating and Representating a Person's Implicit Theory of Personality: Theodore Dreiser's View of People«, *Journal of Personality and Social Psychology,* 1972, 22, 372–86.

21 Jan Morris, *Conundrum. Bericht von meiner Geschlechtsumwandlung.* München (Piper) 1975, S. 175f.

Kapitel 7

Tast-Strategien: Berührung

Als Michelangelo die Schöpfungsgeschichte in die Sixtinische Kapelle malte, ließ er Gott Adam *berühren*, um ihn zum Leben zu erwecken – nicht wie in der biblischen Schöpfungsgeschichte ihm den Lebensatem »einhauchen«. Den wenigsten Betrachtern von Michelangelos Darstellung ist diese Abweichung aufgefallen. Die Magie einer Berührung teilt sich offenkundig so selbstverständlich mit, daß man meint, den Lebensfunken förmlich die Kluft zwischen zwei ausgestreckten Händen überspringen zu sehen. Der Überlegung, daß Michelangelo möglicherweise den unfrommen modernen Betrachter im Auge hatte, der in der Bildumsetzung der biblischen Version vielleicht nichts weiter als einen Mund-zu-Mund-Wiederbelebungsversuch gesehen hätte, wollen wir uns nicht weiter hingeben, sondern uns von Michelangelos Wahl daran erinnern lassen, welch besondere Bedeutung Berührungen in der menschlichen Geschichte zukommt – als ein Akt magischer und göttlicher Konnotation. Will man bestimmte Aspekte des sozialen Kontexts nonverbaler Kommunikation verständlich machen, so sind Berührungen – der Hintergrund, vor dem sie geschehen, und die Form, in der sie geschehen – das perfekte Illustrations- und Studienobjekt.

Menschliche Berührungen sind so alt wie die Menschen und so neu wie Encounter-Gruppen; ihre Vielfalt reicht vom Fäden-vom-Kleid-Ablesen unserer Mütter über den kumpelhaften Schlag auf den Rücken bis zur gynäkologischen Untersuchung. Daß dem Tastsinn von den Gesellschafts-Beobachtern neuerlich die Aufmerksamkeit geschenkt wird, die er schon lange verdient hätte, zeugt von dessen großer Bedeutung für unseren Alltag und scheint der »human-potential«-Bewegung, für die Berührungen seit langem eine besondere Rolle spielen, recht zu geben. Aber die meisten Autoren, die es eilig hatten, über dieses Thema zu publizieren – namhafte Anthropologen wie Teilnehmer an Encounter-Gruppen gleicherweise –, konzentrierten sich fast ausschließlich auf Berührungen in intimer

Kommunikation (vor allem sexueller); einen wichtigen Aspekt von Berührungen in unserer hierarchiebesessenen Gesellschaft übersahen sie: *Berührungen, die (besonders zwischen den Geschlechtern) dazu dienen, die soziale Hierarchie aufrechtzuerhalten.*

Berührungen sind doch so angenehm wie Schlagsahne! – Wie kann ich, denken Sie vielleicht, so gefühllos sein, sie in einen solch unerfreulichen Zusammenhang wie Macht zu stellen? Lassen Sie mich einige Beispiele nennen, die deutlich machen, wovon ich spreche. Wenn Sie in einem Büro arbeiten, in einem Laden oder einer Fabrik, und es gibt irgendein Problem, werden dann eher Sie zum Chef gehen, ihm die Hand auf die Schulter legen, um das Problem zu besprechen? Oder wird es eher der Chef sein, der das tut? Denken Sie an andere Interaktionen zwischen solchen Paarungen von Personen unterschiedlichen Status' und versuchen Sie sich vorzustellen, wer den anderen eher berührt – ihm den Arm um die Schulter legt, die Hand auf den Rücken, ihn gegen die Brust klopft, ihn am Handgelenk festhält und so weiter: Lehrer/Schüler; Herr/Diener; Polizist/beschuldigte Person; Arzt/Patient; Pfarrer/Gemeindemitglied; Ratgeber/Ratempfänger; Vorarbeiter/Arbeiter; Geschäftsmann/Sekretärin. Wenn Sie sich in den üblichen Zusammenhängen unserer Kultur bewegen, dann glaube ich, wird es in allen Bildern, die Ihnen vor Augen kommen, immer der Statushöhere sein, der den Statusniederen berührt.

Eine Begebenheit aus meinem eigenen Leben, an der Vizekanzler und Kanzler der Universität, an der ich damals lehrte, und ich beteiligt waren, mag zur weiteren Illustration dienen. Nach einer der großen Frühjahrssitzungen kam der Vizekanzler auf mich zu, faßte mich mit beiden Händen an den Schultern und sagte mir, er habe mir etwas mitzuteilen. Die ganze Zeit, während er mit mir sprach, hielt er mich auf diese einzwängende Art fest. Als er zu Ende gesprochen hatte, ließ er mich los und wollte gehen. Ich hielt ihn zurück und sagte ihm, ich würde ihm gern etwas über eine These von mir erzählen – über den Zusammenhang zwischen Hierarchie und Berührungen, das Problem also, um das es in diesem Kapitel geht. Er zeigte Interesse, und ich begann ihm meine Thesen zu schildern. Er fand sie plausibel; in diesem Moment näherte sich uns der Universitätskanzler, der Ranghöchste auf dem ganzen Platz, legte seine Hand auf den Arm des Vizekanzlers und drängte ihn, ihm zur nächsten Sitzung zu folgen. Der Vize-

kanzler und ich waren beide überrascht, wie schnell die Wirklichkeit meine These bestätigte. Ich glaube, ich hatte mich verständlich gemacht.
Tatsächlich wird es oft als Affront, gleichermaßen als Auflehnung angesehen, wenn eine Person mit niederem Status eine mit höherem berührt. Goffmans Beschreibung des »Berührungs-Systems« in einem Krankenhaus, in dem die Ärzte die Schwestern berühren konnten, die Schwestern aber nicht die Ärzte, illustriert, wie dieses Berührungsprivileg in einer institutionellen Hierarchie funktioniert. Die Kaste der »Unberührbaren« in Indien, darauf sollte man hinweisen, darf von den höheren Kasten durchaus berührt werden (obwohl nur wenige es wahrscheinlich wünschen); das Verbot gilt andersherum: Den Unberührbaren ist es untersagt, ein Mitglied aus einer höheren Kaste zu berühren, was als Befleckung betrachtet würde. Ehe wir uns im folgenden den hierarchischen Implikationen von Berührungen im einzelnen zuwenden, wollen wir überprüfen, was wir im allgemeinen unter Berührungen verstehen.

Die Macht von Berührungen

Sowohl in der Vergangenheit wie auch heute noch können wir beobachten, daß Berührungen mit einer Aura von Magie und Tabus umgeben sind. In früheren Zeiten glaubte man, eine Berührung des englischen Königs könne Skofeln heilen, jene Krankheit, die unter dem Namen »Königsübel« bekannt war. Und durch die Jahrhunderte hindurch sprach man den Berührungen durch »heilige Männer«, angefangen bei Jesus und den Aposteln bis hin zu den Päpsten und den »Wunderheilern« auf der ganzen Welt, die Kraft zu, Übel und Krankheiten zu vertreiben.[1]* Aber auch die Berührungen durch den Teufel wurden mit magischen Qualitäten bedacht: Man glaubte, den Punkt aufspüren zu können, wo der Satan in den Körper eines Besessenen eingetreten war. Die Absuche der Körper nach Teufelsmalen spielte ja tatsächlich in den Hexenprozessen während der spanischen Inquisition eine große Rolle.
Der magische Gehalt von Berührungen äußert sich in verschiedenen religiösen Ritualen, zu denen ein »Handauflegen« zum Zwecke der Segnung gehört. Ein Teil der christlichen Kirche behauptet voller Stolz von sich, all ihre Päpste – angefan-

gen vom Heiligen Petrus bis zum gegenwärtigen – und jeder einzelne Priester in der Vergangenheit und heute hätten in einer ununterbrochenen Kette geheiligter Hände die Weihe empfangen. Diese »apostolische Nachfolge« illustriert einen wichtigen psychologischen Aspekt von Berührungen, der sowohl im religiös-rituellen Bereich gültig ist als auch im Bereich unserer Alltagserfahrung: Subjektiv gesehen ist eine Berührung kein kurzlebiges Ereignis, das in dem Moment zu Ende wäre, wo der andere seine Hand zurückzieht; sie wird vielmehr als ein Teil der persönlichen Lebensgeschichte aufgefaßt, als ein Ereignis von großer Erhabenheit und dauerhafter Wirkung. Die Fans von Sporthelden und Rockstars geben oft die Berührung, die sie von ihrem Idol empfangen haben, weiter an ihre Freunde.

Wir dürsten noch immer nach der weihevollen Berührung der Supergroßen; aber diese Tatsache wird oft durch unsere »objektive« Berichterstattung und unsere anti-abergläubischen Zeiten verdeckt. Dieselben Medien, die ernsthaft über Wunderheiler und Bischofsweihen berichten, über die Massen, die sich darum reißen, den Ring des Papstes zu küssen oder dem Präsidenten die Hand zu schütteln, lassen es sich selten entgehen, sich über die Fans von Rock-, Movie- und Sportstars lustig zu machen, die sich darum balgen, ihr Idol zu berühren oder von ihm berührt zu werden oder irgendein magisches Zubehör von ihm zu ergattern. Ohne Zweifel, Berührungsmagie gehört nicht nur unserer Vergangenheit an, und der Ausruf eines jungen Mannes »Sie hat mich berührt!« kann heute noch von der gleichen persönlichen Dramatik sein wie gestern.

Es ist jedoch nicht nur die Berührung der magischen und großen Persönlichkeiten, nach der wir uns sehnen. Vieles weist darauf hin, daß es ein Bedürfnis nach körperlichem Kontakt *per se* gibt – daß diese Sehnsucht tief im Menschen verwurzelt ist, vielleicht sogar so etwas wie einen Trieb darstellt. U. a. die Psychologen Bowlby und Harlow haben die Bedeutung körperlichen Kontakts für die Kleinkindentwicklung nachgewiesen; und wir können davon ausgehen, daß dieses Bedürfnis durch das ganze Erwachsenenleben hindurch bestehen bleibt.[2] Sidney Jourard ist der Auffassung, daß in unserem körperlosen Zeitalter »Körperkontakt die Funktion erfüllt, sich des eigenen körperlichen Seins zu vergewissern«.[3]

Es sollte uns nicht überraschen, daß Berührungen von solch vitaler Bedeutung für uns sind: Von all unseren Sinnen ist der

taktile der grundlegendste, derjenige, mit dem wir den anderen »abtasten«. Die Haut, die Rezeptoren für Druck, Schmerz, heiß, kalt enthält, ist ein Sinnesorgan mit gigantischem Ausmaß (verglichen mit den anderen Sinnesorganen, die alle zusammen gut auf einer Handfläche Platz fänden); die Rezeptoren der Haut sind in alle Richtungen ausgerichtet, operieren im Dunkeln und in der Stille, in allen Situationen, aber vor allem besteht ihre Qualität darin, die feinsten Einzelerscheinungen und Muster unterscheiden zu können. Der taktile Sinn ist die primitivste Sinneswahrnehmung, die sich aus derselben embryonischen Schicht (dem Ektoderm) entwickelt wie die anderen Sinnesorgane und das Nervensystem. »Die Haut ist der Muttersinn, und von ihr stammen all die anderen Sinne ab.«[4]
Ein weiteres Zeugnis für die fundamentale und herausragende Bedeutung der Haut und des Tastsinns liegt darin, daß die Metaphern für Berührung unsere ganze Sprache durchziehen, wahrscheinlich in demselben Maße wie die mit unserem Sehvermögen verbundenen Metaphern. Montagu weist darauf hin, daß die Eintragung unter dem Wort »touch« (betasten, berühren) im Oxford English Dictionary mit ihren 14 Spalten bei weitem die längste ist.[5] Wir benutzen diese Metaphern, um Verstehen auszudrücken – Worte wie *begreifen, erfassen* entstammen Wurzeln mit der Bedeutung »festhalten«. Wenn wir von Emotionen sprechen, benutzen wir viele Worte, die sich ursprünglich auf körperlichen Kontakt beziehen: *Anziehung, Anhänglichkeit, Gefühl,* um nur einige zu nennen.[6] Dann gibt es noch eine weitere Kategorie, die schwerer einzuordnen ist: Wir sind von einer traurigen Geschichte »berührt«; wir sind »ergriffen«, jemand hat uns »geprellt«, etwas »schlägt« uns auf den Magen oder »haut uns um«. All diese Wortverwendungen implizieren den Zugang zu privilegierten Bereichen: unseren Gefühlen, unserem Portemonnaie, unseren Gedanken, unserem Stolz. In unserer Sprache reflektiert sich also, von welch großer Bedeutung Berührungen für uns sind und daß wir sie nicht auf die leichte Schulter nehmen; ferner wird deutlich, daß die Berührung unserer Haut ein Privileg ist, das wir unseren Nächsten gern gewähren – und von uns aus solchen Kontakt suchen –, daß wir unsere Haut vor Fremden jedoch sorgfältig schützen.
In den Normen der amerikanischen Mittelschicht reflektiert sich dieses Muster: Trotz des Einflusses der Gegenkultur geht man dort sehr bedachtsam mit Berührungen um – man denke nur an die Anstalten, die zuweilen getroffen werden, um es zu vermei-

den, andere in der Öffentlichkeit zu berühren. Eine Person, die versehentlich eine andere berührt, beeilt sich normalerweise, sich zu entschuldigen; Menschen, die auf engem Raum zusammengedrängt sind, wie beispielsweise in einem überfüllten Aufzug, verkrampfen ihre Körper und Bewegungen, um Berührungen zu vermeiden. Aber es wirkt lächerlich, wenn bei engen Freunden, die auf engem Raum zusammen sind, zum Beispiel in einer kleinen Küche, sich der eine beim andern dafür entschuldigt, daß er ihn ungewollt gestreift hat. Der Zoologe Desmond Morris führt die Vermeidung körperlichen Kontakts in der modernen Gesellschaft auf deren beengte Lebensbedingungen zurück und auf die Tatsache, daß körperliche Berührung oft mit sexueller Berührung gleichgesetzt wird, was dazu führt, daß auch *non*-sexuellen Berührungen ausgewichen wird.[7]

Neben dem Berührverbot bestehen gleichzeitig die strikten gesellschaftlichen Berührgebote. Wie oft kann man beobachten, daß Leute sich zu den eigenartigsten Verrenkungen hinreißen lassen, um, wenn die Situation es gebietet, andere zu berühren (zumeist die Hand zu schütteln) – wie sie hinderliches Gepäck von einem Arm auf den anderen balancieren oder sich dafür entschuldigen, daß ihre Jongleurkunst nicht ausreicht, dem anderen die Hand zu geben. Trotz der extremen Berührungsvermeidungsstrategien kann man davon ausgehen, daß die Menschen sich danach sehnen und es brauchen, berührt zu werden, und daß sie dieses Bedürfnis auf jede nur denkbare Weise zu befriedigen suchen. Morris nennt einige ritualisierte Begegnungen, die einen Rahmen abgeben, in dem berührt werden darf, beispielsweise Encountergruppen; manche Menschen suchen ihr Berührbedürfnis bei Kindern, Haustieren oder anderen Ersatzobjekten zu befriedigen; ferner gibt es die »Berufsberührer« (Ärzte und Krankenschwestern, Kosmetikerinnen und Friseure), die einen »Vorwand« haben, andere zu berühren.[8]

Wahrscheinlich fallen auch Prostituierte, deren Berührung für Männer käuflich ist, in diese letztere Kategorie; für Frauen jedoch, die zweifellos ein großes Bedürfnis haben, berührt zu werden, ist es viel schwieriger, sich sexuelle Kontakte zu kaufen. Hollender berichtet von Psychiatriepatientinnen (21 von den 39, die er untersuchte), die allein aus dem Wunsch heraus, *umarmt* zu werden, sexuell verführten.[9] Auf dieselbe Taktik stießen Malmquist, Kirusek und Spano bei acht von 20 unverheirateten Müttern.[10] Hollender glaubt, daß bei manchen Frauen dieses Bedürfnis, umarmt zu werden, zu »Promiskuität« führt. Natür-

lich kann dies für Männer, auf die der Begriff Promiskuität jedoch selten angewandt wird, in der gleichen Weise zutreffen.
All diese Berühr-Gebote und -Verbote sind fraglos in hohem Maße kulturabhängige Regeln, so wie fast alle anderen Muster nonverbaler Interaktion. Halls klassisches Werk *The Silent Language* zeigt uns die Wege, auf denen sich die verschiedenen Kulturen den universalen Dimensionen von Zeit und Raum nähern. In seiner Charakterisierung der verschiedenen Distanzen, die wir je nach Kommunikationstyp für angemessen halten, zeigt Hall den Kontrast auf zwischen (U. S.-)Amerikanern und Menschen anderer Kulturen, vor allem romanischen Ursprungs. Amerikaner halten bei allen Interaktionstypen größere Abstände ein.[11] Da jemanden berühren in gewissem Sinne einer Invasion in dessen persönlichen Raum gleichkommt, können wir eine Parallele zwischen den je nach Kultur für angmessen gehaltenen interpersonalen Distanzen und der Häufigkeit von Berührungen feststellen. Amerikaner (wie Engländer, von denen viele von uns abstammen) sind Leute, die sehr wenig berühren.
Eine Anekdote von Jourard illustriert dies sehr deutlich:

> In den Cafés von San Juan (Puerto Rico), London, Paris und Gainesville (Florida) beobachtete ich Paare, die sich an den Tischen unterhielten, und zählte, wie oft sie sich während einer Stunde Sitzzeit berührten. Die »Punkte« waren für San Juan: 180; für Paris: 110; für London: 0 und für Gainesville: 2.[12]

Auch in einem Land wie den Vereinigten Staaten mit seinen zahlreichen ethnischen Minderheiten vermuten wir kulturelle Unterschiede: Von Personen jüdischer und italienischer Abstammung oder Menschen aus spanisch-sprachigen Ländern wie Puerto Rico nimmt man an, daß sie sich taktil stärker ausdrücken als die Mitglieder der dominanten Kultur angelsächsischen Ursprungs.[13]
Einen solchen kulturellen Kontrast stellte Thomas Cannon in einer Observationsstudie fest, in der es ihm darum ging, zu untersuchen, ob die Berührungshäufigkeit der Amerikaner mit zunehmendem Grad ihrer Amerikanisierung abnahm. Zu diesem Zweck beobachtete er Leute, die sich unmittelbar vor und unmittelbar nach dem Kirchgang versammelten, und zwar einmal in einem vorwiegend italienischen Bezirk von Boston, das andere Mal in einer Mittelschicht-Vorstadt (Newton) mit Bewohnern vorwiegend nordeuropäischer Abstammung.[14] Beide

Kirchen waren römisch-katholisch. Er beobachtete diese Personen über eine Zeitspanne von zwei Minuten (oder bis zum Ende der Interaktion, wenn sie kürzer als zwei Minuten war) und zählte, wie viele Berührungen während der zwei Minuten ausgetauscht wurden (wobei er versuchte, nur außerfamiliäre Konversationen einzufangen, um auszuschließen, daß seine Zählungen durch das Händehalten von Ehepaaren beeinflußt wurden). Er fand heraus, daß die Italo-Amerikaner sich durchschnittlich alle 27 Sekunden berührten, die stärker assimilierten Kleinstädter alle 40 Sekunden. Außerdem stellte er einen qualitativen Unterschied in den Berührungen fest: »Verglichen mit den kleinen Begrüßungsküßchen und dem traditionellen kurzen Händedruck der beobachteten Personen in Newton wirkten die Berührungen der Italiener ernsthafter und großzügiger: Ein größerer Teil der Berührungen bestand aus Küssen, die zudem über das reine Begrüßungsritual hinausgingen, und auch die Berührungen an den Händen dauerten länger.«

Wir sehen also, von welch großer Bedeutung Berührungen für die Menschen sind: Sie haben die Macht, zum Guten zu wirken und zum Bösen; sie geben Aufschluß über die Beziehung zwischen Individuen und über ethnische Identitäten, und sie sind vielleicht der Quell, der uns überhaupt am Leben erhält. Wir wollen nun betrachten, in welch anderer Hinsicht Berührungen aufschlußreich sind und welch andere Systeme sie am Leben erhalten.

Von der Macht berührt werden

Vor einigen Jahren begann ich mich für die sozialen Muster von Berührungen zu interessieren; mein besonderes Interesse galt dabei zum einen dem Geflecht von Berührungsprivilegien, die unsere soziale Ordnung aufrechterhalten, und zum anderen der Rolle, die Berührungen bei der Herrschaft über Frauen spielen. Ich meinte mich zu erinnern, daß ich schon in der High School davon gehört hatte, daß Leute, die andere oft berühren, dies als eine Art Herrschaftsinstrument einsetzen; und naiverweise glaubte ich, daß der Dominanzaspekt von Berührungen in unserer Gesellschaft allgemein bekannt sei. Ich zweifelte auch nicht daran, daß mir eine Durchsicht der Annalen der Psychologie die konkreten Fakten enthüllen würde, die ich brauchte, um dieses Phänomen zu ergründen. Leider hatte ich

mich geirrt: Obwohl ich auf ein paar verdeckte Hinweise auf die Machtseite von Berührungen stieß, schienen sich doch fast alle Autoren mit großer Entschlossenheit verschworen zu haben, uns davon zu überzeugen, daß Berührungen nur als Geste tiefer Freundschaft oder als sexuelle Geste vorkommen: »Bestimmte Gruppen des Personals hatten das Privileg, *ihre Zuneigung und Vertrautheit mit anderen* durch das Ritual körperlichen Kontaktes auszudrücken. ... Die Ärzte konnten Angehörige der Anstalt mit geringerem Dienstgrad berühren, um ihnen *freundliche Unterstützung zu geben und Trost zuzusprechen*...« »Auf die Backe, leicht auf den Kopf klopfen oder das Kinn streicheln sind in der westlichen Welt Verhaltensformen, *die Zuneigung zeigen* – und sie sind alle taktil.« »Für Männer in unserer Kultur ist Nähe (Berührung) im allgemeinen auf das andere Geschlecht beschränkt, und ihre Funktion ist *primär sexueller Natur*.« »Der Autor ist der Meinung, daß Berührungen mit *sexueller Intention gleichzusetzen sind,* sei es bewußt oder auf weniger bewußter Ebene.«[15]
All diese gedruckten Versicherungen überzeugten mich jedoch nicht davon, daß Berührungen nur Freundschaft und Sexualität ausdrücken. Wovon ich mich, je näher ich mir die taktilen Kontakte in meiner Umwelt betrachtete, überzeugte, war vielmehr die Tatsache, daß Macht und Sexualität miteinander verwechselt werden (aber darüber später mehr).
Einige Hinweise auf die Funktion von Berührungen als Symbole von Status oder Dominanz gab es allerdings. Goffmans »Berührungssystem« beispielsweise spricht diesen Zusammenhang deutlich aus und auf ähnliche Weise Morris, wenn er apropos unserer nontaktilen Gesellschaft schreibt: »Wieder könnte man einwenden, unsere ›Unberührbarkeit‹ hänge nun einmal mit unserem Sozialstatus zusammen: Von unseren Untergebenen wollten wir uns nicht berühren lassen, und unsere Vorgesetzten wagen wir nicht zu berühren.« Die Hinweise anderer Autoren waren zumeist verdeckter, so wie beispielsweise Dresslars Darstellung des Einsatzes von Berührungen bei Verhaftungen oder Franks Bemerkung: »Wir können davon ausgehen, daß Verwandtschaftssysteme so wie auch Rang, Kaste, Rolle, Alter zu einem großen Teil auf der Ebene von Berührungen erlernt und aufrechterhalten werden.«[16] Aber im Ganzen gesehen, verstehen auch diese Autoren Berührungen vor allem als Ausdrucksform innerhalb affiliativer Beziehungen.
Meine eigene Observationsstudie über Berührungen in der Öf-

fentlichkeit, in der es um den Zusammenhang zwischen Status und Berührung ging, orientierte sich an verschiedenen Statusvariablen: sozioökonomischer Status, Alter, Rasse und Geschlecht. Meine Hypothese lautete, daß entlang dieser Statusdimensionen (wobei ich davon ausging, daß männlichem Geschlecht, weißer Rasse, höherem Alter der jeweils höhere Status zukam) Berührungen häufiger von dem Statushöheren ausgingen. Ein Forschungsassistent (jung, weiß, männlich, Mittelschicht), der nicht in die Hypothese eingeweiht war, beobachtete Menschen in unterschiedlichen öffentlichen Situationen; wenn es zu einer Berührung kam, wurde sie entsprechend der zuvor erwähnten Variablen kategorisiert – außerdem nach Situation, wer wen berührte und ob die Berührung erwidert wurde.[17] Berührung war für diese Studie als beabsichtigter Handkontakt definiert worden; sie bereitete also keinerlei Beobachtungsprobleme. Fälle gegenseitigen Berührens, bei denen nicht feststellbar war, wer die Berührung initiiert hatte, wurden nicht in die Analyse eingeschlossen. Leider gelang es nicht, genügend interrassische Interaktionen zu beobachten, um etwas über Rasse als Statusvariable auszusagen; diese Dimension mußte also fallengelassen werden.
Hinsichtlich all der anderen Dimensionen bestätigte sich meine Hypothese jedoch. Es stellte sich heraus, daß Männer Frauen viel häufiger (42 Beobachtungen) berührten als umgekehrt (25 Beobachtungen); es gab überwältigend mehr Fälle, in denen ältere Menschen jüngere berührten als umgekehrt (36 gegen 7). Die Variable sozioökonomischer Status bereitete einige Schwierigkeiten, denn nicht in allen Fällen war mit Sicherheit auszumachen, wie weit es Statusunterschiede gab und welcher Art sie waren. Aber in 14 von 19 Fällen, in denen die Statusbeziehung eindeutig war, war es der Statushöhere, der berührte. All diese Ergebnisse sind statistisch signifikant.
Eine weitere Untersuchung wurde von Richard Heslin und Diane Boss von der Purdue Universität durchgeführt.[18] Diese Wissenschaftler beobachteten Menschen, die auf einem nahegelegenen Flughafen ankamen oder abflogen und hielten fest, wer beim Begrüßen und Abschiednehmen als erster »die Grenze zum andern überschritt«. Bei den 30 Paaren, bei denen feststellbar war, wer die Berührung initiierte, waren es öfter Männer und ältere Menschen als Frauen und jüngere Menschen – eine weitere Bestätigung des Zusammenhangs von Status und Berühren.

Beziehungen, Situationen und Persönlichkeit. Obwohl uns Observationsstudien Aufschluß darüber geben, was tatsächlich zwischen Menschen passiert (im Gegensatz zu dem, was diese vielleicht *meinen*, es passiere), erfahren wir nicht alles durch Beobachtungen.

Vielleicht möchten wir auch gern wissen, wie die Menschen über Berührungen denken, welche Berührungsregeln sie für bestimmte Beziehungen und Situationen für gültig ansehen, welches ihre Motive und Intentionen sind, wenn sie jemanden berühren, und was sie denken und fühlen, wenn ein anderer sie berührt, oder was sie von Menschen halten, die ungewöhnlich selten oder ungewöhnlich oft berühren. Während meiner Zeit an der Harvard Universität führte ich eine zweite Untersuchung – eine Befragung – durch, die versuchte, einige dieser Fragen zu beantworten. Die Befragten sollten ihre Einschätzung abgeben, wie leicht sie andere berührten und wie leicht sie von anderen berührt würden: (1) in verschiedenartigen Beziehungen und (2) in verschiedenen Situationen; (3) sollten die Befragten angeben, was sie allgemein über Berührungen dachten, und eine Selbsteinschätzung ihrer eigenen Berührneigung abgeben; (4) enthielt die Befragung ein Maß für Dominanz als Persönlichkeitsmerkmal. Die Befragten waren 24 Frauen und 24 Männer aus Boston und Umgebung im Alter von 17 bis 70 Jahren (mittleres Alter: 23) und aus verschiedenen Berufsgruppen. Drei Fünftel fühlten sich einer ethnischen Gruppe zugehörig, im allgemeinen der jüdischen (38 Prozent), nur zwei waren Schwarze. Das Bewertungssystem enthielt vier Grade: von »überhaupt nicht leicht« bis »sehr leicht« (selbst berühren oder berührt werden).

Im Fragenfeld *Beziehungen* sollten die Befragten einschätzen, wie leicht sie in 29 verschiedenen Beziehungstypen andere berühren würden oder von ihnen berührt würden, zum Beispiel in der Interaktion mit einem »Polizisten«; in Konstellationen »Fremder-Frau«, »zwei Kollegen«, »zwei Schwestern«. Die Kategorisierung der Beziehungen basierte auf folgenden Kriterien: Nähe, Familien-, Alters-, Arbeitsbeziehungen und Autorität, und sie erschienen sowohl in männlicher als auch in weiblicher Konstellation.

Für die »Nähe«-Beziehungen sagte die überwältigende Mehrheit der Befragten aus, daß sie unter Freunden eher selbst berührten und berührt würden als unter Bekannten und unter Bekannten eher als unter Fremden. Dieses Ergebnis ist natürlich

nicht weltbewegend, aber das hatte auch niemand erwartet: Diese Antworten geben uns jedoch einerseits die Möglichkeit, die Gültigkeit der anderen Antworten zu überprüfen (denn sie zeigen, daß die Angaben der Befragten ernsthaft und glaubwürdig waren); andererseits dienen sie uns als Vergleichsskala für die anderen Ergebnisse. Für die Beziehungen zwischen Familienmitgliedern, Ehe- und Lebenspartnern lagen alle Bewertungen in der Nähe von »sehr leicht«.
Innerhalb der von Statusunterschieden geprägten Beziehungskategorien berichteten die Befragten, daß sie eher Untergeordnete und Kollegen berührten als ihre Chefs, daß sie leichter jüngere Menschen oder Gleichaltrige berührten als ältere Menschen und eher einen Verkäufer als einen Polizisten. Ähnlich reflektierte auch ihre Erwartung, von anderen berührt zu werden, die Hierarchie der Beziehung: beispielsweise hielten sie es für wahrscheinlicher, daß der Chef oder ein Kollege sie berührte als ein Untergeordneter. Die Menschen scheinen also in der Tat Berührerwartungen zu haben, die sich auf Status gründen.
Eine weitere Untersuchung von Thomas Cannon an der Boston University gibt uns eine zusätzliche Bestätigung für den Zusammenhang zwischen Berühren und Status. Cannon benutzte eine leicht abgewandelte Version des von Jourard entworfenen Körperschaubildes (siehe S. 154) und verschickte einen Fragebogen über Berührungen an 34 weibliche und 29 männliche Studenten. Die Befragten sollten angeben, ob sie selbst Menschen der folgenden Statuskategorien berührt hatten oder von ihnen berührt worden waren: »eine Person höheren beruflichen oder sozialen Status'«, »ein Gleicher, etwa ein Mitarbeiter oder Kommilitone«, und eine »Person niederen beruflichen oder sozialen Status'.«[19]
Status war ein entscheidender Faktor: Diejenigen von niederem Status wurden am häufigsten berührt, danach rangierten Gleiche und zum Schluß Personen höheren Status'. Außerdem berichteten Frauen, daß sie sowohl öfter berührt würden als auch selbst andere öfter berührten (ein Befund, der sich bei allen Untersuchungsergebnissen Cannons bestätigte).
Wie steht es nun mit der Wahrscheinlichkeit, zu berühren versus berührt werden, wenn es sich um eine Interaktion mit einer bestimmten Zielperson handelt? Auch hier bestätigte sich unsere Vermutung, daß der Durchschnittswert *jemanden von höherem Status berühren* geringer war als derjenige *von jemandem*

mit höherem Status berührt werden; der Durchschnittswert *jemanden niederen Status' berühren* war größer als der, *von ihm berührt zu werden;* und die Durchschnittswerte für Berühren und Berührtwerden unter Gleichen waren ungefähr gleich.
In einer anderen Rubrik meines Fragebogens sollten die Befragten für jede von 20 spezifizierten *Situationen* angeben, für wie wahrscheinlich sie es hielten, daß andere sie berührten. Achtzehn der Situationen setzten sich aus den zwei Seiten von neun Situationstypen zusammen (siehe Tabelle 1), wie beispielsweise um eine Information bitten, eine Information geben; um Rat bitten, Rat geben. Bei der Hypothesenformulierung wurde von der Voraussetzung ausgegangen, daß jeweils derjenige in der Position des Informations-, Rat- oder Befehl-Erteilenden in der Interaktion die dominante Position innehat (wie vorübergehend diese auch sein mag)[20]; ferner, daß diejenigen, die andere um einen Gefallen bitten oder sie zu etwas zu überreden versuchen, danach streben, Dominanz in der Interaktion zu gewinnen, d. h. anderen ihren Willen aufzuzwingen; weiterhin wurde angenommen, daß Dominanz in all diesen Situationen mit einer höheren Wahrscheinlichkeit, den andern zu berühren, einhergeht; ferner, daß derjenige in einem besorgten oder aufgeregten Zustand in der unterlegenen Position ist, d. h.

Tabelle 1
Vergleich der Antworten zur Frage: Wahrscheinlichkeit, berührt zu werden in spezifizierten Situationen

	Andere berühren dich mit größerer Wahrscheinlichkeit, wenn	Andere berühren dich mit geringerer Wahrscheinlichkeit, wenn
Information	sie erteilen sie	sie erbitten sie
Rat	sie erteilen ihn	sie erbitten ihn
Befehl	sie geben ihn	du gibst ihn
Gefallen	sie erbitten ihn	sie sind bereit, ihn zu erfüllen
Überreden	wenn sie es versuchen	wenn du es versuchst
Besorgt sein	du bist es	sie sind es
Aufgeregt	sie sind es	du bist es
Gespräch	vertieft	beiläufig
Ort	Party	Arbeit

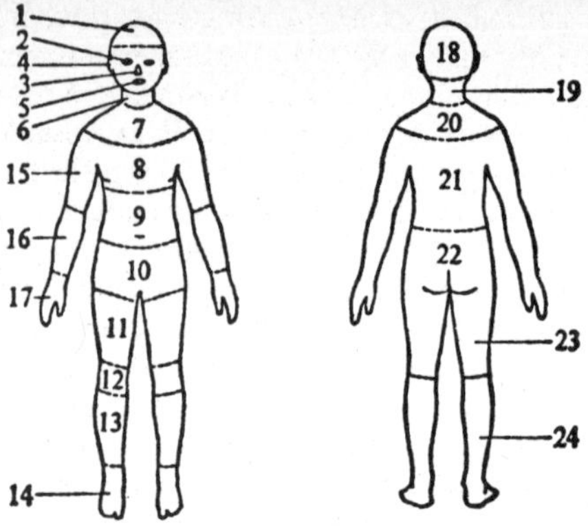

Diagramm der für die Befragungsstudie über Körperzugänglichkeit gekennzeichneten Vorder- und Rückansicht des Körpers. Sidney M. Jourard, »An Exploratory Study of Body-Accessibility«, *British Journal of Social and Clinical Psychology,* Nr. 5, 1966, S. 223.

»seine Fassung verloren hat« und/oder anerkennt, daß er auf Hilfe angewiesen ist und daher mit größerer Wahrscheinlichkeit berührt wird, als daß er den andern berührt. In den beiden anderen Fragen ging es um die Wahrscheinlichkeit, mit der andere in »herzlichen Situationen« oder »wenn sie getrunken haben« berühren.

Man ging davon aus, daß Menschen leichter berühren, wenn sie sich zugetan sind, in ein Gespräch vertieft, auf einer Party, weil all dies affiliative Situationen sind. Die Frage nach dem Trinken war von McClelland und Mitarbeitern inspiriert, die untersuchten, aus welchen Gründen Männer trinken und welche Auswirkungen es auf sie hat, und zu dem Ergebnis kamen, daß Alkohol Männern ein Gefühl persönlicher Macht verschaffe.[21]

Die Beantwortungen der gepaarten Situationsfragen (siehe Tabelle 1) bestätigen alle Hypothesen außer einer: daß eine aufgeregte Person leichter berührt wird. Wie vorausgesehen, hielten es die Befragten für äußerst wahrscheinlich, daß sie von jemandem berührt werden, der ihnen zugetan ist, und von jemandem, der getrunken hat. Wir sehen also, daß *Situationen,* in denen Menschen in einer dominanten Position sind, und *Beziehungen,* in denen Dominanz eine Rolle spielt, die Wahrscheinlichkeit, andere zu berühren, beeinflussen – wie auch der herzliche Charakter von Beziehungen und Situationen von Einfluß ist.

Schließlich war in dem Fragebogen eine verkürzte *Dominanz*erhebung enthalten; sie benutzte 20 Fragen aus dem Dominanzabschnitt einer allgemeinen Persönlichkeits-Erhebung, dem California Psychological Inventory[22] (in dieser Skala rangierten Männer und Frauen ungefähr gleich). Jene, die in den unteren Bereichen der Dominanzskala rangierten, neigten in einem anderen Teil des Fragebogens eher als die hoch in der Dominanzskala rangierenden zu der Angabe, daß sie von sich selbst glaubten, sie berührten andere Menschen ungewöhnlich selten.
Ferner neigten Frauen, die in den unteren Bereichen der Dominanzskala rangierten, eher zu der Antwort, daß sie sich gehemmt fühlten, jemand anderen zu berühren, selbst wenn diese Person sie zuvor berührt habe oder die Situation dazu einzuladen schien. Hoch in der Dominanzskala rangierende Männer neigten zu der Antwort, daß sie solche Hemmungen nie fühlten. Die Antworten der anderen Befragten (dominanz-hohe Frauen, dominanz-niedrige Männer) glichen sich in ungefähr. Dominanz als Persönlichkeitsmerkmal steht also gleicherweise in Zusammenhang mit der Neigung, zu berühren.

Doppelsymbolik: Solidarität und Status. Was haben wir mit dieser Befragungs-Studie herausgefunden? Erstens: Je nach der Rollenbeziehung zum anderen haben die Menschen bestimmte Erwartungen hinsichtlich der Wahrscheinlichkeit, den anderen zu berühren oder von ihm berührt zu werden. Im allgemeinen glauben sie von sich, daß sie leichter mit Nahestehenden Berührungen austauschen als mit Fremden, daß sie selbst eher Untergeordnete als Übergeordnete berühren, und sie halten es für wahrscheinlicher, von einem Übergeordneten berührt zu werden als von einem Untergeordneten.
Zweitens: Berührungen sind vom situativen Kontext abhängig, d. h. die Situationen (von den hier untersuchten), in denen eine Person die andere mit größerer Wahrscheinlichkeit berührt, sind gleichzeitig Situationen, in denen diese Person in irgendeiner Hinsicht über die andere dominiert oder versucht, Dominanz zu gewinnen.
Schließlich fanden wir einige Hinweise auf den Zusammenhang zwischen Berühren und Dominanz als Persönlichkeitszug. Dominanz spielt also in vielerlei Hinsicht eine Rolle: als Merkmal von Beziehungen, als Dimension von Situationen, an denen diese Unausgewogenheit beteiligt ist, und als die persönliche

Tendenz, Dominanz zu gewinnen oder auszuüben. Die Tatsache, daß in all diesen Bereichen derjenige, der häufiger berührt, zugleich der Dominante ist, läßt die Schlußfolgerung zu, daß Berühren Dominanz ausdrückt.

Das bedeutet nicht, daß Berühren *eher* der Ausdruck von Macht als von Intimität ist. Das eine schließt das andere nicht aus. Wie wir schon bei den Anredeformen sahen, kann dieselbe Form sowohl Status als auch Solidarität reflektieren. Bei Berührungen können wir feststellen, daß Gleiche das gleiche Recht haben, sich gegenseitig zu berühren, daß Vertraute sich sehr häufig berühren und daß die Körperzonen, an denen sie sich berühren (und die Bedeutungen dieser Berührungen), vielfältiger sind – ferner, daß bloße Bekannte im allgemeinen keine Rechte zum Berühren haben, außer vielleicht zweckorientierten (zum Beispiel um Aufmerksamkeit zu bitten). Finden wir Statusungleichheit vor, können wir feststellen, daß die Person mit höherem Status mehr Berühr-Privilegien hat als diejenige niederen Status', der es oft unterschwellig versagt ist, überhaupt zu berühren. In ihren Einzelerscheinungen variieren diese Muster natürlich von Situation zu Situation, aber unsere Berühr-Interaktionen als Ganze sind zutreffend durch sie charakterisiert.

Darüber hinaus reflektieren die Berühr-Muster jene Universalnorm, jenes Grundmuster unserer Sozialstruktur, auf das Brown im Zusammenhang mit den Anredeformen hinwies und das er auf die Grundformel brachte: »Wenn Form *X* gegenüber Untergeordneten angewandt wird, wird sie zwischen Vertrauten angewandt; und wenn Form *Y* bei Übergeordneten angewandt wird, wird sie bei Fremden angewandt.«[23] Außerdem gilt die Regel, daß bei einem klaren Statusunterschied zwischen zwei Personen dem Überlegenen das Recht zusteht, den Übergang zu größerer Intimität zu initiieren, zum Beispiel den Vorschlag zu machen, sich zu duzen oder beim Vornamen anzureden (»Sag doch einfach Charley zu mir«). Wir können feststellen, daß dieses Privileg, größere Intimität zu initiieren, auch für Berührungen gilt, etwa bei Rendezvous heterosexueller Paare: Normalerweise ist es der Mann, der zuerst seinen Arm um die Frau legt, der als erster nach ihrer Hand greift, um sie zu halten, und der dann den ersten Schritt in Richtung offenerer sexueller Intimität unternimmt, wie beispielsweise sexuell besetzte Körperzonen zu berühren.

Historisch gesehen war die höfliche Form gegenseitiger Anrede die Norm innerhalb der oberen Gesellschaftsschichten; und die vertraute Form gegenseitiger Anrede die Norm innerhalb der unteren. Ein weiteres Beispiel dieses Musters finden wir in der (in Kapitel 2) zitierten Untersuchung über die Distanzen, die die Menschen innerhalb verschiedener rassischer/ethnischer Gruppen New Yorks zueinander einhielten; die Mitglieder der sechs Kulturen (alle arm) standen enger zusammen als die Ostküsten-Amerikaner der Mittelklasse.[24] Es gibt Hinweise darauf, daß das oben zitierte Grundmuster auch für den Bereich von Berührungen gilt, d. h. die Form, die gegenüber Untergeordneten oder Mitgliedern der unteren Klasse benutzt wird, wird von den Mitgliedern dieser Klasse selbst reziprok benutzt. Goffman schreibt:

... auch der Grad der Abwehr gegen Kontakte ist, je höher die Klasse, desto umfassender und vollendeter. Der Verfasser stellte zum Beispiel bei einer Untersuchung eines Gemeinwesens auf den Shetland Inseln fest, daß, je weiter man von den mittelständischen Stadtzentren Englands zu der bäuerlichen Unterschicht der Inseln reist, der Abstand zwischen den Stühlen bei Tisch immer geringer wird, so daß auf den entlegenen Inseln direkter körperlicher Kontakt beim Essen und ähnlichen sozialen Gelegenheiten nicht als Aufdringlichkeit betrachtet wird und man es nicht für nötig hält, sich dafür zu entschuldigen.[25]

Untersuchungen klassenbedingter Unterschiede bei der Berührhäufigkeit unter Erwachsenen liegen uns nicht vor; aber es gibt drei Studien der Mutter-Kind-Interaktion, die herausfanden, daß in den unteren sozioökonomischen Schichten der körperliche Kontakt zwischen Müttern und Kindern größer ist als in den oberen Klassen.[26]

Wir sehen also, daß ein und dieselbe Geste nicht nur Ausdruck verschiedener Typen interpersoneller Beziehungen sein kann, sondern darüber hinaus auch tiefere Aspekte der sozialen Organisation reflektiert. Sozialwissenschaftler sind daran interessiert, solche *verdeckten Indikatoren* zu untersuchen, denn sie enthüllen Informationen über Beziehungen und Muster, die man durch die direkte Befragung nicht immer gewinnen kann. Berührungen sind zweifellos ein höchst aufschlußreicher verdeckter Indikator für Beziehungen – aufgrund ihrer subtilen Erscheinungsformen geben sie uns wahrscheinlich differenziertere Unterscheidungskriterien an die Hand als irgendein anderer Indikator, wie etwa die Anrede beim Vornamen, die weitgehend ritualisiert ist.

Als ich mich für den Statusaspekt von Berührungen zu interessieren begann, galt mein besonderes Augenmerk der Frage, welche Rolle Macht und Status spielen, wenn Frauen berührt werden (bzw. andere berühren). Aufgrund meiner eigenen Erfahrung und der Beobachtung der Menschen um mich herum erschien es mir klar, daß Frauen häufiger berührt werden als Männer – und dies nicht unbedingt in sexueller Absicht. Ich sprach mit anderen Frauen über ihre Reaktionen auf Berührungen und fand meine Ahnungen bestätigt. Eine Studentin zum Beispiel, die gelegentlich als Kellnerin arbeitete, erzählte mir, daß sie ständig von den männlichen Gästen angefaßt würde; diese Männer berührten die männlichen Kellner nicht, und von den weiblichen Gästen wurde die Studentin nicht berührt. Auch Sekretärinnen und Fabrikarbeiterinnen sind es gewohnt, daß man sich ihren Körpern gegenüber solche Freiheiten herausnimmt; auch sie sagten mir, sie hätten das Gefühl, daß es dabei nicht nur um Sexualität ginge, sondern noch etwas anderes mit von der Partie sei: vielleicht Macht, vielleicht Einschüchterungsversuche. Ich interessierte mich jedoch auch für subtilere Formen von Berührungen in unserem Alltag, die uns vielleicht weniger bewußt sind – Berührungen, wenn man aneinander vorübergeht, jemand Anordnungen erteilt oder bei einer einfachen Unterhaltung.

Was geschieht nun, wenn Frauen Männer berühren, was, wie gesagt, nicht die Regel ist. Eine Frau erzählte mir folgende Begebenheit: Während einer Abendeinladung setzte sich ein Freund, gleichzeitig ein Freund ihres Mannes, oft neben sie und legte den Arm um sie, was sie als freundschaftliche Geste auffaßte. Als sie seine Geste erwiderte, ebenso in freundschaftlicher Absicht, nahm er die nächste Gelegenheit beim Schopf, sie allein zu sprechen, und schlug ihr vor, zusammen ins Bett zu gehen. Sie zeigte ihr Befremden über seinen Vorschlag; seine Worte: »Aber das war doch genau das, was du mir den ganzen Abend zu verstehen geben wolltest, oder nicht?« Mit anderen Worten, Frauen unterstellen männlichen Berührungen nicht unbedingt sexuelle Intentionen, aber Männer interpretieren die Berührung einer Frau auf diese Weise. Später werde ich die Auffassung erörtern, Berühren sei eine sexuelle Geste, und meine eigene Analyse der unterschiedlichen Bedeutungen darlegen, die Berührungen für Männer und Frauen haben.

Trotz der Erfahrung von Frauen, daß sie es sind, die berührt werden, ist man allgemein davon überzeugt, Frauen seien viel freier, andere zu berühren als Männer, und berührten häufiger. Diese Überzeugung sitzt so tief, daß Psychologen und andere Akademiker sie als Tatsache behandeln.

Vielleicht, weil Frauen selbst Sexualobjekte sind – vielleicht auch, weil die Gesellschaft sie als die Unterlegenen und Schwachen betrachtet und ihnen daher gewisse Freiheiten erlaubt – gesteht man ihnen zu, andere, sowohl Männer als auch Frauen, zu berühren.[27]

Die wenigen Autoren, die darauf hinweisen, daß Frauen häufiger berührt werden, sehen in dieser Tatsache jedoch eher einen Ausdruck männlicher Galanterie. Die Töchter erscheinen hier als die »Lieblinge« der Familie, die demzufolge auch am liebsten berührt werden, Frauen als Wesen, die »weniger Hemmungen haben als Männer, die ausgestreckte Hand des anderen entgegenzunehmen oder zurückzuweisen«, und »die amerikanische Frau« als eine, die »Berührungen viel weniger verkrampft gegenübersteht als der amerikanische Mann.« All diese Autoren über Geschlechtsunterschiede beim Berühren scheinen Berührungen nur als freundschaftliche Geste anzuerkennen, wobei sie den heterosexuellen Kontext betonen, und fast ausnahmslos zitieren sie die »größere Freiheit« von Frauen, andere zu berühren. Meine eigenen Untersuchungen und Beobachtungen führten mich dazu, gleichwertig neben der freundschaftlichen Bedeutung von Berührungen deren Statusbedeutung anzuerkennen, dem sexuellen Kontext geringere Bedeutung beizumessen und auf die größeren Berührungsprivilegien von Männern hinzuweisen. Die Geschlechtsunterschiede beim Berühren sind zahlreich und komplex; beginnen wir deren Erforschung mit der Geste, die uns allen am vertrautesten ist: dem Händedruck.

Der Händedruck. Der Händedruck ist eine spezifische Form von Berührung, die von ganz spezifischen Regeln und Ritualen umgeben ist. Wohl jeder wird mir zustimmen, daß Männer sich öfter die Hand geben als Frauen – der Händedruck ist eine eindeutig männliche Geste, und in den verschiedensten Formen männlicher Zusammenkünfte gilt er als obligatorischer Akt. Als männliches Ritual gegenseitiger Anerkennung und Bestätigung dient er dazu, die Zugehörigkeit zum Männerclan zu bestärken und Frauen aus diesem Clan auszuschließen. Zwischen Mann und Frau ist diese Geste eher unverbindlichen Charakters.[28] Daß zwei Frauen sich die Hand geben, sieht man selten, und wenn, dann zumeist, wenn sie einander vorgestellt werden; selten begrüßt eine Frau eine andere, die sie bereits kennt, mit Händedruck (so wie Männer einander begrüßen). Und nach meiner Erfahrung geben sich Frauen untereinander oder Frauen und Männer öfter die Hand, wenn in einer Gruppe Männer zugegen sind (die dazu neigen, sich die Hand zu geben).

Schiffrin analysierte den Händedruck als Bestärkungsritual bei verschiedenartigen Zusammenkünften; die Initiation eines Händedrucks ist gleichzeitig eine Option auf den Zugang zum andern und das Angebot der eigenen Zugänglichkeit.[29] Dieses Ritual verleiht den Beteiligten eine gewisse Weihe und einen gewissen Wert; dieser Wert scheint aber ganz davon abzuhängen, ob es zwei Männer sind, die sich die Hand geben, oder ein Mann und eine Frau: Nach Schiffrin wird im Händedruck zweier Männer der Wert beider zelebriert und beide sind gleichwertig aktive Teilnehmer des Rituals; der Händedruck mit Frauen ist unverbindlicher, Frauen sind oft der passive Teil – beides Hinweise auf ihren ungleichen Status. Selbst bei Emily Post[30]* ist dieser Code zu finden: Die Hand eines guten (männlichen) Freundes fest zu drücken, gestattet sie Frauen zwar, rät ihnen jedoch, darauf zu achten, daß er der kräftiger schüttelnde Teil bleibt; und handele es sich lediglich um einen Bekannten, so sei jede Frau gut beraten, ihm das ganze Schütteln zu überlassen.[31]*

In der Gegenkultur und politischen Linken, die zum Ausdruck von Solidarität ein solches Establishment-Symbol wie den regulären Händedruck vermeiden wollten, entwickelten sich in den letzten Jahren alternative Formen des Sich-Die-Hand-Gebens, die die traditionelle Art ablösten. Der »schwarze« oder »Soul«-Handschlag (die Handfläche des einen schlägt auf die nach oben gehaltende Handfläche des anderen) oder der »Solidaritäts«-Handschlag (der um 90° vom gewöhnlichen Händedruck – ineinandergeschobene Daumen, die Handfläche des andern umgreifende Finger – verschoben ist) erfreuten sich großer Beliebtheit – unter Männern. Die Frauen der Gegenkultur und politischen Gruppen sahen sich weitgehend von dieser Ausdrucksform von Solidarität ausgeschlossen. Und natürlich war der geheime Händedruck in Männerclubs und Geheimgesellschaften seit jeher so etwas wie ein gegenseitiger Erkennungs-

und Anerkennungscode – in einem Sinne, in dem er durchaus auch für die zuletzt beschriebene Szenerie gilt: Ein großer Teil der Gegenkultur und linken Organisationen sind »Männerclubs«.[32]*

Berührungen – Befragungen und Beobachtungen

Was genau wissen wir über die Häufigkeitsmuster zwischengeschlechtlicher Berührungen? Sehr wenig. Beginnen wir mit der Untersuchung von Sidney Jourard, der 1966 als erster eine Befragungsstudie über Körperzugänglichkeit vorlegte.[33] Junge unverheiratete Studenten beiden Geschlechts füllten einen von ihm entworfenen Fragebogen aus, in dem sie angaben, an welchen aus einer Anzahl von Körperzonen sie von bestimmten Personen berührt worden waren oder diese Personen berührt hatten. Zu seiner Einteilung in Körperzonen siehe die abgebildete Figur auf Seite 154; die Personen, bei denen der Austausch von Berührungen beschrieben werden sollte, waren Mutter, Vater und bester Freund und beste Freundin (jeweils in gleichgeschlechtlicher und gemischtgeschlechtlicher Konstellation).

Am häufigsten wurden Berührungen zwischen Freund und Freundin ausgetauscht, ungefähr zweimal so oft wie mit irgendeiner anderen der bezeichneten Personen, danach folgten die Freunde gleichen Geschlechts und dann die Eltern.[34]* Die Antworten zeigten ferner, daß Studenten ihre Freundinnen an mehr Körperzonen berührten als die Studentinnen ihre Freunde; und in einer zweiten Befragung[35] berichteten die Studentinnen, daß sie von ihren Freunden an mehr Körperzonen berührt würden, als es die Studenten von ihren Freundinnen berichteten.

Insgesamt lagen die Durchschnittswerte bei Frauen für »berührt werden« höher, jedoch in einer Dimension von nur marginaler statitischer Signifikanz (der Wahrscheinlichkeitswert lag zwischen eins in 20 und eins in 10). Von den sechs Vergleichswerten in der zweiten Studie, wo die Unterschiede signifikant waren, wurden in vieren Frauen in größerem Ausmaß berührt und in keinem die Männer.

Die spätere Befragungsstudie von Cannon, die auf Jourards Untersuchung basierte, bestätigte nicht nur die Existenz von Statusunterschieden beim Berühren, sondern auch die von Geschlechtsunterschieden. Laut den Antworten der Frauen wurden sie öfter von anderen berührt, als Männer es von sich angaben (Frauen gaben ferner an, daß sie selbst andere öfter berührten).

In meiner eigenen Untersuchung, in der die Befragten etwas über den Austausch von Berührungen in verschiedenartigen Beziehungen aussagen sollten, gab die überwältigende Mehrheit der Befragten beiderlei Geschlechts an, daß sie eher Frauen als Männer berührten. Hinsichtlich der Frage: von Frauen oder Männern berührt *werden*, waren die Ergebnisse nicht so einheitlich. Jedes Geschlecht gab bestimmte Personen des *anderen* Geschlechts an, von denen man glaubte, mit der größeren Wahrscheinlichkeit berührt zu werden.

Mein Fragebogen enthielt ferner die Frage: »Glauben Sie von sich, daß Sie andere mehr oder weniger berühren als die meisten anderen Menschen?« Fast alle die Frauen, die glaubten, sie berührten andere mehr als durchschnittlich, identifizierten sich selbst als Angehörige einer ethnischen Gruppe. Darüber hinaus gab es eine signifikante Beziehung zwischen den Antworten weiblicher Versuchspersonen zu diesem Punkt (bei den Männern dagegen nicht) und ihren Durchschnitts-Selbsteinschätzungen hinsichtlich der Frage, wie leicht sie andere in auf bestimmte Weise charakterisierten Beziehungen berührten: Je höher sie ihre Berührneigung hier einschätzten, desto öfter gaben sie an, überhaupt andere öfter zu berühren als allgemein üblich.

Bei der Frage über unangemessenes oder übertriebenes Berühren unterschieden sich die Antworten von Männern und Frauen erheblich. Frauen gaben häufiger als Männer an, sich darüber zu ärgern oder wütend zu werden.

Weiterhin wurde gefragt, von welchem Geschlecht man glaubte, es berühre eher das eigene, und von welchem, daß es eher das andere berühre. Auch die Antworten auf diese Frage übermittelten vorherrschend den Eindruck, daß Frauen häufiger berühren, besonders ihre Geschlechtsgenossinnen. Sowohl Männer als auch Frauen stimmten darin überein, daß Frauen sich untereinander öfter berühren. Hinsichtlich des zweiten Teils der Frage waren die Antworten von Männern und Frauen weniger übereinstimmend. Frauen neigten zu der Antwort, daß Männer Frauen öfter berühren als vice versa; die Antworten der Männer auf diese Frage waren recht geteilt.

Warum glaubten alle Befragten, daß Frauen andere Frauen

häufiger berühren als Männer andere Männer? Sie mögen recht haben. Meine eigenen Observationsstudien bestätigten diese Annahme nicht – die Flughafen-Beobachtung von Heslin und Boss dagegen stützt sie. Es ist denkbar, daß solche Überzeugungen auf einem verbreiteten Mythos beruhen. Wie aus den (zuvor zitierten) nicht gestützten Behauptungen einiger Sozialwissenschaftler deutlich wurde, ist die Vorstellung, daß Frauen sich untereinander öfter berühren als Männer untereinander, tief verwurzelt. Ob diese Überzeugung sich auf eine Art »Intuition« stützt, die sich über die Jahre hindurch aufgrund informeller oder auch unbewußter Beobachtung herausgebildet hat, oder ob es sich hier lediglich um einen bequemen Mythos handelt, der dazu beiträgt, den Machtaspekt von Berührungen zu verdecken, können wir zu diesem Zeitpunkt nicht entscheiden.

Zum zweiten Teil der Frage: Warum glauben sowohl Männer als auch Frauen, daß sie vom andern Geschlecht häufiger berührt werden als vice versa? Frauen geben wahrscheinlich ihre eigenen Erfahrungen korrekt wieder; Männer gehen vielleicht weniger von ihrer eigenen Erfahrung aus, sondern reproduzieren den Volksglauben, demzufolge Frauen leichter und öfter berühren. Es ist möglich, daß Männer für diesen Mythos empfänglicher sind, weil die ihm widersprechenden Fakten für sie weniger ins Gewicht fallen; außerdem mag es sein, daß diese Vorstellung schmeichelhafter für sie ist.

Wir haben also empirische Belege dafür, daß es beim Austausch von Berührungen sowohl status- als auch geschlechtsbedingte Unterschiede gibt; all unsere Daten beruhen jedoch auf Meinungen und Selbsteinschätzungen der Befragten. Was die Menschen wirklich tun und was sie glauben zu tun, kann sehr verschieden sein. Die Beobachtung ihres wirklichen Berührverhaltens wäre also hilfreich.

Nach der von Morris durchgeführten Analyse von Fotografien, einer Art Observationsstudie also, sieht es so aus, als wären es Männer, die häufiger berührten. In dieser Studie verglich Morris verschiedene Formen körperlichen Kontakts von Männern und Frauen; seine Angaben basieren »auf einer genauen Untersuchung, die ich anhand von 10000 willkürlich ausgewählten Zeitungs- und Zeitschriftenfotos angestellt habe.«[36/37] * Nach Morris ist die verbreitetste Form von Umarmung, die Schulterumarmung (die Körper berühren sich frontal; die Köpfe sind seitlich aneinandergepreßt und die Arme eng um den Körper des anderen geschlungen), bei Männern mit fünfmal so großer Wahrscheinlichkeit zu beobachten wie bei Frauen. Die Schulterumarmung ist in der Tat eine solch männliche Geste, daß Männer sie untereinander vollführen – ein Viertel aller von Morris beobachteter Schulterumarmungen waren männlich-männlich. Von drei anderen interpersonalen Berührungsgesten, für die Morris geschlechtsabhängige Unterschiede feststellte, waren zwei ebenfalls »männliche« Gesten: Das Auf-die-Schulter-Klopfen und der Händedruck. Sich Einhaken ist laut Morris eine weibliche Geste – eine, die Frauen bei Männern vollziehen.

Darüber hinaus liegen uns einige Observationsstudien über Berührungen von Kindern und durch Kinder vor, die zu dem Ergebnis kamen, daß Mädchen öfter (von Müttern) berührt werden als Jungen, zumindest nach dem Alter von sechs Monaten[38]; abgesehen von meinen eigenen, zuvor zitierten, gibt es keine Parallelstudien über Erwachsene. Und in meiner Untersuchung zeigte sich, daß Männer Frauen weit häufiger berühren als vice versa. Zur Berührhäufigkeit siehe Tabelle 2.

Ferner erwies sich, daß in den Fällen, in denen außer dem Geschlecht alle Data gleich waren, die Tendenz, daß Männer Frauen häufiger berühren, noch deutlicher hervorstach: 23 Fälle gegenüber fünf in jeder der drei anderen Kategorien. Mit anderen Worten, wenn alles andere gleich ist, berühren Männer Frauen noch häufiger, als wenn andere Dinge *un*gleich sind, wie etwa in dem Fall, wenn Frauen in irgendeiner Weise Statusvorteile haben, zum Beispiel älter sind oder einer höheren gesellschaftlichen Schicht angehören.

Die zuvor erwähnte Untersuchung von Begrüßungen und Ver-

Tabelle 2
Berührhäufigkeit kategorisiert nach Geschlecht des Berührers und Berührten

Geschlecht der Person, die berührt	Geschlecht der Person, die berührt wird	Summe
männlich	weiblich	42
weiblich	weiblich	17
männlich	männlich	17
weiblich	männlich	25
Alle Kategorien		101

abschiedungen auf einem Flughafen kam zu einem ähnlichen Ergebnis hinsichtlich geschlechtsabhängiger Berühr-Unterschiede: In zehn von 30 Fällen, bei denen die Initiation des Körperkontakts zwischen Männern und Frauen festgestellt werden konnte, ging die Berührung von Männern aus, von Frauen dagegen nur in vier dieser Fälle.[39/40]

Flix und Comix. 1972 führte ich eine weitere »Observationsstudie« durch, in der es darum ging, wie in Comics und im Film »berührt« wird. Populärkultur ist ein fruchtbarer Boden für die Untersuchung von Normen. Anderen Psychologen zufolge können wir davon ausgehen, daß solches populäre Material einen Teil seiner Bedeutung und Beliebtheit aus der Tatsache bezieht, daß es bestimmte kulturelle Werte, die für ein Volk wichtig sind, reproduziert. In dieser kleinen Pop-Kulturstudie analysierte ich neun Fernsehfilme; bewußt aus dieser Studie ausgenommen waren nur ausländische Produktionen, da man von ihnen nicht erwarten konnte, daß sie die amerikanische Kultur illuminieren. (Hauptsächlich aus dem Grund, weil diese Sendezeit für einen Beobachtungsassistenten und mich günstig lag, wählte ich vor allem Filme aus, die im Abendprogramm zu sehen waren; fast alle gehörten dem Kriminalfilmgenre an.) Außerdem analysierte ich elf Comics der Abenteuerrichtung.[41]

Sowohl in den Filmen als auch in den Comics berührten Männer Frauen weit häufiger als vice versa: Bei den Filmen zeigte sich, daß Männer Frauen 74mal berührten, Frauen Männer dagegen nur 35mal; bei den Comics waren die Werte 34 versus 13.[42]

Eine detaillierte Analyse eines der Filme mag deutlicher veranschaulichen, wie hierarchische Berührungs-Systeme funktionieren, besonders dann, wenn sozialer Status und Geschlechtsstatus zusammenwirken. In dem 1946 entstandenen Film »The Face of Marble« beteiligt sich ein junger Arzt an der Praxis eines älteren; er zieht zu ihm und dessen Frau ins Haus, in dem außerdem zwei Dienstboten leben, beide schwarz; später schließt sich ihnen die Verlobte des jungen Arztes an; irgendwann erscheint kurz ein Polizist auf der Szene. Der jüngere Arzt behandelt den älteren mit großem Respekt, nennt ihn »Sir« und erhebt sich, wenn dieser den Raum verläßt; der ältere Arzt nennt den jüngeren wiederholt »mein Junge«.

Von den 52 Fällen, in denen in diesem Film zwischen den vier männlichen und drei weiblichen Charakteren Berührungen ausgetauscht werden, gehen 36 von den zwei Ärzten aus und neun von der weiblichen Beteiligten mit dem höchsten Status: der Frau des älteren Arztes. Tabelle 3 schlüsselt die Berührungen sowohl nach Status als nach Geschlecht auf. Sie zeigt, daß Untergeordnete öfter von Übergeordneten berührt werden als umgekehrt und Frauen öfter von Männern als umgekehrt. Die meisten Fälle, in denen eine Frau einen Mann berührt, waren solche, in denen die Frau in der überlegenen Position war; wenn Männer also von einer Frau berührt wurden, dann am häufigsten von der statushöchsten; die meisten Fälle, in denen ein Untergeordneter einen Übergeordneten berührte, waren solche, in denen der Untergeordnete männlich und der Übergeordnete weiblich war.

Eine noch detailliertere Analyse würde zeigen, daß es sich in drei von den vier Fällen, in denen die Frau des älteren Arztes den jüngeren Arzt berührt, um hoch emotionale Szenen handelt, in der die Frau große Angst zeigt und versucht, den jungen Mann von seinem Vorhaben zurückzuhalten. Oder, daß einer der drei Fälle, in denen der junge Arzt den älteren berührt, darin besteht, daß ersterer den letzteren am Arm faßt, um ihn vor einer Gefahr zu warnen (die Berührung wird unmittelbar erwidert). Im zweiten Fall ist die Berührung des jungen Arztes

Tabelle 3
Berührungen, kategorisiert nach Status und Geschlecht in »The Face of Marbel«

Übergeordneter berührt Untergeordneten		25
männlich : weiblich	1	
weiblich : weiblich	3	
männlich : männlich	16	
weiblich : männlich	5	
Untergeordneter berührt Übergeordneten		14
männlich : weiblich	9	
weiblich : weiblich	1	
männlich : männlich	4	
weiblich : männlich	0	
»Gleicher« berührt »Gleichen«		13
männlich : weiblich	11	
weiblich : männlich	2	

eine Trostgeste, als der ältere über den Verlust seiner Frau weint, und im dritten berührt der jüngere den älteren, um, ebenfalls in einem dramatischen Moment, seine Aufmerksamkeit zu gewinnen. Die Berührungen Übergeordneter → Untergeordneter und männlich → weiblich andererseits sind ganz selbstverständlich in den Handlungsablauf eingebettet; bei den meisten Berührungen handelt es sich um eine im Laufe eines Gesprächs oder einer anderen Handlung auf den Arm, die Schulter oder den Rücken des anderen gelegte Hand.

Sexualität und Berührungen

Wie wir gesehen haben, betonen die (männlichen) Sozialwissenschaftler, die sich mit Berührungen befassen, deren sexuelle Konnotationen. Aber nicht nur Sozialwissenschaftler. Ein Physiker, der gegen meine Auffassung, daß Berührungen etwas mit Macht zu tun haben, argumentierte, sagte mir, daß er ständig Frauen anfasse, weil »ich einfach meine Hände nicht von ihnen lassen kann.«

Wir sind so daran gewöhnt, Männer als die sexuell Aktiven zu betrachten (und Frauen als die sexuell Passiven), daß wir, wollen wir erklären, warum Männer Frauen so oft anfassen, sofort an Sexualität denken. Generell haben wir festgestellt, daß zwischen den Geschlechtern mehr Berührungen (von beiden Seiten her) ausgetauscht werden als innerhalb der Geschlechter, was die Sexualitäts-Hypothese weiter zu stützen scheint. Für diese Tatsache könnte natürlich das Homosexualitäts-Tabu ebenso verantwortlich gemacht werden wie die heterosexuelle Attraktion; besonders bei Männern ist die Angst vor dem Homosexualitätsverdacht stark ausgeprägt. Heterosexuelle Attraktion reicht ohnehin nicht aus, um zu erklären, warum Männer Frauen öfter berühren, denn sie erklärt ja auch nicht, warum Frauen Männer weniger berühren, es sei denn, man unterstellte Frauen einen schwächeren Sexualtrieb. Angesichts des im Laufe der letzten 20 Jahre zusammengetragenen Beweismaterials, vor allem des aus den Forschungsprojekten von Kinsey, Masters und Johnson, erscheint es heute unhaltbar, bei Frauen von einer geringeren sexuellen Motivation auszugehen als bei Männern. Die Formen offenen sexuellen *Ausdrucks* wurden bei Frauen natürlich weitgehend unterdrückt; aber auch dieser Fakt müßte doch viel eher dazu führen, daß Frauen

Männer öfter berühren – Berührungen als eine Art Sublimierungsventil starker sexueller Bedürfnisse benutzen.
Aufgrund des Befundes, daß in anderen Situationen und Beziehungen, die durch Statusungleichheit geprägt sind, es die dominante Figur ist, die häufiger berührt, erscheint es legitim, die Tatsache, daß Berührungen unter den Geschlechtern ungleich verteilt sind, auf die ungleiche Machtverteilung zwischen den Geschlechtern zurückzuführen.
Aufschlußreich in diesem Zusammenhang ist, daß Studenten, die im Rahmen eines Forschungsprojekts die Bedeutung verschiedener Typen von Berührungen interpretieren sollten, »sexuelles Begehren« am *seltensten* von den fünf möglichen Interpretationen für die verschiedenen Berührungen auswählten; es sei denn, es handelte sich um Berührungen an Körperzonen, die explizit (darin stimmten männliche und weibliche Versuchspersonen überein) mit sexuellem Begehren verknüpft waren. In dieser von Nguyen, Heslin und Nguyen[43] durchgeführten Fragebogenstudie sollten die Versuchspersonen angeben, ob sie die Ansicht teilten (oder gegenteiliger Meinung waren), daß bestimmten Berührungsformen an bestimmten Körperzonen eine bestimmte Bedeutung zukomme. Die Bedeutungsskala war: (1) Verspieltheit, (2) Wärme/Liebe, (3) Freundschaft/Kameradschaft, (4) sexuelles Begehren und (5) Freundlichkeit. Die Berührungsmodalitäten waren: tätscheln, streicheln, drükken oder streifen; und die Einteilung in Körperzonen stützte sich auf das Jourardsche Schaubild. Die Versuchspersonen, männliche und weibliche unverheiratete Erstsemester, wurden gefragt: »Was bedeutet es, wenn eine (vertraute) Person des anderen Geschlechts [kein Verwandter] eine bestimmte Zone meines Körpers auf eine bestimmte Weise berührt?« Sie sollten angeben, wie weit sie mit bestimmten Behauptungen übereinstimmten, zum Beispiel der, daß es Verspieltheit ist, wenn jemand des anderen Geschlechts die eigene Zone 1 tätschelt.
Fast allen Antworten zufolge vermitteln Berührungen Wärme/Liebe und sind freundlich; hinsichtlich der Bedeutung von Berührungen an bestimmten Körperzonen stimmten die Antworten der männlichen und weiblichen Versuchspersonen jedoch nicht so weitgehend überein, wie sich aufgrund der signifikanten Interaktionen von Geschlechtsvariable mit Körperzone und Berührungsmodalität zeigte. Die weiblichen Versuchspersonen unterschieden stärker zwischen den einzelnen Körperzonen als die männlichen, vielleicht eine Folge ihrer allgemein größeren

nonverbalen Sensibilität. Sie waren der Auffassung, Liebe und Freundlichkeit zeigten sich in Berührungen an der Hand (vor allem im Drücken der Hand) oder darin, am Kopf, im Gesicht, an den Armen oder am Rücken gestreichelt oder getätschelt zu werden, aber nicht in Berührungen an den Brüsten oder Genitalzonen. Berührungen, die sexuelles Begehren implizieren, empfanden Frauen vielmehr als *das Gegenteil* von Freundlichkeit, Liebe/Wärme, Freundschaft und Verspieltheit (Aufschlüsselung anhand eines Computerverfahrens mit der Bezeichnung Faktoren-Analyse). Für Männer dagegen bildeten Freundlichkeit, sexuelles Begehren und Wärme/Liebe eine Einheit. Legen diese Ergebnisse nun nahe, daß es die Frauen sind, nicht die Männer, die Sexualität und Liebe voneinander trennen?

Die männlichen Versuchspersonen unterschieden weniger zwischen den einzelnen Körperzonen, reagierten aber empfindlicher auf die verschiedenen Berührungsmodalitäten. Interessanterweise neigten sie dazu, (zufälliges) Streifen zu ignorieren, Streicheln und Tätscheln dagegen ernster zu nehmen (vielleicht können Frauen es sich nicht leisten, zu ignorieren, wenn sie gestreift werden, denn ihre Erfahrung hat sie gelehrt, daß solche Berührungen meistens nicht zufällig sind). In dieser Studie zeigte sich nicht nur, daß Berührungen sehr selten sexuell interpretiert werden – es sei denn, es handelt sich um Berührungen an explizit sexuellen Zonen, sondern auch, daß die sexuellen Zonen selbst nicht so sensibel auf Berührungen reagieren, wie uns die Volksmeinung gern glauben machen möchte. Die Autoren weisen im Gegenteil darauf hin, daß die mit Sexualität assoziierten Zonen (Hintern, Schenkel, Brüste) nur in geringem Maße als Lokalisationen von Sexualität aufgefaßt werden können und ihnen ein proportional recht kleiner Anteil am gesamten sensorischen Apparat zukommt. (Diese Faktoren sind natürlich nicht unbedingt die Determinanten für die Sensitivität für oder Gefühlsempfindungen bei Berührungen.)

Mit der Auffassung, daß Berühren ein Ausdruck von Dominanz ist und man die Tatsache, daß Frauen öfter berührt werden, in diesem Zusammenhang sehen muß, lassen sich diese Ergebnisse vereinbaren. Leider geben uns die Autoren jedoch nichts an die Hand, um das Ausmaß zu beurteilen, in dem Dominanz innerhalb bestimmter Geschlecht/Körper-Körperzone/Berührungsmodalität-Kombinationen eine Rolle spielt, denn Dominanz als mögliche Bedeutungsvariante war im Untersuchungskonzept dieser Autoren nicht enthalten. Es bleibt uns überlassen, ob wir darin nur ein weiteres Beispiel dafür sehen wollen, wie Sozialwissenschaftler Berührungen lediglich im Kontext von Solidarität sehen, oder auch ein Exempel dafür, wie eine solche Prämisse von Forschung deren Ergebnisse vorherbestimmt, zum Beispiel jenes, daß »Berührungen Wärme/ Liebe vermitteln und freundlich sind« – diese Möglichkeit stand zur Wahl und als Alternativen lediglich: Verspieltheit, Freundschaft oder Sexualität.[44]* Aber auch die direkte Frage nach der Dominanzkonnotation von Berührungen garantiert natürlich nicht, daß die Befragten diesen Aspekt mit Berührungen verknüpfen, auch wenn er faktisch eine Rolle in ihrem taktuellen Ausdruck spielt.

Die Frage, ob Sexualität wirklich die vermeintlich so große Rolle bei Berührungen spielt, ist nicht nur von akademischem Interesse. Während in anderen Statusbereichen die Ungleichheit zumeist offenkundig ist und von allen Seiten anerkannt wird, sieht dies bei der Ungleichheit der Geschlechter anders aus. Ob Mann oder Frau, es wird uns nicht leicht fallen, die ineinander verschlungenen Fäden von Zuneigung und Dominanz in unseren Köpfen zu entwirren. Wenn Dominanz wirklich ein Faktor von Berührungen ist, die Sozialwissenschaften aber beharrlich darauf bestehen oder davon ausgehen, daß dies nicht der Fall ist, werden die Frauen weiterhin dazu erzogen, sich berühren zu lassen, und solange sie dies tun, wird es ihnen nicht gelingen, die subtile Macht, die damit auf sie ausgeübt wird, zu erkennen.

Die Sozialisation, sich berühren zu lassen, die in den zuvor zitierten Kinderstudien dokumentiert ist, spielt eine Rolle in der Sozialisation zur passiven Frau. Michael Lewis, der umfangreiche Studien über Geschlechtsunterschiede und geschlechtsstereotypes Verhalten bei Säuglingen und Kleinkindern durchführte, beschreibt diesen Prozeß. Er stellt die These auf, daß »der Hauptsozialisationsprozeß« für Kinder in unserer Gesellschaft

> auf der Ebene von Zuneigung oder sozialem Verhalten darin besteht, den Säugling von einer Nähe-Modalität sozialer Interaktion [d. h. eine, an der körperlicher Kontakt beteiligt ist – berühren, wiegen, halten] zu einer Distanz-Modalität zu führen [d. h. eine, die auf Distanz vollzogen werden kann – anblicken, anlächeln, ansprechen]; erstere ist die Modalität für Säuglinge, letztere die Modalität für die Interaktion Erwachsener.[45]

In seinen Untersuchungen fand er heraus, daß in den allerersten Lebensmonaten Jungen mehr Nähe-Verhaltensweisen entgegengebracht werden als Mädchen; aber ab dem sechsten Lebensmonat kehrt sich das Verhältnis um – die Mädchen empfangen mehr als die Jungen; und dies bleibt so bestehen. Aus Lewis' Daten wird ferner deutlich, daß Jungen schneller von der Nähe- zur Distanz-Modalität sozialer Interaktion geführt werden als Mädchen und daß Mädchen darüber hinaus in dieser Hinsicht (der Distanz-Modalität) bei weitem nicht so gründlich sozialisiert werden wie Jungen.[46]
Mädchen bilden dann die passiven und abhängigen Charaktere aus, die ihre Erziehung für sie vorgesehen hat. Sie wachsen zu den passiven, abhängigen – und ausnutzbaren – Frauen heran, die die Gesellschaft haben will; Florence Rush, Sozialarbeiterin bei der *Society for the Prevention of Cruelty to Children,* beschäftigte sich mit dem sexuellen Mißbrauch von Kindern und schrieb verschiedene Aufsätze zu diesem Thema. In einem ihrer Artikel, der auf der Analyse von 2152 Fällen sexueller Vergehen an Kindern basiert, stellt sie fest, daß es sich in der überwältigenden Mehrheit der Fälle sexuellen Mißbrauchs an Kindern (ungefähr 90 Prozent) um Vergehen älterer Männer an kleinen Mädchen handelt und daß ungefähr 75 Prozent dieser Vergehen nicht von Fremden begangen werden, sondern von Personen, die den Opfern bekannt sind – von Vätern oder Verwandten, von Besuchern oder Freunden der Familie. Das Muster solchen Mißbrauchs, schließt Rush, zeige »eine frühe Manifestation männlicher Macht und Unterdrückung der Frau«. Sie argumentiert, daß

> sexueller Mißbrauch von Kindern geduldet wird, weil er eine zwar unausgesprochene, aber wichtige Rolle dabei spielt, Frauen dahin zu sozialisieren und zu konditionieren, ihre untergeordnete Rolle zu akzeptieren. Angst bringt sie dazu, sich schuldig zu fühlen, sich zu schämen und zu tolerieren, daß Männer Macht über sie ausüben... Der sexuelle Mißbrauch von Mädchen ist ein Erziehungsprozeß, der sie auf ihre Rolle als amerikanische Geliebte und Ehefrau vorbereitet.[47]

Was es für Frauen bedeutet, daß man von ihnen erwartet, Berührungen zu akzeptieren, wird in den Worten einer Frau, die Phyllis Chesler für ihr Buch *Frauen – das verrückte Geschlecht?* interviewte, sehr deutlich. Frances, eine Lesbierin, wurde von ihrem (männlichen) Psychiater gedrängt, sich von Männern berühren zu lassen. Sie erzählte Chesler:

Ich wurde sehr sauer, wissen Sie, wenn mich Männer abtatschten. Viele Männer nähern sich einem so familiär, fassen einen an wie ein Möbelstück oder ich weiß nicht was, als ob man ihnen gehörte. Verstehen Sie, sie kommen her und fassen einen an, als ob sie ein Recht darauf hätten, daß man ihnen was Weiches bietet, daß man zärtlich reagiert. Das ärgerte mich schrecklich.[48]

Der Hintergrund, vor dem ein großer Teil von Berührungen sich abspielt, ist nicht sexuelle Attraktion, sondern viel eher sexuelle Verpflichtung und sexueller Zwang. Auch wenn Sexualität hier das Medium ist – die Botschaft ist Dominanz.

Taktile Feindseligkeit und taktile Wärme

Jede Frau weiß, was sie unter einem Mann zu verstehen hat, der »seine Hände überall hat«, und die meisten wissen, welche ihrer Bekannten oder anderen Männer, mit denen sie zu tun haben (Ärzte, Zahnärzte, Rechtsanwälte) in diese Kategorie einzuordnen sind. Ein paralleles Phänomen, nach dem Männer Frauen, »die schnell bei der Hand sind«, als sexuell aggressiv einordneten, scheint es nicht zu geben; über eine andere Kategorie für Frauen verfügen Männer jedoch: die »Klette« – die Frau, deren Sozialisation zur Abhängigkeit allzu erfolgreich verlaufen ist. Ferner gibt es die »betatschende« Person, zumeist weiblich und fortgeschrittenen Alters, die einem ständig irgendwelche unsichtbaren Fäden von den Kleidern abliest. Männer reagieren gereizt auf sie, und wahrscheinlich auch Frauen, denn meist kann man sich nicht des Verdachts erwehren, daß die eigene Kleidung völlig in Ordnung ist und vermeintliche Fäden, verrutschte Halstücher oder Krawatten nur einem unterdrückten Berührbedürfnis als Vorwand dienen.
Ob solche Berührungen übel genommen werden, weil sie nicht offen sind oder weil sie als anmaßend empfunden werden (gleich, ob es sich um eine von Solidarität oder Status charakterisierte Beziehung handelt), oder weil sich in ihnen der nur schlecht verborgene Drang zu dominieren offenbart, können wir hier nicht entscheiden.
Fädenablesen, Krawatten zurechtrücken und ähnliches können ein Zeichen unterdrückter Feindseligkeit sein. Es erscheint naheliegend, daß solche Berührungen mit Dominanz verknüpft werden, weil sie als Relikte der frühen Menschheitsgeschichte

auftreten, als körperliche Kraft das einzige Mittel war, Macht zu gewinnen und aufrechtzuerhalten. Bestimmte Berührungen stellen sozusagen das Kürzel für diese Form von Gewalt dar. Kinder scheinen besonders empfindlich darauf zu reagieren, wenn ein anderes Kind sie (vielleicht mit Absicht) streift, und sie sind sich der aggressiven Implikationen solcher Berührungen sehr bewußt: Ein etwas heftigerer Schubs oder Schlag ist oft die unmittelbare Reaktion darauf, die dann ihrerseits zu noch heftigerem Gegenschlag provoziert, bis (es sei denn, einer der Kontrahenten gibt auf oder jemand von außen schreitet ein) das Ganze zur ernsten Balgerei eskaliert.
Auch in anderen feindseligen taktilen Gesten, die im Gewand von Liebe auftreten, finden sich Erinnerungsspuren an die alte Form körperlicher Auseinandersetzung. Montagu erinnert uns daran, daß im 19. und weit bis ins 20. Jahrhundert hinein (wahrscheinlich auch in früheren Zeiten)

> Männer in der westlichen Welt Kinder oft mit unangenehmen Manipulationen der Haut zu begrüßen [pflegten]... Es ist einigermaßen interessant, daß nur Männer solche sadistischen Spielchen pflegten, und dann meist Jungen gegenüber, obwohl auch die Zöpfe der Mädchen ihrer Aufmerksamkeit nicht ganz entgingen.

Er beschreibt solche Tricks wie in die Backen kneifen, an den Ohren ziehen, Haare-Verwuscheln, Kniffe, einen Klaps auf das Gesäß oder einen Schubs und ähnliches – dies gehörte zu den »gewinnenden Unwürdigkeiten, mit denen man Kindern unter der Maske von Zuneigung« gegenübertrat. (Montagu ist übrigens der Autor, den wir zuvor mit seiner Einstellung zitierten: »Auf die Backe, leicht auf den Kopf klopfen oder das Kinn streicheln sind in der westlichen Welt Verhaltensformen, die Zuneigung zeigen.«) Für ältere Heranwachsende und Männer bis etwa zum mittleren Alter reservierte man einen herzhaften Schlag auf den Rücken, einen allzu festen Händedruck oder einen Schubs vor die Brust oder den Bauch als »Demonstration der Zuneigung«.[49]
Vielleicht fällt uns an dieser Stelle auf, wie viele dieser feindseligen und schmerzvollen Gesten, die unter dem Deckmantel von Zuneigung erscheinen, auch Frauen gegenüber geäußert werden. Ich habe beobachtet, wie Frauen bei Volkstänzen herumgewirbelt wurden, bis ihnen vor Schwindel übel wurde, wie sie am Strand von Männergruppen gejagt und ins Wasser geworfen wurden – getragen, betatscht oder unter Wasser ge-

taucht – alles eindeutig gegen ihren Willen. Über Wangen und Haar gestreichelt zu werden, unterm Kinn getätschelt, auf den Po geklopft oder in ihn gekniffen – all das gehört auch heute noch zur alltäglichen Erfahrung von Frauen.

Auch Goffman betont die unterschwellige Aggressivität solcher Hänseleien oder »spielerischer Entweihungen«: »In unserer Gesellschaft wird diese Art Spiel meist von Erwachsenen gegenüber anderen mit geringerer zeremonieller Bildung vollführt [– Kindern, alten Menschen, Bediensteten u. a. –], so zum Beispiel, wenn ein Pfleger freundlich einem Patienten das Haar zerzaust oder ihn auf andere [drastischere] Weise aufzieht.«[50] Über diese Art von Feindseligkeit kann man nicht wütend werden, denn sie erscheint im äußeren Gewand von Zuneigung; und aus demselben Grund kann man auch über gewaltsame Berührungen nicht wütend werden.

Sind Berührungen wirklich eine Ausdrucksform von Zuneigung, vermitteln sie wirklich Wärme? Die Untersuchung von Nguyen, Heslin und Nguyen scheint diesen Schluß nahezulegen (wenn auch, wie bereits betont, die zur Wahl stehenden Bedeutungsvarianten es ausschlossen, Berührungen eine nichtfreundschaftliche Bedeutung zuzuschreiben). Andere Untersuchungen kommen zu gemischten Ergebnissen darüber, welche Gefühle Berührungen in uns auslösen. Fisher, Rytting und Heslin benutzten eine Universitätsbibliothek als Schauplatz eines ihrer Experimente: Ein Teil der Bibliotheksbenutzer wurde von dem Angestellten am Ausleihschalter, wenn er ihnen die Leihkarte zurückgab, berührt, ein anderer Teil nicht. Anschließend wurden die Versuchspersonen aufgefordert, die Bibliothek einzuschätzen; auf einer (im wesentlichen aus positiv-negativ bestehenden) Werteskala sollten sie ihre eigenen Gefühle, den Bibliotheksangestellten und die Bibliotheksatmosphäre beschreiben. Die Versuchspersonen, die berührt worden waren, gaben einen positiveren affektiven Zustand an und bewerteten den Angestellten positiver als diejenigen, die nicht berührt worden waren. Die berührten weiblichen Versuchspersonen neigten außerdem dazu, die ganze Bibliothek positiver einzuschätzen; im Gegensatz dazu waren es die männlichen Versuchspersonen, die *nicht* berührt worden waren, welche die Bibliothek eher positiv bewerteten. Die Autoren schlossen daraus, daß die Reaktion von Frauen auf Berührungen durchgängig positiv ist, die von Männern dagegen ambivalent.[51]

Ein anderes Forscherteam wollte herausfinden, wie derjenige, der berührt, eingeschätzt wird; gleichzeitig sollte die von vielen Encountergruppen aufgestellte Behauptung getestet werden, Berührungen förderten die gegenseitige Anziehungskraft. Studentinnen, eine Gruppe von Versuchspersonen, bewerteten ihr [ins Experiment eingeweihtes] Gegenüber positiver, wenn sie von ihm berührt wurden, als die Studentinnen, die nicht berührt wurden.[52] Aber vielleicht verhielt sich der Experiment-Komplize bei denen, die er berührte, gleichzeitig warmherziger; andere Forscher wiederholten das Experiment und erweiterten es um ein Element: Der Komplize verhielt sich entweder warm- oder kaltherzig beim Berühren. Diese Forscher kamen zu dem Ergebnis, daß allein dieser neue Faktor ausschlaggebend war und nicht die Tatsache, ob berührt wurde oder nicht.[53]

Nachdem wir uns in solcher Ausführlichkeit den negativen Kräften von Berührungen – oder auch deren Bedeutungslosigkeit – zugewandt haben, fällt es vielleicht schwer, sich daran zu erinnern, daß Berührungen in der Tat Wärme und Zuneigung übermitteln und daß sie ein menschliches Grundbedürfnis sind. Zweifellos kann das Vorenthalten von Berührungen, zum Beispiel zwischen Liebenden oder Familienmitgliedern, genau so feindselig sein wie manche Formen von Berührungen. Man wird sich kaum vorstellen können, daß Ärzte, auch wenn sie wohl kaum bestreiten würden, daß Menschen »soziale Wesen« sind, in manchen Fällen zum »Wohle« ihrer Patienten – vor allem psychiatrischer – allen Ernstes die Vermeidung körperlichen Kontakts anordnen, aber das geschieht. »Kein P. C.« (kein Körperkontakt) gehört in manchen Krankenhäusern zum Repertoire medizinischer Anordnungen. Dieses Berührverbot scheint ein weiterer – der pervertierte – Akt im Drama taktiler Feindseligkeit zu sein.

Die Belege, die wir dafür zusammengetragen haben, daß Berührungen mit Macht zu tun haben und auch zwischen den Geschlechtern Ausdruck von Dominanz sind, illustrieren, wie subtile Gesten dazu beitragen können, die soziale Ordnung aufrechtzuerhalten. In unserer männer-beherrschten Gesellschaft dienen Berührungen als ein weiteres Werkzeug, Frauen auf ihren Platz zu verweisen; sie sind eine weitere Reminiszenz daran, daß Körper von Frauen ein für jedermann zugängliches Gelände sind. Es fällt uns gewiß nicht schwer, uns vorzustellen, auf welche Weise Berührungen in Verbindung mit anderen nonverbalen Verhaltensweisen auch in anderen Bereichen notwendigerweise dahin wirken, den hierarchischen Charakter unserer Sozialstruktur zu perpetuieren; leider verfügen wir hierfür über weniger Daten, die diese Mechanismen im Detail illustrieren könnten.

Vielleicht wehren wir uns dagegen, anzuerkennen, daß etwas so Menschliches und Natürliches wie Berührungen Symbole von Status und Macht sein sollen. Aber wenn wir nur einen Moment lang nachdenken, fällt uns ein, daß genau dies das Schicksal auch anderer Grundwahrheiten unseres Lebens ist, die ursprünglich nichts mit Status zu tun hatten: Die Art, wie wir uns kleiden, wie wir wohnen, wie wir uns ernähren – all diese Dinge haben sich zu Statussymbolen pervertiert und zu Kombatanten im allgemeinen Konkurrenzkampf. Vielleicht könnte ein Schritt in Richtung befreiteren Berührungsaustauschs Berührungen von dieser Perversion befreien; aber auch dieser Schritt birgt seine Gefahren. Freierer Umgang mit Berührungen könnte auch heißen, daß Frauen in noch größerem Umfang zu Berührobjekten werden, so wie ähnliche Praktiken in vielen Encountergruppen eher zu Sexismus als zur Befreiung der Geschlechter geführt haben.

Aber was ist zu tun? Wenn man meine These akzeptiert, dann hat sie für all die Männer und Frauen, die den Wunsch haben, Männerherrschaft in unserer Gesellschaft abzubauen, gewisse Folgen. Männer sollten sich bewußter werden, auf welche Weise sie andere, insbesondere Frauen, berühren, und sich bemühen, Berührungen nicht einzusetzen, um ihre Autorität geltend zu machen; und sie sollten versuchen, ihre Söhne so zu erziehen, daß auch sie es nicht tun. Gleichzeitig sollten Männer ihre Reaktionen überprüfen, wenn sie von Frauen berührt werden; sie sollten ihre negativen Gefühle, die allein aus der Tatsache rühren, daß sie es sind, die berührt werden, hinterfragen und an ihnen arbeiten. Aber auch Frauen müssen lernen: Sie müssen sich entscheiden, ob sie sich von jemandem berühren lassen wollen, der damit nur seine Macht demonstriert, oder ob sie sich dagegen wehren wollen – sie sollten ihre Hand zurückziehen, wenn sie das Gefühl haben, ein Mann halte sie unnötig lange, und Männerhände auf ihrem Körper nicht dulden, wenn sie sie dort nicht haben wollen. Gleichzeitig sollten sie sich dazu erziehen, sich nicht dem Willen eines anderen zu fügen, nur weil er sie auf eine Weise berührt, mit der er seinen Machtdrang demonstriert (im Hintergrund solcher Berührungen kann natürlich auch konkrete Macht stehen, der man sich nur schwer widersetzen kann, beispielsweise ökonomische). Und warum sollten Frauen nicht beginnen, wenn die Situation danach beschaffen ist, Männer zu berühren, um das sexistische Muster taktueller Interaktion zu durchbrechen. Ich bin durchaus dafür, sich zu berühren, wenn die Umstände es angebracht erscheinen lassen.

Anmerkungen Kapitel 7

Ein Teil des Materials zu diesem Kapitel findet sich in »Status and Sex: Some Touching Observations«, *Bulletin of the Psychonomic Society,* 1973, 2, 91–93. Zum Teil ist es außerdem aufgeführt in »The Politics of Touch«, einem beim 1970er Treffen der American Psychological Association vorgelegten Referat, gedruckt in Phil Brown (Hrsg.), *Radical Psychology*. New York (Harper & Row) 1973, S. 421–33, aus dem einiges Material entnommen ist. Weitere Untersuchungen sind beschrieben in »Preliminary Report to Participants in Touch Study« (Harvard University), Dezember 1972. Diese Forschung wurde unterstützt durch die Special Research Fellowship 1 FO3 MH 35977-0 MTLH des National Institute of Mental Health.

1* Im Neuen Testament zum Beispiel gehören von den 25 Jesus zugeschriebenen Heilwundern 19 dem Bereich von Berührungen an; und es wird beschrieben, wie die Heilung vollzogen wird. In 14 Fällen geschieht sie durch Berührung und immer, außer in einem Fall, dadurch, daß Jesus die Bekümmerten berührt und nicht umgekehrt.

2 Siehe beispielsweise J. Bowlby, *Bindung: eine Analyse der Mutter-Kind-Beziehung*. München (Kindler) 1975; Harry F. Harlow, »The Nature of Love«, *American Psychologist,* 1958, 13, 673–85; Ashley Montagu, *Körperkontakt. Die Bedeutung der Haut für die Entwicklung d. Menschen.* Stuttgart (Klett-Cotta) 1982; und Desmond Morris, *Liebe geht durch die Haut. Die Naturgeschichte des Intimverhaltens.* München, Zürich (Droemer-Knaur) 1972.

3 Sidney M. Jourard, »An Exploratory Study of Body-Accessibility«, *British Journal of Social and Clinical Psychology,* 1966, 5, 221–31.

4 F. B. Dresslar, »Studies in the Psychology of Touch«, *American Journal of Psychology,* 1984, 6, 313–68.

5 Montagu, *Körperkontakt,* S. 85.

6 Dresslar, »Studies in Touch« zitierte eine Anzahl dieser Worte und nennt weitere Beispiele aus dem Chipeway (sic) und Aztekischen, in denen die Stammworte für »Liebe« die Bedeutung von

»befestigen, festmachen« haben (S. 317, 323). Auch Montagu, *Köperkontakt,* bringt eine kurze Erörterung der Worte, die sich aus Berührungen herleiten und mit emotionalem Ausdruck zusammenhängen (S. 85f.)

7 Morris, *Liebe geht durch die Haut,* Kapitel 4, insbesondere S. 94f.

8 Morris, *Liebe geht durch die Haut,* Kapitel 5.

9 M. H. Hollender, »Prostitution, the Body, and Human Relatedness«, *International Journal of Psychoanalysis* 1961, 42, 404–13; und »The Wish to be Held«, *Archives of General Psychiatry,* 1970, 22, 445–53.

10 Carl P. Malmquist, T. J. Kiresuk und R. M. Spano, »Personality Characteristics of Women with Repeated Illegitimacies: Descriptive Aspects», *American Journal of Orthopsychiatry,* 1966, 36, 476–84. Diese Autoren scheinen unabhängig von Hollenders Arbeiten zu ihren Schlüssen gekommen zu sein, auch sie später als er veröffentlichten.

11 Edward T. Hall, *The Silent Language* New York (Doubleday) 1959. Siehe auch Montagu, *Körperkontakt,* S. 202; und *A Handbook of Gestures: Colombia and the United States,* von Robert L. Saitz und E. J. Cervenka. The Hague (Mouton) 1972.

12 Jourard, »Body-Accessibility«, S. 222.

13 Siehe zum Beispiel David Efron, *Gesture, Race and Culture.* The Hague (Mouton) 1972: zuerst 1941 veröffentlicht, mit dem Untertitel »A Tentative Study of Some of the Spatio-Temporal and ›Linguistic‹ Aspects of the Gestural Behavior of Eastern Jews and Southern Italians in New York City, Living Under Similar as Well as Different Environmental Conditions«.

14 Thomas Cannon, unveröffentlichtes Referat, Boston University 1971.

15 Die Zitate stammen (der Reihenfolge nach) von Goffman, »Über Ehrerbietung und Benehmen«, *Interaktionsrituale.* Frankfurt/M. (Suhrkamp) 1971, S. 82f.; Montagu, *Körperkontakt,* S. 203f.; Michael Lewis, »Parents and Children: Sex-Role Development« (*School Review,* 1972, 80, 229–40), S. 237; und Sidney Jourard und Jane Rubin, »Self-Disclosure and Touching: A Study of Two Modes of Interpersonal Encounter and Their Inter-Relation« (*Journal of Humanistic Psychology,* 1968, 8, 39–48), S. 47.

16 Das Morris-Zitat stammt aus *Liebe geht durch die Haut,* S. 128. Zu Dresslar, siehe *Studies in Psychology of Touch,* S. 320–22. Lawrence K. Frank, »Tactile Communication«, *Genetic Psychology Monographs,* 1957, 56, 209–55; nachgedruckt in Edmund Carpenter Marshall McLuhan (Hrsg.), *Explorations in Communication* (Boston: Beacon, 1960); das Zitat ist Seite 11 dieser Ausgabe entnommen.

17 Martin Katzenstein meinen Dank für das Zusammentragen der Daten; ferner der University of Maryland, Baltimore County, für ihre freundliche Unterstützung.

18 Richard Heslin und Diane Boss »Nonverbal Boundary Behaviour at the Airport«, 1975, Referat – erhältlich von Richard Heslin, Purdue University.

19 Für die Zurverfügungstellung seiner unveröffentlichten Daten (1973) danke ich Thomas Cannon.

20 Zu den dieser Hypothese zugrundeliegenden Überlegungen siehe Homans Erörterung der Wertschätzung in *Elementarformen sozialen Lernens.* Köln, Opladen (Westdeutscher Verlag) 1968, Kap. 8; ferner John Thibaut und Harold Kelley, *The Social Psychology of Groups.* New York (Wiley) 1959.

21 David M. McClelland, et. al., *The Drinking Man.* New York (Free Press) 1972, S. 334.

22 Für die Erlaubnis des Consulting Psychologists Press Inc., in dieser Untersuchung den CPT zu benutzen, bin ich zu Dank verpflichtet.

23 Roger Brown, *Social Psychology.* New York (Free Press) 1965, S. 92.

24 Stanley E. Jones, »A Comparative Proxemics Analysis of Dyadic Interaction in Selected Subcultures of New York City«, *Journal of Social Psychology,* 1971, 84, 35–44.

25 Erving Goffman, »Über Ehrerbietung und Benehmen«, *Interaktionsrituale.* Frankfurt/M., (Suhrkamp) 1971, S. 71.

26 Siehe beispielsweise Vidal S. Clay, »The Effect of Culture on Mother-Child Tactile Communication«, *Family Coordinator,* 1968, 17, 204–10; Susan Goldberg und Michael Lewis, »Play Behavior in the Year-Old Infant: Early Sex Differences«, *Child Development,* 1969, 40, 21–31; Terry Hore, »Social Class Differences in Some Aspects of the Nonverbal Communication Between Mother and Preschool Child«, *Australian Journal of Psychology,* 1970, 22, 21–27.

27 John Holt, »The Cuteness Syndrome«, *Ms.,* März 1974, 2, 9, S. 78.

28 Morris schreibt, daß nach seinen Beobachtungen zwei Drittel von Handschlägen zwischen Männern ausgetauscht werden; im restlichen Drittel kommen männlich-weibliche Handschläge dreimal so häufig vor wie weiblich-weibliche. *(Liebe geht durch die Haut).*

29 Deborah Schiffrin, »Handwork as Ceremony: The Case of the Handshake«, *Semiotica,* 1974, 12, 189–202.

30* Autorin eines Knigge für Frauen; schreibt Kolumnen in fast allen führenden amerikanischen Tageszeitungen. (Anm. d. Übers.)

31* Es mag so aussehen, als widerspräche die Wahl einer Frau, einen Händedruck mit einem Mann zu initiieren, der These, daß Männer freier sind, andere zu berühren. Dieses Frauenprivileg beruht jedoch auf Konvention – der Tradition von Ritterlichkeit oder Galanterie. Wenn hier auch nicht der Ort ist, diese ausführlicher zu erörtern (siehe Kapitel 4), können wir doch feststellen, daß es (1) in der Galanterie zahlreiche solcher widersprüchlichen Gesten gibt, die die wahre Ordnung der Dinge verkehren; (2) Männer, die kurzfristig die Rolle des Zudienstenstehenden spielen, beispielsweise eine Tür öffnen, die Hand einer Frau küssen, einer Frau den Platz anbieten, verschwinden nicht, wie wirkliche Diener, im Tapetenmuster, sondern stehen vielmehr im Mittelpunkt des Rituals; und (3) von den heutigen »Rittern« weiß man, daß sie zugleich davon überzeugt sind, Frauen seien untergeordnete Wesen.

32* Barrie Thorne weist darauf hin, daß die Geschlechter jeweils eine eigene Geschlechts-Subkultur (oder »Semiotik«) haben – Art zu sprechen, Gesten, Beschreibung. Wenn die Geschlechter sich mischen, dominiert die männliche Semiotik, so daß Frauen, wenn sie teilnehmen wollen, gezwungen sind, die männliche Form zu adoptieren (persönliche Mitteilung April 1976). Die männliche Semiotik – als die machtvollere – wird als die »neutrale« Form angesehen; zum Beispiel werden männliche Sprechweisen als *die* Sprache einer Sprachgemeinschaft definiert, während weibliche Formen, wenn sie überhaupt beschrieben werden, als »Frauensprache« etikettiert werden. Männer (untereinander) haben wahrscheinlich mehr Gruppenrituale als Frauen, beispielsweise den Handschlag; diese Rituale binden Männergruppen stärker zusammen und machen es schwieriger, in sie einzudringen.

33 Jourard, »Body-Accessibility«, S. 221–31.

34* Die Werte für den Austausch körperlichen Kontakts mit Eltern zeigen ein Muster, das Jourard zufolge die Töchter zu den »Lieblingen« macht: Mädchen berichten, daß ihre Väter sie – und sie ihre Väter – an mehr Körperzonen berühren, als Jungen es berichten. Von Müttern wurden Jungen und Mädchen eigenen Angaben zufolge an ungefähr derselben Zahl von Körperzonen berührt, obwohl sich in der ersten Untersuchung herausstellte, daß Jungen die Berührungen nicht in demselben Maße erwiderten wie Mädchen (in der späteren Studie war dies der Fall).

35 Sidney M. Jourard und Jane E. Rubin, »Self-Disclosure and Touching«, 39–40. Jourard und Rubin irren sich offensichtlich, wenn sie behaupten: »Bei den jungen Männern ist es die Mutter, die am häufigsten berührt, als nächste in der Rangfolge kommen der Freund und der Vater.« Tatsächlich ist der festgestellte männliche Durchschnittswert: von der Freundin berührt werden, ungefähr zweieinhalbmal höher als der für Berührungen durch die Mutter. Jourard trifft keine statistischen Vergleiche zwischen den

Geschlechtern hinsichtlich der Körperzonen-Berührbarkeit: Die Schlüsse, die ich in diesem Punkt gezogen habe, beruhen auf Signifikanztests.

36 Morris. *Liebe geht durch die Haut,* S. 110. Die folgenden Beobachtungen finden sich vor allem auf den Seiten 110–130.

37 Leider gibt Morris weder detailliertere Informationen über das untersuchte Material und sein Analyseverfahren noch genaue numerische Ergebnisse, nur einige relative Häufigkeiten für ausgewählte Vergleiche. Trotzdem sind seine Beobachtungen von Interesse, auch wenn sie vielleicht eher einen Eindruck als Wissenschaft darstellen und wir sie mit Vorsicht interpretieren sollten.

38 Clay, »Mother-Child Tactile Communication«, und Hore, »Class Differences in Nonverbal Communication Between Mother and Child«. M. Lewis und C. D. Wilson, »Infant Development in Lower Class American Families«, auf dem 1971er Treffen der Society for Research in Child Development vorgelegtes Referat.

39 Heslin und Boss, »Nonverbal Boundary Behavior at the Airport«.

40 In den 16 anderen Fällen gab es ein hohes Vorkommen weiblich-weiblicher Berührungen (13) und das übliche geringe Vorkommen männlich-männlicher Berührungen (3). Dieser Unterschied mag zum Teil auf die von den Autoren betonte Tatsache zurückgehen, daß in der beobachteten Gruppe Frauen aus verschiedenen Gründen überrepräsentiert waren.

41 Ich danke Craig Jackson für seine Unterstützung bei der Auswertung der Filme; Henry Pearson für seine Hilfe bei der Comics-Analyse.

42 Auch in diesen beiden Medien überstiegen – im Gegensatz zur allgemeinen Meinung – die Berührungen von Männern untereinander die Berührungen von Frauen untereinander bei weitem (um ungefähr 20 zu 1). Aber dies geht wahrscheinlich auf die weit größere Anzahl von männlichen Hauptrollen zurück, verglichen mit den Hauptrollen für Frauen in den 70er Jahren – Schätzungen zufolge haben Männer im Film zwölfmal so viele Sprecherrollen wie Frauen.

43 Tuan Nguyen, Richard Heslin und Michele L. Nguyen, »The Meanings of Touch: Sex Differences«, *Journal of Communication,* 1975, 25, 92–103.

44* Ferner ist bedauerlich, daß die Autoren in der kurzen Interpretation ihrer Ergebnisse – nachdem sie beschrieben haben, wie Männer *und* Frauen sexuelles Begehren in Beziehung zu anderen Berührungsbedeutungen betrachten – sich auf »diese weibliche Haltung« beziehen und bei ihrem anschließenden Erklärungsversuch die männliche Haltung für selbstverständlich hinnehmen. Dies fällt in die althergebrachte Tradition psychologischer Forschung, die Männer zur Norm erhebt und Frauen zu Abweichlern stempelt.

45 Lewis, »Parents and Children«, S. 234.

46 Lewis, »Parents and Children«, S. 235.

47 Florence Rush, »The Sexual Abuse of Children: A Feminist Point of View«, *Radical Therapist,* Dezember 1971, 2, Nr. 4, 9–10. Siehe auch deren: *Das bestgehütete Geheimnis: Sexueller Kindesmißbrauch.* Berlin (sub rosa) 1985[3].

48 Phyllis Chesler, *Frauen – das verrückte Geschlecht?* Reinbek bei Hamburg (Rowohlt) 1974, S. 191.

49 Montagu, *Körperkontakt,* S. 209 f.

50 Goffman, »Über Ehrerbietung und Benehmen«, S. 96.

51 Jeffrey D. Fisher, Marvin Rytting und Richard Heslin, »Hands Touching Hands: Affective and Evaluative Effects of an Interpersonal Touch«, *Sociometry* (1976), in Druck.

52 A. Boderman, D. W. Freed und M. T. Kinnucan, »›Touch me, like me‹: Testing an encounter group assumption«, Journal of Applied Behavioral Science, 1972, 8, 527–33.

53 George Breed und Joseph S. Ricci, »›Touch me, like me‹: Artifact?« *Proceedings* of the American Psychological Association, 1973, 8, 153–54.

Kapitel 8

Der Lebenstanz: Posen, Gesten und Körperbewegung

Exzerpt aus: First Venusian Anthropological Expedition to Earth

...Wie wir erwähnt haben, kommunizieren die Erdlinge hauptsächlich durch die Bewegungen ihrer Körperteile miteinander. Es wirkt tatsächlich wie ein unaufhörlicher Tanz, in dem sie ihre hierarchischen Beziehungen ausdrücken. In einem Experiment erhaschte Forscher Glk die Bewegungen der Erdlinge an einem Punkt, wo sie relativ langsam waren, so daß er sie im Detail studieren konnte. Er fand folgendes heraus, und wir anderen konnten es nachprüfen (...): Die Erdlinge stimmen ihre Körperbewegungen sorgfältig auf ihre eigenen Worte und auf die Worte und Bewegungen anderer ab. Wenn sie in Harmonie miteinander sind, mimen sie sich gegenseitig und zeigen einander ihre spiegelverkehrten Abbilder. Sind sie sich nicht einig und wollen protestieren, zeigen sie einen deutlichen Dissynchronismus mit sich selbst und anderen. All dies geschieht zumeist sehr schnell und flüchtig. Und genau hier liegt das Problem für uns Forscher: Die Bewegungen treten mit einer solchen Geschwindigkeit auf, die der Wahrnehmungsapparat der Erdlinge gar nicht zu erfassen in der Lage ist. Wie aber können sie ihre Bewegungskoordination planen, vollführen und interpretieren, wenn sie ihnen gar nicht bewußt zu sein scheint...?

Wie man durch nonverbale Botschaften Macht signalisiert, ist Politikern sehr vertraut; besonders wissen sie um ihre Bedeutung von Gesten. Im Januar 1975, wenige Monate nach seiner Ernennung zum Präsidenten, und zu einem Zeitpunkt, als dieses Amt fast völlig an Glaubwürdigkeit verloren hatte, hielt Gerald Ford eine Staatsansprache im Fernsehen. Es war weithin bekannt, daß man TV-Berater angeheuert hatte, die Präsident Ford instruierten, wie man das Image eines entschlossenen, ehrlichen und effizienten Staatsoberhaupts abgibt. Kolumnist Joseph Kraft kommentierte Fords Anstrengungen, durch Gesten und Wahl der Umgebung, in der er sich präsentierte, dieses Image auszustrahlen.

Am Montag abend zeigte sich Mr. Ford im Fernsehen, umgeben von zwei Assistenten, die ihm unaufhörlich Dokumente reichten – das perfekte Bild eines tüchtigen Präsidenten. Mit seinen Gesten demonstrierte er Stärke; daß er nur selten still saß, war wohl als Hinweis auf seine Energie gedacht. Als Umgebung für seinen Auftritt hatte er die Bibliothek des Weißen Hauses gewählt – den Ort auf der Welt, den man wohl als den geeignetsten betrachtete, die in der Öffentlichkeit verbreitete Meinung, Mr. Ford sei nicht besonders klug, zu widerlegen.[1]

Kraft war jedoch der Ansicht, daß all das Händewedeln und Herumspringen (und der direkte Blick in die Kamera, der darauf abzielte, Aufrichtigkeit zu signalisieren) vergeblich war – wegen Fords verbaler, nicht seiner non-verbalen, Schwäche. Wie die Reaktion der Öffentlichkeit zeigte, blieb dieser Gestenaufwand nicht unbemerkt: Kraft war nicht der einzige Beobachter, dem Fords Imponiergehabe aufgefallen war. Es stach so ins Auge, daß es ungefähr sechs Wochen später Anlaß zu einer Karikatur gab: Zwei Demoskopen sitzen über ihren Umfrageergebnissen; einer von ihnen sagt: »Also, das ergibt 38 Prozent, die mit der Rede des Präsidenten einverstanden waren, 29 Prozent, denen sie nicht gefiel, und 33 Prozent, die auf seine Hände guckten und nicht hörten, was er sagte.«[2] Nonverbale Botschaften sind am wirkungsvollsten, wenn sie nicht affektiert, sondern natürlich sind, und wenn sie die verbale Botschaft unterstreichen und mit ihr harmonieren. Ford stellte sich bloß, indem er versuchte, sich Gesten aufzupfropfen, die nicht seine eigenen waren, und ein »Selbst« zu präsentieren, das nicht seines ist: Er kam nicht an. Diese Lektion sollten wir im Gedächtnis behalten, wenn wir uns nun den Körperbewegungen zuwenden, die mit Macht, Status und Einfluß zusammenhängen.
Einige dieser Aspekte von Körperhaltungen haben wir bereits erörtert – zum Beispiel die Auswirkungen von spontaner Zuwendung oder Reserviertheit in dem interrassischen Interview; ferner wie sich im Bereich von Benehmen Statusunterschiede in Körper-Spannung/Entspannung offenbaren. Es gibt jedoch noch viele andere subtile Aspekte von Körperhaltungen und damit einhergehender Körpersignale, Gesten und Bewegungen, die von Einfluß auf unsere zwischenmenschlichen Beziehungen sind. Die Erforscher nonverbalen Verhaltens sind noch dabei, den elaborierten Code unseres Lebenstanzes zu dechiffrieren; Kinesik nennen wir dieses Gebiet, und was es uns enthüllt, ist faszinierend. Zwar gibt es bisher noch keine umfang-

reichen Daten, die sich in diesem Zusammenhang explizit auf Status, Macht und Einfluß beziehen, aber das Material, das vorliegt, wollen wir näher betrachten.

Das Ganze (des Körpers) ist mehr als die Summe seiner Teile

In *Körpersprache und soziale Ordnung* illustriert Scheflen eine Reihe von Begegnungen, in denen Dominanz eine Rolle spielt. In einem Fall stehen sich zwei junge Männer gegenüber – offensichtlich gleichen Status' –, tauschen Dominanzgebärden aus und signalisieren Kampfbereitschaft. Einer hakt seine Daumen in den Gürtel, der andere stemmt die Arme in die Seiten; einer ballt die Faust; der andere geht einen Schritt vor, hebt den Kopf, äußert verbal eine Drohung und hält dem Gegenüber den Zeigefinger unter die Nase; sie beginnen zu rangeln. Aber ab und zu lächelt oder lacht einer von beiden und gibt zu erkennen, daß es sich nur um ein Spiel handelt, keine ernsthafte Auseinandersetzung. Ohne diesen nonverbalen Qualifikator würde die Begegnung wahrscheinlich zu einem wirklichen Gefecht eskalieren, aus dem einer als der Gewinner (Dominante) hervorginge. Die De-Eskalation beginnt in diesem Fall, als einer den Kopf zur Seite neigt (und etwas Versöhnliches sagt), und der andere den Kopf ein wenig senkt, die Rumpfhaltung lockert und leicht nachgibt.[3] Wir alle haben – in abgeschwächter oder deutlicherer Form – schon Versionen solcher Begegnungen zwischen Männern gesehen, elegante Geschäftsmänner und Akademiker nicht ausgenommen. Und in solchen Konkurrenzsituationen zwischen Männern scheinen bei dem Versuch, Dominanz zu gewinnen, fast immer Spuren primitiver körperlicher Drohgebärden beteiligt zu sein.

Auf eine weitere typische Geste weist Scheflen hin – die des Sprechers in einer Gruppe, der einen gewissen Status genießt; wenn eine solche Person das Wort ergreift (oder vielleicht einer anderen das Wort abschneidet), wird sie sich in ihrem Stuhl zurücklehnen und die Hände hinter dem Kopf verschränken. Auch Nierenberg und Calero zitieren diese Geste als Überlegenheitssignal; darüber hinaus halten sie sie für eine typisch männliche Geste, besonders charakteristisch für die Männer des »Wilden Westens«, die aussagt: »Ich bin zwar entspannt, aber jederzeit auf dem qui vive [und schußbereit].«[4] Nierenberg und Calero gründen ihre Interpretation einer ganzen Bandbreite von Gesten, insbesondere Gesten bei Verhandlungen, auf die Hunderte von Seminaren, die sie mit Tausenden von Teilnehmern durchführten, und auf ihre filmischen Aufzeichnungen von 2500 Verhandlungssituationen. Indem sie die Teilnehmer an ihren Forschungen beteiligten, d. h. sie aufforderten, die gefilmten Szenen zu dekodieren und die bedeutungsvollen Körperbewegungen von den bedeutungslosen abzusondern, leisteten sie eine Annäherung an die Frage, ob es eine »nonverbale Gemeinschaft« gibt, einen Konsens bei der Interpretation nonverbaler Kommunikation. Da ihr Daten-Auswertungsverfahren jedoch nicht immer nachvollziehbar ist, müssen wir ihre Feststellungen mit einer gewissen Vorsicht genießen.

Nierenberg und Calero beschreiben zahlreiche Posen und Gesten, die Dominanz und Überlegenheit signalisieren: ein Bein über die Sessellehne legen; sich umgekehrt auf einen Stuhl setzen, so daß die Rückenlehne als Schild dient; einen Fuß auf den Schreibtisch legen; die Jacke aufknöpfen; Hand in die Tasche stecken (wobei der Daumen herausguckt). All diese Überlegenheitsgesten können jedoch auch als Beispiele »freizügigen« Verhaltens betrachtet werden, das, wie bereits erwähnt, mit höherem Status einhergeht. Umgekehrt äußert sich die dem Unterlegenen abverlangte Vorsicht in seiner rigiden oder »verkrampften« Haltung – zugeknöpfte Jacke, regloses Gesicht, starke Muskelanspannung.

Konkurrenz und Nichtübereinstimmung sind nach Ansicht dieser Autoren ebenso mit einigen der eben beschriebenen Gesten verknüpft, zum Beispiel mit dem Sich-umgekehrt-auf-einen-Stuhl-Setzen. In einem solchen Kontext bedeuten verschränkte Arme und zugeknöpftes Jackett Defensivität, Mißtrauen und Kompromißlosigkeit. Auch übereinandergeschlagene Beine, eine weitere »verkrampfte« Körperhaltung, können Indiz auf konkurrentes Verhalten sein, besonders wenn die Beine die »Viererposition« einnehmen (so genannt, weil die Beine dabei von oben aussehen wie die Ziffer 4: die übergeschlagenen Beine werden so weit auseinandergenommen, bis der Knöchel des einen auf dem Knie des anderen ruht). Die Beine auseinandernehmen kann darauf hinweisen, daß Bereitschaft zur Einigung besteht.

Spiegel und Machotka beschreiben eine Serie von Experimenten, in denen Versuchspersonen Urteile über gezeichnete Figuren – männlich und weiblich, allein und in Gruppen – in verschiedenen, minimal voneinander abweichenden Posen abgeben sollten.[5] Die Bewertungsskala enthielt Charakterisierungen wie: »überlegen... unterlegen«, »wichtig... unbedeutend«, »aktiv... passiv«.[6]* Die Ergebnisse dieser Untersuchung über das Verständnis von Körpersprache bestätigten eine Reihe volkstümlicher Vorstellungen – beispielsweise, daß das Auf-die-Hüften-Stemmen der Hände eine gebieterische Haltung ist. Als man den Versuchspersonen Zeichnungen (nackter) männlicher Figuren zeigte, bei denen nur die Armstellung variierte, beurteilten sie die Figur mit auf die Hüften gestemmten Armen als die herrischste (außerdem als kalt, stark und unerbittlich). Wenn beide Arme der Figur nach vorn gestreckt waren, wurde die Zeichnung mit nach oben gehaltenen Handflächen als kälter, schwächer und nachgiebiger (außerdem als »effeminiert«) eingeschätzt als eine ähnliche Pose, bei der die Handflächen nicht exponiert waren.

In einem Set von Zeichnungen (bekleideter) Männer in einer Gruppe spielten wiederum die Hände bei der Einschätzung von Dominanz die wichtigste Rolle. Ein gestikulierend dargestellter Mann wurde als der allen anderen überlegene und wichtigste beurteilt (außerdem als expressiv und initiativ); ein anderer Mann, die Hände auf die Hüften gestemmt dastehend, wurde als der zweit-dominanteste, -überlegenste, -wichtigste etc. eingeschätzt. Als der untergeordnetste, unbedeutendste und bescheidenste wurde der Mann empfunden, der etwas abseits stand, die Hände hinter den Rücken verschränkt.

Andere Gesten dienen dazu, Territorialrechte zu behaupten – wie einen Fuß oder ein Bein auf die Schreibtischschublade oder -platte oder einen Stuhl legen; Eigentum berühren oder sich dagegen lehnen; persönliche Gegenstände verstreuen, um Territorium zu markieren; sich im Raum oder Besitz eines anderen (zum Beispiel dessen Büro) ausdehnen. Nur ein Überlegener wird sich entspannt im Territorium eines anderen aufhalten und sich dort »breit machen«. Wie Nierenberg und Calero betonen, werden auch Besitzrechte an einer anderen Person auf ähnliche Weise signalisiert – den Arm um die Taille des anderen legen, seine Hand halten oder seinen Körper oder Besitz auf andere Weise berühren.

Interaktionsteilnehmer zeigen oft synchrone nonverbale Verhaltensweisen – beispielsweise schlagen sie die Beine auf die gleiche Weise übereinander; nehmen eine ähnliche Stehhaltung ein; beide haben eine Hand am Kinn oder auf der Hüfte, oder sie kreuzen die Arme auf ähnliche Art (vielleicht sogar in spiegelverkehrter Entsprechung). Verschiedene Forscher untersuchten diesen interaktionalen Synchronismus[7] und stellten fest, daß selbst flüchtige Bewegungen, die uns oft gar nicht bewußt sind, synchron verlaufen. Personen, die miteinander übereinstimmen, werden einen hohen Synchronismus zeigen, jene, die nicht übereinstimmen, Dissynchronismus. In einer Gruppe läßt sich das Machtgefälle daran erkennen, mit wessen Bewegungen die der anderen in Harmonie sind – es ist die mächtige Person, deren Verhaltensweisen von den anderen unbewußt nachgeahmt werden.

Dominante Individuen und solche in Autoritätspositionen werden als Symbole ihrer Überlegenheit Signale aussenden, die mit Höhe assoziiert sind. Sie werden (wie bereits erwähnt) ihren Körper auf irgendeine Weise in eine erhöhte Position bringen: aufstehen, um ihren Worten Gewicht zu verleihen – sich dicht neben sitzende Personen stellen, um sie zu überragen. Hochgerecktes Kinn und hinter dem Rücken verschränkte Hände (die militärische Pose) können, gibt es keine andere Möglichkeit, sich über andere zu erheben, ebenso ein Mittel sein, sich mit der Aura zu umgeben, als blicke man auf sie herab.

Spiegel und Machotka ließen ihre Versuchspersonen auch Urteile über gezeichnete Figuren (männliche Dyaden) in verschiedenen Höhebeziehungen zueinander abgeben. Die Figuren blickten dabei entweder einander an, geradeaus, oder sie hatten den Kopf gesenkt.[8] Wie zu erwarten, wurde der »höhere« Mann als der Dominantere der Dyade eingeschätzt; in allen Variationen der Kopfhaltung – außer wenn er den Kopf gesenkt hielt – wurde er als der Überlegenere und Wichtigere beurteilt; wenn er den anderen anblickte, wurde er außerdem als der Aktivere eingeschätzt; wenn er geradeaussah, betrachtete man ihn außerdem als hochmütig, feindselig und distanziert. Der »niedrigere« Mann mit gesenktem Kopf wurde natürlich als der untergeordnete, unbedeutende und bescheidene eingeschätzt.

Autorität zeigt sich auch in dem Vermögen, andere auf Distanz zu manipulieren: Eine dominante Person kann andere durch einen Wink herbeizitieren, sie durch eine Geste dirigieren, mit dem Heben eines Fingers zum Schweigen bringen, in ihrem Tun innehalten lassen oder ihre Aufmerksamkeit und Unterwerfung erzwingen. Dominante Personen demonstrieren ihre Macht, indem sie sich dem anderen auch dann zuneigen, wenn sie ihre Ablehnung zum Ausdruck bringen; Untergeordnete beugen sich nur dann nach vorn, wenn sie sich einschmeicheln oder ihre Zustimmung zeigen wollen. Dies hängt wahrscheinlich damit zusammen, daß Sich-nach-vorn-Beugen einer Invasion in den persönlichen Raum des anderen gleichkommt; assoziiert mit diesem Akt ist entweder Intimität oder Aggressivität. Jemandem mit der Faust zu gestikulieren ist eine ebensolche feindselige Geste, die dem Dominanten erlaubt ist, dem Unterlegenen jedoch nicht.

Auch Gesten, die Selbstvertrauen und Zuversicht signalisieren, stehen dem Dominanten in einer Begegnung an – zum Beispiel die Fingerspitzen zusammenlegen, so daß die Hände gewissermaßen ein »Spitzdach« (Begriff von Birdwhistell) bilden. Nierenberg und Calero charakterisieren das »Spitzdach« als eine »betont zuversichtliche, wenn nicht sogar eingebildete, überhebliche, egoistische und stolze« Geste, typisch für Sherlock Holmes oder Nero Wolfe, wenn sie ihren ignoranten Helfern eine elementare Schlußfolgerung erklären. Je nach Status kann das »Spitzdach« hoch oder niedrig gehalten werden, offen oder kaschiert sein. »Unsere Untersuchungsdaten lassen darauf schließen«, schreiben Nierenberg und Calero, »daß leitende Angestellte, die sich besonders wichtig vorkommen, ihre Hände dabei besonders hoch halten, oft bis zu Augenhöhe. Sprechen sie mit Untergebenen, schauen sie durch gespreizte Hände hindurch.«[9]

Das »Spitzdach« ist eine Geste, die oft von Professionals benutzt wird. Eine weitere solche Geste, die dazu dient, die Professional-versus-Klient-Beziehung zu unterstreichen, ist die Hand am Gesicht (an Kinn oder Bart), die Nachdenklichkeit und Interessiertheit suggeriert. Andere Elemente solcher Situationen, wie Notizen machen oder sich durch eine Schreibtisch-Barriere distanzieren – vielleicht noch dadurch verstärkt, daß sich der Professional entspannt zurücklehnt –, gewährleisten ihm die dominante Perspektive.

Der Händedruck, eine chrakteristisch männliche Geste, kann dazu dienen, Dominanz zu etablieren oder auszudrücken; vor allem der aggressive oder der überherzliche Händedruck sind wahrscheinlich ein Relikt primitiver körperlicher Aggression. Nierenberg und Calero sind der Meinung, daß die Hand des Gegenübers mit der Rechten zu ergreifen und die Linke darüberzulegen ein körperlicher Dominanzversuch ist. Entsprechend ist die mit der Handfläche nach oben ausgestreckte Hand die Geste eines Unterlegenen. Es gibt eine Form des Händedrucks zwischen Vertrauten, wo einer (oder beide) gleichzeitig mit dem Händedruck nach dem Arm des andern faßt. Wenn ein Fremder dies versucht, wird die Geste als unaufrichtig und als der Versuch empfunden, sich einzuschmeicheln – vor allem Politiker greifen immer wieder zu dieser Geste. Hier haben wir ein weiteres Beispiel dafür, wie eine Berührung unter dem Deckmantel von Freundschaftlichkeit der Versuch sein kann, den anderen zu manipulieren.

Unterschiede, Gemeinsamkeiten – eine kinesische Kulturbetrachtung

Da wir selbst in unserer so gründlich erforschten amerikanischen weißen Mittelklassen-Kultur so wenig über nonverbales Dominieren wissen, würden wir kaum erwarten, daß dieser Aspekt außerhalb dieser Kultur besser erforscht ist. Es gibt jedoch eine Tradition vergleichender Kulturwissenschaft, insbesondere auf dem Gebiet der Gestenforschung, aus der wir einige Beispiele bereits in Kapitel 7 heranzogen. Darüber hinaus hat das jüngste Interesse an ethnischen und Klassenunterschieden innerhalb unserer eigenen Gesellschaft zu gründlicherer Erforschung kinesischer (Körperbewegungs-)Unterschiede zwischen den Kulturen angespornt.

Ein von Bond und Shiraishi in Japan durchgeführtes Experiment wandte in den Vereinigten Staaten entwickelte kinesische Maße zur Untersuchung der Interaktion japanischer Versuchspersonen an.[10] Männliche und weibliche Vordiplom-Studenten wurden von männlichen diplomierten Studenten interviewt, die man angewiesen hatte, sich entweder nach vorn zu beugen oder zurückzulehnen, ihre Stühle jedoch allen Interviewten gegenüber in der gleichen Distanz zu halten. Den Interviewern wurde den Versuchspersonen gegenüber entweder ein etwas höherer Status als der ihrige oder gleicher Status zugeschrieben; die Kleidung der Interviewer variierte entsprechend zugeschriebenem Status. Die Forscher wollten herausfinden, wie die Variablen Haltung und Status (sowie Geschlecht der Versuchsperson) das nonverbale Verhalten der Versuchspersonen affiziere.

Es zeigte sich, daß die Statusvariable in der Tat die Reaktionen der Versuchspersonen beeinflußte. Der höhere Status des Interviewers provozierte bei Studenten und Studentinnen gleichermaßen kürzere Sprechpausen, häufigere Augenkontakte, mehr Kopf- und Handgesten und längere Gesamtredezeit. Die Reaktionen der Studentinnen auf die Statusmanipulation waren jedoch weit ausgeprägter als die der Studenten. Wenn sich der Interviewer nach vorn beugte, zeigten die Versuchspersonen mehr Kopf- und Handgesten (und Gesten, in denen ein Körperteil in Berührung mit einem anderen war); ihre Redebeiträge waren länger, und sie antworteten schneller auf Fragen. Auch diese Reaktionen zeigten sich bei den weiblichen Versuchspersonen in stärkerer Ausprägung. Bond und Shiraishi sehen ihre Ergebnisse im Prinzip mit denen ähnlicher Untersuchungen in den USA übereinstimmend; *eine* Abweichung stellten sie jedoch fest: Beim Interviewer mit höherem Status zeigten die japanischen Versuchspersonen keine größere Körperanspannung. Kopf- und Handgesten werden im allgemeinen als Indiz für Entspanntheit interpretiert; bei den japanischen Versuchspersonen nahmen sie zu, wenn das Gegenüber einen höheren Status hatte.

Ein anderes Forscherpaar wollte herausfinden, welchen Einfluß in den USA Geschlecht und Klasse auf die Entwicklung nonverbaler Interpretations- und Darstellungsfähigkeiten bei Kindern haben. Sie wählten ein Dutzend Gesten aus, über deren Bedeutung weitgehende Übereinstimmung besteht[11], und stellten Kindern, die noch nicht in die Schule gingen, und Erstklässlern die Aufgabe, sie zu enkodieren und zu dekodieren. Eine Enkodierungsaufgabe lautete zum Beispiel: »Du stehst dort drüben (Interviewer zeigt in eine Richtung) und möchtest, daß ich zu dir komme. Du darfst aber keine Worte gebrauchen. Was würdest du tun?« (Man hatte die Kinder angewiesen, Hände, Arme oder Finger zu benutzen). Bei einer Dekodieraufgabe machte der Interviewer eine Geste und fragte das Kind: »Was bedeutet dies?« Untere und mittlere sozioökonomische Gruppen wurden miteinander verglichen; in beiden Gruppen waren die Kinder unterschiedlicher ethnischer Zugehörigkeit.

Es stellte sich heraus, daß die Mittelschichtkinder den Unterschichtkindern »überlegen« waren, sowohl bei der Darstellung als auch bei der Interpretation; ferner zeigten sich die Erstklässler den Vorschulkindern überlegen, wiederum sowohl bei Darstellung als auch Interpretation; und Jungen zeigten sich bei der Interpretation von Gesten den Mädchen überlegen. Darüber hinaus wurde hinsichtlich der Interpretationsfertigkeit ein Zusammenhang zwischen Schule und Klassenzugehörigkeit festgestellt: Die noch nicht schulpflichtigen Unterschichtkinder waren den Mittelschichtkindern zwar deutlich unterlegen, aber ein Jahr in der Schule wischte diesen Klassenunterschied förmlich aus, d. h. Kinder der unteren und mittleren sozioökonomischen Gruppen zeigten nun beide eine nahezu »perfekte Leistung«. Die Autoren schreiben:

Mit der schon oft festgestellten – im Vergleich zu Kindern der Unterschicht – überlegenen verbalen Entwicklung von Mittelschichtkindern geht offensichtlich eine besser entwickelte Fähigkeit einher, Gesten zu interpretieren und darzustellen... Die signifikante Wechselwirkung zwischen sozialer Klasse und Erziehung weist darauf hin, daß hinsichtlich der Interpretationsfertigkeit von Gesten das erste Schuljahr für die Unterschicht-Kinder von größerer Bedeutung ist.[12]

Letztere Feststellung wirft jedoch einige Fragen über dieses Experiment auf. Wenn für die Entwicklung gestischen Verständnisses ein Jahr Schulbesuch für die Unterschichtkinder von so viel größerer Bedeutung ist als für die Kinder der Mittelschicht, kann das nicht daran liegen, daß erstere hier mit etwas konfrontiert werden, dem sie zum ersten Mal begegnen, nämlich den kulturellen Gewohnheiten der Mittelschicht? Daß der Schulbesuch für Mittelschichtkinder von geringerem Einfluß ist, erklären die Autoren damit, daß diese auch schon vorher Höchstwerte erreichten, was natürlich ihrer Verbesserungsmöglichkeit eine Grenze setzte.
Wir haben es hier mit einem Beispiel von Forschung zu tun, in der das Verhalten der dominanten Mittelschicht zur Norm erhoben wird. Solche Wissenschaft bewertet das als »richtig«, was in absoluter Übereinstimmung mit Mittelschicht-Verhaltensweisen steht, und sie interpretiert ihre Ergebnisse aufgrund von Prämissen, in denen unausgesprochen von der Überlegenheit der Mittelschicht ausgegangen wird.
Es ist natürlich durchaus denkbar, daß, hätte man sich für eine andere Auswahl von Gesten entschieden, diese den Unterschicht-Kindern sehr wohl bekannt gewesen wäre, den Mittelschicht-Kindern dagegen nicht; aber hierüber können wir nur mutmaßen. Es ist auch möglich, daß das Verständnis von Gesten von ethnischen Faktoren beeinflußt war und daß, auch wenn in dieser Untersuchung behauptet wird, beide Klassengruppen seien rassisch gemischt gewesen, die ethnische Mi-

schung in der Unterschichtsgruppe doch eine andere war als in der Mittelschichtgruppe. Aus der Sprachforschung wissen wir, daß eine Kultur- oder Klassenkluft zwischen Interviewer und Interviewtem die verbale Reaktionsfähigkeit des Interviewten beeinträchtigt; gleiches kann natürlich auch für die nonverbale Reaktionsfähigkeit zutreffen. Die große nonverbale Lernfähigkeit der Unterschichtkinder, die sich in dieser Untersuchung zeigte, könnte man als nonverbale *Überlegenheit* interpretieren, die darauf beruht, daß diese Kinder gezwungen sind, nonverbal »zweisprachig« zu werden, ähnlich wie schwarze Kinder zwei sprachliche Codes lernen müssen (das weiße Mittelschicht- und das »schwarze« Englisch). All diese Möglichkeiten muß man abwägen, ehe man kritiklos solche Ergebnisse wie die »Überlegenheit der Mittelschichtkinder« akzeptiert; solche Erklärungen dienen vor allem dazu, den Status quo aufrechtzuerhalten, Akademiker in ihrem eigenen Wertesystem zu bestätigen – einem Wertesystem, mit dem sich Wissenschaft zum Apologeten der sozialen Ordnung macht.

Farbe, Kultur, Klasse und Geschlecht

Eine interessante Untersuchung von Kenneth Johnson, die die nonverbalen Kommunikationsmuster von Schwarzen im Detail analysiert, stellt einen Einschnitt in die ansonsten so »schneeweißen« kinesischen Betrachtungen in den USA dar.[13] Der Tradition linguistischer Forschung verhaftet, führte er seine Untersuchung nicht unter »kontrollierten« Bedingungen durch; seine Ergebnisse sind deskriptiven Charakters, aber sie geben Aufschluß über eine Reihe von Mustern, die sich innerhalb der schwarzen Kultur beobachten lassen. Von besonderem Interesse für unseren Zusammenhang ist Johnsons Augenmerk auf Gesten, die Auflehnung signalisieren. Er stellt die Hypothese auf, daß die kinesischen Unterschiede zwischen schwarz und weiß auf deren unterschiedlichen kulturellen Hintergrund zurückzuführen seien und daß die schwarzen Muster eine entfernte Beziehung zu afrikanischen Körperbewegungen aufweisen (so wie sich auch im schwarzen Englisch noch Spuren der afrikanischen Sprachen finden, die ursprünglich von den Sklaven gesprochen wurden). Natürlich wird man davon ausgehen müssen, daß auch die kulturelle Trennwand zwischen weiß und schwarz in den Vereinigten Staaten dazu beigetragen hat, daß kinesische Unterschiede entstanden und weiterhin zu beobachten sind.

Junge Schwarze, besonders männliche, zeigen Johnson zufolge Trotz und Auflehnung gegenüber Autoritäten, indem sie eine schlaffe Haltung einnehmen, die sich allmählich während einer konfliktreichen Begegnung entwickelt: Der Kopf ist gesenkt, der Körper extrem entspannt und bewegungslos. Junge weiße Männer, bemerkt Johnson, nehmen die entgegengesetzte Haltung ein: steifer Körper, gespreizte Beine, Arme an den Seiten ausgestreckt, die Hände zu Fäusten geballt (gleicherweise die Charakteristika der Rigidität, die Untergeordneten zugeschrieben wird). Die schlaffe Haltung junger Schwarzer signalisiert, daß die Autorität in den Wind spricht, genauso gut schweigen könnte, weil die Botschaft nicht aufgenommen wird.

Der »schwarze Gang« (»Zuhälter«- oder »Soul«-Trott) wird ebenso zur Auflehnung gegenüber Autoritäten eingesetzt, zum Beispiel nachdem ein Jugendlicher einen Verweis erhalten hat, schreibt Johnson. Dieser männliche Gang ist eher ein Rollen als Gehen – mit langsamen, entspannten und rhythmischen Schritten, fast ein Tanz; der Kopf ist oft leicht erhoben, lässig auf eine Seite gelegt; ein Arm schwingt an der Seite, mit leicht gewölbter Handkuppe, während die andere schlaff herunterhängt oder in der Tasche steckt (wobei der Daumen herausguckt). Der Gang junger weißer Männer dagegen ist im allgemeinen forsch, mit dem Schwergewicht auf den Ballen und »Schritten angemaßter Autorität«; beide Arme schwingen. Johnson zufolge lautet die Botschaft sowohl schwarzer wie auch weißer Jugendlicher:

»Ich bin stark. Ich besitze alle Eigenschaften, die zu einem Mann gehören, und ich gehe mit männlicher Autorität durch die Welt.« ... Darüber hinaus sagt der Gang junger Schwarzer: »Ich bin schön«; und er heischt um weibliche Aufmerksamkeit für die sexuelle Kraft dessen, der da geht. Und letztlich kommuniziert der schwarze Gang: »Ich bin cool«, mit anderen Worten, der junge Schwarze schert sich nicht um die Sorgen der Welt, blickt frech und leicht geringschätzig auf sie hinab.[14]

Werden die Merkmale dieses Gangs beim Stehen gezeigt, spricht Jones von der »Verführ«-(Werbe-)Pose schwarzer Männer. Wie sich jemand »cool« und männlich gibt, um sich Autorität zu verschaffen, werden wir auf den folgenden Seiten beleuchten.

Die Haltungen und Bewegungen schwarzer Frauen, die Wider-

stand gegen Autoritäten zum Ausdruck bringen, unterscheiden sich etwas von denen der Männer. Frauen drehen sich schnell auf dem Absatz herum (mit einem »hochnäsigen« Gesicht), manchmal begleitet von einem Anheben des Kopfes und Zukken der Nase, und sie gehen forsch weiter. Ihre aggressivste Haltung ist die nonchalante mit der Hand auf der Hüfte: Die Füße in Schrittstellung sind fest auf den Boden gestemmt, das Gewicht auf den hinteren Fuß verlagert; das Hinterteil ist herausgestreckt; die Finger der Hand auf der seitlich herausgeschobenen Hüfte sind gespreizt oder zur Faust geballt. Diese Haltung kann von einem langsamen Wiegen begleitet sein, von Augenrollen und Zucken der Nase; sie weist auf starkes Involvement, möglicherweise Feindschaft und negative Gefühle gegenüber dem vis-à-vis hin. Manchmal ist diese Haltung jedoch auch in Werbe-Situationen zu beobachten, sozusagen als Gegenstück zur männlichen »Verführ«-Pose. Johnson weist darauf hin, daß auch Frauen aus Puerto Rico und Mexiko in den beschriebenen Situationen eine ähnliche Haltung einnehmen: Sie legen beide Hände auf die Hüfte, die Beine sind weit gespreizt und der Kopf leicht erhoben.
Auch in anderen kinesischen Vergleichen der verschiedenen Kulturen in den Vereinigten Staaten wurden Unterschiede zwischen den Geschlechtern festgestellt. In seiner Untersuchung der interpersonalen Distanzen bei schwarzen, puertorikanischen, italienischen und chinesischen Bevölkerungsgruppen (siehe Kapitel 2) stellte Jones zwischen Männern und Frauen einen bemerkenswerten Unterschied in der Schulterorientierung fest (bei der interpersonalen Distanz stieß er jedoch auf keine Unterschiede zwischen den Geschlechtern).[15] Schulterorientierung ist der Winkel, in dem Menschen sich in einer Begegnung gegenüberstehen; sie kann von der Angesicht-zu-Angesicht (direktesten) Form über eine leichte Drehung bis zu einem Winkel von 90° und weiter variieren. Sowohl bei der kleineren beobachteten Gruppe seiner ersten Untersuchung als auch in der größeren seiner zweiten Studie stellte Jones fest, daß weibliche Paare häufiger die direkte Schulterorientierung zeigten als männliche Paare (Männer und Frauen standen in einem Winkel zueinander, der zwischen den Werten der gleichgeschlechtlichen Dyaden lag). Diesen »Geschlechts«-Unterschied in der Schulterorientierung stellte Jones so durchgängig bei allen Kulturgruppen fest, daß er zu der Ansicht kommt: »In diesem Punkt fallen die Auswirkungen kultureller Zugehörig-

keit so gut wie nicht ins Gewicht.« Geschlecht erweist sich hier also als einflußreichere Variable als der so hoch bewertete »subkulturelle« Faktor; wir erinnern uns daran, daß Jones' Studie ebenso erwies, daß bei der Frage interpersonaler Distanzen Klassenunterschiede schwerer wiegen als kulturelle Faktoren.

Jones vermutet den Grund für die größere Neigung von Frauen zur direkten Schulterorientierung in folgenden Faktoren – wahrscheinlich deren Zusammenwirken: »Frauen haben stärkere Affiliationsbedürfnisse, eine größere Bereitschaft, sich emotional zu engagieren, und den stärkeren Wunsch nach nonverbaler Rückkopplung.« »Aber«, fährt er fort, »man könnte auch eine umgekehrte Kausalität postulieren: *Proxemische Verhaltensweisen werden vielleicht in einem sehr frühen Lebensalter erworben und sind womöglich ursächlich an der Herausbildung und Verstärkung von Geschlechtsrollen beteiligt.*« (meine Hervorhebung).[16] Jones ist der Ansicht, daß – unabhängig von kulturellen Zugehörigkeiten – die unterschiedliche Schulterorientierung von Männern und Frauen ein grundlegendes Muster unserer Spezies ist, und er fordert zu Recht, bei zukünftigen proxemischen Kulturvergleichen Geschlechtsunterschieden mehr Beachtung zu schenken.

Frauen-Bewegung(en)

In einer berühmten Episode verrät Mark Twains Held Huckleberry Finn, der sich als Mädchen verkleidet hat, sein wahres Geschlecht dadurch, daß er seine Knie zusammenpreßt, um einen Bleiklumpen aufzufangen – nicht, wie ein Mädchen es getan hätte, die Schenkel spreizte, damit der Klumpen in den Rock fallen konnte. Die Frau, die ihn entlarvt, verrät ihm, sie habe schon vorher Verdacht geschöpft: als er beim Nadeleinfädeln die Nadel an das Fadenende führte, statt umgekehrt; außerdem habe er die Bleikugeln zu treffsicher (nach den Ratten) geworfen, um ein Mädchen sein zu können.[17] Selten erleben wir, daß jemand so scharfsinnig wie diese Frau die kinesischen Unterschiede zwischen den Geschlechtern beobachtet.

Was wissen wir eigentlich über die kinesischen Züge, die Männer und Frauen voneinander unterscheiden? Birdwhistell nennt einige Beispiele dessen, was er »amerikanische Geschlechts-Identifikationssignale« nennt.[18] Er betont, daß man diese nicht

nur als sexuelle Signale, als Einladungen zum Geschlechtsverkehr, zu verstehen habe, sondern vielmehr im Gesamtkontext der jeweiligen Situation, in der sie produziert werden, sehen müsse. Aber doch handelt es sich um »Geschlechtssignale«, die »ausgesandt« werden, oder um eine Geschlechtsdarstellung, die als Antwort auf die Signale des anderen Geschlechts gezeigt wird. Unter Geschlechtsdarstellung scheint Birdwhistell die kinesischen Formen zu verstehen, die zwar charakteristischerweise von dem einen oder anderen Geschlecht gezeigt werden (gewiß auch jeweils vom Geschlecht des Gegenübers abhängig), die aber doch nicht ausschließlich zum Repertoire nur eines Geschlechts gehören. (Birdwhistells Schlußfolgerungen basieren auf der sorgfältigen Analyse von gefilmten Interaktionen, die geschulte Beobachter in seinem kinesischen Laboratorium durchführten).
Ein Beispiel solcher Geschlechtsdarstellung, das Birdwhistell nennt, betrifft den Winkel zwischen den Oberschenkeln (intrafemoraler Winkel) beim Stehen: Amerikanische Frauen bringen ihre »Beine eng zusammen, zuweilen bis zu einem Punkt, wo ein Bein das andere überlagert – entweder mit Ober- und Unterschenkel, *wobei die Füße aber noch eng nebeneinanderstehen* und die Innenseiten sich parallelisieren – oder ein Knie wird über das andere geschoben«: Amerikanische Männer dagegen öffnen die Beine bis zu einem Winkel von 10° oder 15°.
Ein anderes Beispiel ist die Armstellung: Bei der weiblichen Geschlechtsdarstellung sind die Oberarme eng an den Körper gelegt, während in der männlichen Geschlechtspräsentation die Arme fünf bis 20 Grad vom Körper entfernt sind. Weitere weiblich/männliche Unterschiede zeigen sich bei Beckenposition und Gehbewegungen: Birdwhistell zufolge »neigt der amerikanische Mann dazu, sein Becken leicht nach hinten gestreckt zu tragen – im Gegensatz zu den Frauen, die ihr Becken leicht nach vorn schieben«. Unsere kinesische Ideologie und deren Vermittlung durch Theaterinszenierungen und unsere visuellen Medien behauptet, Frauen wiegten ihre Hüften, während Männer »gerader« gingen; Birdwhistells Beobachtungen zeigen jedoch, daß das Gegenteil der Fall ist. »Männer wiegen sich oft in den Hüften, d. h. schieben sie leicht nach links und rechts – eine Bewegung, an der eine Drehung des unteren Brustkorbs und der Fußknöchel beteiligt ist.« Beim Gang von Frauen bildet der ganze Körper ein Bewegungsganzes; bei Männern dagegen bewegen sich die Arme unabhängig vom Rumpf.

Welche Beziehung zwischen diesen Geschlechtsunterschieden und dem Machtthema, um das es in diesem Buch geht, bestehen soll, mag nicht unmittelbar einleuchten. Wenn solche Unterschiede – wie es im größten Teil der Literatur geschieht – ohne sie zu interpretieren in dem üblichen apolitischen Kontext vorgestellt werden, fällt es in der Tat schwer, hier einen solchen Zusammenhang zu erkennen. Bei näherem Hinsehen wird er sich jedoch zweifellos enthüllen: In der von Birdwhistell beschriebenen Beinstellung »weiblicher Geschlechtsdarstellung« beispielsweise ist leicht die gesellschaftliche Rollenvorschrift wiederzuerkennen, wie eine Frau ihre Beine zu halten hat, und bei der weiblichen Arm-Haltung (eng an den Körper gepreßt) erinnern wir uns an Piercys Interpretation (Kapitel 2): Diese Haltung ist defensiv, läßt Frauenkörper zusammenschrumpfen und heißt: »Nur nicht in die Umwelt oder den Raum eines anderen eindringen«. In solchen »Geschlechtsdarstellungen« werden weibliches »Sich-klein-Machen« und männliche Expansion im Raum ausagiert. Mit anderen Worten, es handelt sich hier nicht nur um Geschlechts-, sondern auch um Machtdarstellungen.

Aber wie steht es nun mit den unterschiedlichen kinesischen Verhaltensweisen von Männern und Frauen, die nicht so augenfällig im Zuammenhang von Machtverteilung und Geschlechtsrollen-Vorschriften stehen? Auch sie spielen ihre Rolle beim Ausdruck des Machtgefälles zwischen den Geschlechtern. In fast allen Bereichen scheint allein die Existenz solcher »Geschlechtsunterschiede« geeignetstes Mittel, die Trennung und Ungleichheit der Geschlechter zu perpetuieren. Wie Birdwhistell betont, spielt die Anatomie dabei eine ganz unbedeutende Rolle. Diese »tertiären Geschlechtsdifferenzierungen« (in Kleidung, Kinesik usw.) dienen – ebenso wie das soziale Sich-voneinander-Abheben in diesen Bereichen – dazu, Kluften zu schaffen und zu vertiefen. Eine weitere Beobachtung Birdwhistells macht deutlich, daß derartige Geschlechtsunterschiede grundsätzlich nicht angeboren, sondern veränderbar sind, daß jedoch fast immer davon ausgegangen wird, sie seien unabänderlich: Informanten aus sieben verschiedenen Gesellschaften berichteten einerseits alle, daß Kinder zu geschlechtssignalisierenden Verhaltensweisen »heranreiften«, daß ältere Menschen sie aufgeben oder »aus ihnen herauswachsen« (und daß sie am deutlichsten bei Menschen im heiratsfähigen Alter zu beobachten seien); andererseits waren alle diese Kulturbe-

obachter jedoch der Überzeugung, diese geschlechts-typischen Verhaltensweisen beruhten auf so etwas wie Instinkten.[19]
Verschiedene Autoren stellten unterschiedliche Kopfbewegungen bei Männern und Frauen fest, oder vielmehr: sie registrieren bestimmte weibliche Gesten als Abweichungen – ein Verfahren, nach dem sich eine männliche Geste aus dem konstituiert, was bei Frauen *nicht* zu beobachten ist.[20]* Nachdem Nierenberg und Calero Darwins Beobachtung zitieren, daß Tiere wie Menschen den Kopf zur Seite legen, wenn sie etwas hören, das sie interessiert, fahren sie fort: »Mädchen erkennen die Bedeutung dieser Geste bereits sehr früh. Sie signalisiert, daß man aufmerksam zuhört. Sie benutzen sie bewußt bei Männern, auf die sie Eindruck machen wollen – was ihnen auch prompt gelingt.«[21]
Key weist darauf hin, daß Frauen in Zeitschriften und Zeitungen oft mit geneigtem Kopf abgebildet werden. »Diese Kopfgeste kann Schüchternheit und Submissivität signalisieren«, schreibt sie, »aber diese Kopfhaltung scheint Frauen so zur zweiten Natur geworden, daß man sie in jeder beliebigen Situation bei ihnen beobachten kann.«[22]
Kopfhaltungen bei Begrüßungen wurden von den Forschern Kendon und Ferber untersucht, die eine Geburtstagsparty im Freien filmten.[23] Von den 20 Fällen, in denen sie beobachteten, daß der Kopf zur Seite gelegt wurde, waren in 18 Frauen Urheber dieser Geste. 35mal beobachteten sie, daß der Kopf nach vorn geneigt wurde; hier stammte die Geste 27mal von Männern. Von den 24 Frauen, die die Forscher beobachteten, zeigte über ein Drittel mindestens einmal den zur Seite gelegten Kopf, unter den 19 Männern jedoch nur ungefähr ein Zehntel.
Daß Frauen dazu neigen, in Gegenwart von Männern den Kopf zur Seite zu legen, mag auch eine Kompensation für ihre geringere Körpergröße sein (was die anderen Bedeutungen und Funktionen dieser Geste natürlich nicht ausschließt); den Kopf zur Seite zu legen ist vielleicht bequemer, als ihn zurückzulegen. Aber was auch der Ursprung dieser Kopfhaltung sein mag, der zur Seite gelegte Kopf ist nicht so dominierend wie der nach vorn geneigte oder das hochgereckte Kinn. Diese dominanten Kopfhaltungen sind für Frauen nicht vorgesehen (außerdem ist es für jemand, der kleiner ist, natürlich auch schlecht möglich, mit hochgerecktem Kinn auf den anderen herabzublicken). Die traditionelle Kopfhaltung für Frauen ist die bescheidene: leicht zur Seite geneigt mit Augen, die treu zu dem Überlegenen auf-

blicken. Über eine solche viktorianisch anmutende Verhaltensregel mögen wir lachen oder sie als überholt abtun, aber ich glaube, daß, auch wenn solche Vorschriften natürlich nicht mehr offen ausgesprochen werden, sie auch heute noch wirksamer sind, als wir vielleicht glauben wollen. Kendon und Ferber sind der Ansicht, daß die Kopfhaltung möglicherweise als ein kinesisches Geschlechtssignal fungiert – der erhobene oder geradeausblickende Kopf bei Männern, der zur Seite gelegte bei Frauen. Gestützt wird diese Auffassung durch ihre Beobachtung, daß die weibliche Tendenz, den Kopf zur Seite zu legen, in der letzten Annäherungsphase (einer Begrüßungssequenz) bei männlich/weiblichen Begrüßungen eine ausgeprägtere Form annahm als bei weiblich/weiblichen.
Gleichermaßen werden viele andere »feminine« Verhaltensweisen in männlich/weiblichen Begegnungen eine größere Intensität aufweisen als in weiblich/weiblichen Konstellationen. Lächeln scheint eine weitere solche Geste zu sein: Verschiedene Autoren weisen darauf hin und betonen dessen submissiven Charakter (darüber mehr in Kapitel 10 beim Thema Gesichtsausdruck). Rita Mae Brown beschreibt nicht nur detailliert bestimmte Verhaltensweisen, die Frauen in Gegenwart von Männern zeigen, sondern unterscheidet auch zwischen der Kinesik feministischer und nicht-feministischer Frauen:

In der Gegenwart eines Mannes senken sie [Nicht-Feministinnen] eine Schulter, ziehen ihren Körper ein (im buchstäblichen Sinne, um weniger Platz einzunehmen, damit für ihn mehr bleibt), legen den Kopf nach hinten oder zur Seite, oft von einem unentwegten Signalisieren mit den Augenbrauen begleitet – dies sind Bewegungen, die die meisten Nicht-Feministinnen automatisch machen. Solche Gesten rufen günstige männliche Reaktionen hervor. In der Gegenwart eines Mannes spannen solche Frauen die Kiefer- und Nackenmuskeln an...
Wenn Männer um sie herum sind, schlagen viele Frauen ständig die Beine übereinander und nehmen sie wieder auseinander; sie modifizieren ihre Stimme, reißen die Augen dramatisch auf, signalisieren lebhaftes Interesse an ihrem männlichen Gegenüber und spielen mit ihrem Haar. Da das Haar als Symbol von Weiblichkeit in Amerika eine solch große Rolle spielt, halte ich diese Geste für ein Heischen um sexuelle Bestätigung. Eine weitere Grundpose nichtfeministischer Frauen: In männlicher Gesellschaft schieben sie ihre Hüften leicht nach vorn.[24]

Browns Beobachtungen werden zum Teil durch die von zwei Studentinnen der Lowell Universität durchgeführte, kontrollierte Beobachtung bestätigt, in der es um das Auftreten von

drei »Pflege«-Gesten unter College-Studentinnen ging; in der Hälfte der beobachteten Interaktionen war das Gegenüber männlich, in der anderen Hälfte weiblich. Diese Beobachterinnen fanden heraus, daß bei 30 von den 40 Fällen, in denen sich die College-Studentinnen übers Haar strichen, Männer zugegen waren; ähnlich war bei elf von 15 Kleider-zurechtrück-Gesten und 25 von 40 Sich-das-Haar-aus-dem-Gesicht-Streich-Gesten das Gegenüber männlich.[25]
Brown weist darauf hin, daß Feministinnen Submissionsposen und -haltungen weitgehend aufgegeben haben (oder dabei sind, es zu tun).

Das Verschwinden von Posen, die Unterordnung signalisieren, liegt zum Teil daran, daß Frauen, die sich feministisch orientieren, zunehmend mehr Zeit mit anderen Frauen verbringen. Und solche Posen wirken lächerlich, wenn wir unter uns sind. All diese Gesten sind ein Reflex auf Machtbeziehungen, und da keine Frau über eine andere dieselbe Macht hat wie ein Mann, ist solches Gebaren völlig fehl am Platz.[26]

All die Gesten, die andere Autoren als frauen-spezifisch beschreiben, als »feminin« oder als Geschlechtsdarstellungs-Gesten, werden hier in ein klareres Licht gerückt. Wenn, wie Brown meint, Feministinnen weniger dazu neigen, sie zu zeigen, und »männerorientierte« Frauen stärker, wird deutlich, daß diese Gesten vor allem submissiven Charakters sind und nicht nur einfach geschlechts-spezifische Ausprägungen.
Auch eine andere Gruppe von Gesten macht deutlich, daß viele der vermeintlichen Geschlechts-Signale ganz anderes signalisieren. Es handelt sich um Gesten, die in alltäglichen Situationen von Männern oder Frauen benutzt werden, die an Werbe-Gesten erinnern, jedoch keine sind. Diese Gesten, die Scheflen treffend als »Als-ob-Werbungen« charakterisiert, enthalten eine Art Qualifikator, der verhindert, daß sie als ernstgemeintes Werben mißverstanden werden. Sie signalisieren lebhaftes Interesse an der Interaktion und fungieren auf diese Weise (um in der Terminologie der System-Theorie zu bleiben) als System-Aufrechterhalter.[27] Merkmale dieser Als-ob-Werbegesten sind hoher Muskeltonus, glänzende Augen, »Pflege«-Gesten, direkte Körperorientierung (vis-à-vis), weiche Stimmlage, flirtende Blicke, Blick-festhalten, »sich zieren«, den Kopf zur Seite legen und Beckenrollen. Darüber hinaus nennt Scheflen einige Gesten, die typisch für die aktive Werbung von

Frauen sind (für Männer nennt er keine): die Beine übereinanderschlagen, wobei ein Schenkel entblößt ist; eine Hand auf die Hüfte legen; die Innenhand oder das Handgelenk exponieren; die Brust vorstrecken und über Schenkel oder Handgelenk streichen.

Scheflen zufolge tritt Als-ob-Werbeverhalten regelmäßig auf, wenn in einer Interaktion Unklarheit über das Geschlecht der Beteiligten besteht.[28]* Eine solche Geschlechtsverwirrung mag herrschen, »wenn ein Beteiligter sich auf eine Weise verhält, die seinem Geschlecht unangemessen ist – zum Beispiel, wenn eine Frau sehr aggressiv oder dominant handelt und ein Mann sich passiv und feminin verhält.«[29] Geschlechts-Ambiguität kann auch empfunden werden, wenn jemand in einer Position ist, die normalerweise vom anderen Geschlecht eingenommen wird (zum Beispiel zwei Männer an einem Nachtclub-Tisch). In solchen Fällen scheinen die Als-ob-Werbegesten (und das verstärkte Aussenden von Geschlechtsidentifikations-Signalen) die Funktion zu erfüllen, sich und andere des eigenen Geschlechts zu vergewissern; sie signalisieren, daß man bereit ist, seiner Geschlechtsrolle zu entsprechen.

Scheflen sieht in diesen Beobachtungen auch eine Erklärung für »feminines« Verhalten, d. h. dafür, daß Frauen in der Gegenwart von Männern in stärkerem Maße Geschlechtsidentifikations-Signale aussenden. Wahrscheinlich senden Männer jedoch gleichzeitig »maskuline« Signale aus (Brown zumindest weist darauf hin). Die Krux des Ganzen liegt aber jenseits solcher »Geschlechtsidentifikation«: Wenn mit den Signalen des einen Geschlechts typischerweise Submission verknüpft ist, mit denen des anderen Dominanz, dann handelt es sich hier weniger um Geschlechtsdarstellung, sondern um die Zurschaustellung von Macht.

O'Connor trägt diesem Tatbestand Rechnung, wenn sie sich einer ähnlichen Situation von »Geschlechtsverwirrung« zuwendet wie Scheflen, sie jedoch in ganz anderem Licht betrachtet: »Frauen, die Dominanzgesten benutzen, werden oft strengen Zähmungskampagnen von seiten aggressiver Männer unterworfen.«[30] Wir müssen die Begriffe, mit denen wir so leichtfertig unsere Interaktionen analysieren, also sorgfältiger überprüfen; »Geschlechts-Ambiguität« kann viel eher eine *Dominanz*-Ambiguität sein. Hier mit dem Geschlechts-Etikett zu operieren schafft zwar alle Probleme schnell vom Tisch, lenkt unsere Aufmerksamkeit jedoch auf die falsche Fährte. Solche

Wissenschaft ist Politik – zwar auf subtile, aber doch wirksame Weise macht sie sich zum Apologeten der bestehenden Verhältnisse.

Auch Birdwhistell befaßt sich mit »unangemessener« Geschlechts-Darstellung, insbesondere der »femininer« Männer und »maskuliner« Frauen. Seine Informanten der zitierten sieben Gesellschaften unterschieden nicht nur zwischen typisch männlicher und typisch weiblicher nonverbaler Geschlechtskommunikation, sondern nannten auch typisch männliche und typisch weibliche Abweichungen bei der Geschlechts-Darstellung. Obwohl diese Informanten solche Abweichungen identifizieren konnten, waren sie nicht unbedingt in der Lage, genau zu beschreiben, was in einer bestimmten Gesellschaft dazu führte, bestimmte Verhaltensweisen als Abweichungen zu deklarieren.[31]* Aber in allen Gesellschaften gab es solche Stereotypen. Birdwhistell betont, wie wichtig es ist, Geschlechts-Darstellungsverhalten im Kontext und als »Verhaltenstraube« zu interpretieren: Auch wenn die Botschaft eines Mannes oder einer Frau, die sagt, »Ich möchte als homosexuell betrachtet werden«, von Beobachtern leicht verstanden wird, fanden Birdwhistell und seine Mitarbeiter – weder bei Männern noch bei Frauen – keine einzige isolierte Verhaltensweise, die *per se* auf eine sexuelle Vorliebe (Praktik) hingewiesen hätte. Botschaften des entgegengesetzten Geschlechts zu signalisieren, ist für Transvestiten (zumeist Männer) wichtiger als für Homosexuelle, die keine Transvestiten sind. Das Hauptproblem für Transvestiten-»Anfänger« liegt darin, nicht nur die knifflige Frage weiblicher Kleidung zu bewältigen, sondern darüber hinaus zu lernen, ihren Körper, besonders beim Gehen, so zu bewegen, daß sie für Frauen gehalten werden. (Die von vielen Transvestiten praktizierte Übertreibung des weiblichen Stils dient dazu, Weiblichkeits-Klischees zu perpetuieren.)

Es gibt weitere Unterschiede in der Körperbewegung von Männern und Frauen, die weitere Fragen aufwerfen. Verschiedene Autoren beobachteten, daß Frauen, wenn sie die Beine übereinanderschlagen, typischerweise die Knie überkreuzen, wobei sie die Unterschenkel parallel und eng zusammen halten, während amerikanische Männer häufiger die Fußknöchel-auf-Knie-, die »Vierer«-Position, benutzen.[32]* Hängt das damit zusammen, daß Männer, indem sie die Beine so weit wie möglich auseinandernehmen, ihren Geschlechtsteilen Erleichterung verschaffen wollen? Auch wenn dies eine Rolle spielen mag,

erklärt es nicht, warum europäische Männer ihre Beine auf ähnliche Weise überkreuzen wie amerikanische Frauen.
Offenkundig ist, daß sich in beiden Positionen das geschlechtstypische Raumeinnehmen (weibliches Zusammenschrumpfen/männliches Expandieren) reflektiert; aber vielleicht könnte man meinen, daß die weibliche Haltung einfach daher rührt, daß Frauen zumeist Kleider oder Röcke tragen und weit auseinander genommene Beine als unschicklich gälten. Frauen, die Hosen tragen, schlagen die Beine möglicherweise wie Männer übereinander (Nierenberg und Calero zumindest sind dieser Ansicht.) Eine solche Haltung sehen unsere Knigges für Frauen jedoch nicht vor. Stannard schreibt, Amy Vanderbilt, einer Kapazität auf dem Gebiet des guten Tons, zufolge, »darf eine Frau in einem Hosenanzug nicht wie ein Mann gehen; und sie soll es vermeiden, beim Sitzen die Beine auseinanderzunehmen, geschweige denn, die Füße auf den Tisch zu legen... In ihrer Seele darf sie ›die Hosen gar nicht anhaben‹ – die Haltung männlicher Freiheit und Selbstgewißheit steht einer Frau nicht.«[33] Auch bei den Unterschieden zwischen männlichen und weiblichen Haltungen sehen wir also, daß diese sich nicht aus unterschiedlicher Anatomie oder Kleidung her*leiten*, sondern daß sie dazu her*halten*, die Kluft zwischen den Geschlechtern zu vertiefen.
Viele der Haltungen, die zuvor als »verkrampft« oder »rigide« charakterisiert wurden – verschränkte Arme, übereinandergeschlagene Beine, zugeknöpfte Kleidung etc. –, gehören in unserer Gesellschaft zu den mehr oder weniger deutlich ausgesprochenen Verhaltensvorschriften für Frauen: den eigenen Körper und persönlichen Raum so klein wie möglich halten, die eigene, verletzliche Haut schützen – so charakterisierte Piercy amerikanische Weiblichkeit. Nierenberg und Calero weisen darauf hin, daß Frauen auch die Hand-auf-die-Brust-Geste (Handfläche flach auf der Brust) vor allem als Selbstschutz benutzen. Ihnen zufolge ist diese Geste bei Männern ein Symbol für Offenheit und Ehrlichkeit, aber »wenn eine Frau eine oder beide Hände an die Brust führt, handelt es sich meist um eine Schutzgeste, die Erschrecken oder Überraschung signalisiert«. Diese Autoren beobachteten ferner, daß Frauen – wohl deshalb, weil ihr Oberkörper anders gebaut ist als bei Männern – die Arme bedeutend tiefer am Körper verschränken und daß »Mädchen in der Pubertät diese Schutzposition häufiger ein[nehmen] als ihre älteren Kameradinnen«, was gewiß mit der Konzentration jun-

ger Mädchen auf ihre sich entwickelnden Brüste zusammenhängt.[34]

Die Tendenz von Frauen, ihre verletzliche Haut zu schützen, wird auch in einer Untersuchung von Collett und Marsh deutlich, die die Muster von Zusammenstoß-Vermeidungsstrategien an einem Fußgängerüberweg in London beobachteten. Sie fanden heraus, daß Frauen an anderen in einer »verkrampften« Art vorübergehen, d. h. ihren Körper vom anderen fortdrehen. Männer neigen dazu, in einer »offenen« Haltung an anderen vorüberzugehen, d. h. ihren Körper dem anderen zuzuwenden. Darüber hinaus legten Frauen häufiger einen oder beide Arme über ihren Körper. Collett und Marsh interpretieren diese Verhaltensweise von Frauen als den Versuch, die Brüste zu schützen – sei es vor einem schmerzhaften Zusammenstoß, sei es vor der Verletzung einer Körperzone, die in unserer Kultur rituell mit Erotik verknüpft wird.[35]

Der Interaktionsstil von Frauen ist so weitgehend von kinesischen Regeln beeinflußt, die Frauen in Haltung, Gestik und Bewegung einschränken, daß wir uns noch einmal näher damit beschäftigen müssen. Ein geistreicher Cartoon, der vor einigen Jahren unter dem Titel »Übungen für Männer« erschien (siehe Seite 206/207), beleuchtet das Absurde »damenhafter« Haltungen sehr gut:

1. Setz dich auf einen Stuhl mit einer geraden Lehne. Schlag die Beine übereinander, so daß sich die Fußknöchel überkreuzen, und presse die Knie zusammen. Behalte diese Haltung bei, während du dich mit jemandem unterhältst, aber vergiß keinen Augenblick darauf zu achten, daß deine Knie fest zusammengepreßt sind.
2. Bück dich, um einen Gegenstand vom Boden aufzuheben. Wenn du dich nach vorn beugst, achte darauf, daß dein Hintern nicht in die Luft steht, lege die rechte Hand an die linke Achsel (oder vice versa) und presse den Arm gegen deine Brust. Diese Übung verschafft dir die Erfahrung einer Frau mit einem kurzen und weitausgeschnittenen Kleid, die sich nach vorn beugt.
3. Renn ein kurzes Stück, wobei du die Knie nicht auseinandernehmen darfst. Du wirst merken, welch eigenartig hohe, kurze Schritte du vollführst. Frauen wird beigebracht, es sei unweiblich, wie ein Mann mit langen festen Schritten zu laufen. Probiere, wie weit du in 30 Sekunden kommst, wenn du auf diese Weise läufst.[36]

1. Setz dich auf einen Stuhl mit einer geraden Lehne. Schlag die Beine übereinander, so daß die Fußknöchel sich überkreuzen, und presse die Knie zusammen. Behalte diese Haltung bei, während du dich mit jemandem unterhältst; aber vergiß keinen Augenblick darauf zu achten, daß deine Knie fest zusammengepreßt sind.

2. Bück dich, um einen Gegenstand vom Boden aufzuheben. Wenn du dich nach vorn beugst, achte darauf, daß dein Hintern nicht in die Luft steht; lege die rechte Hand an die linke Achsel (oder vice versa) und presse den Arm gegen deine Brust. Diese Übung verschafft dir die Erfahrung einer Frau mit einem kurzen und weit ausgeschnittenen Kleid, die sich nach vorn beugt.

3. Renn ein kurzes Stück, wobei du die Knie nicht auseinandernehmen darfst. Du wirst merken, welch eigenartig hohe, kurze Schritte du vollführst. Frauen wird beigebracht, es sei unweiblich, wie ein Mann mit langen festen Schritten zu laufen. Probiere, wie weit du in 30 Sekunden kommst, wenn du auf diese Weise läufst.

4. Setz dich bequem auf den Boden. Stell dir vor, du trägst ein Kleid und alle im Raum wollen deine Unterwäsche sehen. Arrangier deine Beine so, daß ihnen das nicht gelingt. Bleib lange Zeit so sitzen, ohne diese Position zu verändern.

5. Geh durch eine Großstadtstraße. Achte peinlich genau auf deine Kleidung; vergewissere dich, daß dein Hosenlatz nicht offen steht, dein Hemd nicht aus der Hose guckt und alle Knöpfe zugeknöpft sind. Blick stur geradeaus. Jedesmal, wenn ein Mann sich dir nähert, wende den Blick ab und wische jede Spur von Ausdruck aus deinem Gesicht. Diesem Akt unterziehen sich die meisten Frauen, sowie sie das Haus verlassen, um zumindest einigen der ständigen Begegnungen aus dem Weg zu gehen, in denen Männer aus irgendeinem Grund der Meinung sind, Frauen signalisierten ihnen, sie wären zu haben.

6. Beim Gehen ziehe deinen Magen fest ein, werfe deine Schultern zurück und strecke die Brust vor. Vergiß keinen Moment, diese Haltung einzunehmen. Achte darauf, wie sich deine Atmung verändert. Versuche einmal, in dieser Haltung laut und aggressiv zu sprechen.

Die hier vorgeführte Kinesik ist jedoch nicht nur lächerlich – für die Frauen, die sie vollführen, ist sie vor allem erniedrigend; und jedem Zuschauer springt dieses Bild von Erniedrigung sofort ins Auge. Interessant ist, daß all die »unwürdigen« Haltungen, die bei Frauen verpönt sind – wie Beine über die Stuhllehne oder auf den Tisch legen oder umgekehrt auf einem Stuhl sitzen –, genau die Haltungen sind, die Männer einnehmen, um Dominanz zu vermitteln. Die für Frauen vorgeschriebenen Haltungen sind also jene, die nicht eingesetzt werden können, um Macht zu signalisieren; Machtlosigkeit und Unterwerfung sind es, was Frauen zu erkennen geben dürfen.
Natürlich wird die an früherer Stelle in diesem Kapitel beschriebene Haltung »entspannten Auf-dem-qui-vive-Seins« zumeist von Menschen mit Status und Macht eingenommen, und dies sind in den wenigsten Fällen Frauen. Wir wissen nicht, ob die meisten dieser Posen als männlich charakterisiert werden, weil hier Geschlecht und Status miteinander verwechselt werden, oder ob es sich hier um Gesten handelt, die Frauen, selbst wenn sie in Machtpositionen sind, nicht zeigen würden. Ich neige zu letzterer Ansicht; zumindest glaube ich, daß, wenn Frauen in dominanten Positionen solche Gesten benutzen, dann in modifizierter und abgeschwächter Form (Nierenberg und Calero weisen darauf hin, daß Frauen das »Spitzdach« in der Regel kaschieren und tiefer halten); oder Frauen senden gleichzeitig andere Signale aus, die solche Selbstgewißheits-Gesten wieder zurücknehmen.
In *Women, Money und Power* (New York, Morrow, 1976) beschreiben Chesler und Goodman, wie Frauen in Machtpositionen ihre Dominanzsignale modifizieren – aus Angst und als Überlebensstrategie: »Frauen kommunizieren Ehrerbietung, Inkonsequenz, Hilflosigkeit und Mütterlichkeit – visuell, verbal und nonverbal. Mit verschiedenen ›Posen‹ – wie Übertreibung oder Verleugnung ihrer Sexualität durch Kleidung, Stimmlage und Augen – signalisieren Frauen ihre Ehrerbietung, eine Haltung, die wie erschaffen ist, daß andere sich wohlfühlen und Männer ›oben‹ bleiben.« (Seite 22) »Die meisten Frauen sind überzeugt, die Körpersprache weiblicher Demut, die sie selbst und andere gleichsetzen mit ›weiblicher Schönheit‹, werde sie vor dem ›Schlimmsten‹ in einer Welt männlicher Gewalt und Macht bewahren.« (Seite 39)
Theeman beleuchtet zwei verschiedene gestische Systeme, die in unserer Gesellschaft unterschiedlich bewertet und belohnt

werden: Eine Gestengruppe ist der Code der männlichen Kultur, die andere der der weiblichen Kultur. Es handelt sich um die Welten des Sportes und des Tanzes. Sport ist der Bereich, in dem Männer ihre Körperentwicklung – Stärke und Beweglichkeit – am ehesten ausdrücken können; Sport ist allgegenwärtig in unserer Gesellschaft und gehört zu den bestbezahlten Betätigungen. Tanz ist die Sphäre, mit der weibliche Körperfähigkeiten am ehesten verknüpft werden, obwohl er natürlich nicht ausschließlich Frauen vorbehalten ist. Tanz ist der Ausdruck »weiblicher« Kultur (beispielsweise in Kleidung und Gestik). Daß tanzende Männer als weibisch klassifiziert werden, bestätigt nur Theemans Unterteilung. Im Vergleich zu den Athleten treten Tänzer in unserer Gesellschaft kaum in Erscheinung und sind auf skandalöse Weise unterbezahlt; Tanzkompanien müssen (unterstützt durch Stipendien) um genügend Geld kämpfen, um während der ohnehin kurzen Theatersaison pro Jahr ihr Programm auf die Bühne zu bekommen.[37]
Dieser Kontrast in öffentlicher und ökonomischer Unterstützung fängt auf dramatische Weise ein, wie unterschiedlich »maskuline« (aggressive, konkurrente) und »feminine (graziöse, kooperative) Gesten-Systeme in unserer Gesellschaft bewertet werden.

Aggression: Weiblich und männlich

In den letzten Jahren wollten viele Frauen den Zorn, der sich intellektuell und emotional in ihnen angestaut hatte, offen ausdrücken; aber sie merkten, daß sie nicht wütend werden konnten. Sie machten die Erfahrung, daß ihr Zorn, so lange unterdrückt, sich nur in Form von Tränen ein Ventil schaffen konnte. Versuche, die Wut am »Richtigen« auszulassen, verebbten oft in nervösem Gelächter oder anderen inkohärenten Verhaltensweisen. Und gelang es Frauen einmal wirklich, ihren Zorn loszulassen, folgten diesem Ausbruch regelmäßig Schuldgefühle, selbst wenn die Frauen sich moralisch und intellektuell im Recht fühlten. Nicht nur das emotionale Repertoire von Männern, die nicht weinen können und keine Zärtlichkeit zeigen, ist beschnitten – auch das von Frauen. Der Ausdruck von Wut steht im Mittelpunkt aggressiven Verhaltens, aber wir wissen sehr wenig darüber, wie Frauen, besonders im nonverbalen Bereich, ihre Aggressionen ausdrücken.

Vergleichbare Formen aggressiver Begegnungen, wie Scheflen sie bei jungen Männern beobachtete, sehen wir unter Frauen kaum. Aber auch Frauen haben natürlich Aggressionen gegeneinander. Da ihnen jedoch so hartnäckig eingeimpft wurde, es sei unweiblich, sich aggressiv und konkurrent zu verhalten, nehmen ihre Aggressionsäußerungen wahrscheinlich die Formen an, die für sie zugelassen sind, d. h. sie geben sich geschlagen, statt anzugreifen. Passive emotionale Ausdrucksformen wie Verletztsein, Enttäuschung und Selbstanklagen, oft begleitet von Tränen, sind für viele Frauen der einzige Weg, auf dem sie sich sicher fühlen und mit dem sie ihre Wut kaschieren. Bei Frauen mögen oft auch verbale Aggressionen an die Stelle körperlicher treten – zumeist in Form subtiler Spitzen inmitten freundlicher und schmeichlerischer Floskeln, die ihnen zumeist sehr leicht über die Lippen kommen. Der Comic-Streifen »Momma« gibt eine gute Einsicht in diese erlaubte Form weiblich-weiblicher Kämpfe; in einem Ausschnitt überschütten sich Momma und ihre Schwiegertochter förmlich mit Komplimenten:
»Tina, du bist die wundervollste Schwiegertochter, die eine Mutter sich wünschen könnte!«
»Und du bist die beste Schwiegermutter.«
»Du bist einfach die einzig Richtige für meinen Thomas!«
»Ich werde nie an seine Mutter heranreichen!«
»Ich bin so stolz darauf, wie gut du dich um ihn kümmerst!«
»Ich habe ja dich als Vorbild, Mutter Hobbs!«
Im letzten Bildausschnitt wendet sich Momma an den Leser: »Ob Sie es glauben oder nicht, aber das war ein Machtkampf!«[38]
Ein Problem , das Frauen beim Ausdruck von Feindseligkeit zu schaffen macht, ist zweifellos das Fehlen eines schlagkräftigen feindseligen – verbalen wie nonverbalen – Vokabulars. Slang und obszöne Ausdrücke sind für Frauen im allgemeinen tabu, und deren nonverbale Entsprechungen, obszöne Gesten oder das, was wir Gesten-Slang nennen, sind gleichermaßen ein Vorrecht männlicher Kultur. Ein großer Teil von Slang und obszöner Sprache besteht natürlich in der Abwertung von Frauen – Anspielungen auf ihre körperlichen Attribute und Andeutungen sexueller Akte; im Gegensatz zu Männern können Frauen diese Formen nicht als Ausdruck von Feindseligkeit einsetzen. Ein Beispiel für das, was ich unter »Gesten-Slang« verstehe, ist folgende verbreitete Straßengeste von Männern: Mit beiden Hän-

den zeichnen sie in der Luft den weiblichen Körper nach, wobei sie Brust- und Beckenform extrem übertreiben. Die bekannteste obszöne Geste ist der »Finger«, d. h. der aus der Faust hervorgestreckte Mittelfinger, er bedeutet Feindseligkeit mit starken sexuellen Untertönen (»fuck you«) und wird im allgemeinen von Männern untereinander benutzt (da der »Finger« impliziert, daß der, der hier verschmäht werden soll, eine Frau ist oder wie eine behandelt werden sollte, impliziert diese Geste natürlich gleichzeitig die Abwertung von Frauen). Ein bekannte halb-obszöne Geste, die Frauen vollführen, ist das »Hinterteil-Zeigen«, institutionalisiert im Can-Can und sonstigen Tanz-Revuen. Wie viele Autoren betonen[39], mimt diese Geste die Unterwerfungsgeste bei den Tierprimaten, bekannt als »Präsentieren«.
Da wir schon so wenig über Aggression unter Frauen wissen – über Aggressionen zwischen Männern und Frauen sollten wir mehr Aufschluß finden, denn der Interaktion zwischen den Geschlechtern widmet sich schließlich ein ganzer Forschungszweig. Die wenigsten dieser Untersuchungen machen jedoch Aggression zwischen den Geschlechtern zum Thema, und selbst wenn sie es tun, müssen wir die Ergebnisse mit Vorsicht genießen, denn, wie bereits erwähnt, sind in die Prämissen solcher Forschung oft unbewußt Geschlechts-Vorurteile eingebaut. Den zwei Untersuchungen, die Spiegel und Machotka zur Aggression in weiblich/männlichen Begegnungen vorlegen, haftet genau dieser Mangel an; trotzdem vermitteln sie einige interessante Einsichten. In einer der Untersuchungen operierten die Autoren, wie in der zuvor zitierten, mit gezeichneten Figuren; in der anderen sollten Versuchspersonen Gliederpuppen in bestimmte Positionen bringen, um den Charakter einer Begegnung zu illustrieren.[40]
In der ersten Untersuchung wurden 32 männlich/weibliche Dyaden konstruiert: Jede der acht weiblichen Figuren wurde mit jeder der vier männlichen Figuren kombiniert. Bei den weiblichen Figuren variierten die Autoren die Stehpose: Vier Armpositionen traten in Kombination mit zwei Bein-Positionen auf. Die männlichen Figuren unterschieden sich eher in ihrer räumlichen Beziehung zur Begegnung voneinander als in Arm- oder Beinhaltungen; sie näherten sich der weiblichen Figur entweder oder zogen sich zurück, standen nah oder weit entfernt (zum Beispiel auf Armeslänge der weiblichen Figur oder außerhalb). Die Aussagekraft der Urteile über diese Figuren (beispielsweise über Aktivität, Gefühle und Motive) ist na-

türlich fragwürdig, da die in diesem Experiment vorgegebenen Variationsmerkmale männlicher und weiblicher Figuren inkomparabel waren. Aber aus den unterschiedlichen Reaktionen der Versuchspersonen auf die Zeichnungen können wir trotzdem einige Schlüsse ziehen (denn alle sahen die gleichen Zeichnungen). Die Autoren stellen fest, daß die männlichen Versuchspersonen dazu neigten, Erotik und Aggression miteinander zu verknüpfen: »Männer sehen Erotik weitgehend als aggressiv und Wärme weitgehend als erotisch, und... Frauen unterscheiden deutlicher zwischen beidem.«[41]
Die zweite Untersuchung von Paul Williams weist diese Verknüpfung auf etwas soliderem Boden nach. In diesem Experiment wurden weiblichen und männlichen Versuchspersonen jeweils zwei Gliederpuppen gegeben, am Vorderkörper der einen waren behelfsmäßig Brüste angebracht; man forderte die Versuchspersonen auf, beide Puppen so zu arrangieren, daß sie bestimmte Begegnungen charakterisierten, wie aggressiv/unaggressiv; männliche Initiative/weibliche Initiative; männliches Empfangen/weibliches Empfangen; erotisch/nicht erotisch; warmherzig/kaltherzig; aufrichtig/berechnend; gut/böse.[42] Auch hier schienen Männer Erotik und Aggressivität miteinander zu vermengen. Williams schreibt:

> Bei erotischen und (in geringerem Grade) warmherzigen Begegnungen schienen Männer es für notwendig zu halten, hoch-initiative »Männer« zu produzieren: Puppen, die höher standen, sich der weiblichen Puppe näherten und (bis auf Armeslänge) in deren persönlichen Raum eindrangen. Frauen dagegen legten das Hauptgewicht auf die Gleichheit beider (dies zeigte sich sowohl in der Isotrope [beide Figuren sind auf gleicher Höhe placiert] als auch in der Gleichzeitigkeit der Partner [gemeinsame Verantwortlichkeit bei der »Grenzüberschreitung« zum andern]); auch hier vermengten also Männer Erotik und Aggression: Bei der Inszenierung erotischer Begegnungen griffen sie zu Darstellungen, die eine auffallende Ähnlichkeit mit der Inszenierung der aggressiven Dimension aufwiesen.[43]

Bei der Darstellung aggressiver Interaktionen zeigten 14 von 20 Konstruktionen eine Puppe in höherer Position als die andere; in elf Fällen war diese Figur männlich. Die sich zurückziehenden Puppen waren zumeist weiblich. Das Geschlecht der Versuchspersonen hatte auch Einfluß darauf, welcher Puppe in den dargestellten Szenen die Hauptverantwortung zugeschrieben wurde: In ungefähr der Hälfte der aggressiven Begegnungen war die männliche Gliederpuppe die verantwortliche; und die

Mehrzahl dieser Konstruktionen stammte von Männern. In einem Viertel der aggressiven Szenen wurden beide als gleich verantwortlich dargestellt; alle diese Inszenierungen stammten von Frauen.
Interessant ist, wie in diesem Experiment erhöhte Position und körperliche Größe als Indiz körperlicher Überlegenheit gehandhabt wurden; auch hier unterschieden sich die Geschlechter:

Bei der Inszenierung des mächtigeren Mannes griffen Männer selten darauf zurück, die männliche Gliederpuppe auch in eine höhere Position zu bringen, aber Frauen porträtieren den aggressiven Mann als aggressiv zum Teil allein aufgrund seiner überlegenen Größe – offensichtlich verknüpften sie hier überlegene Körpergröße mit brutaler Kraft.[44]

Wenn Männer jedoch mit weiblicher Initiative konfrontiert wurden, hielten sie es doch für nötig, den Mann zu erhöhen; bei der Darstellung von Begegnungen mit »weiblicher Initiative« neigten sie dazu, die männliche Gliederpuppe in eine erhöhte Position zu bringen, während die weiblichen Versuchspersonen die weibliche Puppe in eine höhere Position brachten. Williams schreibt:

Wenn eine Frau die Initiative ergreift, so tut sie dies – in der Sicht von Männern – aus einer unterlegenen körperlichen Position heraus, die ihr nicht erlaubt, mit Körperkraft zu operieren, sondern ihr nur die Wahl läßt, den Mann zu verführen oder auf irgendeine Weise heimtückisch vorzugehen. Wenn eine Frau initiativ sein will, dann muß sie – dieser Überzeugung scheinen Männer zu sein – der ›natürlichen‹ körperlichen oder positionellen Überlegenheit der Männer Rechnung tragen und ihre Strategie darauf abstimmen; entweder wagt sie den direkten körperlichen Angriff (und riskiert damit den entschlossenen Widerstand des Mannes, wie in [einer Konstruktion]), oder sie versucht es mit Verführung (wie in der plumpen Darstellung [einer anderen Konstruktion]).[45]

Liest man diese Passagen, übersieht man leicht die Bedeutung der Tatsache, wie selbstverständlich bei der Erörterung von Aggression zwischen Männern und Frauen die Menschen davon überzeugt sind, daß diese Aggression von Männern ausgeht und sich gegen Frauen richtet. Es fällt uns gar nicht auf, daß niemand von weiblicher oder beiderseitiger Aggression spricht, denn auch in unseren Köpfen existiert weibliche Aggression kaum als Kategorie. Eine weitere Realität reflektiert sich hier:

Das, was in der Gestik zwischen Männern und Frauen vor allem anderen hervorsticht, ist die Körper-Herrschaft von Männern über Frauen.

Wer hat nicht das Bild von Paaren vor Augen, bei denen der Mann die Bewegungen der Frau buchstäblich lenkt und leitet – die von hinten an den Ellbogen der Frau gelegte Hand, die sie um Ecken führt, durch Türen, in Aufzüge schiebt oder auf Rolltreppen; beim Überqueren der Straße schießt er natürlich nach vorn und zieht sie hinter sich her. Alle diese Gesten geschehen so automatisch, erscheinen so selbstverständlich, daß sie keinem von beiden bewußt zu sein scheinen. Körperliche Gewalt ist hier gar nicht vonnöten; Mann und Frau sind zu gut aufeinander eingespielt – wie ein profilierter Reiter und sein gut abgerichtetes Pferd.

Die körperliche Herrschaft von Männern über Frauen geht jedoch weiter als solches Lenken und Leiten in der Öffentlichkeit; sie geht bis zu brutaler Gewalt. Die Witze früherer Zeiten über Frauen, die die »Peitsche« brauchen, verursachen heute zwar nur noch selten Gelächter (warum, so fragt man sich, waren sie einst so lustig), aber immer noch werden Tausende von Frauen täglich von »ihren« Männern geschlagen – trotz des stillschweigenden Einverständnisses, daß solche Dinge heute nicht mehr passieren.[46] Weiter unten auf der Gewaltskala stehen die Drohungen und Strafmaßnahmen von Männern, mit der sie eine Frau davor warnen, sich ihrem Willen zu widersetzen: Kniffe in den Oberarm oder in die Hand, körperliche Einengung (sie festhalten), ihr auf die Zehen oder unter dem Tisch heimlich gegen das Schienbein treten.

Es gibt eine Art von »Neckereien« zwischen Männern und Frauen, besonders jüngeren, an der, auch wenn es auf den ersten Blick nicht so aussehen mag, gleichfalls körperliche Dominanz beteiligt ist. In der Öffentlichkeit, vor allem bei Freizeitbetätigungen, kann man beobachten, wie Männer »nur« so tun, als verrenkten sie einer Frau den Arm, schlügen ihr auf den Hintern oder kniffen ihr ein wenig zu fest in den Arm. Oft sieht man, daß männliche Jugendliche Mädchen hochheben und sich wie einen Ball gegenseitig zuwerfen; wie sie Mädchen jagen, um sie ins Wasser zu werfen, und so weiter. Bemerkenswert ist, daß viele dieser Handlungen ebenfalls benutzt werden, um Kinder zu maßregeln, und in den Peergroups gleichgeschlechtlicher Jugendlicher dazu dienen, die Statushierarchie zu klären oder zu befestigen.

Vor einigen Jahren beobachtete ich, wie bei einem ländlichen Volkstanz zwei Männer auf der Tanzfläche darum wetteiferten, wer die Frauen am heftigsten und höchsten über der Erde herumwirbeln konnte. Was recht harmlos begann, eskalierte bald zu einem brutalen Wettkampf, aus dem die Frauen schwindelig herumwankend entlassen wurden; was hier gespielt wurde, war ihnen gar nicht klar geworden. Und Spaß hatte ihnen das Ganze zweifellos nicht gemacht. Die Botschaft, die sich Frauen bei solchen körperlichen Protzereien mitteilt, heißt: Du bist körperlich so unterlegen, daß man dich wie ein Spielzeug behandeln kann. Wir, die Männer, sind die Mächtigen; wir ziehen die Fäden, ihr seid die Marionetten.

Anmerkungen Kapitel 8

1 Joseph Kraft, »Looking ›Tough‹«, Boston *Globe*, 17. Januar 1975, S. 23

2 »Dunagin's People«, Boston *Globe*, 4. März 1975, S. 2.

3 Albert E. Scheflen, *Körpersprache und soziale Ordnung*, Stuttgart, (Klett) 1976, S. 34–36.

4 Gerard I. Nierenberg und Henry H. Calero, *Wer sieht kann erkennen. Dein Gegenüber – ein offenes Buch.* Bern-München-Wien (Scherz) 1972, S. 112.

5 John Spiegel und Pavel Machotka, *Messages of the Body* (New York, (Free Press) 1974, Kapitel 12 und 14.

6* Spiegel und Machotkas Anordnung der Bewertungsskalen ist als »Semantisches Differential« bekannt; die Versuchspersonen müssen sich nicht zwischen dem einen oder anderen Pol entscheiden, sondern können den Stimulus an irgendeiner Stelle zwischen beiden Polen ansiedeln. Erklärt ist das »Semantische Differential« in *The Measurement of Meaning*, von Charles E. Osgood, George J. Suci und Percy H. Tannenbaum. Urbana (University of Illinois Press) 1957.

7 Siehe besonders W. S. Condon und W. D. Ogston, »Sound-Film Analysis of Normal and Pathological Behavior Patterns«, *Journal of Nervous and Mental Disease*, 1966, 143, 338–47; und Adam Kendon, »Movement Coordination in Social Interaktion: Some Examples Described«, *Acta Psychologica* 1970, 32, 101–25.

8 Spiegel und Machotka, *Messages of the Body*, Kapitel 15.

9 Nierenberg und Calero, *Wer sieht kann erkennen*, S. 105.

10 Michael H. Bond und Daisuke Shiraishi, »The Effect of Body Lean and Status of an Interviewer on the Non-Verbal Behavior of Japanese Interviewees«, *International Journal of Psychology*, 1974, 9, 117–28.

11 Geraldine Michael und Frank N. Willis, Jr., »The Development of Gestures as a Function of Social Class, Education, and Sex«, *Psychological Record*, 1968, 18, 515–19. Die Autoren operierten mit den Gesten für: geh fort; komm her; ja; nein; sei still; wie viele; wie groß; Form; ich weiß nicht; auf wiedersehen; hallo; und sie hoben die Hand, um um Aufmerksamkeit zu bitten.

12 Michael, Willis, »Gestures as Function of Social Class«, S. 518.

13 Kenneth R. Johnson, »Black Kinesics – Some Non-Verbal Communication Patterns in the Black Culture«, *Florida FL Reporter*, 1971 (Frühling/Herbst), S. 17–20, 57.

14 Johnson, »Black Kinesics«, S. 19

15 Stanley E. Jones, »A Comparative Proxemics Analysis of Dyadic Interaction in Selected Subcultures of New York City«, *Journal of Social Psychology*, 1971, 84, 35–44.

16 Jones, »Comparative Proxemics Analysis«, S. 43.

17 Mark Twain, *Huckleberry Finns Abenteuer*. Frankfurt/M. (Insel) 1975, S. 95.

18 Ray L. Birdwhistell, »Masculinity and Feminity as Display«, in *Kinesics and Context*. Philadelphia (University of Pennsylvania Press) 1970. Diese Zitate und die in den folgenden vier Absätzen auf S. 44.

19 Die sieben Gesellschaften sind: chinesische, Londoner Mittel- und Oberschicht, Kutenai, Shushwap, Hopi, französische (Paris), und amerikanische.

20* Dies ist ein Beispiel für die in den Sozialwissenschaften (Anthropologie, Soziologie, Psychologie, Linguistik) geläufige Praxis, männliches Verhalten als Norm zu betrachten, weibliches als Abweichung. Freuds Schriften über Frauen sind hier ebenso ein Exempel wie anthropologische Berichte, die bei bestimmten Kulturen eine »Frauensprache« feststellen (ohne eine »Männersprache« als solche zu klassifizieren).

21 Nierenberg und Calero, *Wer sieht kann erkennen*, S. 63.

22 Mary Ritchie Key, *Male/Female language*. Metuchen, N. J. (Scarecrow Press) 1975, S. 112.

23 Adam Kendon und Andrew Ferber, »A Description of Some Human Greetings«, in R. P. Michael und J. H. Crook, Hrsg., *Comparative Ecology and Behavior in Primates*. London (Academic Press) 1973, S. 591–668.

24 Rita Mae Brown, »The Good Fairy«, *Quest*, 1974, 1, Nr. 1, 58–64. Zitat auf S. 61–62.

25 Karen Barbett und Judy Abbott, »Preening Behavior in Females«, unveröffentlichte Arbeit, University of Lowell 1975.

26 Brown, »The Good Fairy«, S. 62

27 Albert E. Scheflen, »Quasi-Courtship Behavior in Psychotherapy«, *Psychiatry*, 1965, 28, 245–57.

28* Die andere Situation, für die »Als-ob-Werbung« typisch ist: wenn sich ein Teilnehmer zurückzieht oder ausgeschlossen wurde.

29 Scheflen, »Quasi-Courtship Behavior«, S. 254.

30 Lynn O'Connor, »Male Supremacy: A Theoretical Analysis«, (1970); als Nachdruck erhältlich bei KNOW, Inc., P. O. Box 86031, Pittsburgh, Pa. 15221, S. 6. Es gibt einen exzellenten Photo-Essay, »Men and Women« von O'Connor, der einen Teil des Essays über männliche Überlegenheit begleitet, in: *It Ain't Me Babe*, 1. Juli 1970, Bd. 1, Nr. 8, S. 10–11.

31* Dies ist nichts Ungewöhnliches: In vielen Bereichen – beispielsweise grammatikalischen oder Verhaltensmustern – können Menschen oft Beispiele solcher Konzepte erkennen, aber nicht die Regeln nennen, die sie konstituieren.

32* Weitere stereotypisierte Geschlechtsunterschiede wurden in den Untersuchungen von Spiegel und Machotka *(Messages of the Body)* »festgestellt«. Die Behauptung der Autoren, daß ihre Versuchspersonen bei der Beschreibung weiblicher Figuren »weibliche Passivität und Rezeptivität« als wichtigste Dimension nannten, obwohl ihnen diese Dimension von den Forschern nicht vorgegeben worden sei, ist lächerlich, denn die Strukturen dieser Untersuchung ließen kaum etwas anderes zu als solche stereotypisierten Beurteilungen.

Spiegel und Machotka geben zu, daß sie die männlichen Figuren mit einer entschlosseneren Haltung versahen und ihnen ein stärkeres Eindringen in den Raum gestatteten als den weiblichen Figuren. Außerdem gaben sie für die Beurteilung weiblicher und männlicher Figuren unterschiedliche Bewertungsskalen vor; aber lassen wir die Autoren selbst erklären, welche Veränderungen sie vornahmen und aus welchem Grund: »Eine Dimension, die (für die Beurteilung männlicher Figuren) nicht beibehalten wurde, war »geziert-lasziv«; denn, auch wenn man sich vorstellen kann, wie bei einem Mann eine gezierte Haltung aussehen könnte, würde es doch einige Schwierigkeiten bereiten, ein Körperbild als männliche Laszivität zusammenzufassen. Eine weitere Dimension wurde verändert. Aus »empfangend-zurückweisend« wurde »empfangend-gebend«, um den Einschätzungen eine aktive Komponente hinzuzufügen. Drei Dimensionen, in denen es um Eigenschaften ging, die wichtig für die Beurteilung männlicher Figuren waren, wurden hinzugefügt: ›verweichlicht-mannhaft‹, ›stark-schwach‹ und ›gebieterisch-bescheiden‹.

In drei Untersuchungen über Kinesik (Blickrichtung, Armstellung und -höhe) in Gruppen waren die Gruppen ausschließlich männlich; weibliche Figuren tauchen wiederum nur in den Untersuchungen von männlich-weiblichen Begegnungen auf [siehe Anmerkung 43].

Wenn stereotype Voreinstellungen in den Aufbau eines Experiments hineingenommen werden, dann ist es nicht verwunderlich, daß als Ergebnis Stereotypen herauskommen. Computerbenutzer haben einen Ausdruck für dieses Phänomen: GIGO: »Garbage In, Garbage Out« (»gibst du Unsinn ein, kommt Unsinn heraus«). Bedauerlich ist nur, daß diese Untersuchungen von zwei bekannten Psychologen gerühmt werden – Jerome Kagan und Thomas Cottle –, die sich beide als Erforscher kindlicher Entwicklung und Advokaten kindlicher Rechte einen Namen machten. Wenn dies die Freunde kleiner Mädchen sind – wie sehen dann ihre Feinde aus?

33 Una Stannard, »Clothing and Sexuality«, *Sexual Behavior*, 1971 (Mai), 1, 2, 24–33, 64.

34 Nierenberg und Calero, *Wer sieht kann erkennen*, S. 137f. u. 55.

35 Peter Collett und Peter Marsh, »Patterns of Public Behavior: Collision Avoidance on a Pedestrian Crossing«, *Semiotica*, 1974, 12, 281–99; Zitat auf S. 298.

36 »Exercises for Men«, aus *Willamette Bridge* (und Liberation News Service), 1971. Abgedruckt in *The Radical Therapist*, Dez.–Jan. 1971, 1. Nr. 5, S. 15

37 Margaret Theeman, »Rhythms of Community: The Sociology of Expressive Body Movement«, Dissertation, Harvard University 1974.

38 Mell Lazarus, »Momma«, Boston *Globe*, 30. November 1971, S. 49.

39 Siehe Nicole Anthony, »Open Letter to Psychiatrists«, *Radical Therapist*, 1970 (Aug.–Sept.), 1, 3, 8 (außerdem erhältlich bei KNOW, Inc. P. O. Box 86031, Pittsburgh, Pa. 15221; O'Connor, »Men and Women«, S. 10–11 und Desmond Morris, *Liebe geht durch die Haut*. München-Zürich (Droemer-Knaur) 1977.

40 Spiegel und Machotka, *Messages of the Body*, Kapitel 16.

41 Spiegel und Machotka, *Messages of the Body*, S. 302.

42 Paul Williams, »Male-Female Encounter: Fresh Constructions«, Kapitel 17 in Spiegel und Machotka, *»Messages of the Body«*. Wie die anderen Experimente in diesem Buch, leidet auch dieses unter gravierenden Geschlechts-Stereotypisierungen und unkontrollierten Variablen. Nur die sexuellen Aspekte einer Begegnung werden untersucht, als ob alle weiblich/männlichen Begegnungen sexueller Natur wären. Und die den Versuchspersonen vorgegebenen Situationen enthielten nicht die Möglichkeit, daß *beide*, Frauen und Männer, initiativ waren, oder *beide*, Männer und Frauen, empfangend.

43 Williams, »Male-Female Encounter«, S. 340.

44 Williams, »Male-Female Encounter«, S. 311.

45 Williams, »Male-Female Encounter«, S. 316.

46 »Im Boston City Hospital sind ungefähr 70 Prozent der in der

Notaufnahme eingelieferten Opfer körperlicher Gewalt Frauen, die in ihrer Wohnung angegriffen wurden«, nach Betsy Warrior, »Battered Lifes«, in *The Second Wave*, 1975, 4, Nr. 2, 8–12, 14–19.
Allmählich wird diesem Problem größere Aufmerksamkeit geschenkt; inzwischen gibt es Hilfsgruppen und Zufluchtsorte für geschlagene Frauen.

Kapitel 9

Sieh jetzt nicht hin: Augenkontakt

Blicke ähneln Berührungen: Auch sie sind von einer mystischen und magnetischen Aura umgeben. Wie bei einer Berührung scheint auch bei der Begegnung zweier Augenpaare ein Funke von einer Person zur andern überzuspringen – manchmal ist es der Funke von Erkennen, manchmal von Liebe und manchmal von Feindschaft. Obwohl sie äußerst subtile Botschaften sind, gelten Augenkontakte doch als so verläßlich, daß beispielsweise besonders gewiefte Hahnkampf-Jockeys allein mit Hilfe von Blicken ihre Wetten abschließen. Und in unseren Redewendungen erscheint die visuelle Metapher ebenso wie die taktile, zum Beispiel »Ich sehe, was du meinst«, oder »Das ist meine Ansicht«. Wir suchen in Augen nach Bedeutung, und wir empfinden Augen als so aufschlußreich, daß wir allgemein glauben, daß, auch wenn alle anderen persönlichen Merkmale – Gesicht, Haar, Kleidung, Körpergröße, Gestalt und Haltung – sichtbar sind, allein das Verdecken der Augen ausreiche, die Identität einer Person zu verschleiern (und vielleicht ist dies wirklich der Fall.) Die Gangster in den Cartoons und die Super-Helden der Comics wahren ihre Anonymität auf genau diese Weise. Zensierte Augen werden in Büchern, Filmen und Fernseh-Interviews benutzt, um unseren »unschuldig Schuldigen«, wie psychiatrischen Patienten, ledigen Müttern, Homosexuellen und Prostituierten, den Schutz der Anonymität zu gewähren.

Unsere Trivialkultur umrankt die Augen mit den sentimentalsten Schnörkeln, wie »Trink mir nur mit deinen Augen zu, ich will dich mit meinen hochleben lassen« – »Augen sind der Spiegel der Seele« – »Deine Augen sind die Augen einer verliebten Frau« – und vielen anderen Gefühlsseligkeiten, deren Essenz man wie folgt zusammenfassen könnte: »Eines bezaubernden Abends wirst du auf der anderen Seite eines Raumes voller Menschen einen Fremden entdecken. Eure Augen begegnen sich, es ist Liebe auf den ersten Blick; ein Zauber hält euch gefangen, und dieser Moment wird dein ganzes Leben verändern.« Wir alle scheinen für diese Art von Romantik anfällig zu sein; in einem Experiment bewerteten Versuchspersonen, die sich Videobänder von »Verlobten« ansahen, die Paare, die sich am häufigsten in die Augen sahen, bei weitem am positivsten.[1]

Die wichtigsten Botschaften, die von all dem ausgehen, sind: Augen spielen eine bedeutende Rolle bei unserer Einschätzung anderer, und Augenkontakt ist eine Einladung zu oder ein Hinweis auf Intimität. Die Erforschung visuellen Verhaltens bestätigt diese Vorstellungen: Augenkontakt steht im Zentrum der Ausdrucksformen von Intimität und gegenseitiger Anziehung; und in diesem Kontext wurden Blicke zumeist untersucht. Eine Anzahl von Forschern kam zu dem Ergebnis, daß wir am häufigsten diejenigen anblicken, für die wir positive Gefühle haben,[2] und die, von denen wir Zustimmung erwarten oder ersehnen.[3] Auch wenn diese beiden Aspekte offensichtlich miteinander verknüpft sind, sind sie doch, zumindest teilweise, auch unabhängig voneinander; im allgemeinen suchen wir zwar die Zustimmung derer, für die wir positive Gefühle haben. Dennoch sind nicht alle, deren Zustimmung wir suchen, Personen, für die wir positiv empfinden.

Andere anstarren ist unhöflich

Wie Berührungen haben auch Blicke ihre negativen Seiten. Wir haben es nicht gern, wenn wir angestarrt werden, und halten es für unhöflich, selbst andere anzustarren. Manchmal beobachten wir den anscheinend bedeutungslosen Wettkampf von Menschen, die über einen Tisch oder Raum hinweg versuchen, den Blick des anderen niederzuzwingen; derjenige, der ihn als erster senkt, fühlt sich geschlagen (oder lacht nervös). Auch die Vorstellung, jemand könne uns durch seinen Blick beherrschen, versetzt uns in Angst – vielleicht irgendein »Svengali«, der uns beschwört: »Sieh mir in die Augen... Sieh mir *tiief* in die Augen!« Interessant ist, daß die zwei Schwergewichte nonverbaler Kommunikation, Berührungen und Blicke, in den uns geläufigen Inszenierungen der archetypischen Situation ›jemand gewinnt Herrschaft über uns‹ benutzt werden: vom Hypnotiseur oder Psychiater, die beide durch Handauflegen und Blicke Macht über ihre »Klienten« gewinnen. Die charakteristische Pose des Svengali: ausgebreitete Arme, die zu umgreifen scheinen, aber doch nicht berühren, und Augen, die starr auf den Unglücklichen fixiert sind, der sich ihm in die Hände gibt.

Bei Blicken gibt es in der Tat Dominanzaspekte, und das unbeirrte Anstarren ist einer der wichtigsten. (Ein frappierendes Beispiel einer solchen Zurschaustellung visueller Dominanz liefert der Schauspieler Al Pacino in seiner Rolle als Oberhaupt eines Mafiaclans in dem Film »Der Pate II«). Empirische Untersuchungen von Augenkontakten zeigen fast ausnahmslos, daß Angestarrtwerden Widerwillen hervorruft. Eine Befragungsstudie, in der es darum ging, wie unterschiedliche visuelle und kommunikative Situationen das Sich-Wohlfühlen beeinflussen, kam zu dem Ergebnis, daß 500 amerikanische und britische Studenten stummes Angestarrtwerden zu den unbehaglichsten Situationen zählten (völlige visuelle *Miß*achtung seitens des Zuhörers, an den man sich wendet, zählte als ebensolche).[4] Sowohl in lebensechten als auch in experimentell geschaffenen Situationen waren Personen, die von einem Fremden zuerst angestarrt und dann von ihm um Hilfe gebeten wurden, weniger bereit, zu helfen, als die Personen, die nicht angestarrt worden waren.[5]

In einer Serie von Experimenten demonstrierten Ellsworth und ihre Kollegen, daß Angestarrtwerden Abneigung und Widerwillen hervorruft. In einer Untersuchung empfanden Versuchspersonen den Verlauf eines Gesprächs als ungünstiger und den Interviewer als negativer, wenn es häufigen Augenkontakt gab – positiver dagegen, wenn es geringeren Augenkontakt gab. In einem anderen Experiment erwies sich Anstarren als Fluchtstimulus: Autofahrer wurden an einer Kreuzung angehalten; diejenigen, die man anstarrte, fuhren schneller los als die, die nicht angestarrt wurden. Und in einem dritten Experiment glaubten Versuchspersonen, sie würden Opfern Elektroschocks verabreichen; die Opfer waren jedoch ins Experiment Eingeweihte und taten nur so, als empfänden sie den Schock. In dieser Situation fühlten sich die Versuchspersonen, die von dem Opfer vor dem »Schock« angeblickt wurden, sehr unbehaglich.[6]

Nach der Auffassung dieser Forscher stimuliert Anstarren sowohl Aggression als auch Widerwillen; ferner vergleichen sie den starrenden Blick mit einem ähnlichen Phänomen unter den Tier-Primaten. Man stellte fest, daß Paviane, Rhesus-, Hut- und Schlankaffen sowie Berggorillas zu den Primaten gehören, die Formen gegenseitigen Anstarrens als Drohgebaren einsetzen. Exline, der umfangreiche Studien im Bereich visuellen Verhaltens durchführte (sein besonderes Interesse galt dem Machtaspekt), demonstrierte gemeinsam mit Yellin, daß Rhesusaffen sogar das Angestarrtwerden von *Männern* als aggressive Geste auffassen. Affen in Käfigen, die von Männern (nicht in Käfigen) angestarrt wurden, zeigten darauf all die erforschten artgemäßen Reaktionen, mit denen sie untereinander auf Aggression antworten – den »harten Blick«, Drohgebärden, Attacke und Ausweichen.[7]

Ethologen, die Tiere in freier Wildbahn beobachteten, berichteten darüber hinaus, daß ein Primat in seinem Angriffsvorhaben gehemmt wird, wenn das Angriffsziel den Blick senkt. Dasselbe visuelle Verhalten wurde auch bei autistischen Kindern[8]* beobachtet und als ein dem Tierverhalten vergleichbares Phänomen interpretiert: Obwohl sie so wehrlos sind, werden diese Kinder von anderen Kindern nicht angegriffen.[9]

Es gibt jedoch auch noch andere Formen nicht-aggressiven Augenkontakts. Exline, Ellyson und Long vermuten, daß sowohl bei Menschen als auch bei Tierprimaten »die Tatsache, daß Untergeordnete Übergeordneten größere visuelle Aufmerksamkeit schenken, dazu dienen kann, die konfliktfreie Interaktion zu erleichtern«. Die Autoren weisen darauf hin, daß im hierarchischen Verhalten von Primaten diese höhere visuelle Aufmerksamkeit Rangniederer gegenüber Ranghöheren sehr verbreitet ist; sie sind der Ansicht, daß dies bei den Tieren besonders im Hinblick auf Territorialkonflikte von Bedeutung ist, wo es die Funktion erfüllt, Aggression auf ein Minimum zu reduzieren. Bei Menschen könne dieses Verhalten sowohl dazu dienen, einen Überlegenen »auszupsychologisieren«, als auch dazu, ihm zu zeigen, daß man seinen Machtstatus akzeptiert.[10]

Wie soll man jedoch aggressives Anstarren von non-aggressiver »visueller Aufmerksamkeit« unterscheiden? Vielleicht kann man Länge und Charakter des Augenkontakts als Anhaltspunkt nehmen (beispielsweise weit geöffnete oder halb geschlossene Augen; ein Blick, der die Bewegungen des anderen begleitet oder den anderen festnagelt); vielleicht sind andere Körperbotschaften mit von Bedeutung (wie ein leicht erhobener oder gesenkter Kopf) oder auch äußere Umstände (Beziehung, Charakter der Interaktion). Um solche Blick-Unterschiede genauer entziffern zu können, muß jedoch noch viel Forschung betrieben werden. Später, wenn wir uns den Geschlechtsunterschieden bei Blicken zuwenden, werden wir auf diese Frage zurückkommen. Inzwischen wollen wir uns einige Daten ansehen, die uns Aufmerksamkeits-Studien liefern.

Wir haben Belege dafür, daß sowohl im menschlichen als auch im Tier-Verhalten Übergeordneten größere Aufmerksamkeit geschenkt wird; so kommen einige Studien zu dem Ergebnis, daß wir die Personen, von denen wir Zustimmung erhoffen, häufiger ansehen. Dieser Befund wird durch eine Befragung amerikanischer und britischer Studenten bestätigt. Aber auch wenn diese Versuchspersonen angaben, sie fühlten sich am unbehaglichsten, wenn jemand sie stumm anstarre, sagten sie gleichzeitig, sie fühlten sich *weniger* unbehaglich, wenn dieser Blick von einer jüngeren Person (niederen Altersstatus') ausgehe, als wenn es sich um eine gleichaltrige oder ältere Person handele.

Exline und Ko-Autoren gehen davon aus, daß es in unserer Gesellschaft eine Norm gibt, die (beim normalen Diskurs) für Personen unterschiedlichen sozialen Machtranges unterschiedliche Grade visueller Aufmerksamkeit vorschreibe: Je höher jemand steht, desto weniger muß er anderen einen Blick schenken – und vice versa. Diese Auffassung wird von drei Experimenten gestützt, in denen die Mitglieder von Dyaden, die über weniger Macht verfügten, denen mit höherer Macht größere visuelle Aufmerksamkeit schenkten. Die Ergebnisse dieser Studien enthalten jedoch nicht nur diese Feststellung, sondern sind weit komplexer und lohnen einen näheren Blick.[11]

Die Machtauge(n)elite. Im ersten Experiment wurden Dyaden geschaffen, in denen eine Person mehr Macht hatte: Die Macht des Machthöheren gründete darauf, daß es ihm zustand, Spielmarken zu verteilen, die gegen Geld eingetauscht werden konnten. Zwanzig der Dyaden waren »legitime« Machthierarchien: Sie setzten sich aus ROTC-Kadetten (ROTC: Ausbildungscamp für Reserveoffiziere) zusammen, und zwar jeweils aus einem Offizier und einem Leutnant, wobei der Ranghöhere, der Offizier, zugleich derjenige war, der die Marken verteilte. Den anderen zwanzig Dyaden lag kein wirklicher Macht- oder Statusunterschied zugrunde, nur der im Experiment durch die Verfügungsgewalt über die Marken geschaffene. In beiden Typen von Dyaden stellte sich heraus, daß die Versuchspersonen mit weniger Macht mehr Zeit damit verbrachten, die Machthöheren anzusehen als vice versa; und diese Tendenz

machte sich in den ROTC-Dyaden stärker bemerkbar als in den »nicht-legitimen« Hierarchien.
Das zweite Experiment bezog eine weitere Dimension mit ein. Man wollte wissen: Wie oft wurde der andere der Dyade jeweils beim Sprechen und beim Zuhören angeblickt? Beim Sprechen müssen wir unsere Gedanken und Worte ordnen; sähen wir den Zuhörer unentwegt an, würden wir unter Reizüberflutung leiden und von unserem Sprechvorhaben angelenkt. Daher fühlt der Sprecher die Notwendigkeit, Feedback-Aktionen zu vermeiden; und beim Sprechen wegzublicken ist ein verbreitetes Phänomen. Diese Faktoren sind zweifellos für den allgemeinen Befund verantwortlich, daß andere beim Zuhören öfter angeblickt werden als beim Selbstsprechen.[12] Da, wie wir feststellten, der Machtrang den Aufmerksamkeitsgrad beeinflußt, kann man vermuten, daß er auch im Hinblick auf die Blickdauer beim *Zuhören* zu einem Unterschied zwischen machtniederem und machthöherem Interaktor führt – im Hinblick auf die Blickdauer beim *Sprechen* jedoch nicht.
Exlines Untersuchungsergebnisse bestätigen diese Hypothese: Versuchspersonen mit geringerer Macht blickten den Machthöheren signifikant häufiger an, wenn sie zuhörten, als wenn sie sprachen; die machthöheren Versuchspersonen blickten ihr Gegenüber beim Zuhören dagegen nicht häufiger an. Anders ausgedrückt: Machtgeringere haben einen höheren Quotienten Anblicken-beim-Zuhören im Vergleich zu Anblicken-beim-Sprechen als Machthöhere. Ein interessantes Ergebnis ergab eine Nacharbeitung dieses Experiments: Die Autoren verschafften sich Einblick in Dokumente, in denen die Führungsqualitäten der am Experiment beteiligten Offiziere während eines Sommercamps im vorangegangenen Jahr beurteilt worden waren. Es stellte sich heraus, daß die Offiziere, denen die *geringsten* Führungsqualitäten bescheinigt worden waren, gleichzeitig diejenigen waren, die im Experiment ihrem machtniederen Gegenüber *größere* visuelle Aufmerksamkeit geschenkt hatten. Vielleicht kann man das als Hinweis darauf verstehen, daß die (visuell ausgedrückte) Anteilnahme für unsere Untergebenen mit dem Konzept von Macht nicht vereinbar ist.
Diese beiden Experimente simulieren Macht (hier: Kontrolle über Ressourcen) innerhalb einer experimentell geschaffenen Situation; in der Hälfte der Fälle fielen Macht und Status im wirklichen Leben mit Macht in der experimentellen Situation

zusammen. Macht und Status bedeuten Herrschaft über andere. Aber auch persönliche Dominanz, d. h. die Persönlichkeitstendenz, Herrschaft über andere auszuüben, spielt eine Rolle. In ihrer dritten Studie untersuchten diese Wissenschaftler, welche Auswirkungen diese Form interpersonaler Herrschaftstendenz auf die visuelle Aufmerksamkeit hat. Der Grad von Herrschaftstendenz einer Versuchsperson wurde anhand eines eigens für dieses Experiment erstellten Persönlichkeitsmaßes beurteilt; *visuelles Dominanzverhalten* wurde als umgekehrt proportional zum Verhältnis Anblicken-Zuhören: Anblicken-Sprechen-Verhalten definiert. Es stellte sich heraus, daß die Versuchspersonen mit hoher Herrschaftstendenz in der Tat auch höhere visuelle Dominanz zeigten als die Versuchspersonen mit geringerer Herrschaftstendenz. Mit anderen Worten: Diejenigen, die andere Menschen beherrschen wollen, zeigen dasselbe Verhalten Gleichen gegenüber, das Übergeordnete gegenüber tiefer in der Machthierarchie Stehenden zeigen. Wir sehen also, daß Status, Macht und persönliche Dominanz alle auf die gleiche Weise mit visuellem Dominanzverhalten verknüpft sind.

In einem weiteren Experiment von Exline und Mitarbeitern wurden Versuchspersonen, nachdem der Experimentleiter den Raum verlassen hatte, in eine kleine Betrügerei verwickelt. Die Versuchspersonen waren zuvor auf ihren »Machiavellismus« getestet worden, ein weiteres Maß persönlicher Manipulationstendenzen.[13] In einem an das Experiment anschließenden Interview äußerte der Experimentleiter den Versuchspersonen gegenüber seinen Verdacht, sie hätten betrogen. Die hohen »Machs«, jene mit der größeren persönlichen Tendenz, andere zu manipulieren, gestanden die Betrügerei weniger oft ein und logen – nach dem Urteil unabhängiger Richter – überzeugender als die niedrigen »Machs«. Obwohl alle Versuchspersonen den Experimentleiter seltener anblickten, als sie es in einem der Betrügerei vorausgegangenen Interview getan hatten, reduzierten die hohen »Machs« ihren Augenkontakt in geringerem Maße als die niedrigen »Machs«; ferner stellten die hohen »Machs« beim Leugnen der Betrügerei eine faszinierende Fähigkeit zur Schau, dem Interviewer in die Augen zu blicken. Es sieht so aus, als ob die persönliche Tendenz, andere zu beherrschen, sich Geltung zu verschaffen sucht, indem sie sich die Verhaltensweisen derer zueigen macht, die wirklich Herrschaft ausüben und die wirklich im Besitz von Macht sind. Auch Autori-

tät, ein weiterer Machtvorteil, wird auf diese Weise zu erreichen versucht. Magie mag ganz in den Händen liegen, aber Chuzpe ist nur in den Augen.
Falls der Leser der Auffassung sein sollte, daß die Ergebnisse solcher Experimente sich nicht auf unsere alltägliche Welt übertragen lassen, sei der folgende faszinierende Bericht über den Eingang des afrikanischen Dschungels in den Dschungel unserer Geschäftswelt erwähnt: Ein amerikanischer Unternehmer heuerte einen für seinen »bösen Blick« berüchtigten Mafiosi an, dessen einzige Aufgabe darin bestand, die Angestellten des Unternehmens anzustarren, um sie zur Arbeit anzuhalten.[14]

Sein hohes Profil wahren

Sichtbarsein ist ein weiterer Aspekt von Augenkontakten. Besonders unangenehm empfinden wir es, von jemandem beobachtet zu werden, den wir selbst nicht sehen können: Sehr deutlich äußert sich dies etwa in unserem Mißtrauen und unserer Abneigung, wenn unser Gegenüber eine Sonnenbrille, womöglich noch eine mit verspiegelten Gläsern trägt; sofort verdächtigen wir ihn, uns heimlich zu beobachten. Sichtbarsein – sich zeigen – ist bei Augenkontakten von ähnlicher Bedeutung wie in anderen Bereichen von Selbstenthüllung, ein Zusammenhang, auf den wir später zurückkommen werden. Ob man anderen Zugang zur visuellen Information über die eigene Person gewährt, ist, wie in allen anderen Sphären von Informationspreisgabe oder -verweigerung, eine Frage von Macht.
Argyle und Mitarbeiter untersuchten im Experiment, wie weit unterschiedliche Grade von Sichtbarsein die Interaktion von Dyaden beeinflussen.[15] Es stellte sich heraus, daß, wenn eine Person sichtbar ist und die andere nur teilweise, diejenige im Besitz der größeren visuellen Information dazu neigt, in der Begegnung zu dominieren, sich behaglicher zu fühlen und als »Beobachter« aufzutreten, während die andere Person zum »Beobachteten« wird. Dieses Gefühl, »beobachtet zu werden«, schien jedoch an die anderen experimentell konstruierten Komponenten von Sichtbarkeit nicht gebunden zu sein, denn bei den Personen, die in grellerem Licht saßen oder tatsächlich häufiger angeblickt wurden, stellte sich dieses Gefühl nicht häufiger ein. Dagegen fühlten sich die Versuchspersonen stärker beobachtet, wenn sie interviewt wurden, als wenn sie selbst

interviewten; eher, wenn sie mit einer älteren Person zusammen waren als mit einer jüngeren; wenn sie selbst den anderen weniger ansahen und wenn sie Frauen waren (dann besonders bei einem männlichen Gegenüber).
Das Gefühl, beobachtet zu werden, definieren Argyle und Williams als »einen kognitiven Set, der durch den Charakter der Beziehung produziert wird«, d. h. dadurch, der Untergeordnete zu sein. In ihrer Interpretation, die mit unseren Kenntnissen über den submissiven Charakter des Blickausweichens übereinstimmt, heißt es:

> Es ist denkbar, daß Menschen, die sich beobachtet fühlen, in der Vergangenheit durch die Blicke anderer niedergezwungen wurden und es sich in der Folge zueigen gemacht haben, Blicken auszuweichen; d. h. ihr Gefühl, beobachtet zu werden, basiert auf einer realen visuellen Erfahrung in der Vergangenheit.[16]

Ein Blick über die Rassenkluft

Augenkontakt spielt eine wichtige Rolle bei der Regulierung von Interaktionen; insbesondere dient er als Signal bei Unterhaltungen, mit dem man dem anderen zu verstehen gibt, daß man ihm das Wort überläßt. Augapfel-Beobachter stellten fest, daß ein Sprecher, der sich dem Ende seiner Äußerung nähert, kurz vom anderen wegblickt; dann, wenn er wirklich zu Ende gesprochen hat, den anderen wieder ansieht, um ihm anzuzeigen, daß er ihm das Feld überlasse.[17] Dieses Muster überlagert sich mit dem zuvor zitierten, daß Gesprächsteilnehmer beim Zuhören den andern im allgemeinen öfter anblicken als beim Selbstsprechen. Dies trifft jedoch nur für das weiße Szenarium zu. Die Muster von Augenkontakten bei Unterhaltungen zwischen Schwarzen und in interrassischen Dyaden sind, wie sich herausgestellt hat, andere.
La France und Mayo liefern in diesem Zusammenhang eine minutiöse Analyse zweier Filme: Im einen wird ein Schwarzer in der Interaktion mit einem Weißen und einem Schwarzen gezeigt; im anderen unterhalten sich zwei Schwarze. In der schwarzen Dyade stellten die Autorinnen eine völlige Umkehrung der weißen Muster von Blickrichtungen fest: Der Sprecher sah den anderen vor und während seines Sprecheinsatzes unentwegt an, während der Zuhörer sowohl bevor und während

der andere sprach, wegsah. Eine Beobachtung wirklichen Lebens, in der 63 schwarze und 63 weiße Dyaden (gleich- und gemischtgeschlechtliche) analysiert wurden, bestätigt den Befund, daß schwarze Zuhörer den Sprecher weniger ansehen als weiße Zuhörer.[18]
Die Auffassung dieser Forscherinnen, nach der Schwarze beim Zuhören den anderen deshalb nicht ansehen, weil sie ihm wahrscheinlich mit Hilfe anderer nonverbaler Signale mitteilen, daß sie ihm ihre Aufmerksamkeit schenken, wird durch andere Autoren, die Interaktionsmuster unter Schwarzen erforschten, bestätigt. Scheflen bemerkt, daß in der schwarzen Kultur das Auge-in-Auge-Sehen als unhöflich aufgefaßt wird, als Geringschätzung oder Affront.[19] Johnson, über dessen Untersuchungen schwarzer Kinesik wir an früherer Stelle berichteten, betont den

»Widerwillen« schwarzer Amerikaner, jemand anderem (insbesondere jemandem in einer Autoritätsrolle) direkt in die Augen zu sehen. ... Im kulturellen Kontext von Schwarzen ist das Vermeiden von Blickkontakten eine nonverbale Botschaft, mit der man dem anderen zu verstehen gibt, daß man die Autorität-Untergeordneter-Beziehung anerkennt...[20]

Johnson weist darauf hin, daß dieses Muster in Westafrika gültig ist; daß es auch unter schwarzen Amerikanern festzustellen ist, führt er auf deren afrikanische Ursprungskultur zurück. Er betont ferner, daß dasselbe Muster auch in Japan gilt; andere Autoren weisen darauf hin, daß auch Puertoricaner und Mexiko-Amerikaner jemandem ihren Respekt bekunden, indem sie den Blick senken.[21] Sowohl Scheflen als auch Johnson sind der Ansicht, daß es zum Kulturkonflikt kommt, wenn diese Respektsymbole in der dominanten weißen Kultur angelsächsischen Ursprungs benutzt werden, wo diese Signale leicht als Unaufmerksamkeit, Ausweichen oder Unehrlichkeit interpretiert werden. Aus ihrer weißen Mittelschichttradition heraus, in der gilt: »Sieh mich an, wenn ich mit dir spreche«, und nach deren Normen nur der dem andern seine Aufmerksamkeit schenkt, der ihn auch ansieht, haben viele amerikanische Lehrer versucht, schwarze oder puertoricanische Kinder zu zwingen, ihnen in die Augen zu sehen; und sie wurden zornig über das Verhalten dieser Kinder, das sie als mangelnden Respekt vor der Autorität interpretierten.

Auch die Interaktion Erwachsener verschiedener Rassenzugehörigkeit kann auf ähnliche Weise leiden. La France und Mayo berichten von Mißverständnissen der visuellen Wortübergabe-Signale in Konversationen zwischen Weißen und Schwarzen. Wenn der schwarze Sprecher eine syntaktische Einheit mit einer Pause beendete und den Blick auf sein Gegenüber heftete (für den Weißen der Hinweis, daß ihm das Feld überlassen wird), begann der Weiße zu sprechen; der Schwarze hatte jedoch noch nicht ausgeredet, und beide sprachen gleichzeitig. Und wenn der weiße Sprecher den visuellen Hinweis gab, er habe seine Äußerung beendet, und darauf wartete, daß der Schwarze das Wort übernahm, wurde dieser Hinweis nicht als solcher verstanden: Der weiße Sprecher konnte sich nicht anders helfen, als sich zu wiederholen; zum Schluß stellte er dem Schwarzen eine direkte Frage, um ihn zu bewegen, das Wort zu ergreifen.

Männerblicke – Frauenblicke

Augenkontakte sind das im Bereich nonverbaler Kommunikation wohl am gründlichsten untersuchte Phänomen, und Duncan zufolge »ist das Geschlecht die bedeutendste Einzelvariable [beim Augenkontakt].«[22] Die Untersuchungsergebnisse auf diesem Gebiet sind jedoch komplex und widersprüchlich, zumal die neuere Forschung, statt alte Unklarheiten zu beseitigen, noch neue geschaffen hat. Nirgends wird dies deutlicher als in den Untersuchungen geschlechtsabhängiger Unterschiede bei Augenkontakten.

Das Ergebnis, über das es wohl die weitgehendste Übereinstimmung gibt, besagt, daß Frauen – besonders untereinander – ihr Gegenüber öfter anblicken als Männer. Das 1963 von Exline durchgeführte Experiment stellt eine Art Prototyp für die auf diesem Gebiet üblichen Untersuchungen dar[23]: Er bildete Gruppen von je drei Frauen und je drei Männern und forderte sie auf, ein Gruppengespräch zu leiten, in dem es um folgendes Problem ging: einen Namen für ein (hypothetisch) »neu entwickeltes Seifenprodukt für Waschmaschinen« zu finden. Jede Versuchsperson hatte sich zuvor einen Namen ausgedacht. Während die Namen in der Gruppe erörtert wurden, beobachteten in der Beurteilung visuellen Verhaltens geschulte Mitarbeiter die Versuchspersonen durch Einwegspiegel.

Exline fand heraus, daß Frauen häufiger Blicke austauschten, von sich aus (einseitig) ihr Gegenüber öfter ansahen und beim Blickaustausch den Blick länger festhielten als Männer.
Dieses Experiment beschränkte sich jedoch darauf, die Blickmuster jeweils innerhalb derselben Geschlechtsgruppe zu beobachten. Würden Männer bei einem weiblichen Gegenüber ebenso zu weniger Blickkontakten neigen, oder tun sie dies nur in der gleichgeschlechtlichen Konstellation? Und würde sich das visuelle Verhalten von Männern und Frauen in der gemischtgeschlechtlichen Interaktion angleichen?
Zwei Jahre später veröffentlichte Exline (mit Kollegen) eine weitere Studie, die diese Frage beantwortete.[24] In diesem Experiment wurden Studenten und Studentinnen einzeln und jeweils von einem andersgeschlechtlichen Experiment-Mitarbeiter interviewt; wieder wurde ihr visuelles Verhalten mit Hilfe von Einwegspiegeln beobachtet. Der (die) Interviewer(in) hielt den Blick während des ganzen Interviews auf die Versuchsperson geheftet, so daß jeder Blick der Versuchsperson zum Blickaustausch mit dem Interviewer wurde. Die Beobachter hinter dem Spiegel hielten sowohl jeden einzelnen Fall fest, in dem eine Versuchsperson den Interviewer ansah, als auch die Dauer des Blicks. Diese Information wurde mit den Sprecheinsätzen der Beteiligten synchronisiert. Auch in diesem Experiment blickten die Frauen öfter als die Männer. Die weiblichen Versuchspersonen sahen ihr Gegenüber öfter an als die männlichen: während sie sprachen, während sie schwiegen, während der Interviewer sprach und auch während der an das Interview anschließenden informellen Diskussion. In der Nachfolge dieses Experiments führten andere Forscher ähnliche Untersuchungen durch, vermieden es jedoch, in ihre Verfahren solche Künstlichkeiten wie den 100prozentigen Blick des Interviewers einzubauen und verzichteten auch auf das durch die Konstellation Interviewer/Interviewter geschaffene Statusgefälle; all diese Autoren kamen zu ähnlichen Ergebnissen.[25] Exline bemerkt: »In allen Untersuchungen, die das Geschlecht als Variable enthielten, wurde ohne Ausnahme dieser Geschlechtsunterschied hinsichtlich der visuellen Aufmerksamkeit festgestellt.«[26]
Auch bei anderen Aspekten visuellen Verhaltens wurden geschlechtsabhängige Unterschiede beobachtet; sie sind jedoch im allgemeinen komplexer als der eben zitierte[27]* oder nicht so weitgehend durch experimentelle Daten abgestützt.
Warum blicken Männer ihr Gegenüber weniger häufig an als

Frauen? Exline und andere Forscher suchen die Antwort auf diese Frage in Persönlichkeitsvariablen, wie zum Beispiel in den unterschiedlichen Graden von Affiliationsbedürfnis und Feldabhängigkeit[28]* bei Männern und Frauen. Aber statt (perzeptuelle oder) Persönlichkeitsvariablen heranzuziehen, ist es vielleicht sinnvoller, sich den sozialen Kontext visuellen Verhaltens anzusehen. Frauen sind öfter von Männern abhängig – ökonomisch, gesellschaftlich etc. – als vice versa. Informationen, die das soziale Umfeld betreffen, können für das ökonomische Überleben von Frauen von entscheidender Bedeutung sein, ganz zu schweigen von ihrem sozialen/politischen und psychischen Überleben. An früherer Stelle wiesen wir darauf hin, daß derjenige, der auf die Zustimmung anderer angewiesen ist, häufiger Augenkontakt sucht. Rubin erkennt die Bedeutung dieser Tatsache an, wenn er feststellt, daß Augenkontakt für Frauen nicht nur ein Medium emotionalen Ausdrucks ist, sondern ihnen auch dazu dient, sich Gewißheit zu verschaffen, ob Männer ihr Verhalten billigen.[29] Möglicherweise sind Frauen auch deshalb ständig auf der Suche nach visueller Information, weil sie ihnen so oft verwehrt wird – von Männern, die ihre Gefühle verbergen, und von der Umwelt, aus deren Informationsfluß Frauen oft ausgeschlossen sind.

Männer haben vielleicht gute Gründe, Augenkontakte zu vermeiden. Webbink wies darauf hin, daß man die visuellen Verhaltensmuster von Männern grundsätzlich anders betrachten muß als die weiblichen Muster. Die Tatsache beispielsweise, daß Männerblicken traditionellerweise aggressive oder sexuelle Konnotationen unterlegt werden, mag Männer veranlassen, Augenkontakten auszuweichen, um zu vermeiden, aggressiv oder als Verführer zu erscheinen.[30]

Das soziale Umfeld bietet also weitreichende Erklärungen für das unterschiedliche visuelle Verhalten von Männern und Frauen; und es besteht keinerlei Notwendigkeit, grundsätzliche Persönlichkeitsunterschiede zwischen den Geschlechtern zu postulieren. All die Ableitungen aus dem sozialen Kontext sind zweifellos jenen vorzuziehen, die auf solch unsicheren Boden wie die »Feldabhängigkeits«-Variable[31] gebaut sind.

Können Frauen gleichzeitig die Überlegenen und die Unterlegenen sein? Welche Rolle spielt der übereinstimmende Befund unterschiedlichen visuellen Verhaltens der Geschlechter nun bei der Aufrechterhaltung des Machtgefälles zwischen ihnen?

Die Tatsache, daß Frauen ihr Gegenüber öfter ansehen als Männer, und das an früherer Stelle zitierte Ergebnis, daß Personen mit höherem Status oder mit mehr Macht das »Anstarr-Privileg« haben, widersprechen sich offensichtlich. Wenn Frauen wirklich niedereren Status haben, wie können sie dann diejenigen sein, die andere öfter anblicken? Auf diese Frage sind mehrere Antworten möglich.

Erstens: Daß Frauen häufiger Augenkontakt suchen, kann man im Kontext der Aufmerksamkeit des Unterlegenen gegenüber dem Überlegenen sehen: Wie in der Tierwelt müssen Rangniedere nach den Signalen der Ranghöheren Ausschau halten und sich an ihnen orientieren. Zweitens: Die Tatsache, daß Frauen andere öfter anblicken, könnte auch daher rühren, daß Frauen die besseren Zuhörer sind als Männer[32]; die Tendenz, den anderen öfter anzusehen, wenn man zuhört, als wenn man spricht, wurde bereits erwähnt.[33] Oder, dritte Möglichkeit: Es ist denkbar, daß sich das Blickverhalten in experimentellen Situationen von den Interaktionen im wirklichen Leben unterscheidet, etwa bei Menschen, die in dauerhaften Beziehungen und/oder irgendeinem Einfluß- oder Abhängigkeitsverhältnis zueinander stehen.[34]

Am fruchtbarsten ist es wohl, nach dem Charakter von Männer- und von Frauenblicken zu fragen. Kann man die visuelle Aufmerksamkeit des Unterlegenen von dem Den-andern-Anstarren des Dominanten unterscheiden? Die Beteiligten können es offensichtlich. Ein Zeichen, an dem sich Außenstehende orientieren könnten, wäre das Blickabwenden, ein Signal, mit dem der Unterlegene seinen inferioren Status zu erkennen gibt. Frauen mögen ihr Gegenüber öfter anblicken; es kann jedoch ebenso gut sein, daß sie den Blick auch häufiger abwenden, wenn jemand sie ansieht, und damit ihre Unterordnung anzeigen.[35]* Es erheben sich also zwei Fragen: Starren Männer häufiger als Frauen, und neigen Frauen häufiger als Männer dazu, den Blick abzuwenden?

In unserer Sprache gibt es eigene Worte für die Art, wie Männer Frauen anstarren, *glotzen* zum Beispiel oder der *lüsterne Blick*; wir dürfen also annehmen, daß das männliche Anstarren (von Frauen) als Verhaltenskategorie existiert, die so bedeutungsvoll ist, daß sie in unserer Sprache ihren Niederschlag fand. Ob solche Männerblicke sich eigene Namen einhandelten, weil sie mit so großer Häufigkeit vorkommen oder weil sie als unangemessenes Verhalten gelten, können wir aufgrund linguistischer

Information allein nicht entscheiden. Wohl alle Frauen sind sich jedoch darüber einig, daß sie öfter angestarrt werden als Männer und daß es Männer sind, von denen sie angestarrt werden, insbesondere in der Öffentlichkeit und von männlichen Müßiggängern.

Was das Blickabwenden betrifft, gehen viele Autoren davon aus, daß Frauen ihren Blick schneller und bereitwilliger abwenden als Männer. Rita Mae Brown zum Beispiel schreibt:

Augenkontakt ist ein sicherer Hinweis auf Status. Die meisten (nichtfeministischen) Frauen senken den Blick oder blicken zur Seite, erwidern Blicke verstohlen – handelt es sich um Männerblicke, sogar noch verstohlener. Feministinnen blicken ihrem Gegenüber beständiger in die Augen als Nicht-Feministinnen; und lesbische Feministinnen blikken ihren Gesprächspartnern manchmal so unentwegt in die Augen, daß es anderen, vor allem nicht-lesbischen Frauen, ganz unbehaglich wird; denn diese Art von Augenkontakt wird als Domäne Heterosexueller aufgefaßt.[36]

Und eine der zuvor zitierten »Exercises for Men« (Übungen für Männer), wie man lernt, was es heißt, eine Frau zu sein, besteht darin:

›Geh durch eine Großstadtstraße... Blicke stur geradeaus. Jedesmal wenn ein Mann sich dir nähert, wende den Blick ab und wische jede Spur von Ausdruck aus deinem Gesicht.‹ Diesem Akt unterziehen sich die meisten Frauen, sowie sie das Haus verlassen, um zumindest einigen der ständigen Begegnungen aus dem Weg zu gehen, in denen Männer aus irgendeinem Grund der Meinung sind, Frauen signalisierten ihnen, sie wären zu haben.[37]

Höchstwahrscheinlich wird dieses Blickabwenden zu einem viel früheren Zeitpunkt erlernt, als solche Begegnungen mit fremden Männern eine Rolle spielen, und zwar in dem Sozialisationsstadium, in dem jungen Mädchen beigebracht wird, sich »damenhaft« zu benehmen. Benimmbücher haben ihren weiblichen Lesern schon immer geraten, den Blick zu senken, wenn sie als »bescheidene« junge Damen gelten wollen.

Studenten meiner Kurse führten informelle Untersuchungen von Blickverhalten in der Öffentlichkeit durch, die in diesem Zusammenhang von Interesse sind. Zwei Studentinnen beobachteten (in 84 Fällen) Augenkontakte beim Aneinandervorübergehen in der Öffentlichkeit. Sie kamen zu dem Ergebnis,

Tabelle 4
Prozentanteile der von den angeblickten Zielpersonen erwiderten Augenkontakte

	Zielpersonen			
	männlich		weiblich	
Anblicker	Blick-erwiderung	Blick-abwenden	Blick-erwiderung	Blick-abwenden
männlich	20	80	41	59
weiblich	60	40	39	61

daß, wenn Frauen und Männer aneinander vorübergingen, 71 Prozent der Männer Augenkontakt mit der Frau herstellten, aber nur 43 Prozent der Frauen mit dem Mann.[38] Studenten verschiedener Semester sammelten Beobachtungen über Blickerwiderung: Sie sahen in der Öffentlichkeit jemanden ungefähr drei Sekunden an und notierten, ob die Person den Blick erwiderte. Sie sammelten fast 400 solcher Erfahrungen (ungefähr 100 davon in jeder möglichen Geschlechtskombination) und kamen zu den in Tabelle 4 ausgewiesenen Ergebnissen. Als übergeordnetes Muster stellten sie das Nicht-Erwidern von Blicken fest: Frauen neigten dazu, den Blick abzuwenden – sowohl wenn sie von einem Mann als auch wenn sie von einer Frau angestarrt wurden; Männer zeigten die auffallende Tendenz, den Blickkontakt mit anderen Männern zu vermeiden. Aber es gab einen Fall, in dem der Blick erwidert wurde: Wenn Männer von einer Frau angestarrt wurden, neigten sie dazu, zurückzustarren.

In einer anderen Untersuchung starrte ein männlicher Student in Einzelbegegnungen 60 Männer und Frauen an; bei den Frauen stieß er auf ein Muster »repetitiven Augenkontakts«: Ungefähr 40 Prozent der Frauen, die er anstarrte, erwiderten seinen Blick, brachen den Augenkontakt aber sofort wieder ab und stellten ihn dann von neuem her. Dieses Muster konnte sich bei einer einzigen Begegnung bis zu viermal wiederholen. Bei jedoch nur einem von 30 Männern war dieser repetitive Augenkontakt zu beobachten.[39] All diese Untersuchungen scheinen darauf hinzuweisen, daß Frauen in Situationen des wirklichen

Lebens öfter den Blick abwenden (man braucht nicht zu betonen, daß weitere Studien zu dieser Frage wünschenswert wären). Das interessante Phänomen des repetitiven Augenkontakts mag ein Ausdruck dafür sein, daß Frauen zwischen widersprüchlichen Forderungen hin- und hergerissen sind – einerseits der, den Blick zu senken, und andererseits der Notwendigkeit, Männern gegenüber wachsam zu sein.

In vielen Situationen des wirklichen Lebens können sich Frauen den Vorteil visueller Information nur heimlich verschaffen: in verstohlenen Blicken, wenn Männer die Augen einen Moment lang abgewandt haben, sich gerade mit anderen Männern oder anderen Angelegenheiten beschäftigen. Das Klischee der Frau, die heimlich hinter den Fenstervorhängen spioniert, mag man als Hinweis darauf verstehen, für wie wenig selbstverständlich es gilt, daß Frauen ihre Welt mit offenem Blick erobern.

Und wenn Frauen offen und direkt gucken, dann oft auf eine andere Art als Männer. O'Connor schreibt:

> [Bei einigen Primatenspezies] dient die Verfärbung bestimmter Körperteile, die bei der Zurschaustellung von Dominanzgebärden eintritt, dazu, dieses Dominanzgebaren auch auf größere Entfernung sichtbar zu machen. In dem großen Bereich von Weiß um die dunkle Zone des Auges liefert unsere eigene Spezies ein deutliches Beispiel hierfür. Diese Färbung läßt den direkten Blick sehr klar und bedrohlich wirken; und in der Tat ist der direkte Blick oder direktes Anstarren unter Menschen eine gebräuchliche Dominanzgeste. Frauen benutzen diese Geste gleichermaßen wie Männer, aber oft in modifizierter Form. Wenn eine Frau einen Mann direkt ansieht, hält sie ihren Kopf dabei normalerweise leicht gesenkt – eine Form »beschwichtigenden Präsentierens«, die den direkten Blick so abschwächt, daß er, wenn auch nicht als eindeutig submissiv, so doch als ambivalent aufgefaßt wird.[40]

Die Autorin weist ferner darauf hin, daß das Augen-Make-up von Frauen »die Wirkung hat, den direkten Blick zu modifizieren und dessen bedrohlichen Charakter abzumildern.« Oft ist jedoch genau das Gegenteil der Fall; zumeist wird Augen-Make-up benutzt, um die Augen zu dramatisieren, stärker hervorzuheben und ihnen mehr Ausdruckskraft zu verleihen; vielleicht ermutigt es Frauen sogar, andere anzustarren. Hierin dürfen wir wohl ein weiteres Beispiel dafür sehen, daß, wenn Frauen sich eine Dominanzgeste zu eigen machen, diese sexuell interpretiert wird.

Meiner Ansicht nach können wir aus diesem Überblick über die Rolle von Dominanz bei Augenkontakten folgendes schließen: Überlegene verfügen über zwei Formen, ihre Überlegenheit zu kommunizieren: Jemanden anstarren wird eingesetzt, um Dominanz *abzusichern* – sie zu etablieren, aufrechtzuerhalten und wiederzugewinnen. Andererseits wird die überlegene Position selbst – besonders wenn sie abgesichert ist – dadurch kommuniziert, den anderen visuell zu ignorieren, ihn nicht anzusehen, wenn man ihm zuhört, sondern in die Luft zu gucken, so als wäre er nicht vorhanden. Dieses Verhalten ist das Gegenstück zur visuellen Aufmerksamkeit, die der Unterlegene in der unsicheren Position zeigen muß. Mit anderen Worten, Macht kann sich sowohl durch Hinblicken als auch durch Wegblicken ausdrükken; wie Blicke jeweils eingesetzt werden, ist gar nicht so schwer zu entschlüsseln. Die Tendenzen von Frauen, einerseits den andern öfter anzusehen, andererseits den Blick abzuwenden, widersprechen einander nicht, sondern werden auf dem Hintergrund von Macht- und Status-Konstellationen verständlich.

Die transparente Frau

In den zuvor erwähnten Experimenten über Sichtbarsein wurde der Grad, in dem ein Interaktionspartner den anderen sehen konnte, variiert. Derjenige, der mehr vom andern sehen konnte, begann in der Interaktion zu dominieren. Darüber hinaus fanden es Frauen (Männer dagegen nicht) schwieriger, zu kommunizieren, wenn sie den andern nicht sehen konnten; und sie wollten ihn sehen, selbst wenn sie selbst unsichtbar waren. Wenn Frauen unsichtbar waren, *verringerten* sich ihre Redebeiträge um ungefähr 40 Prozent; wenn Männer unsichtbar waren, *vergrößerten* sich deren Redebeiträge um 40 Prozent (zusätzlich zu ihren ohnehin längeren Redebeiträgen). Ein signifikanter Zusammenhang zwischen Sichtbarsein und Geschlecht wurde beobachtet: »Männer sprechen mehr, wenn sie unsichtbar sind *und* mit Frauen sprechen.«[41] Diese Ergebnisse legen nahe, daß Unsichtbarsein auf Männer und Frauen unterschiedliche Auswirkungen hat: Obwohl Unsichtbarsein einen gewissen Vorteil bedeuten kann, gelang es Frauen (aufgrund ihrer lebensgeschichtlichen Erfahrung) weniger als Männern, diesen Vorteil auszunutzen. Die Rolle des Beobachteten ist Frauen einfach vertrauter als die des Beobachters.

Eine andere Variante von Sichtbarsein wurde von Argyle und Ingham eingeführt:[42] Versuchspersonen wurden durch Einwegspiegel voneinander getrennt, so daß immer nur einer den andern sehen konnte. Jene, die ihre Partner sehen konnten, sahen sie signifikant häufiger an als Partner in Experimenten, in denen sich beide sehen konnten – ein Hinweis darauf, daß Selbst-Sichtbarsein eine hemmende Wirkung auf das Anblicken des anderen ausübt. Konnten beide Partner sich sehen, waren Frauen darüber hinaus gehemmter als Männer.
In diesen Experimenten, in denen es offen war, wer zum »Beobachter« und wer zum »Beobachteten« wurde, neigten Frauen stärker als Männer dazu, sich beobachtet und unterlegen zu fühlen, unabhängig davon, ob sie wirklich öfter beobachtet wurden oder nicht. Argyle und Williams[43] sind der Ansicht, daß diese unterschiedliche Wahrnehmung auf die kulturelle Rollenverteilung des Sich-in-Szene-Setzenden (Frauen) und des Zuschauers (Männer) zurückzuführen sei und daher »nicht im Zusammenhang mit unterschiedlicher [sozialer oder persönlicher] Sicherheit oder Dominanz« stehe. Der Aufmerksamkeit dieser Autoren entgeht offensichtlich, daß die alltägliche Erfahrung von Frauen, sich in Szene setzen zu müssen, durchaus mit der ihrer Situation zugrundeliegenden grundsätzlichen Unsicherheit und Unterlegenheit zu tun hat. Derjenige, der sich in Szene setzen muß, ist in der Tat in einer höchst verletzlichen Position.
Argyle und Williams treffen jedoch den Punkt, wenn sie das Gefühl, beobachtet zu werden, auf die reale lebensgeschichtliche Erfahrung, beobachtet zu sein, zurückführen. In einer Gesellschaft, in der die Kleidung von Frauen bewußt so entworfen ist, daß sie den Körper und seine Konturen enthüllt, in der Frauen mit glotzenden Blicken und Pfiffen bedacht und gekniffen werden (während sie selbst nichts anderes im Sinn haben, als ihren Geschäften nachzugehen), in der sie von Illustrierten, Reklamewänden und in den eigenen vier Wänden vom Fernseher mit Anzeigen bombardiert werden, die kaum bedeckte Frauenkörper zeigen – in einer Welt, in der Frauen jederzeit berührt werden können, so als wären ihre Körper öffentliches Gelände, in der ihr Status verheiratet/ledig die Hauptinformation ist, anhand der Fremde sie identifizieren – in einer solchen Gesellschaft ist es kaum verwunderlich, daß Frauen sich »beobachtet« fühlen. Sie sind es.

Anmerkungen Kapitel 9

1 Chris L. Kleinke, Frederick B. Meeker und Carl La Fong, »Effects of Gaze, Touch, and Use of Name on Evaluation of ›Engaged‹ Couples«, *Journal of Experimental Research in Personality*, 1973, 7, 368–73.

2 Zum Beispiel: Ralph V. Exline und Lewis C. Winters, »Affective Relations and Mutual Glances in Dyads«, in S. Tomkins und C. Izard (Hrsg.) *Affect, Cognition, and Personality*. New York (Springer) 1965, S. 319–50; Albert Mehrabian, »Communication Without Words«, *Psychology Today*, September 1968, 2, 4, 52–55; Zick Rubin, »Measurement of Romantic Love«, *Journal of Personality and Social Psychology*, 1970, 16, 265–73.

3 Zum Beispiel: Jay S. Efran und Andrew Broughton, »Effect of Expectancies for Social Approval on Visual Behavior«, *Journal of Personality and Social Psychology*, 1966, 4, 103–7. Jay S. Efran, »Looking for Approval: Effects on Visual Behavior of Approbation from Persons Differing in Importance«, *Journal of Personality and Social Psychology*, 1968, 10, 21–25.

4 Ralph V. Exline, »Visual Interaction: The Glances of Power and Preference«, in James K. Cole (Hrsg.), *Nebraska Symposium on Motivation*, 1971. Lincoln (University of Nebraska Press) 1971.

5 Harry T. Reis und Ann Werner, »Some Inter- and Intra-personal Consequences of Eye Contact«, Eastern Psychological Association, 1974.

6 Phoebe C. Ellsworth und J. Merril Carlsmith, »The Effects of Eye Contact and Verbal Content on Affective Response to a Dyadic Interaction«, *Journal of Personality and Social Psychology*, 1968, 10, 15–20. P. C. Ellsworth, J. M. Carlsmith und A. Henson, »The Stare as a Stimulus to Flight in Human Subjects: A Series of Field Experiments«, *Journal of Personality and Social Psychology*, 1972, 21, 302–11. P. Ellsworth und J. M. Carlsmith, »Eye Contact and Gaze Aversion in an Aggressive Encounter«, *Journal of Personality and Social Psychology*, 1973, 28, 280–92.

7 Ralph V. Exline und A. Yellin, »Eye Contact as a Sign Between Man and Monkeys«, Symposium on Non-Verbal Communication, Nineteenth International Congress of Psychology, London 1969.

8* Kindheits-Autismus wird manchmal »Kindheits-Schizophrenie« genannt. Sein (ihr) Hauptcharakteristikum ist die Unfähigkeit, Beziehungen zu anderen Menschen (oder der Umwelt) aufzunehmen.

9 C. Hutt und C. Ounstedt, »The Biological Significance of Gaze Aversion with Particular Reference to the Syndrome of Infantile Autism«, *Behavioral Science*, 1966, 11, 346–56.

10 Ralph V. Exline, Steve L. Ellyson und Barbara Long, »Visual Be-

havior as an Aspect of Power Role Relationships«, in P. Pliner, L. Krames und T. Alloway (Hrsg.), *Nonverbal Communication of Aggression*. New York (Plenum) 1975, S. 21–52. Siehe auch M. R. A. Chance, »Attention Structure as the Basis of Primate Rank Orders«, *Man*, 1967, 2, 503–18.

11 Eine ausführlichere Darstellung des ersten Experiments von Exline und Long findet sich in Exline, »Visual Interaction«; die zweite und dritte Untersuchung wurden von Ellyson durchgeführt und von ihm als Thesen innerhalb seiner Magister- und Dissertations-Arbeit an der University of Delaware (1973, 1974) vorgestellt.

12 Siehe zum Beispiel Ralph V. Exline, »Explorations in the Process of Person Perception: Visual Interaction in Relation to Competition, Sex, and Need for Affiliation«, *Journal of Personality*, 1963, 31, 1–20: R. Exline, D. Gray und D. Schuette, »Visual Behavior in a Dyad as Affected by Interview Content and Sex of Respondent«, *Journal of Personality and Social Psychology*, 1965, 1, 201–9; Adam Kendon, »Some Functions of Gaze-Direction in Social Interaction«, *Acta Psychologica*, 1967, 26, 22–63; und Exline, Ellyson und Long, »Visual Behavior«, 21–25.

13 Ralph V. Exline et. al., »Visual Interaction in Relation to Machiavellianism and an Unethical Act«, in Richard Christie und Florence L. Geis (mit anderen), *Studies in Machiavellianism*. New York (Academic Press) 1970, S. 53–75.

14 Berichtet in Silvan S. Tomkins, *Affect, Imagery, Consciousness: The Negative Affects*, Bd. 2, New York (Springer) 1963, S. 164–65.

15 Michael Argyle, Mansur Lalljee und Mark Cook, »The Effects of Visibility on Interaction in a Dyad«, *Human Relations*, 1968, 21, 3–17. Michael Argyle und Marylin Williams, »Observer or Observed? A Reversible Perspective in Person Perception«, *Sociometry*, 1969, 32, 396–412.

16 Argyle und Williams, »Observer or Observed?«, S. 410.

17 Kendon, »Some Functions of Gaze Direction«, 22–63; Starkey Duncan, »Some Signals and Rules for Taking Speaking Turns in Conversations«, *Journal of Personality and Social Psychology*, 1972, 23, 283–92.

18 Marianne La France und Clara Mayo, »Racial Differences in Gaze Behavior During Conversations: Two Systematic Observational Studies«, *Journal of Personality and Social Psychology*, 1976, 33, 547–52. Marianne La France, »Nonverbal Cues to Conversational Turn Taking Between Black Speakers«, American Psychological Association, 1974.

19 Albert E. Scheflen, *Körpersprache und soziale Ordnung*. Stuttgart (Klett) 1976, S. 102.

20 Kenneth R. Johnson, »Black Kinesics – Some Non-Verbal Com-

munication Patterns in the Black Culture«, *Florida FL Reporter*, 1971 (Frühling/Herbst) S. 18.

21 Erving Goffman, *Das Individuum im öffentlichen Austausch*. Frankfurt/M. (Suhrkamp) 1974, S. 76; Scheflen, *Körpersprache und soziale Ordnung*, S. 103.

22 Starkey Duncan, »Nonverbal Communication«, *Psychological Bulletin*, 1969, 72, 118–37.

23 Exline, »Explorations in the Process of Person Perception«, 1–20.

24 Exline, Gray und Schuette, »Visual Behavior in a Dyad«, 201–9.

25 Z. B. Zick, Rubin, »Measurement of Romantic Love«, 265–73: Michael Argyle und Roger Ingham, »Gaze, Mutual Gaze, and Proximity«, *Semiotica*, 1972, 6, 32–49: J. R. Aiello, »A Test of Equilibrium Theory: Visual Interaction in Relation to Orientation, Distance and Sex of Interactants«, *Psychonomic Science*, 1972, 27, 335–36.

26 Exline, »Visual Interaction«, S. 178.

27* Einige seien genannt:

a) Hoch-affiliative *Frauen* neigten stärker als weniger affiliative dazu, sich gegenseitig anzusehen; bei Männern zeigte sich die entgegengesetzte Tendenz: Sie blickten häufiger, wenn sie *weniger* affiliativ waren. In einer Konkurrenzsituation neigten Frauen mit einem starken Affiliationsbedürfnis zu *geringerem* Blickaustausch; Frauen mit schwächerem Affiliationsbedürfnis suchten *mehr* Blickkontakte als in der nicht-konkurrenten Situation. (Bei Männern zeigte sich dasselbe Muster, jedoch in geringerer Ausprägung). (Exline, »Explorations in Person Perception«, S. 1–20).

b) Sowohl Männer als auch Frauen, die zu inklusiven und herzlichen interpersonalen Beziehungen neigten, tauschten öfter Blicke aus; und als Gruppe rangierten Frauen hier höher als Männer. (Exline, Gray und Schuette, »Visual Behavior«, S. 201–9).

c) Andere Forscher stellten geringeren Blickaustausch bei männlich-weiblichen Paaren fest als in nur-männlichen oder nur-weiblichen Paaren. (Argyle und Ingham, »Gaze and Proximity«, S. 32–49).

d) Bei einer länger währenden generell *positiven* Interaktion zeigte sich im visuellen Verhalten von Männern die Tendenz, Augenkontakte zu verringern, bei Frauen die Tendenz, sie zu erhöhen. Darüber hinaus hatte die Zuneigung für den anderen bei beiden Geschlechtern unterschiedliche Auswirkungen: sie modifizierte die Blicke von Frauen, wenn sie sprachen, und die von Männern, wenn sie zuhörten. (Exline und Winters, »Affective Relations«, S. 319–50).

e) Bei einer negativen Interaktion zeigte sich bei beiden Geschlechtern die Tendenz zu geringerem Augenkontakt. (Exline, Gray und Schuette, »Visual Behavior«, S. 201–9). Wenn sich die Abneigung jedoch weiter verstärkte, begannen auch die Augenkontakte wieder zuzunehmen; und männliche Kommunikatoren blickten andere Männer, gegen die sie eine extreme Abneigung hatten, *viel öfter* an als Frauen, gegen die sie eine extreme Abneigung hatten – ein Ergebnis, das der erhöhten Wachsamkeit angesichts einer Bedrohung zugeschrieben wird (Albert Mehrabian, »Nonverbal Betrayal of Feeling«, *Journal of Experimental Research in Personality*, 1971, 5, 64–73).

f) Weibliche Versuchspersonen suchten weniger Augenkontakt mit einem männlichen Gegenüber, das sie nicht mochten, als mit einem, das sie mochten, oder mit anderen Frauen, unabhängig davon, ob sie sie mochten oder nicht. Bei männlichen Versuchspersonen hing die Häufigkeit von Augenkontakten jedoch nicht vom Geschlecht des Gegenübers ab. (Albert Mehrabian und John T. Friar, »Encoding of Attitude by a Seated Communicator via Posture and Position Cues«, *Journal of Consulting and Clinical Psychology*, 1969, 33, 330–36.)

28* Feldabhängigkeit bedeutet: Bei der Bildung bestimmter perzeptueller Urteile – zum Beispiel bei Entscheidungen über Körperorientierung oder bei der Identifizierung versteckter geometrischer Figuren – externalen und Umweltbotschaften größeres Gewicht beizumessen als internalen (körperlichen).

29 Rubin, »Measurement of Romantic Love«, S. 265–73.

30 Patricia G. Webbink, »Eye Contact and Intimacy« (Modul), Morristown, NJ: General Learning Corporation, in Druck.

31 Siehe zum Beispiel Julia A. Sherman, »Problem of Sex Differences in Space Perception and Aspects of Intellectual Functioning«, *Psychological Review*, 1967, 74, 290–99; Jeanette Silveira, »The Effect of Sexism on Thought: How Male Bias Hurts Psychology and Some Hopes for a Woman's Psychology«, in Jean Ramage Leppaluoto (Hrsg.), *Women on the Move: A Feminist Perspective*. Pittsburgh (KNOW, Inc.) 1973; Edward Ziegler, »A Measure in Search of a Theory«, *Contemporary Psychology*, 1963, 8, 133–35; Mary B. Parlee, »Sex Differences in Perceptual Field Dependance: A Look at Some Data Embedded in Theory«, Mimeo, 1974 (Radcliffe Institute): H. L. Pick und A. D. Pick, »Sensory and Perceptual Development«, in Paul Mussen (Hrsg.), *Carmichael's Manual of Child Psychology*, 3. Aufl., Band I. New York (Wiley) 1970.

32 Dies wurde in Kapitel 5 ausführlicher aufgegriffen.

33 Die bisher vorliegenden Belege stützen diese Hypothese jedoch nicht. Siehe das Experiment von Exline, Gray und Schuette, »Visual Behavior«, S. 201–9. Die Autoren errechneten die prozentualen Anteile der Zeit, die Versuchspersonen beim Sprechen den

andern anblickten (BS) und der Zeit von Blicken beim Zuhören (BZ). Meine eigene Kalkulation aufgrund dieser Daten ergibt einen »Visuellen Dominanzwert« (BS gegenüber BZ) von .614 für Männer und .694 für Frauen. Obwohl wir nicht beurteilen können, ob dieser Wert für Frauen signifikant höher ist, so ist er zweifellos nicht niedriger.

34 Zick Rubin berichtet jedoch, daß in seiner Untersuchung Frauen sowohl öfter ihre Freunde [Geliebten] als auch fremde Männer anblickten. »The Social Psychology of Romantic Love«, Ph. D. Dissertation, University of Michigan, 1969 (Universitäts-Mikrofilme, Ann Arbor, Michigan, No. 70-4179).

35* Von früher Kindheit an sind Mädchen seltener die Zielscheibe von Aggression als Jungen, Eleanor Maccoby und Carol Jacklin zufolge in: *The Psychology of Sex Differences*. Standford (Standford University Press) 1974, Kapitel 7, S. 352). Könnte es sein, daß Mädchen lernen, den Blick abzuwenden, um Angriffe zu hemmen, so wie es autistische Kinder offensichtlich tun (Hutt und Ounstead, »Biological Significance of Gaze Aversion«, 346–56)?

36 Rita Mae Brown, »The Good Fairy«, *Quest*, 1974, 1, Nr. 1, 62.

37 »Exercises for Men«, aus *Williamette Bridge* (und Liberation News Service), 1971. Abgedruckt in *The Radical Therapist*, Dezember-Januar 1971, 1. Nr. 5, S. 15

38 Gail Borges und Debra Rizzeri, »Eye Contact in Passing«, unveröffentlichte Arbeit, University of Lowell, 1975.

39 John Considine, »Observation of Reaction to Eye Contact With a Male«, unveröffentlichte Arbeit, University of Lowell, 1975.

40 Lynn O'Connor, »Male Supremacy: A Theoretical Analysis«, 1970. Als Nachdruck erhältlich bei KNOW, Inc. P. O. Box 86031, Pittsburgh, Pa. 15221

41 Argyle, Lalljee, Cook, »Effects of Visibility on Interaction«, S. 3–17.

42 Argyle und Ingham, »Gaze and Proximity«, S. 32–49.

43 Argyle und Williams, »Observer or Observed?«, S. 396–412.

Kapitel 10

Lächele, auch wenn ...: Gesichtsausdruck

Wie wir im letzten Kapitel erwähnten, wird maskierten Augen eigenartigerweise die Fähigkeit zugeschrieben, die Identität einer Person zu verbergen. Masken sehen jedoch im allgemeinen eine Öffnung für die Augen vor; es ist also eher der Bereich *um* die Augen (oder manchmal ein größerer Teil des Gesichts), der bedeckt wird und der die Verschleierungsfunktion erfüllen soll – vor allem in Comics. Das Schicksal fast aller großen Comic-Figuren ist es, ein Doppelleben führen zu müssen: als Superheld (oder -heldin) und rätselhafter Unbekannter; höchstens die Rolle des guten Freundes verbindet letzteren mit seinem großen Alter-ego und verleiht ihm etwas von dessen Glanz (beide zusammen sieht man, wen würde es wundern, allerdings nie). Wenn der Unbekannte von der Bildfläche abtritt und im nächsten Moment als sein glamouröses Alter-ego erscheint – welch schlaue Verkleidung benutzt er dann, damit die, mit denen er gerade noch zusammen war, sich nicht über die auffallende Ähnlichkeit wundern. Natürlich bedeckt er sein Gesicht oder den Augenbereich. Es macht nichts, daß der Rest der Person derselbe geblieben ist – Körpergröße und -proportionen, Gewicht und Bewegungen –, denn die Augentarnung bewirkt Wunder.

Manche der Superhelden tragen noch nicht einmal Masken: Niemand stört sich daran, daß Supermans Haare dieselbe Farbe, Länge und denselben Schnitt haben wie die von Clark Kent, oder daß sich Wonderwoman allein dadurch in eine andere verwandelt, daß sie sich die Haarnadeln aus der Frisur zieht; sowohl Lois Lane (Supermans »Mädchen« und Clark Kents Mitarbeiterin) als auch Steve Trevor (Wonderwomans größter Bewunderer und Freund ihres Alter-egos, Diana Prince) lassen sich schon dadurch von den Verwandlungen überzeugen, daß ihre Alltagsgefährten ihre Brillen abnehmen![1]* Es macht auch nichts, daß all diese Charaktere mit derselben Stimme sprechen. Flash, Batman, Daredevil und Captain America, um nur einige zu nennen, brauchen nichts weiter zu tun, als ihren Hinterkopf und die obere Gesichtshälfte zu bedecken, und schon narren sie alle, mit denen sie in Berührung kommen. (Wenn irgend jemandem der Verdacht kommt, Alter-ego und Super könnten identisch sein, dann niemals aufgrund deren körperlicher Ähnlichkeit).

Daß bis heute so viele von uns bereit sind, solchen albernen Konventionen ohne jede Ungläubigkeit gegenüberzustehen, ist ein Zeugnis dafür, welch zentrale Rolle das Gesicht – und besonders der Augenbereich – spielt, wenn es darum geht, jemanden zu identifizieren oder sich einen Eindruck von ihm zu bilden. Daß diese Konvention nicht nur die Leser von Comics überzeugt, zeigt das Ergebnis eines Experiments: Versuchspersonen, die man aufgefordert hatte, den Interviewer zu täuschen, benutzten öfter das Gesicht als Vehikel ihrer Täuschungsmanöver als den Körper – mit dem Gesicht läßt sich offensichtlich leichter lügen als mit dem Körper.[2] Der Gesichtsausdruck ist seit jeher das zentrale Medium zum Ausdruck von Gefühlen und Aufspüren von Täuschungsmanövern anderer; und die Geschichte wissenschaftlicher Erforschung von Gesichtsmienen ist zweifellos länger als die anderer nonverbaler Verhaltensweisen. Die jüngere Geschichte begann mit Darwins Werk *Der Ausdruck der Gefühle bei Mensch und Tier* (1872), in dem er die These aufstellte, zwischen menschlichem und tierlichem Gesichtsausdruck gäbe es evolutionäre Verbindungen – man könne also auch beim Menschen von Archetypen des Gefühlsausdrucks mit dem Gesicht sprechen. Von ihren Anfängen bis heute hat sich die amerikanische Psychologie mit Darwins Thesen auseinandergesetzt.[3]

Was hat dies jedoch mit Dominanz zu tun? Das Gesicht ist das Hauptmedium, durch das wir versuchen, Eindruck zu machen; es wird also auch, wenn wir den Eindruck von Status, Macht oder Autorität vermitteln wollen, im Mittelpunkt stehen. Wir alle haben das Bild »des strengen Gesichts der Autorität« vor unserem geistigen Auge: das vorstehende Kinn, die nach unten gezogenen Augenbrauen, die gerunzelte Stirn, die angespannten Muskeln, der nicht wankende Blick. All dies zusammen verbreitet Furcht und Schrecken! Man kann davon ausgehen, daß Mienen in hierarchischen Beziehungen von besonderer Bedeutung sind. Nierenberg und Calero meinen, in Übergeordneter/Untergeordneter-Beziehungen (insbesondere langwährenden) spiele der Gesichtsausdruck eine wichtigere Rolle, als es andere Formen nonverbaler Kommunikation tun. Sie nennen

als Beispiel den Chef, der seiner Mißbilligung des Vorschlags eines Untergebenen durch hochgezogene Augenbrauen, den ungläubig zur Seite gelegten Kopf und einen zweifelnden Blick Ausdruck gibt.[4] Den Autoren zufolge ist das Aufsetzen einer bestimmten Miene das erste Signal, das in einer solchen Kommunikation ausgesandt wird; wenn eine Botschaft – zum Beispiel, daß man das Gespräch für beendet ansieht – auf diese Weise vom Adressaten nicht verstanden wird, wird der Sender als nächstes zu Körpergesten greifen, sich dann dadurch verständlich zu machen versuchen, daß er sich mit anderen Objekten seiner Umgebung befaßt, und als letztes Mittel schließlich zur verbalen Kommunikation greifen.
Andererseits haben jedoch auch Untergeordnete Mittel und Wege, mit Dominanten umzugehen. Johnson beschreibt das »Augenrollen« in der Kinesik Schwarzer und weist es als Auflehnungsgeste aus, deren Hauptbotschaft Feindseligkeit ist. Diese elaborierte Prozedur besteht aus den folgenden Sequenzen von Augapfelbewegungen.

Zuerst werden die Augen von einem Augenwinkel zum andern bewegt, und zwar im unteren Bogen des Auges (normalerweise geht der Augenbewegung – d. h. dem Rollen – ein Anstarren des anderen voraus, aber nicht ein Auge-ins-Auge Starren). Die Augenlider sind leicht gesenkt, während die Augäpfel im unteren Augenbogen kreisen. Die Augäpfel bewegen sich immer von der anderen Person *fort*. Die Bewegung ist sehr schnell und wird vom andern, vor allem, wenn es sich um einen Nicht-Schwarzen handelt, oft nicht bemerkt. Manchmal wird die Augenbewegung von einem leichten Anheben des Kopfes begleitet, manchmal von einem Nasenzucken, manchmal von beidem zusammen.[5]

Johnson bemerkt, daß diese Geste, wenn sie von schwarzen Kindern benutzt wird, auf ihre weißen Lehrer zumeist ihre Wirkung verfehlt – zum Glück vielleicht, denn auf diese Weise kann das Kind seine feindseligen Gefühle freilassen, ohne Bestrafung oder Konflikte befürchten zu müssen.
Kleine Kinder beginnen früh damit, Zeichen von Dominanz, Unterordnung oder auch Auflehnung zur Schau zu stellen; und sie übermitteln einander ihre Botschaften auf faszinierende Weise. Ein Forscher beispielsweise stieß bei Vorschulkindern auf ein »Gewinnergesicht« und ein »Verlierergesicht«.[6] Wenn sich beim freien Spiel ein Kind in einer Konkurrenzsituation mit einem anderen befand, »telegrafierten« sich beide ihre Erwartungen hinsichtlich des Ergebnisses (und des Platzes, den

sie in der Hierarchie für sich vorsahen), indem sie die entsprechenden Gesichter aufsetzten. Das Gewinnergesicht, das von denen, die in zwei Dritteln der Begegnungen dann wirklich gewannen, gezeigt wurde, bestand aus hochgezogenen Augenbrauen, weit geöffneten Augen, entschlossen nach vorn gerecktem Hals und auffallend nach vorn geschobenem Kinn. Dieser Ausdruck ähnelt dem Dominanzgebaren der Tierprimaten.
Das Verlierergesicht, das in über der Hälfte der Fälle von den Verlierern aufgesetzt wurde, bestand aus zusammengezogenen Augenbrauen, leicht zusammengekniffenen Augen, eingezogenem Hals und auffallend nach unten fallendem Kinn. Bis auf eines zeigten alle Kinder, je nachdem, ob sie gerade Verlierer oder Gewinner waren, das entsprechende Gesicht – Jungen wie Mädchen, Mädchen jedoch in schwächerer Ausprägung. Darüber hinaus wurde das jeweilige Gesicht auch dann noch gezeigt, wenn die Kinder einander in einer Konfliktsituation nicht sehen konnten; hier trat das »Gewinnergesicht« jedoch etwas seltener auf. Dies ist ein Hinweis darauf, daß, auch wenn Gesichtsmimik zur Kommunikation dient, sie doch gleichermaßen Ausdruck (eines inneren Zustandes) ist. Es sieht so aus, als würden wir schon im Kindergarten gerüstet, mit unserem Gesicht Dominanz zu gewinnen, oder auch, wenn es ratsam erscheint, Unterordnung zu zeigen.

Lache, und dir lacht die ganze Welt. Von den rangniederen Tieren mehrerer Affenarten wird behauptet, sie lächelten ihre ranghöheren Artgenossen an, um sie günstig zu stimmen. Auch bei Menschen wird Lächeln mit untergeordnetem Status verknüpft. Der salbungsvolle Uriah Heep, der harmlose Uncle Tom – alle, die von der Gunst anderer abhängen, werden uns mit einem beharrlichen Grinsen vorgeführt. Das »nervöse« Lächeln, wie auch das nervöse Lachen, sind eher Ausdruck von Spannung als von Freude; manche Menschen mußten im Laufe ihres Lebens so lange und so oft auf diese Weise lächeln oder lachen, daß es ihnen zur Gewohnheit wurde und sich als ständiger Ausdruck ins Gesicht gegraben hat. Obwohl Lächeln wenig erforscht ist, wird es allgemein doch als Geste verstanden, die sich in der Statushierarchie von unten nach oben richtet. Und es ist wohl keine Übertreibung zu sagen, daß die Mächtigen und Erfolgreichen von tausend Sonnen umgeben sind.
Lachen ist eine andere Ausdrucksweise des Gesichts (und der Stimme), die dem Statushöheren entgegengebracht wird: Der

Untergebene, der lange und laut über die Witze seines Chefs lacht, ist ein Klischee, aber gleichzeitig die traurige Wirklichkeit (ausführlicher erörtert in Kapitel 5). Sowohl Lächeln als auch Lachen sind vermeintlicher Ausdruck von Freude und Entspannung; lacht ein Untergeordneter einen Übergeordneten an, ist dieses Lachen jedoch eher eine Lüge; es vertuscht den wahren Charakter der Situation und scheint vor allem den Sinn zu haben, den Mythos, zwischen beiden gäbe es erfreuliche Beziehungen und Gleichheit, aufrechtzuerhalten. Jene mächtigen und erfolgreichen Menschen, die von tausend Sonnen umgeben sind, werden ein ernstes Gesicht wahrscheinlich nur an ihresgleichen sehen: Es ist also kein Wunder, daß sie ihre Untergebenen – seien es die »mit allem zufriedenen Neger«, »bierseligen Arbeiter«, »krakeelenden Dummköpfe« oder die »launischen Weibsbilder« – als lustige, fröhliche und zufriedene Menschen sehen.
Vielleicht stärker als in manch anderer Gesellschaft wird in der unseren von uns erwartet, nicht die Tiefe oder ganze Skala unserer Gefühle zu zeigen. (Die Floskel: »Dein Lächeln kannst du dir sparen«, verdeutlicht die Überzeugung, daß Lächeln nicht nur ein unwillkürlicher Gefühlsausdruck ist, sondern auch die Zurschaustellung einer Miene, die wir bei bestimmten Anlässen bewußt aufsetzen – was zweifellos auch bei anderen Mienen der Fall ist.) Extreme Ausdrucksformen sind verpönt: Schreien, Weinen, hysterisches Lachen – jegliches intensive Gefühl darf, wenn überhaupt, nur im stillen Kämmerlein geäußert werden. Und je wichtiger man ist, desto strenger gilt diese Regel – »seine Würde wahren« nennt man das. Untergebene dürfen sich schon eher einmal einen emotionalen Ausrutscher leisten, aber bei den hohen Tieren wäre das *prima facie* ein Hinweis auf Schwäche.
Rosabeth Kanter beschreibt, wie sich in Geschäftsunternehmen zunehmend eine Ideologie herausbildete, derzufolge erfolgreiche Manager in der Lage seien, ihre Gefühle unter Kontrolle zu halten, gewöhnliche Arbeiter dagegen nicht.[7] Die meisten Autoren, die sich mit Verhalten in Institutionen beschäftigen, unterscheiden denn auch in ihren Werken zwischen einer »Effizienzlogik der Managerelite« und einer »Gefühlslogik der Arbeiter«. Es erübrigt sich, darauf hinzuweisen, daß diese Ideologie dazu beigetragen hat, Frauen aus dem Management auszuschließen und zweifellos auch viele unassimilierte Männer mit nicht-angelsächsischem ethnischen Hintergrund – mit der Begründung: »vom Temperament her ungeeignet«.

Die steinerne Miene, die selbst Freunden nichts mitteilt, enthüllt natürlich auch Feinden keine Geheimnisse. Diese Beherrschung des Gesichtsausdrucks ist ein Teil der Gesamtkontrolle von Information, die wiederum ein wichtiger Faktor von Autorität ist: »Wissen ist Macht«. Man vergleiche die undurchdringliche Aura eines Professionals oder VIP (Arzt, Unternehmensleiter, Richter) mit dem unbeständigeren Benehmen gewöhnlicher Menschen – besonders von Kindern, Mitgliedern der Arbeiterklasse, Frauen und Menschen mit »ethnischem« Hintergrund. Die Nicht-Professionals, diejenigen, die diese »wichtigen« Menschen in ihren sorgsam verwalteten Domänen aufsuchen müssen, wo ihnen ein Image präsentiert wird, aber keine Information, sind von vornherein die Verlierer und diejenigen, die Information preisgeben.
Auch in weniger hierarchischen Situationen versuchen wir oft, unsere persönliche Macht dadurch zu stärken, daß wir keine Information über uns preisgeben. »Cool« sein heißt nichts anderes als Information zurückzuhalten, d.h. sich zu weigern, seine Gedanken und Gefühle zu enthüllen. Der Vorteil, den sich der Mann auf der Straße, der Pokerspieler oder der Psychiater auf diese Weise verschaffen, hat immer denselben Charakter. Die Smarten, die mit Macht, die, die andere manipulieren, sind immer cool; sie verlieren nie die Fassung und verziehen keine Miene. (Natürlich ist das durch eine angelsächsiche Enkulturation geförderte unemotionale Benehmen ein Plus in einer Gesellschaft, die von Menschen angelsächsischen Ursprungs dominiert wird). Daß Wissen Macht ist, wissen wir inzwischen: Exklusives Wissen ist noch mehr Macht, d.h. das Wissen, das man anderen vorenthält. Der Poet Todd Gitlin schrieb jedoch die weisen Worte: »Wer es auch war, der sagte »Wissen ist Macht«/ er hatte schon Macht.«[8] Wir können also ebenso gut sagen, daß Macht Wissen ist.

Mach ein fröhliches Gesicht (wenn du eine Frau bist)

Das von Johnson im Detail beschriebene »Augenrollen« von Schwarzen wurde bereits als Zeichen von Auflehnung und Ablehnung gegenüber Autorität interpretiert; Johnson weist darauf hin, daß diese Geste unter schwarzen Frauen gebräuchlicher ist als unter schwarzen Männern.[9] Augapfelbewegung per se (ohne Augenkontakt mit dem andern) ist eine Aus-

drucksform des Gesichts, die auf viele Leute wenig Eindruck macht, die aber, wie uns die Stummfilme zeigen, dennoch sehr eindrucksvoll ist. Es gibt die verstohlenen Blicke, die unruhigen, die stumpfen und teilnahmslosen Augen, die den Himmel anflehenden Augen, vielsagende Seitenblicke und so weiter. Eine umfassende Beschreibung männlichen und weiblichen Augenausdrucks liegt uns nicht vor; aber Birdwhistell erwähnt einige spezifisch weibliche und spezifisch männliche Augenbewegungen; er beruft sich auf Kenner anderer Kulturen, die ein bestimmtes Augenlid- oder Augenverhalten oft als typisch männlich oder typisch weiblich kennzeichneten. Birdwhistell ist der Meinung, daß es schon sehr genauen Hinsehens bedarf, um zu merken, daß es Männern in unserer Gesellschaft untersagt ist, die Augäpfel zu bewegen, wenn die Lider geschlossen sind, und Männern (außer wenn sie gleichzeitig Müdigkeit oder Besorgtheit signalisieren) abverlangt wird, »ihre Lider in einem relativ kontinuierlichen Rhythmus zu schließen und zu öffnen.«[10]
Diese Beobachtungen seien hier nur erwähnt, um zu weiterer Forschung anzureizen. Da wir über diese Phänomene so wenig wissen und noch weniger über deren sozialen Kontext, bringt es uns auch nicht weiter, über Gründe zu spekulieren. Wir müssen jedoch davon ausgehen, daß solche Verhaltensweisen wie auch andere Geschlechts-»Charakteristika« an irgendeinem Punkt in der Sozialisation durch Nachahmung und Erziehung erlernt wurden. Die Sozialisation des Gesichtsausdrucks hört jedoch nicht bei den Augen auf.
Die Art, wie Erwachsene Kindern beibringen, ihren Gesichtsausdruck zu kontrollieren, ist zweifellos einer der effektivsten Beiträge zur Geschlechtsstereotypisierung. Jungen wird gesagt, weinen sei unmännlich; und Mädchen werden ermahnt, Stirnrunzeln sei nicht hübsch.[11]** Wahrscheinlich sind es die Mädchen, die mit den meisten Vorschriften bombardiert werden: Im Laufe unseres Heranwachsens lernen wir,daß wir auch nicht hübsch aussehen, wenn wir weinen, schmollen, schreien, wütend oder traurig sind. Hübsch aussehen, das nicht gerade unausgesprochene Ideal aller Mütter- (und Väter-)Herzen für ihre kleinen Mädchen, läßt nur das lächelnde oder leere und ausdruckslose Gesicht zu. Natürlich unvorstellbar, daß eine von uns nicht »hübsch aussehen« wollte.
Der Erziehungsprozeß zur Unterdrückung bestimmter Mienen ist zugleich der Erziehungsprozeß zur Unterdrückung von Gefühlen – einer, der von erschreckendem Erfolg gekrönt zu sein

scheint, denkt man an die vielen Männer, deren Gefühlswelt durch ihre Unfähigkeit zu weinen verkümmert ist, und die vielen Frauen, die, weil sie nicht wütend werden können, beschnitten sind. Ekman weist darauf hin, daß Männer in unserer Gesellschaft (Mittelschicht, weiß, Erwachsene und Städter) dazu neigen, Traurigkeit und Angst in der Öffentlichkeit zu neutralisieren (nicht zu zeigen) oder sie zu verschleiern (mit irgendeinem anderen Gefühl zu überdecken). Aber Frauen, so sagt er, neutralisieren oder maskieren ihre Wut.[12]
Insgesamt gesehen wird Frauen jedoch (einhergehend mit ihrer größeren emotionalen Expressivität) eine breitere Ausdrucksskala zugestanden als Männern, wobei das Geschlechtsstereotyp nicht nur angenehme Ausdrucksweisen zuläßt, sondern auch negative wie Weinen. Diese Skala macht nur vor der ohne Schuldgefühle geäußerten Wut halt. Die emotionale Ausdrucksskala von Männern ist begrenzter, was manchen Autoren zufolge zugleich ein Spiegel ihrer ärmeren Gefühlswelt ist. Aber ihre größere Ausdrucksvielfalt macht Frauen nicht nur deshalb verletzlich, weil sie auf diese Weise (einseitig) persönliche Information preisgeben, sondern auch, weil sie so leicht zum Anlaß genommen wird, Frauen als emotional unstabil herabzusetzen: Die hysterische Frau ist beliebter Stoff für Dramen und Komödien gleicherweise.
Frauen haben zwar eine breitere Ausdrucksskala, aber die Hauptbetonung liegt doch auf der angenehmen Seite des emotionalen Spektrums, insbesondere auf dem Lächeln. Das Lächeln ist das Aushängeschild einer Frau für ihre Versöhnlichkeit; viele Feministinnen haben auf dessen besondere Bedeutung im Leben von Frauen hingewiesen und versucht, ihre eigenen Lächelgewohnheiten zu ändern. Firestone schreibt:

> Ich selbst mußte mir dieses falsche Lächeln, das jeden Teenager wie ein nervöser Tick beherrscht, regelrecht abtrainieren. Das bedeutete, daß ich selten lächelte, denn wirklich zu lächeln, hatte ich kaum Anlaß. Ich träumte von folgender Aktion der Frauen-Befreiungsbewegung: Die Frauen sollten einen Boykott des Lächelns erklären, ihr »freundliches« Lächeln aufgeben und fortan nur noch dann lächeln, wenn *ihnen* etwas gefällt.[13]

Auch Silveira sieht in dem Männer-Anlächeln von Frauen eher eine Beschwichtigungsgeste als ein Signal von Freude oder Freundlichkeit, und sie bemerkt, daß Frauen Männer offenbar besonders häufig anlächeln, (1) wenn Mann und Frau einander begrüßen und (2) wenn beide nur relativ gut miteinander bekannt sind.[14] Chesler schreibt: »Frauen fühlen sich ebenso wie Männer zutiefst verunsichert durch eine Frau, die nicht so oft lächelt und die, paradoxerweise, nicht sehr unglücklich ist.«[15]

Wie können wir wissen, daß Frauen öfter lächeln als Männer? Uns bleibt nichts anderes übrig, als diese Vermutung anhand unserer eigenen Erfahrung zu überprüfen, denn in der wissenschaftlichen Literatur gibt es kaum Hinweise, die diese Frage beleuchten. Ich durchsuchte sieben neuere Bücher über nonverbale Kommunikation (alle von Männern) sowie Universitätsreferate zum Thema Lächeln, aber ich stieß auf keine Statistiken, noch nicht einmal Schätzungen darüber, wie oft Männer und wie oft Frauen lächeln. Die wenigen Hinweise, die ich fand, stützen jedoch die Hypothese, daß Frauen öfter lächeln. Bugental, Love und Gianetto beispielsweise berichten zwar von keinem Unterschied in der Lächelhäufigkeit von Müttern und Vätern, aber sie schreiben: »Den Beobachtern stach ins Auge, daß Eltern (insbesondere Mütter) sehr häufig lächelten, wenn sie beobachtet (auf Video aufgenommen) wurden, und sehr wenig, wenn sie annahmen, sie seien unbeobachtet...«[16]. Ein weiterer Hinweis findet sich in Mehrabians Aufzeichnung eines Überzeugungskraft-Experiments; er schreibt, daß bei Männern die »Freundlichkeit und Aktivität des Gesichts« eine geringere Rolle spielte als bei Frauen.[17] Wenn wir diese »Freundlichkeit und Aktivität« im Gesicht als Lächeln oder Andeutung von Lächeln interpretieren wollen, wäre auch dies ein Hinweis darauf, daß Frauen öfter lächeln.

Kendon und Ferber, die nonverbales Verhalten in natürlichen Situationen beobachteten und filmten, berichten, daß Männer weniger dazu neigen, beim Lächeln die Zähne zu entblößen, als Frauen. Da sie gleichzeitig berichten, daß Lächeln mit entblößten Zähnen insgesamt häufiger vorkam als Lächeln mit geschlossenen Lippen, dürfen wir vorsichtig vermuten (aber nicht schließen), daß die Frauen, die sie beobachteten, häufiger lächelten als die Männer.[18]

Studenten meiner Kurse führten eine für diesen Zusammenhang interessante informelle Untersuchung durch – sie lächelten einzelne Personen (insgesamt ungefähr 300, eine Hälfte männlich, die andere weiblich) in der Öffentlichkeit an und hielten fest, ob der andere zurücklächelte. Den Studenten und

Studentinnen zusammen genommen wurde das Lächeln in 76 Prozent der Fälle erwidert. Bei der Aufschlüsselung dieses Wertes zeigte sich ein Muster, das nach Geschlecht variierte: Frauen erwiderten das Lächeln der Studenten häufiger (93 Prozent) als das der Studentinnen (86 Prozent). Männer erwiderten das Lächeln der Studentinnen in nur 67 Prozent der Fälle und waren bei den Studenten sehr gehemmt, deren Lächeln zu erwidern, was sie nur in 58 Prozent der Fälle taten. In einem Land, wo Lächeln so etwas wie eine Geschäftsbasis zwischen den Geschlechtern darstellt, werden Frauen also von Männern ausgenutzt – sie geben 93 Prozent, aber erhalten nur 67 Prozent zurück. Firestones Aufruf zum Lächelboykott ist also nicht so uneinleuchtend. Frauen und Männer lächeln auch anders, wie wir bereits erwähnten (Frauen entblößen wahrscheinlich häufiger die Zähne); es gibt noch andere Unterschiede, die mit dem Machtgefälle zwischen den Geschlechtern zu tun haben.

In dem von Nierenberg und Calero zitierten Lächel-Klassifikationssystem erscheint das »Lippeneinwärts-Lächeln« als eine der fünf Grundformen; für Frauen spielt es seine besondere Rolle:

> Das Lippeneinwärts-Lächeln sieht man oft bei schüchternen Mädchen. Es ähnelt dem oberen oder »Wie-geht-es-Ihnen-Lächeln« [bei dem lediglich die oberen Zähne sichtbar sind und der Mund sich nur leicht öffnet], nur daß die Unterlippe dabei zwischen die Zähne gezogen wird. Daraus geht hervor, daß die lächelnde Person sich dem Menschen, dem sie zulächelt, irgendwie unterlegen fühlt.[19]

Mir scheint, daß dieses besondere Lächeln auch daher rühren könnte, daß Frauen versuchen, widersprüchlichen Anforderungen gerecht zu werden: ein breites, strahlendes Lächeln zu zeigen und den Mund zu halten.

Es gibt weitere Belege dafür, daß Männer und Frauen ihr Lächeln unterschiedlich einsetzen. In einer Kommunikationsstudie wurden Versuchspersonen aufgefordert, entweder die Wahrheit zu sagen – d. h. etwas zu vertreten, das in Einklang mit ihrer Überzeugung stand – oder zu lügen – d. h. etwas zu vertreten, das ihrer Überzeugung zutiefst widersprach. Unter der »Täuschungs«-Bedingung setzten die männlichen Versuchspersonen ein freundlicheres Gesicht auf als unter der »Wahrheits«-Bedingung, während die Freundlichkeit im Gesicht von Frauen nicht davon beeinflußt war, ob sie die Wahrheit sagten oder sich verstellten.[20] Vielleicht haben Frauen es besser gelernt als Männer, ihren Gesichtsausdruck zu kontrollieren. Erinnern wir uns an den von Chesler erwähnten Widerspruch, daß von Frauen (von Männern nicht) erwartet wird, sowohl häufiger zu lächeln als auch sehr unglücklich zu sein. Die Untersuchung von Bugental und ihren Mitarbeitern wirft etwas Licht auf diese Frage. Diese Forscher untersuchten Lächeln in Familien-Interaktionen und stellten bei Vätern eine größere Übereinstimmung zwischen verbaler Botschaft und Gesichtsausdruck fest als bei Müttern: »Wenn Väter ihre Kinder anlächelten, dann sagten sie ihnen etwas Freundlicheres oder Anerkennenderes als wenn sie nicht lächelten. Wenn Mütter ihre Kinder anlächelten, war der wertende Inhalt ihrer verbalen Botschaft nicht positiver als wenn sie nicht lächelten.«[21] Diese Verhaltensdivergenz entgeht den Kindern nicht. In einer anderen Untersuchung fanden Bugental und Mitarbeiter heraus, daß kleine Kinder auf das Lächeln von Frauen im Vergleich zu dem von Männern relativ neutral reagieren und besonders verstört sind, wenn die negative Äußerung einer Frau von einem Lächeln begleitet wird.[22] Diesen spezifisch weiblichen Gebrauch des Lächelns interpretieren die Autoren auf dem Hintergrund der kulturellen Rollenvorschriften für Frauen.

Die traditionelle weibliche Rolle verlangt freundliches, gefälliges Verhalten; der lächelnde Gesichtsausdruck ist vielleicht die Maske, mit der dieser Eindruck vermittelt wird. Wenn Lächeln für Frauen diese Funktion erfüllt, dann besteht wahrscheinlich wenig oder keine Beziehung zwischen ihrem Lächeln und dem wertenden Inhalt ihrer verbalen Botschaften. Für sie ist Lächeln also eher situationsbedingt oder durch Rolle definiert und bezieht seine Bedeutung kaum aus dem unmittelbaren verbalen Austausch.[23]

Wie sehr Lächeln Bestandteil der Frauenrolle ist, illustriert der Bericht über die Situation von Frauen in einer Fernsehstation, *Rooms with No View*.

...Für gute Moral zu sorgen, ist Aufgabe der NBC-Frauen; höchster Sinn dieser Rolle ist es, die männlichen Produzenten, Abteilungsleiter und andere Größen aufzupeppeln. Der unausgesprochene Befehl heißt: «Lächele!«. Und die Frau, die nicht jedesmal, wenn ihr Chef das Büro (oder den Aufzug oder die Kantine) betritt, lächelt – die überhaupt in Gegenwart ihres Chefs nicht unentwegt lächelt (nicht auszudenken, daß sie einmal die Stirn runzelt!) –, wird mit »Guck doch nicht so beleidigt!«, »Was ist los, Sauertopf?« und ähnlichen Bemerkungen beschimpft.[24]

Aber nicht alle Frauen lächeln ständig. Die Forscher, die das Lächeln zwischen Eltern und Kindern untersuchten, betonen ausdrücklich, daß ihre Ergebnisse nur für Mittelklasse-Familien zutreffen – nicht, weil sie nicht auch Unterschicht-Familien untersucht hätten, sondern »weil die Majorität der Unterschicht-Mütter, die man beobachtet hatte, überhaupt nicht lächelte.«

Anmerkungen Kapitel 10

1* Um fair zu sein: Bei den Männern lassen sich vielleicht einige kinesische Veränderungen feststellen, denn Clark Kents Unbeholfenheit und Bruce Waynes abgeschlafftes Playboy-Image werden zuweilen dem ungünstigen Vergleich mit der Vitalität und Stärke ihrer Alter-egos, Superman und Batman, unterzogen.

2 Paul Ekman und Wallace V. Friesen, »Detecting Deception from the Body or Face«, *Journal of Personality and Social Psychology*, 1974, 29, 288–98.

3 Als Beispiel siehe Paul Ekman und Wallace V. Friesen, »Constants across Cultures in the Face and Emotion«, *Journal of Personality and Social Psychology*, 1971, 17, 124–29; enthält außerdem eine kurze Besprechung dieser Literatur.

4 Gerald I. Nierenberg und Henry H. Calero, *Wer sieht kann erkennen. Dein Gegenüber, ein offenes Buch.* Bern, München, Wien (Scherz) 1972. S. 158.

5 Kenneth R. Johnson, »Black Kinesics – Some Non-Verbal Communication Patterns in the Black Culture«, *Florida FL Reporter*, 1971 (Frühling/Herbst) S. 18.

6 Gail Zivin, »Facial Gestures as Status Signals in Preschool Boys«, der Eastern Psychological Association 1975 vorgelegtes Referat.

7 »Women and the Structure of Organizations: Explorations in Theory and Behavior«, in *Sociological Inquiry*, 1975, 45, Nr. 2–3, 34–74. Nachgedruckt in Marcia Millman und R. M. Kanter (Hrsg.), *Another Voice*. Garden City, N. Y. (Doubleday) 1975, 34–74.

8 Todd Gitlin, »On Power Structure Research«, *100 Flowers*, 1 (1971), S. 35.

9 Johnson, »Black Kinesics«, S. 18.

10 Ray L. Birdwhistell, »Masculinity and Feminity as Display«, in *Kinesics and Context*. Philadelphia (University of Pennsylvania Press) 1970, S. 44.

11* Natürlich werden Kinder beiden Geschlechts angehalten, keine negativen Emotionen zu zeigen – z. B. schmollen; dies ist Teil ihrer Unterordnung unter Erwachsene, worauf wir später ausführlicher eingehen werden. Aber die geschlechtstypisierende Erziehung bestimmt für jedes Geschlecht, welche Formen negativer Emotionen den strengsten Verboten unterliegen.

12 Paul Ekman, »Universals and Cultural Differences in Facial Expressions of Emotion«, in James K. Cole (Hrsg.), *Nebraska Symposium on Motivation*, 1971. Lincoln (University of Nebraska Press) 1971. Siehe auch P. Ekman und Wallace V. Friesen, *Unmasking the Face*. Englewood Cliffs. NJ (Prentice Hall) 1975; ferner den von diesen Autoren und Phoebe Ellsworth in deutscher Übersetzung vorliegenden Titel: *Gesichtssprache*. Wien, Köln, Graz (Böhlau) 1974.
Buck et. al. sind der Meinung, Frauen seien Emotions-»Externalisierer« – stark im offenen emotionalen Ausdruck, schwach in der galvanischen Hautreaktion; Männer seien »Internalisierer« – mit wenig offenem Ausdruck, aber starken und häufigen elektrodermalen Reaktionen. Die Daten, die diese Auffassung stützen, sind jedoch von marginaler Signifikanz. Ross Buck, V. J. Savin, R. E. Miller und W. F. Caul, »Communication of Affect through Facial Expressions in Humans«, *Journal of Personality and Social Psychology*, 1972, 23, 362–71; R. Buck, R. E. Miller und W. F. Caul, »Sex, Personality, and Physiological Variables in the Communication of Affect via Facial Expression«, *Journal of Personality and Social Psychology*, 1974, 30, 587–96.

13 Shulamith Firestone, *Frauenbefreiung und sexuelle Revolution*. Frankfurt/M. (Fischer Taschenbuch) 1975, S. 100.

14 Jeanette Silveira, »Thoughts on Politics of Touch«, *Women's Press*. Eugene, Ore., 1, 13 (Februar 1972), 13.

15 Phyllis Chesler, *Frauen – das verrückte Geschlecht?* Reinbek bei Hamburg (Rowohlt) 1974, S. 268.

16 Daphne E. Bugental, Leonore R. Love und Robert M. Gianetto, »Perfidious Feminine Faces«, *Journal of Personality and Social Psychology*, 1971, 17, 314–18. Zitat auf S. 317.

17 Albert Mehrabian, *Nonverbal Communication*. Chicago (Aldine-Atherton) 1972.

18 Adam Kendon und Andrew Ferber, »A Description of Some Human Greetings«, in R. P. Michael und J. H. Crook (Hrsg.), *Comparative Ecology and Behavior in Primates*. London (Academic Press) 1973, S. 591–668.

19 Nierenberg und Calero, *Wer sieht kann erkennen*. S. 36. Das beschriebene System bezieht sich auf Ewan Grant.

20 in Mehrabian, *Nonverbal Communication*.
21 Bugental, Love, Gianetto, »Perfidious Feminine Faces«, S. 317.
22 D. E. Bugental, J. W. Kaswan und L. R. Love, »Perception of Contradictory Meanings Conveyed by Verbal and Nonverbal Channels«, *Journal of Personality and Social Psychology*, 1970, 16, 647–55. D. E. Bugental et al., »Child versus Adult Perception of Evaluative Messages in Verbal, Vocal, and Visual Channels«, *Developmental Psychology*, 1970, 2, 367–75.
23 Bugental, Love, Gianetto, »Perfidious Feminine Faces«, S. 315.
24 Ethel Strainchamps (Hrsg.), *Rooms with no View: A Woman's Guide to the Man's World of the Media*. New York (Harper & Row) 1974, S. 15.

Kapitel 11

Körperstrategien: Schlußfolgerungen, Implikationen und Ausblicke

An diesem Punkt wollen wir folgende Fragen stellen: Was sagen uns die hier vorgestellten Fakten? Welche Erkenntnisse können wir über die unmittelbare Information hinaus aus ihnen beziehen? Wie kann das in dieser Untersuchung gewonnene Wissen angewandt werden, um die Verteilung von Macht zu verändern? Fassen wir zunächst die Ergebnisse zusammen und beschäftigen uns dann mit deren Implikationen und Anwendungen.

Zusammenfassung

Im Laufe dieses Buches habe ich versucht, folgende Punkte hervorzuheben und mit Dokumenten zu belegen:

1. In unserem Alltag ist nonverbales Verhalten ein wichtiges Kommunikationsmedium.
2. Macht (Status, Dominanz) ist ein Hauptaspekt nonverbaler Kommunikation: Sowohl auf der großen Skala sozialer Herrschaft als auch auf der kleinen Skala interpersonaler Dominanz ist nonverbales Verhalten einer der Hauptkanäle des »Machtflusses«.
3. Weil unsere Kultur nonverbales Verhalten als bedeutungslos abtut – es ignoriert und ihre Mitglieder auch nicht in diesem Verhalten erzieht –, konstituiert es eine vage Stimulussituation. Die Interpretation solcher Situationen ist sehr anfällig für soziale Vorurteile (zum Beispiel Erklärungen, die mit Geschlechts-Stereotypen operieren), die dazu dienen, den Status quo aufrechtzuerhalten.
5. Nonverbale Machtbotschaften sind für Frauen von besonderer Bedeutung – zum einen, weil sie empfindlicher auf solche Botschaften (Kontrollen) reagieren, zum anderen, weil sie häufiger deren Objekte sind.
6. Viele nonverbale Verhaltensweisen haben eine Doppelsymbolik: Davon abhängig, ob sie von Partnern in einer asym-

metrischen oder symmetrischen Beziehung benutzt werden, können sie entweder Dominanz oder Intimität ausdrücken.

7. Die Verhaltensweisen, die Dominanz und Unterordnung zwischen Ungleichen ausdrücken, laufen parallel zu jenen, die in der ungleichen Beziehung zwischen den Geschlechtern von Männern und Frauen gezeigt werden.

Aufgrund der Evidenz, die wir in den vorangegangenen Kapiteln zusammengetragen haben, können wir Tabelle 5 aufstellen, in der die nonverbalen Verhaltensweisen zusammengefaßt sind, die sowohl zwischen Gleichen (Vertrauten und Nicht-Vertrauten) als auch zwischen Ungleichen (Übergeordneten und Untergeordneten) benutzt werden (Seite 260).

Aus dieser Tabelle ersehen wir leicht, daß:

dieselben Verhaltensweisen Beziehungen unterschiedlichen Charakters ausdrücken können: einmal durch Solidarität, das andere Mal durch statusgeprägte Beziehungen, d. h. Beziehungen zwischen Gleichen und Beziehungen zwischen Ungleichen.

Dieselben Verhaltensweisen, die der Überlegene dem Unterlegenen zeigt, sind jene, die auch Männer gegenüber Frauen zeigen; und Frauen zeigen Männern gegenüber die Verhaltensweisen, die charakteristisch für das Verhalten eines Unterlegenen gegenüber einem Überlegenen sind.

Die ersten sechs Kategorien zeigen in den drei Doppelkolumnen völlig parallele Strukturen (die Fälle, für die wir keine experimentellen Belege haben, sind mit einem * versehen); hier bestätigt sich also die Allgemeingültigkeit von Browns »Universalnorm«: Die Form, die zwischen Vertrauten benutzt wird, wird auch gegenüber Unterlegenen benutzt. Und die Form, die Fremden gegenüber gezeigt wird, wird auch gegenüber einem Überlegenen gezeigt.[1]

Die letzten drei Kategorien – Gesichtsausdruck, Gefühlsausdruck und Selbstenthüllung – scheinen dieser Universalnorm zu widersprechen. Zwar entsprechen sie ihr insofern, als die zwischen Statusungleichen und die zwischen den Geschlechtern benutzten Formen sich parallelisieren, aber hinsichtlich der Formel: Verhalten zwischen Gleichen = Verhalten eines Überlegenen gegenüber einem Unterlegenen weichen sie von Browns Norm ab. Hier ist die Form, die zwischen Vertrauten benutzt wird, identisch mit der, die der Untergeordnete dem Übergeordneten zeigt (Lächeln, Gefühle zeigen). Und die Form, die zwischen Fremden benutzt wird (Gefühle verbergen,

Tabelle 5
Macht- und Privilegsgesten. Beispiele einiger nonverbaler Verhaltensweisen – Wie werden sie benutzt:
unter Statusgleichen;
unter Statusungleichen;
unter Männern und Frauen

	Unter Statusgleichen		Unter Statusungleichen		Unter Männern und Frauen	
	Vertraute	Nicht-Vertraute	Vom Übergeordneten benutzt	Vom Untergeordneten benutzt	Von Männern benutzt	Von Frauen benutzt
1. Anrede	vertraut	förmlich	vertraut	höflich	vertraut? *	förmlich? *
2. Benehmen	informell	vorsichtig	informell	vorsichtig	informell	vorsichtig
3. Haltung	entspannt	angespannt (weniger entspannt)	entspannt	angespannt	entspannt	angespannt
4. Persönlicher Raum	Nähe	Distanz	Nähe (Option auf)	Distanz	Nähe	Distanz
5. Zeit	lang	kurz	lang (Option)	kurz	lang? *	kurz? *
6. Berührungen	berühren	nicht berühren	berühren (Option)	nicht berühren	berühren	nicht berühren
7. Augenkontakt	herstellen	vermeiden	Anstarren, ignorieren	Blick abwenden, visuelle Aufmerksamkeit	anstarren, ignorieren	Blick abwenden, visuelle Aufmerksamkeit
8. Gesichtsausdruck	lächeln? *	nicht lächeln? *	nicht lächeln	lächeln	nicht lächeln	lächeln
9. Gefühlsausdruck	Gefühle zeigen	Gefühle verbergen	Gefühle verbergen	Gefühle zeigen	Gefühle verbergen	Gefühle zeigen
10. Selbstenthüllung	sich enthüllen	sich nicht enthüllen	sich nicht enthüllen	sich enthüllen	sich nicht enthüllen	sich enthüllen

* Verhalten nicht bekannt.

persönliche Information zurückhalten) ist die, die gegenüber Untergebenen gezeigt wird. Diese Umkehrung der Verhältnisse erklärt sich vielleicht aus der Dialektik von Freundschaft: Freundschaft ist ein Gemisch aus Privilegien und Verletzlichkeiten. Freunde können sich untereinander Freiheiten herausnehmen und einander ihre Schwächen zeigen. Alle zehn Kategorien zeigen Verhaltensweisen, die mit Privilegien verknüpft sind; in den ersten sechs versetzt Freundschaft in die Position, die der Privilegierte in Über-/Untergeordneter-Beziehungen hat, in den letzten drei Kategorien versetzt sie in die Position des Schwachen/Verletzlichen.

Beim Augenkontakt habe ich versucht, aus den komplexen Daten zwei simple Regeln zu extrahieren. Auch hier sehen wir, daß sich die Verhaltensweisen zwischen Statusungleichen und die zwischen Männern und Frauen parallelisieren; aber die in Punkt 6 zitierte Doppelsymbolik scheint beim Augenkontakt nicht auffindbar. Das Herstellen von Augenkontakten zwischen Vertrauten und das Blickvermeiden unter Fremden ähneln dem Muster Anstarren/Blickabwenden unter Ungleichen, weisen aber keine Parallele zu visuellem Ignorieren/visueller Aufmerksamkeit zwischen Ungleichen auf. Es mag natürlich sein, daß auch beim Augenkontakt die Tatsache, daß Freundschaft die Einheit von Privilegien und Verletzlichkeit ist, zum Tragen kommt: Einander ansehen kann sowohl Ausdruck des »Anstarr«-Privilegs sein als auch der Ausdruck der verletzlichen Position des Sich-Zeigens und Angestarrt-Werdens.

»Bestia Humana«?

Wir haben nicht nur Parallelen zwischen verschiedenen Aspekten menschlichen Verhaltens aufgezeigt, sondern zuweilen auch auf die Parallelen zwischen menschlichem und tierischem Verhalten hingewiesen. Wir wollen hier aber nicht der Versuchung erliegen, darüber zu spekulieren, welche Anteile an menschlichen Verhaltensweisen möglicherweise angeboren und auf einen gemeinsamen evolutionsgeschichtlichen Ursprung von Mensch und Tier zurückzuführen sind. Im Rahmen dieses Buches können wir weder die Parallelen zwischen Mensch und Tier gründlicher untersuchen, noch uns tiefer auf die Frage von deren Ursprung und Beziehung zueinander einlassen. Die Leser, die sich gründlicher mit dem vorliegenden wissenschaftlichen Material und dessen Interpretation beschäftigen wollen, seien auf die Werke der Ethologen (Tierverhaltensforscher) verwiesen, zum Beispiel die von Eibl-Eibesfeldt.[2]

Einige Punkte, auf die Eibl-Eibesfeldt (neben anderen Autoren) hinweist, wollen wir jedoch aufgreifen. Erstens: Wir müssen zwischen *Analogien* und *Homologien* unterscheiden. Beide Begriffe beziehen sich auf anatomische Strukturen, die sich in den verschiedenen Spezies ähneln. Diese Ähnlichkeiten sind jedoch unterschiedlichen Charakters und haben eine unterschiedliche Entwicklungsgeschichte. Homologien gründen sich auf ein gemeinsames genetisches Verbindungsglied – so zum Beispiel die Vorderextremitäten des Wals, der Fledermaus und des Menschen, die in ihrer äußeren Erscheinung wenig Ähnlichkeit aufweisen, jedoch nachweisbar von demselben evolutionären Vorfahren abstammen. Analogien andererseits mögen sich in ihrer äußeren Erscheinung ähneln – beispielsweise die Grabbeine des Maulwurfs und die der Maulwurfgrille oder die Körperformen von Fischen, Pinguinen, Ichthyosauriern und Walen, die alle so beschaffen sind, daß sie dem Wasser möglichst wenig Widerstand bieten –, aber sie weisen keine genetische Verwandtschaft miteinander auf; diese Ähnlichkeiten entwickelten sich vielmehr parallel und unabhängig voneinander – als Anpassung an ähnliche Selektionsbedingungen.

Wir müssen also die Frage stellen, ob die Ähnlichkeiten zwischen Tierverhalten und menschlichen Verhaltensweisen auf einen gemeinsamen stammesgeschichtlichen Vorfahren zurückgehen oder ob es sich um ähnliche, aber voneinander unabhängige Adaptationen an ähnliche Selektionsbedingungen handelt. Solche Selektionsbedingungen, die für viele Spezies in gleicher Weise galten, können sein: Überbevölkerung, Futtermangel, Artbedrohung – selektive Faktoren, die alle auf Bindungs-, Aufzucht-, Territorial-, Dominanz- und andere Verhaltensweisen von Einfluß sind. Der Frage, welchen Charakters Verhaltensähnlichkeiten sind, könnte man sich nähern, indem man einen ähnlichen Weg beschreitet wie bei der Klassifizierung homologer und analoger anatomischer Strukturen. Man müßte *alle* Spezies auf Verhaltensähnlichkeiten (oder Varianten) hin beobachten und zu bestimmen versuchen, an welchem Punkt der Evolutionsgeschichte und unter welchen Bedingungen sie sich herausbildeten. Solche Daten zu gewinnen erfor-

dert weit umfangreichere und systematischere Forschung, als bisher möglich war; aber wir dürfen hoffen, daß die, die gegenwärtig auf diesem Gebiet arbeiten, und jene, die sich zukünftig dieser Wissenschaft verschreiben, diese Frage angehen werden.
Aufschlußreich ist jedoch auch ein Blick auf die Evolution von Gesten innerhalb unserer eigenen Spezies. Aufgrund seiner umfangreichen Forschungen kommt Eibl-Eibesfeldt zu folgenden Feststellungen: (1) die Universalität körperlichen Ausdrucks in verschiedenen Kulturen und (2) die Ähnlichkeit einiger unserer Ausdrucksformen mit jenen von Völkern (etwa Nomaden, primitive Stämme), deren Sozialorganisation der unserer eigenen Vorgeschichte ähnelt. Darüber hinaus gibt uns der Autor historische Belege über den Ursprung verschiedener Ausdrucksformen.

Der Schlag ist vorüber, aber der Schmerz hält an. Vom historischen Blickwinkel aus können wir feststellen, daß an der Überzahl von Dominanzgesten Überreste primitiver körperlicher Auseinandersetzung beteiligt sind. Sich jemandem nähern, ihn überragen, anstarren, auf ihn zeigen, ihn berühren, nach vorn beugen – all dies sind Elemente wirklichen Kampfes und zweifellos Erinnerungen an unsere Vorgeschichte, in der Dominanzkonflikte direkter und durch Körperkraft ausgetragen wurden. (Einige Verhaltensweisen dominanter Menschen – sich zurücklehnen, sich abwenden, entspannen – enthalten keine solchen aggressiven Untertöne, sondern signalisieren die Haltung dessen, der sich seiner hohen Position in der Ranghierarchie sicher ist. In solchen Situationen zeigt das Verhalten des Untergeordneten – Anspannung, sich körperlich klein machen, lächeln, Kopf neigen und Blick senken – die Charakteristika der Verteidigungs- und Submissionshaltung).
Wenn von so vielen unserer nonverbalen Machtgesten eine subtile körperliche Drohung ausgeht und diese Botschaft, zumindest von unserem tiefsten Unbewußten, aufgenommen wird, dann sind Frauen eindeutig im Nachteil. Denn sie wurden dazu erzogen, körperlichen Kontakt zu vermeiden; Frauen werden nicht angehalten, ihren Körper zu trainieren, um sich verteidigen zu können. Und in einer Umwelt, in der viele von ihnen tatsächlich körperlich angegriffen werden, lassen sich Frauen leicht (oft unbewußt) einschüchtern und beherrschen. Verstärkend kommt hinzu, daß sie selbst kaum Dominanzsignale von

sich geben, von denen eine körperliche Drohung ausgeht. Es sieht so aus, als sei die Erziehung zur Vermeidung körperlichen Kontakts gleichzeitig die Erziehung zur Vermeidung körperlicher Dominanzsignale.

Bedeutet distinktiv instinktiv? Betrachtet man die »Instinkthaftigkeit« nonverbaler Verhaltensweisen, sollte man Birdwhistells Bemerkungen über männlich-weibliche Verhaltensunterschiede (zitiert in Kapitel 2) nicht aus den Augen verlieren: Da die sekundären Geschlechtsmerkmale bei den Menschen kaum ausdifferenziert sind, betreiben sie auf der Ebene von Körperausdruck einen großen Aufwand an »Geschlechtsdarstellung«.

8. Der überwältigend größte Anteil an geschlechtsdifferenziertem Verhalten ist also erlernt: Es entwickelte sich, um ansonsten kaum wahrnehmbare Unterschiede hervorzuheben.

Und selbst wenn bestimmte Verhaltensweisen instinktiv sind – na und? Sind sie der Beweis, daß menschliches Verhalten unveränderbar, biologisch determiniert ist? Eibl-Eibelsfeldt betont:

> Der Hinweis auf das Angeborensein eines Verhaltens oder einer Disposition beinhaltet keineswegs, daß diese einer erzieherischen Beeinflussung unzugänglich sei, noch daß man sie als natürlich im Sinne von zweckmäßig hinzunehmen habe.[3]

Die Tendenzen zu bestimmten Verhaltensformen *mögen* genetischen Ursprungs sein – aber sie müssen nicht notwendigerweise gut für eine Spezies sein oder gar unveränderbar.

Eibl-Eibesfeldt bemüht sich, die Ethologie von jenen neueren biologistischen Strömungen abzugrenzen, die von der »Bestia Humana« sprechen und den Menschen einen grundsätzlichen Aggressionstrieb unterstellen, der sie unausweichlich dazu verdamme, sich gegenseitig zu bekämpfen. Er räumt ein, daß in der Tierverhaltensforschung der Aggressionstrieb zuweilen überbetont wurde, jedoch weniger von den Ethologen selbst als von deren Interpreten, vor allem den Massenmedien. Eibl-Eibesfeldt trifft die wichtige Feststellung, daß Menschen einander ebenso viel Liebe, Bindung, Wärme, Unterstützung und Zuneigung zeigen wie Feindseligkeit, Aggression, Abstoßung und Kriegslust.

Auf ähnliche Weise möchte ich betonen, daß die in diesem

Buch entwickelten Thesen weder Argumente für die Existenz irgendeines »natürlichen« Dominanz- oder hierarchischen Verhaltens sind noch für die Existenz irgendwelcher »natürlicher« Antagonismen zwischen Männern und Frauen oder irgendwelcher »natürlicher« Dominanzbestrebungen von seiten der Männer. Unbestreitbar – wir sind die Opfer eines Patriarchats, aber wie wir dorthingelangten, ist eine komplexe Frage – eine, die nicht nur Psychologen und Ethologen, sondern auch Historiker, Anthropologen, Soziologen, Politikwissenschafter und andere beantworten müßten. Als Psychologin – und natürlich auch als menschliches Wesen – habe ich beeindruckende Beispiele von der Veränderbarkeit menschlicher Verhaltensweisen und Beziehungen gesehen. Und ich lasse mich nicht in dem Glauben beirren, daß die Menschen in der Lage sind, sowohl sich selbst als auch ihre Umwelt (aktiv, nicht passiv) zum Besseren zu wenden.

Was ich zu zeigen versucht habe, ist, daß die Menschen NICHT zum ewigen Kampf – zwischen groß und klein, kriegerischen und friedvollen Völkern, Männern und Frauen – verurteilt sind. Im Gegenteil, ich bin davon überzeugt, daß all die pseudowissenschaftlichen Sensationsbehauptungen in dieser Richtung *Vernebelungen sind. Denn sie verschleiern die Tatsache, daß Macht in unserer Gesellschaft sehr ungleich verteilt ist.* Und diese Machtverteilung folgt keinen biologischen Mustern, sondern soziologischen. Aber unsere Aufmerksamkeit wird allzugern auf erstere gelenkt – mit unterhaltsamen Märchen, die uns nur das widerspiegeln, was wir ohnehin schon in unseren Köpfen haben: die Ideologien einer Kultur, deren Hauptmerkmal hierarchische Strukturen sind.

Dominanz- und Submissionsgesten

Wir haben uns eine große Vielfalt nonverbaler Zeichen und Symbole angesehen. Können wir nun – in dem Sinne, wie wir bestimmte Verhaltensweisen bei den Tieren als Dominanz- und Submissionsgesten klassifizieren – auch bei den Menschen von solchen sprechen? Eine Dominanzgeste wird von einem dominanten Tier im Konflikt mit einem untergeordneten gezeigt, das seinerseits mit einer Unterwerfungsgeste darauf antwortet. Man geht davon aus, daß die Funktion solcher Gesten darin besteht, Konflikte innerhalb einer Spezies zu regeln, d. h. zu

verhindern, daß jeder Dominanzkonflikt in einen Kampf um Leben und Tod ausartet.
Welche Kriterien soll man aber für menschliche Gesten aufstellen, um sie in diesem Sinne als Dominanz- und Submissionsgesten bezeichnen zu können? Zweifellos müßte sich die Mehrzahl der Interaktionsgemeinschaft über die Bedeutung einer solchen Geste einig sein. Da wir gesehen haben, daß nonverbale Aktionen Verhalten beeinflussen und regulieren, jedoch zumeist nicht zum Repertoire unserer bewußten Kommunikation gehören, würde man wohl kaum die Forderung stellen können, daß eine solche nonverbale Botschaft *wissentlich* ausgesandt und empfangen werden muß. Andererseits müßte sie folgende Voraussetzung erfüllen: sie muß in einer Konfliktsituation auftreten, in der einer der Akteure Dominanz zu gewinnen versucht. Und ferner müßte eine solche Botschaft die erwünschte Wirkung auf den Empfänger haben.[4]*
Dominanz- und Submissionsgesten unter Menschen können wir vielleicht vorsichtig aus den Verhaltenstrauben herauskristallisieren, die als die Korrelate von Macht, Status oder Dominanz erscheinen, oder aus solchen Verhaltensweisen, die Drohungen implizieren. Tabelle 6 führt einige Verhaltensformen dieser Kategorie auf, wobei dem jeweiligen Drohverhalten das entsprechende Submissionsverhalten gegenübergestellt ist.
Es muß jedoch betont werden, daß, auch wenn die aufgeführten Dominanz- und Submissionsgesten insoweit reziprok sind, als sie die beiden Seiten einer Interaktion darstellen, doch nicht ein Verhalten das andere notwendigerweise bedingt. Beide scheinen fast universell anwendbar zu sein. Einer Berührung kann mit gesenktem Blick oder einem Stirnrunzeln geantwortet werden; der ausgestreckte Zeigefinger kann jemanden verstummen lassen, und ein Lächeln kann auf jede Dominanzgeste folgen.
Entsprechen diese Gesten nun den Dominanz- und Submissionsgesten der Tiere? Über solch eindeutige Kriterien wie bei der Tierverhaltensforschung verfügen wir nicht, denn menschliches Verhalten ist nicht so eindeutig. Aber doch haben wir nach meiner Meinung genügend Material zusammengetragen, das es uns erlaubt, zumindest von Gesten zu sprechen, die mit Menschen in dominanten oder untergeordneten Positionen verknüpft sind. Darüber hinaus dürfen wir feststellen, daß ein

Tabelle 6
Menschliche Gesten, von denen angenommen wird, daß sie Dominanz oder Submission signalisieren

Dominanz	Submission
anstarren	den Bick senken oder abwenden, flackernder Blick
berühren	sich an die Berührung »anschmiegen«
unterbrechen	verstummen
in den Raum eines anderen eindringen	Raum abtreten, aus dem Weg gehen
Stirn runzeln, streng blicken	lächeln
mit dem Finger zeigen	gehorchen, in seiner Handlung (oder Rede) innehalten; sich in die gewiesene Richtung bewegen

großer Teil männlichen Verhaltens aus Dominanzgesten zu bestehen scheint und ein großer Teil weiblichen Verhaltens aus Submissionsgesten.

Macht trifft Geschlecht und vice versa

Vielleicht erweckt dieses Buch den Eindruck, zu sehr auf Macht fixiert zu sein. Macht ist doch nicht alles, wird der Leser vielleicht denken. Nun, wenn ich den Machtaspekt hervorgehoben und andere Aspekte menschlicher Interaktion habe in den Hintergrund treten lassen, so war dies eine bewußte Gewichtsetzung, eine, der das Übergewicht Hunderter von Büchern und Arbeiten über nonverbale Kommunikation gegenübersteht, die die Hauptbetonung auf Gefühlsausdruck und intrinsische Motivationen legen und Interaktionen so behandeln, als fänden sie nur unter Gleichen statt, und deren sozialen Zusammenhang außer acht lassen. Ich verstehe Macht nicht als eine fremde Kraft, die sporadisch in unser Leben einfällt und der deshalb nur eine kleine Nische in der psychologischen Forschung zukäme. Ich sehe Macht vielmehr als den Kontext, in

dem wir unser Leben leben; sie ist das Oxygen unseres sozialen Seins – oft so wenig zu erfassen, aber doch so allumfassend wie für den Fisch der Ozean. Diese Auffassung steht am Ende eines Erkenntnisprozesses, in dem mir bewußt wurde, daß mein eigenes Leben und das anderer voller Unstimmigkeiten ist, für die die Machtobsession bestimmter *anderer Menschen* (d. h. jener, die Macht haben und andere unterdrücken, um sie von ihr fernzuhalten) verantwortlich ist – gleicherweise verantwortlich wie eine Sozialorganisation, deren Geographie durch Machtvakuen und Macht-Hochdruckzonen geprägt ist.
Bei meiner Untersuchung nonverbalen Verhaltens erwies sich Macht, besonders das Machtgefälle zwischen Männern und Frauen, als der passendste und operationsfähigste Schlüssel zum Verständnis dieser Form menschlicher Kommunikation. Vor allem jene Beziehungen zwischen Männern und Frauen, von denen oft behauptet wird, Sexualität, nicht Macht, sei die treibende Kraft, erschienen so in einem neuen Licht. Wie bereits (in Kapitel 8) betont,

9. sind viele nonverbale Verhaltensweisen, die bedeutungslos zu sein scheinen und vermeintlich nichts mit Macht zu tun haben, in Wirklichkeit Ausdruck von Geschlechtsprivilegien; oder sie reflektieren gesellschaftliche Vorurteile, die ihren Ursprung in Machtunterschieden haben.

Und jene Verhaltensweisen, die nicht so eindeutig in diese Kategorie fallen, tragen doch durch ihr beharrliches Betonen weiblich-männlicher Unterschiede dazu bei, die Kluft zwischen den Geschlechtern zu vertiefen, über die hinweg sie sich – ach, doch so verschieden – feindselig gegenüberstehen.
Gibt es »unschuldige« gestische Unterschiede zwischen den Geschlechtern, solche, die keine Bedeutung im Zusammenhang von Ungleichheit und Kampf haben? Wenn Frauen beim Trinken über das Glas hinweggucken und Männer ins Glas sehen (oder vielleicht auch umgekehrt), wem sollte das schaden? Wenn Frauen eine Zigarette anders halten als Männer, was hat das mit Macht zu tun? Die Antwort auf diese Frage ist sehr einfach: Solange eine Gruppe auf Kosten der anderen privilegiert ist, ist alles, was zu diesem Privileg beiträgt, von Schaden – ganz gleich, wie unschuldig es aussehen mag. Ehe der Machtunterschied nicht beseitigt ist, können wir nicht wissen, welche Verhaltensunterschiede »natürlich« sind, instinktiv oder durch situationsgebundene – nicht macht-bezogene – Faktoren bedingt.

Bisher konnte mich nichts davon überzeugen, daß es gestische Unterschiede gibt, die man als unbedeutend abtun könnte. Ob nun jeder Unterschied aufgegriffen wurde (oder werden kann) und in ein Machtsymbol verwandelt oder umgekehrt, ob Macht sich in tausendfältige (für sich selbst genommen bedeutungslose) Symbole übersetzt, um sich kundzutun – das spielt keine große Rolle. Solange die winzigste Geste sich als Gefängnisriegel oder Handgranate im Geschlechterkrieg nutzen läßt, kann man sie nicht unschuldig nennen.
Die Verfechter des »Vive la différence« werden fragen: Wollen Sie alle Geschlechtsunterschiede eliminieren, so daß man nicht mehr zwischen Männern und Frauen unterscheiden kann? Sind Sie gegen Sexualität? Meine Antwort ist, daß die hier vorgetragenen Ideen sich wohl kaum eignen, Sexualität zu verbannen – schließlich ist sie eine recht lustvolle Angelegenheit und ja auch für den Fortbestand unserer Spezies nicht ganz unwichtig. Wenn man seine Lust jedoch aus den künstlich erzeugten und machtorientierten Geschlechtsunterschieden bezieht, dann sollte man vielleicht den Charakter seiner vermeintlichen Sexuallust hinterfragen. Das Beharren auf der Verschiedenheit der Geschlechter hat eine Feindseligkeit hervorgebracht, die Männer und Frauen nicht zusammenbringt, sondern einander entfremdet.

Nonverbales – der springende Punkt

In diesem Buch wurden folgende Behauptungen aufgestellt:

10. Macht ist die Fähigkeit, andere zu beeinflussen und zu beherrschen. Diese Fähigkeit gründet sich auf die Kontrolle begehrter Ressourcen. (Macht, Status und Dominanz sind nicht dasselbe, auch wenn sie miteinander verknüpft sind und oft verwechselt werden).
11. Das stärkste Machtfundament ist Gewalt. Die Ressourcen, auf deren Kontrolle Macht sich gründet, sind die begehrtesten, und jene, die sie kontrollieren, müssen sie vor den Ansprüchen anderer verteidigen. Gewaltanwendung lauert im hintersten Schützengraben der Verteidigungslinie, an der Front zeigt sie sich selten.
12. Macht wird entlang eines Kontinuums ausgeübt, das mit den mildesten Formen von Kontrolle beginnt und mit offener Gewaltanwendung endet. Zu diesem Kontinuum gehören:

a) *Internalisierte Kontrollen:* Hier handelt es sich um die Kolonisation der Gedanken und Gefühle, die durch die Sozialisation bewerkstelligt wird. Der leichteste Weg, sicherzustellen, daß wir das Establishment nicht herausfordern, ist, dafür zu sorgen, daß wir uns dies selbst verbieten. Das geschieht, indem man uns (durch die Erziehung in unserer Kindheit) Polizeibeamte in unsere Köpfe postiert.
b) *Die Beschaffenheit unserer Umwelt.* Sollte unsere innere Polizei nicht wachsam genug sein, wir uns selbst vergessen und die vorgezeichneten Bahnen verlassen, dann stehen in unserer Umwelt strategisch wirkungsvoll placierte Ermahner bereit, die uns auf unseren Platz verweisen.
c) *Nonverbale Kommunikation.* Sollten diese Mahner in der Umwelt ihre Wirkung verfehlen – nun, unsere Mitmenschen – Freund wie Feind – werden uns mit Hilfe subtiler Botschaften klar machen, was wir tun dürfen und was nicht.
d) *Verbale Kommunikation.* Sollten wir es wagen, auch die nonverbalen Botschaften zu ignorieren? Nun, dann sind Worte an der Zeit, uns zur Ordnung zu rufen. Auch diese haben ihr Spektrum, angefangen vom Ausdruck leichten Befremdens über gutes Zureden bis hin zu eindeutigen Erklärungen oder Androhungen schwerwiegender Konsequenzen.
e) *Milde körperliche Sanktionen.* Wenn es auch Worten nicht gelingt, uns zurückzuhalten, dann müssen wir körperlich zurückgehalten werden. Ein Mädchen hält den Arm ihres Freundes fest, damit er den Schneeball nicht nach dem verhaßten Lehrer wirft; eine Frau hält ihren Mann zurück, damit er ihr Kind nicht schlägt; Männer halten zwei Kumpel davon ab, sich zu prügeln; die Polizei hält die wütende Menge zurück, damit sie der Regierungsfigur nicht zu nahe kommt. Man nimmt uns bei der Hand und führt uns von unseren Vorhaben fort; man legt uns die Hände auf die Schultern, damit wir sitzen bleiben, tritt uns unter dem Tisch oder legt uns die Hand auf den Mund, damit wir nichts Falsches sagen; hält uns am Oberarm oder faßt uns um die Taille, um uns zu lenken; schlägt uns ins Gesicht, kneift uns oder haut uns zusammen. Bei all diesen körperlichen Sanktionen handelt es sich um temporäre und »milde« Formen von Gewalt.
f) *Langzeit-Einschränkungen und deren Verästelungen.* Sollte es weder unserer inneren Polizei noch unseren Mitmenschen gelingen, uns zurückzuhalten, hat der Staat Mittel, seine Mitglieder zu inhaftieren, zu isolieren und ihnen körperliche und

seelische Bestrafungen aufzuerlegen, wenn sie gegen den legalen/sozialen Code verstoßen (oder er wird zumindest damit drohen und ein Bild von sich aufbauen, daß er dazu in der Lage ist, die Drohungen wahr zu machen). Die Hauptwerkzeuge solcher Zwangsmaßnahmen sind Gefängnisse und psychiatrische Anstalten.

g) *Waffen, Tod, Krieg.* Sie sind die äußersten Gewaltmittel, wenn Ermahnungen, Drohungen, Bestrafungen und andere Sanktionen versagt haben. Alle Stoppschilder sind umgestoßen; und jene an der Macht werden um jeden Preis versuchen, die Umstürzler niederzukämpfen (was an diesem Punkt nicht so einfach sein wird).

Zwei Dinge seien zu diesem Macht-Kontinuum bemerkt: Erstens, in ihrer mildesten und schärfsten Ausprägung sind die Zwangsmaßnahmen auf Massen gerichtet – sozusagen massenweise vorhanden, um gegen ganze Populationen eingesetzt werden zu können. Jene in der Mitte sind hauptsächlich individuelle und intime Sanktionsformen – personalisierte Ordnungshüter, die dem Abweichler Einhalt gebieten (in den Extremen geht es nicht darum, mit individuellen Abweichlern fertig zu werden). Der besondere Charakter der mittleren Formen schließt es weitgehend aus, daß sich Menschen ihrer bedienen, um gegen größere Aggregate – zum Beispiel Institutionen oder Unternehmen – zu protestieren.

Zweitens, während wir uns von der milden zur offenen Form von Gewaltanwendung bewegen, bewegen wir uns vom Alltäglichen und Vertrauten zum Seltenen und Fremden.

13. Allgemein kann man sagen, daß jeweils die mildeste Sanktionsform, die für wirkungsvoll gehalten wird, zum Tragen kommt.

Jedem Grad von Normverletzung entspricht eine Sprosse auf der Gewaltleiter. Wenn Schritte ausgelassen werden, zum Beispiel wenn ein Polizist einen mutmaßlichen Räuber tötet oder eine Bürger-Protestbewegung die Anfangsstadien von Protest überspringt und sofort zu massiven Zerstörungen schreitet, haben wir das Gefühl, daß etwas nicht stimmt. (Natürlich sind, wie eben erwähnt, die mittleren Bereiche für Gegner von Institutionen kaum gangbar).

Es ist jedoch nicht immer so, daß jeweils die mildeste Form von Kontrolle die gebräuchliche ist. Gegen die am stärksten unterdrückten Gruppen in einer Gesellschaft operiert der Staat zweifellos mit stärkeren Mitteln. Ausgehverbote, Polizeischikanen und Brutalität, Ghettos, Konzentrationslager – all dies war (und ist) der Alltag unterdrückter Gruppen in Gesellschaften, die von anderen politischen Gruppen beherrscht werden.

Welchen Ort hat nonverbales Verhalten in diesem Macht- und Gewaltspektrum?

14. Nonverbales Verhalten nimmt eine Schlüsselstellung in diesem Kontinuum ein – zwischen verdeckter und offener Gewalt (und zwischen verdeckter und offener Rebellion).

Nonverbales Verhalten – es wird benutzt, einander zu beeinflussen, aber wenn jemand den Finger darauf legt, wird es abgestritten. Es wird benutzt, um gegen Macht zu rebellieren, aber wenn ein Rebell dessen angeklagt wird, kann er es ableugnen. (Die Möglichkeit, sie zu leugnen, macht nonverbale Äußerungen zu einem brauchbaren Protestmittel für die relativ Machtlosen). Aber öfter noch bleibt nonverbales Verhalten einfach unbemerkt: Es ist subtil genug, um uns – ohne daß wir es merken – zu beeinflussen; und auch subtil genug, daß wir uns mittels dessen Beeinflussungen widersetzen können, ohne zu offenem Protest zu schreiten. Nonverbales Verhalten ist das Medium, durch das sich Menschen am leichtesten manipulieren lassen – es ist der Punkt, an dem soziale Kontrolle am unauffälligsten, aber doch sehr wirksam angesetzt werden kann, damit die Sozialstruktur intakt bleibt. Nonverbale Kommunikation ist der günstigste Platz für das Aufstellen von Warnsignalen, die nicht nur aufleuchten, wenn die internalisierten Kontrollmechanismen der Menschen außer Kraft gesetzt sind: Sie machen sich immer bemerkbar – fast wie die Geheimpolizei eines despotischen Staates.

Warum Kasten?

In diesem Buch habe ich immer wieder von »Geschlechtsunterschieden« im Verhalten gesprochen. Es ist an der Zeit, sich die Voraussetzungen anzusehen, die dieser Etikettierung zugrundeliegen; und auch das andere Etikett, mit dem männliche und weibliche Aktionen üblicherweise gekennzeichnet werden – das »Geschlechtsrollen«-Konzept –, soll eines näheren Blicks gewürdigt werden. Wir müssen sehr vorsichtig sein, wenn wir Kategorien, die soziale Phänomene meinen, auf biologische Gegebenheiten wie das Geschlecht anwenden. In seinem scharfsichtigen Buch *Blaming the Victim* verdeutlicht William Ryan, daß soziale Phänomene, die einer bestimmten Gruppe zugeschrieben werden – beispielsweise uneheliche Kinder, zerrüttete Familien, Kriminalität unter Schwarzen – in Wirklichkeit mit ökonomischen Faktoren zusammenhängen.[5] Schwarze und Weiße, die sich in ihrer ökonomischen Stellung nicht voneinander unterscheiden, werden sich auch hinsichtlich des Anteils an einem solchen »sozialen Problem« nicht unterscheiden. Für die weiße Vormachtstellung ist es natürlich bequem, von einem »Negerproblem« zu sprechen, so wie es für den Nationalsozialismus bequem war, von einem »Judenproblem« zu sprechen, und es der Männergesellschaft gelegen kommt, ein »Frauen-Problem« zu sehen. Richtiger wäre es, jeweils von einem »Problem der Weißen«, »Problem der Nicht-Juden«, »Problem der Männer« zu sprechen, oder genauer: von Rassismus, Antisemitismus und Frauenfeindschaft. Oder, noch genauer, von repressiven Kastensystemen.

Wie Ryan brillant demonstriert, werden die Auswirkungen von Unterdrückung immer den Opfern angelastet. Wir wissen nun, daß es nicht legitim ist, die Probleme der Opfer auf deren ethnische Zugehörigkeit oder biologische Merkmale zurückzuführen; sie müssen aus ihrem realen Ursprung erklärt werden: der Unterdrückung. Ebensowenig legitim ist es, unterschiedliche männliche und weibliche Verhaltensweisen, die aus dem Machtgefälle zwischen Männern und Frauen herrühren – als solche identifizierbar, weil parallele Verhaltensweisen auch in anderen Machtsituationen produziert werden –, der Geschlechtszugehörigkeit zuzuschreiben. *Es handelt sich nicht um Geschlechtsunterschiede, sondern Machtunterschiede.*[6] *Es gibt kein »Frauenproblem«, sondern ein Problem von Unterdrükkung. Es gibt keinen »ewigen Kampf der Geschlechter«, sondern Klassen- und Kastenkriege.*

Der beliebte Begriff »Geschlechtsrolle« hat den Ruf, die beobachtbaren Geschlechtsunterschiede auf »progressive« Weise zu erklären, d. h. die Bedeutung der Biologie zu verneinen und Sozialisation und soziale Normen für die Verhaltensunterschiede verantwortlich zu machen. (In dieser Hinsicht ist er jenen »liberalen« Gesellschaftstheorien nicht ganz unähnlich, die die Probleme der schwarzen Bevölkerung nicht auf schwarzes Erbgut, sondern auf schwarze »Familienstrukturen«, die Ghettokultur und die Umwelt zurückführen.) Thorne greift das »Geschlechtsrollen-Konzept« mit folgenden Argumenten an:

Erstens: Rollentermini sind nicht problemlos auf das Geschlecht anwendbar; zweitens: Die »Geschlechtsrollen«-Terminologie hat die Tendenz, die Frage von Macht und Ungleichheit zu verschleiern. Drittens: Es ist aufschlußreich, daß Soziologen nicht mit den Begriffen »Rassen-Rolle« oder »Klassen-Rolle« operieren.[7] Wenn wir die Unterschiede weiblichen und männlichen nonverbalen Verhaltens auf »Geschlechtsrollen« zurückführen, ohne die diesen »Rollen« zugrunde liegenden Machtpositionen zu klären, dann verwässern wir den Begriff *Rolle* bis zur Bedeutungslosigkeit.

Die Art, wie man mit dem Geschlecht verknüpftes Verhalten etikettiert, wird den Ansatz bestimmen, mit dem man an seine Forschung herangeht. Hochschild unterscheidet die folgenden vier Positionen, die von den Autoren auf diesem Gebiet im allgemeinen eingenommen werden: die Konzentration auf (1) Geschlechtsunterschiede, (2) Geschlechtsrollen, (3) Frauen als Minderheitengruppe, (4) den Kontext einer Kastenpolitik.[8] Mein Buch richtet den Blick auf den Kasten-Kontext. Während jene Autoren, die sich mit Frauen als Minderheitengruppe beschäftigen, sich vor allem mit Vorurteilen und Diskriminierung auseinandersetzen und Parallelen zu anderen Minoritäten aufweisen, legt der »Kasten-Ansatz« das Hauptgewicht auf »Macht, ihre vielen Gesichter, ihre Verteilung, ihren Gebrauch und ihren Ausdruck – im Wohnzimmer zu Hause und draußen auf dem Marktplatz.«[9]

Zu sehen, daß es in unserer Gesellschaft Kasten gibt, und eine Psychologie der Unterdrückung zu entwickeln, ist heute eine Aufgabe von höchster Priorität für die Psychologie und die Sozialwissenschaften ganz allgemein. Die Stellung von Frauen im Kontext der Kastenpolitik zu analysieren verschafft zweierlei Vorteil: Einerseits kann man durch das Auffinden von Verhaltensähnlichkeiten in anderen Situationen von Ungleichheit Erkenntnisse über die Verhaltensweisen und Beziehungen von Männern und Frauen gewinnen; auf der anderen Seite können die Analysen, die im Hinblick auf geschlechts-begründete Macht entwickelt wurden, auf andere Machtareale übertragen werden. Im folgenden sollen weitere Belege dafür angeführt werden, daß die Untersuchung nonverbalen Verhaltens nicht nur die Situation von Frauen erhellt, sondern auch die anderer machtloser Gruppen. Folgendes wollen wir uns ansehen: (1) die parallele Behandlung von Kindern und Frauen, (2) die Reaktion darauf, wenn Frauen sich »männliche« Gesten zu eigen machen, und (3) einige Hauptanliegen der Frauenbewegung, eingeschlossen die »Gehirnwäsche«-Diskussion.

Frauen und Kinder zuletzt

Der Tatsache, daß Frauen und Kinder so oft als Einheit behandelt werden, liegt mehr als ihr enges körperliches Verbundensein zugrunde. Wie viele Theoretiker feststellten, werden Frauen von der Gesellschaft wie Kinder behandelt – nicht nur für die Volksmeinung sind Frauen und Kinder gleich, auch für Gesetz und Sozialwissenschaft. Kinder sind wahrscheinlich die Gruppe, deren Unterdrückung und Bevormundung von der Mehrheit der Gesellschaft am ehesten fraglos hingenommen wird. Wenn Frauen so dargestellt werden, als seien sie Kinder (was übrigens auch mit anderen unterdrückten Gruppen geschieht), dann wird ihre inferiore Position jenen, die möglicherweise Kritik anmelden könnten, leichter plausibel zu machen sein und bereitwilliger von ihnen akzeptiert werden.

Eibl-Eibesfeldt weist darauf hin, daß in industriellen Kunstproduktionen »die kindlichen Merkmale der Frau neben den sexuellen Merkmalen gerne übertrieben [werden].«[10] Er illustriert dies anhand einer kommerziellen Zeichnung einer mit einem Bikini bekleideten erwachsenen Frau: Sie hat einen großen Kopf, die Augen extrem weit geöffnet, eine winzige Nase, eine Pferdeschwanzfrisur und einen Kußmund. »Dieser kindliche Kußmund«, fährt er fort, »hat einen sehr starken ›appeal‹ und wird insbesondere als eines der kindlichen ›Weibchenmerkmale‹ in den Zeichnungen übertrieben.«[11] Auf derselben Wellenlänge verkündet ein Schlager (von einem Mann für eine Frau gesungen): »You look just like a baby in a cradle to me, I just can't keep my hands off you.« (Du siehst aus wie ein Baby in der Wiege, ich kann einfach meine Hände nicht von dir lassen.) Andere Aspekte weiblichen Aussehens, die zweifellos nicht zuletzt Antworten auf soziale Forderungen sind, betonen die kindlichen Züge. Rouge läßt die Wangen runder erscheinen; die Mode greift oft auf kindliche Formen zurück – Latzschürzen, »Baby dolls«, der Empirestil, flache Brüste, kurze Röcke und so weiter. In unserer Kultur ist Frauenschönheit die Imitation von Jugend.

Ähnlich auffallende Parallelen finden wir in den Vorschriften für nonverbales Verhalten. Kindern sagt man zum Beispiel:

Kinesik: Zeig nicht mit dem Finger auf jemanden; faß niemanden an; sitz gerade (d. h. sei angespannt); leg deine Füße nicht auf den Tisch; lehn dich nicht zurück; setz dich nicht rittlings auf einen Stuhl. Von Kindern und Frauen wird verlangt, sich »vorsichtig« zu verhalten (beide unterstehen stärkerer sozialer Kontrolle), und beide sind aus der männlichen Händedruck-Kultur ausgeschlossen. Frauen und Kindern gegenüber werden trivialisierende Gesten gezeigt, wie das Tätscheln am Kopf und auf den Po.

Gesichtsausdruck: Starr nicht; schmoll nicht; runzle nicht die Stirn; zeig ein lächelndes Gesicht. Sowohl Frauen als auch Kindern wird erlaubt, Gefühle zu zeigen; sie »dürfen« weinen (auch wenn man ihnen Schuldgefühle dafür einimpft); von beiden wird erwartet, Blick und Kopf vor Autoritäten zu senken; Wut zu zeigen ist beiden verboten.

Raum und Zeit. Sowohl Frauen als auch Kindern wird wenig Raum zugestanden; darüber hinaus müssen sie ihn mit anderen teilen. Und in ihren kleinen Raum kann jederzeit eingedrungen werden; ihr persönlicher Raum liegt tiefer, wird von anderen überragt und gehört nicht zu den bevorzugten Räumen. Zumeist stehen sie unter oder hinter anderen; als die kleineren Wesen bewegen sie sich in einer Umwelt, die ihnen bedrohlich erscheinen muß und die zumeist für größere Personen angelegt ist. Vermeintlich wertlos unterliegt ihre Zeit weitgehend der Kontrolle anderer und strengen Reglementierungen.

Wir sehen also, wie auf zwei Gruppen ähnliche soziale Kontrollen ausgeübt werden. Inzwischen wissen wir, daß die diesen beiden Gruppen untersagten Verhaltensweisen genau jene sind, die oft benutzt werden, Macht zu gewinnen und zu demonstrieren – auf jemanden zeigen, ihn berühren, anstarren. Warum sollte man Kindern verbieten, jemanden anzustarren oder auf ihn zu zeigen, wo dies doch Handlungen sind, die niemandem schaden und erwachsenen Männern erlaubt sind? Offensichtlich deshalb, weil es sich hier um Dominanzsignale handelt. Und würden Kinder sie von sich geben, konstituierte das einen Fall von Auflehnung in unserer Gesellschaft.

Für Kinder sind all diese Kontrollen eine Einführung in ihre Erwachsenen-Rolle, besonders in jene Rolle, der herrschenden Klasse Ehrerbietung zu zeigen. Als Heranwachsende mögen junge Männer gegen einige Normen verstoßen: Während sie Schritt für Schritt in den männlichen Händedruck-Club aufgenommen werden, zeigen sie sich trotzig in den verpönten Posen

– fläzen sich in Stühle, setzen sich rittlings darauf, und sie beginnen, sich Vorrechte gegenüber Frauen zu sichern – am auffälligsten in den exzessiven (oft unbeholfenen) Versuchen, Frauen zu berühren. Heranwachsende Mädchen andererseits werden nonverbal weiterhin wie Kinder behandelt; fast unmerklich gehen sie von einer machtlosen Gruppe in die andere über. Die einzige Macht, die sie mit dem Eintritt ins Erwachsenenleben gewinnen, ist die Kontrolle über ihre Kinder, ihre Gefährten in der Unterdrückung. Und Frauen machen sich – leider – oft zum Hauptwerkzeug der gesellschaftlichen Unterdrückung von Kindern.

Durch solche Initiationen garantieren die Sozialisationsprozesse nicht nur einen zukünftigen Erwachsenen, dessen Körperverhalten den kulturellen Normen entspricht, sondern auch einen, der sich, da er früh gelernt hat, willfährig zu sein, bruchlos in die Hierarchie des Systems einpaßt. (Wer lernt, Befehlen zu gehorchen, lernt auch, Befehle zu erteilen.) Kinder werden in diese Welt hineingeboren, ohne irgendwelche erkennbaren Vorstellungen von Hierarchie, Überlegenheit oder Untergeordnetsein zu haben; aber Erziehung bereitet sie darauf vor, ihren Platz in einer Gesellschaft von Klein-Despoten und Halb-Sklaven einzunehmen – zu dominieren oder sich zu zweitklassigen Bürgern machen zu lassen. Wir weisen sie dazu an, indem wir ihnen das Gefühl geben, einer »Herrenrasse« unterlegen zu sein, ein Gefühl, das der wichtigste Baustein für den Faschismus ist.

Wenn Macht als Sexualität auftritt

Man braucht nicht besonders gewitzt zu sein, um zu merken, daß Macht und Sexualität in unserer Gesellschaft oft miteinander verwechselt werden. Beim nonverbalen Verhalten zeigt sich dies vor allem in zwei Komplexen, in denen Machtgesten zu sexuellen erklärt werden – jedoch aus verschiedenen Gründen.

Sexuelle Intimität als Erklärung für männliche Machtgesten. Berührungen sind nicht die einzige nonverbale Machtäußerung, deren häufigerer Gebrauch durch Männer aus dem männlichen Sexualtrieb erklärt wird. Auch von anderen Vorrechten des Mächtigen – zum Beispiel die vertraute Anrede, Eindringen in den persönlichen Raum anderer, Anstarren – wird behauptet, sie seien allein Ausdruck sexueller Attraktion[12]* (mit den Worten eines anderen Schlagers: »You're just too good to be true, can't keep my eyes off of you« [»Du bist zu schön, um wahr zu sein, ich kann meine Augen nicht von dir lassen«]).

Der Doppelcharakter dieser Gesten – sie können sowohl Ausdruck von Intimität als auch von Dominanz sein – scheint zu solchen Mißverständnissen einzuladen und sie zu ermöglichen. Wie wir im Hinblick auf Berührungen feststellten, kann die sexuelle Attraktion nicht die ungleiche Verteilung solcher Gesten erklären, denn man muß davon ausgehen, daß Frauen einen ebenso starken Sexualtrieb haben wie Männer. Im Gegensatz zur allgemeinen Propaganda sind Männer nicht *übersexualisiert, sondern überprivilegiert.*

15. Sexuelle Attraktion erklärt nicht hinreichend, warum Männer häufiger jene Gesten benutzen, die sowohl Intimität als auch Dominanz ausdrücken.

Wenn Frauen gegen männliche Gesten protestieren, von denen sie das Gefühl haben, sie seien zu weit gegangen, dann wird als Antwort wahrscheinlich eine Attacke auf einen noch verletzlicheren Bereich ihrer psychischen Anatomie folgen – ihr Mitgefühl. »Ich wollte doch nur freundlich sein, du bist zu empfindlich«, so beginnen die Angriffe zumeist. Die Frau hat die Gefühle des Mannes verletzt, ihm das unangenehme Gefühl vermittelt, er werde zurückgewiesen, und dafür muß sie in der Münze von Schuldgefühlen bezahlen. Als Folge davon wird sie sogleich bereit sein, zuzugeben, daß ihre Analyse der Situation falsch war, und ihre Selbstverteidigung aufgeben. Eine andere Form von Attacke gegen Frauen, die sich gegen ungewünschte Intimitäten wehren, ist der Vorwurf, sie seien »frigide«.

Angriffe auf die Geschlechtsmacht. All dies geschieht, wenn männliche Machtgesten auch als solche interpretiert werden. Was passiert nun, wenn Frauen solche Machtsignale aussenden? Auf solche Invasionen in Männerdomänen gibt es verschiedene Reaktionsformen:

16. Wenn Frauen (und andere machtlose Menschen) sich nonverbale Machtsymbole zu eigen machen, dann wird dies von anderen – statt akzeptiert – zumeist ignoriert, verleugnet oder bestraft.
17. Die Verleugnung nonverbaler Machtbotschaften, die von Frauen ausgehen, sieht oft so aus, daß diese Signale nicht als Dominanz-, sondern als sexueller Annäherungsversuch interpretiert werden.

Eine Frau, die ihre Hand auf die Schulter eines männlichen Kollegen legt, ihn auf einer Sitzung »dominant« anstarrt oder auf einen Mann so nahe zugeht, wie es die anderen Männer im Raum tun, wird wahrscheinlich auf folgende Reaktionen stoßen:

a) *Ignorieren.* Sie und ihre Gesten werden behandelt, als seien sie nicht existent, wahrscheinlich in der Hoffnung, daß Ignorieren beide zum Verschwinden bringt.

b) *Verleugnen.* Wenn die Geste schon nicht ignoriert werden kann, so kann doch zumindest ihr Machtaspekt verleugnet werden. Statt sie als Dominanz- oder Machtsignal zu verstehen, wird sie oft als sexuelle Annäherung interpretiert. Viele Frauen, die versuchten, Männern gegenüber die für Frauen akzeptierten nonverbalen Muster abzulegen, provozierten damit mehr sexuelle Reaktionen, als ihnen lieb war, und viel mehr, als ein paralleles Verhalten einem Mann eingebracht hätte. Eine Berührung, ein Blick, ein Annähern, gelockertes Benehmen, selbst Heiserkeit der Stimme – all dies wird bei einer Frau für »sexy« gehalten. Da die Bedeutung nonverbaler Verhaltensweisen selbst ihren Urhebern, wenn überhaupt, nur sehr verschwommen klar ist, muß man sich nicht wundern, wenn solche Situationsdefinitionen sowohl von Männern als auch von Frauen akzeptiert werden. Ihre Erfahrung, daß all ihre Schritte sexuell interpretiert werden, hindert viele Frauen zweifellos daran, Machtgesten zu zeigen. Einer Frau sexuelle Motive zu unterstellen ist darüber hinaus eine Doppelsicherung dafür, daß sich die Machtbalance nicht verändert: Es schmeichelt dem Mann und entwaffnet die Frau, verweist sie in ihre gewohnte unoffensive Rolle als Sexualobjekt. Es kann recht verwirrend sein, während einer intellektuellen Diskussion mit jeder Äußerung auf eine sexuelle Reaktion zu stoßen; viele Frauen können das zweifellos bestätigen, und wenn sie protestieren, dann wird auch ihr Ärger trivialisiert und sexualisiert: »Wie süß du aussiehst, wenn du wütend bist, Baby«.

c) *Bestrafung.* Wenn die Geste einer Frau jedoch unmißverständlich nicht-sexuell ist und ihre Umgebung spürt, daß sie ein männliches Privileg usurpiert, dann kann Strafe die Folge sein. Diese mag körperlicher oder psychologischer Natur sein, verbal oder nonverbal und von Männern ausgehen oder von anderen Frauen. Es gibt viele Wege, eine Frau »zur Ordnung« zu rufen, wenn sie »männliche« Charakteristika zur Schau stellt; man kann sie als Abweichlerin beschimpfen, als entsetzlich, herrisch, als schwanzabschneidende Hexe oder Lesbierin. Interessant ist, daß die letzten beiden Etikettierungen widerspiegeln, wie Männer sich durch weibliche Dominanzsignale in ihrer Sexualität bedroht fühlen (im ersten Fall scheint die männliche »Potenz« durch weibliche Attacke auf dem Spiel zu stehen, im zweiten durch weibliche Verweigerung); sexuelle Potenz scheint bei Männern offenbar daran geknüpft, daß sie auch ansonsten die »Potentaten« sind.

d) *Erkennen, aber nicht anerkennen.* Wenn Männer auf die Dominanzgeste einer Frau mit Verbitterung und Ärger reagieren, zeigt dies, daß sie die Geste als das erkannt haben, was sie ist. Eine andere Reaktion, die solches Erkennen anzeigt, ist der Versuch, die Machtbalance wieder ins »Gleichgewicht« zu bringen, was in den allermeisten Fällen heißt, das männliche Übergewicht wiederherzustellen. Ein Mann, der von einer Frau berührt wurde, wird wahrscheinlich innerhalb der nächsten paar Minuten eine Gelegenheit suchen, sie seinerseits zu berühren, in ihren persönlichen Raum einzudringen, sich an ihrem Eigentum zu schaffen zu machen; sollten diese nonverbalen Vergeltungsversuche mißlingen, wird er sich bemühen, verbal Punkte aufzuholen.

Ja, es gibt auch eine andere Reaktion darauf, wenn Frauen gegen die nonverbalen Geschlechtsnormen verstoßen.

e) *Submission.* Männer (oder Frauen) können submissive Gesten zeigen, durch die sie signalisieren, daß sie die Dominanz einer Frau oder deren legitime Autorität anerkennen.

Nonverbale Macht und Frauenbefreiung

So wie die Erkenntnisse der Frauenbefreiungs-Bewegung unser Wissen über nonverbale Kommunikation und soziale Herrschaft bereichert haben, kann die Untersuchung nonverbalen Verhaltens Licht in viele Fragen der Frauenbewegung bringen. Vor allem in der letzten Dekade begannen Frauen, in der Machtfrage einen Schlüssel zum Verständnis und zur Veränderung ihrer Situation zu sehen, und viele ihrer Grundfragen richteten sich auf die Machtmechanismen in unserer Gesellschaft. Die von der Frauenbefreiungs-Bewegung in diesem Zusammenhang aufgeworfenen Fragen sind natürlich auch von Interesse für all die, die Macht in anderen Kontexten untersuchen wollen.

»Auch das Private ist Politik« – dieses Statement der Frauenbewegung wurde auf die verschiedensten Bereiche angewandt, bezieht sich jedoch vor allem darauf, daß alles, was wir tun – gleich wie individuell oder privat es erscheinen mag –, unser Verflochtensein in ein Machtsystem reflektiert. Die Art, wie wir in unseren persönlichen Beziehungen mit anderen Menschen umgehen, *ist* Politik; unsere Ansichten *sind* Politik und die Art, wie wir leben, *ist* Politik. Betrachtet man nonverbale Kommunikation unter diesem Blickwinkel, gewinnt sie eine neue Bedeutungsdimension: Wir erkennen, wie viele unserer vermeintlich rein privaten Handlungen in Wirklichkeit politische Handlungen sind.

Aber darüber hinaus wirft diese Erkenntnis Fragen auf, die für die Sozialwissenschaften von Interesse sind. Welche Beziehung besteht zwischen *institutionalisierter* Macht und *interpersonalen* Machtbeziehungen (dem Makropolitischen und dem Mikropolitischen)? In welcher Beziehung steht die Untersuchung persönlicher Macht zu Fragen sozialer Herrschaft? (Und ist die Beschäftigung mit persönlicher Macht »trivial« und ein Ablenkungsmanöver?)

Eine andere Frage heißt: Welche *Formen* kann Macht annehmen und welches sind die *Mechanismen*, mit deren Hilfe sie sich durchsetzt? Welche Machtformen und welche Mechanismen stechen besonders in den Beziehungen hervor, an denen Frauen beteiligt sind?

In der Frauenbewegung gibt es sehr verschiedene Frauen und natürlich verschiedene Denkrichtungen; und so unterscheiden sich auch die *Ziele*, die man mit der Machtanalyse erreichen will. Wollen wir etwas über Macht erfahren, um sie zu erkennen und uns gegen sie zu wehren? Oder wollen wir endlich selbst Eingang in die Hallen der Macht finden, die Macht an uns reißen? Was kann die Beschäftigung mit nonverbaler Kommunikation über Macht als *Verteidigungsstrategie* und Macht als *Herrschaftsstrategie* aussagen? Und führt Macht, die zur Selbstverteidigung dienen soll, zu Macht, die Herrschaft ausübt? Wird nonverbale Macht, die sich offen zeigt und als solche erkannt wird (d. h. wenn über die Bedeutung solcher nonverbaler Botschaften weitgehende Übereinstimmung besteht), notwendigerweise zu Korruption führen (so wie nonverbale Macht, die verdeckt ausgeübt wird)?

In diesem Buch, wie auch andernorts, wurden Parallelen zwischen Verhaltensweisen von Frauen und jenen anderer Minoritäten und unterdrückter Gruppen gezogen. Man muß jedoch auch fragen, welche *Analogien* und *Ähnlichkeiten* es zwischen der Machtausübung über Frauen und Machtausübung über andere Gruppen – wie Schwarze, Homosexuelle, nationale und rassische Minoritäten, Menschen der Arbeiterklasse, Kinder etc. – gibt. Und welche *Unterschiede* existieren zwischen diesen Gruppen, die jeweils unterschiedliche Machtformen und -mechanismen auf den Plan rufen? Ferner: Welches sind die Ähnlichkeiten und welches die Unterschiede in den Reaktionen auf nonverbale Machtausübung?

Nicht zuletzt hat das »Gehirnwäsche«-Phänomen viele Diskussionen in der Frauenbewegung ausgelöst. In dieser Diskussion wurde die gesellschaftliche Stellung der Frau entweder ihrer *Sozialisation* (Internalisation von Geschlechtsnormen und Vorurteilen, der charakteristischen Passivität, Selbsthaß – kurz: Gehirnwäsche) angelastet oder *externalen Faktoren* (d. h. ökonomischer Abhängigkeit und Strafandrohungen).[13]* Auch wenn die Verfechterinnen der Sozialisationstheorie bei weitem die meisten Anhängerinnen fanden, haben einige Frauen eine entschiedene Gegenposition bezogen. Sie wiesen darauf hin, daß die Praxis, beispielsweise die weibliche Selbstverleugnung aus inneren Antrieben zu erklären, eine pseudo-psychologische Ablenkung von dem Fakt ihrer konkreten Unterdrückung sei. Eine Autorin drückt dies wie folgt aus:

> Sowie eine Frau aus der Reihe tanzt, muß sie mit konkreten Konsequenzen rechnen. Wenn wir immer nur von »Gehirnwäsche« sprechen, dann machen wir uns blind gegen diese konkreten Konsequenzen. Wir können uns in Spekulationen über die sogenannten »emotionalen Schädigungen« verlieren, die ihr in der Kindheit zugefügt wurden, und als Hauptforderung ihre »innere Befreiung« aufstellen.[14]

Während die Nation immer tiefer in die verkrüppelten Seelen der Frauen einsteigt, bleiben die konkreten Machtbeziehungen, Strafen und Einschränkungen in unserer Gesellschaft unangefochten bestehen. Die Klärung folgender Fragen ist also fundamental für die Analyse nonverbaler Kommunikation: Wieviel in der unterdrückten Stellung von Frauen beruht auf internalen Mechanismen und wieviel auf externalen Faktoren. Und wie interagieren Außenwelt und Innenwelt?

In ihrem »Open Letter to Psychiatrists« wirft Nicole Anthony ein Licht auf die fundamentale Verbindung zwischen Internalem und Externalem.

Manchmal, inmitten einer erhitzten Diskussion mit einem Mann ertappt sich eine Frau dabei, wie sie sich plötzlich klein macht. Ich unterdrücke mich selbst, denkt sie. Warum tue ich das? Das habe ich doch gar nicht nötig, mein Analytiker sagt, ich unterdrücke mich selbst, ich verinnerliche und so weiter.
Wenn wir die Szene filmen würden, dann könnten wir sehen, was hier wirklich geschah: Er machte eine Dominanzgeste, und aus Angst gab sie klein bei.
Es besteht keine Notwendigkeit, sich zu unterwerfen, sagt der Analytiker. Noch eine der vielen Lügen! Wenn eine Frau sich weigert, auf Dominanzgesten zu reagieren, wird sie oft körperlich angegriffen. Eine Frau braucht nur einmal von ihrem Mann, der größer und schwerer als sie ist, geschlagen zu werden. Danach wird die winzigste, flüchtigste, sublimste Geste ausreichen, sie daran zu erinnern, welches der Preis für ihre Rebellion ist.
Und genau dies ist der Punkt, an dem die »Internalisation« einsetzt – jener Moment, in dem wir auf eine Dominanzgeste mit Submission zu reagieren beginnen. Sie ist nicht seit jeher in unseren Köpfen.[15]

Auf ähnliche Weise betont Lynn O'Connor:

Jene Formen weiblichen Verhaltens, die unsere zeitgenössischen Ideologen als internalisierten Selbsthaß oder Masochismus bezeichnen, sind normalerweise lediglich die logische Antwort auf die Dominanzgesten von Männern. Frauen haben Jahre auf den Couchen der Analytiker zugebracht, um einem nichtexistenten inneren Feind auf die Spur zu kommen.[16]

Die halb verdeckte, halb offene Position nonverbalen Verhaltens im Machtkontinuum ist von entscheidender Bedeutung für ein Individuum; denn nonverbale Kommunikation muß man als das Verbindungsglied zwischen verinnerlichter und äußerer Kontrolle ansehen.

18. Sehr viele der weiblichen Verhaltensweisen, die auf innere Kontrollmechanismen zurückgeführt werden, muß man viel eher als das letzte Glied einer Kette realer Erfahrungen betrachten, in denen Selbstbehauptung versucht und dann – auf nonverbaler Ebene – unterdrückt wurde.

Das Experiment von Word, Zanna und Cooper (s. Kapitel 2), in dem weiße Interviewte, die man wie Schwarze behandelte, mit schwächeren Leistungen reagierten, zeigt uns, daß subtiles Verhalten in der Tat die Macht besitzt, Submissivität zu erzeugen.
Diese Erkenntnisse legen nahe, daß es so etwas wie eine vermit-

telnde Instanz gibt, die Externales und Internales miteinander verknüpft. Wir haben die äußere Bedrohung vor uns und den Sozialisationsballast (oder erlernte Reaktionen); und es scheinen nonverbale Botschaften zu sein, die zwischen beiden vermitteln. Ferner werden wir hier deutlich daran erinnert, daß eine Psychologie, die sich einzelne individuelle Handlungen losgelöst vom sozialen Kontext ansieht, anfällig für unvollständige und verzerrte Interpretationen ist. Worauf submissives Verhalten zurückgeht, läßt sich am besten anhand interaktiver Modelle erklären – auch bei Menschen, die ohnehin zur Submission konditioniert wurden.

Erziehung zum Selbstbewußtsein oder zur Selbstbezichtigung?
Work-Shops mit dem Ziel, Frauen ein größeres Selbstbewußtsein anzutrainieren, schossen in den letzten Jahren wie Pilze aus dem Boden. Die kontroverse Frage: Unterdrückung aufgrund der Sozialisations-Gehirnwäsche oder aufgrund externaler Faktoren? wird hier offenbar nicht gestellt oder stillschweigend zugunsten ersterer Auffassung entschieden. Natürlich will ich die Auswirkungen der Sozialisation für Frauen keineswegs bestreiten – schließlich mußte ich mich selbst mit den Monstern von Passivität, Selbstzweifeln und Selbsthaß in meinem Kopf abmühen –, aber einem breit angelegten sozialen Programm, das letzten Endes darauf abzielt, die Opfer umzuerziehen – nicht die Unterdrücker –, stehe ich sehr skeptisch gegenüber.
Innerhalb solcher Selbstbewußtseins- und Selbstbehauptungs-»Kurse« nahm die Auseinandersetzung mit nonverbalen Botschaften und Reaktionen einen überaus großen Raum ein. Zuweilen schien man davon überzeugt zu sein, daß ein neuer, selbstbewußterer Stil nicht nur die sozialen Bedingungen einzelner Frauen verändere, sondern die Situation von Frauen insgesamt. Jeder, der sich für nonverbale Kommunikation interessiert, besonders deren Bedeutung für Frauen, wird kaum umhin kommen, sich mit dieser Richtung auseinanderzusetzen. Wie bereits betont, garantiert der Gebrauch von Machtgesten jedoch keineswegs, daß diese auch als solche erkannt oder anerkannt werden. Statt Frauen zu mehr Macht zu verhelfen und die Sozialstruktur zu verändern, können solche Trainingsprogramme viel eher dazu beitragen, die Frauen untereinander zu spalten und die vorhandene Klassenstruktur zu befestigen.[17] *
Darüber hinaus ist eine Konzeption, die die Ursache von Frauenunterdrückung in der weiblichen Seele und in weib-

lichen Interaktionsstilen sieht, eine besonders perfide Ausprägung der »Schuld hat immer das Opfer«-Theorie; sie steht auf der gleichen Ebene wie der Vorschlag, Ausgehverbote für Frauen zu verhängen, damit sie nicht angegriffen werden. Man unterstellt hier, Frauen hätten die freie Wahl, sich in Sprechweise, Gestik und Haltung selbst herabzusetzen, als entschieden sie sich für diese Verhaltensweisen wie morgens für das Kleid, das sie anziehen wollen. »Die Frauen sind sich selbst der größte Feind«, lautet die ausgesprochene oder unausgesprochene Basis all dieser Auffassungen; auf simplizistische Weise unterstellen sie Frauen viel mehr Verantwortung für ihre Situation, gesellschaftliche Belohnungen und Bestrafungen, als sie in Wirklichkeit haben. Verantwortung und Schuld werden in die Köpfe der Frauen verlegt. Zweifellos gehen die Probleme von Frauen zum Teil auf ihre Sozialisation und ihren nonverbalen Stil zurück; aber Unterdrückungsmechanismen funktionieren in der Interaktion (nicht in einseitiger Aktion); sie existieren nicht im luftleeren Raum. Die meisten Trainingsprogramme verstehen die Stärkung weiblichen Selbstbewußtseins nicht als Selbstzweck, sondern als Vorspiel zum Handeln. Der Kampf gegen die weibliche »Sklaven-Psyche« wird jedoch einen viel kleineren Teil weiblicher Probleme lösen, als viele glauben mögen. Denn das eigentliche Problem der »Sklaven-Psychologie« liegt schließlich in der *Sklaverei*.
Frauen müssen lernen, nicht für alles die Schuld auf sich zu nehmen; und natürlich ist es auch gut, wenn sie selbstbewußter werden. Aber noch wichtiger ist es, daß sie das neugewonnene Selbstbewußtsein nicht auf Kosten anderer unterdrückter Menschen ausleben, sondern es nutzen, um die Bedingungen zu schaffen, unter denen das natürliche Selbstbewußtsein eines jeden Menschen gedeihen kann und Trainingsprogramme zur Stärkung von Selbstbewußtsein sich erübrigen.

Je nach Bedarf: Großzügig anwenden

Wenn, wie ich glaube, Wissen, das nicht angewandt wird, steril und sinnlos ist – was können wir mit den in diesem Buch präsentierten Informationen konkret anfangen? Erstens: Wir können uns motivieren lassen, noch weitere Informationen zu sammeln; zu diesem Zweck habe ich einen Anhang zusammengestellt, der Richtungen für weitere Forschung vorschlägt. Da

eine neue Körperpolitik leider nicht mit dem Stimmzettel herbeigeführt werden kann, müssen wir nach anderen Wegen Ausschau halten, die gängigen Muster zu verändern.
Seriöse Wissenschaftler zögern im allgemeinen sehr lange, ehe sie ihre Ergebnisse anwenden. Erst wenn sie sich ihrer Sache ganz sicher sind, wagen sie diesen Schritt. Viele würden sich beim gegenwärtigen Stand der Forschung zweifellos Enthaltung auferlegen. Vorsicht ist eine unerläßliche Tugend für jede verantwortliche Wissenschaft – aber sie kann auch übertrieben werden. All jenen, die einwenden mögen, daß wir noch nicht genug wissen, um die Ergebnisse nonverbaler Forschung anzuwenden, möchte ich antworten:

1. Zu einzelnen Fragen mögen die Daten unvollständig sein, aber eine wohlüberlegte Handhabung von Extrapolation, Analogien und Theorie kann einige der Lücken auffüllen. Im Augenblick verfügen wir über Fakten, die sich zu einem faszinierenden Muster zusammenfügen. Und wir wissen genug, um eine »Tabelle des periodischen Systems« aufzustellen, deren Leerstellen uns nicht abschrecken sollten, sondern dazu ermutigen, nach neuen Erkenntnissen zu suchen.
2. Theorie bindet einen Wissensfundus zusammen; sie steht in intimer Beziehung zur praktischen Anwendung, denn durch sie allein kann sie verifiziert werden, ihre Rückkoppelung mit dem wirklichen Leben wird den Faktenfundus erweitern und die Theorie bereichern.
3. Darauf zu bestehen, daß weitere Forschungen notwendig sind, kann die praktische Anwendung bis ins Unendliche verzögern. Vielleicht ist solche Vorsicht eher ein Ablenkungsmanöver, das dazu dient, Menschen davon *abzuhalten*, etwas zu lernen. Wie die engagierte Anwälting Florynce Kennedy bemerkt, läuft »reine« Wissenschaft nur darauf hinaus, den Umfang der Scheißhaufen auszumessen, mit denen man beworfen wird. Machtlose Menschen haben nicht die Zeit, sie darauf zu verschwenden.
4. Wenn wir daran gehen, unser Wissen anzuwenden, sollten wir offen und unbefangen sein: Überprüfen wir die Ergebnisse experimenteller Forschung anhand unserer eigenen Erfahrung! Kommt es uns so vor, als träfen sie auf uns zu? Wenden wir sie in unserem Alltag an! Funktionieren sie? Wenn nicht, warum nicht? Wenn ja, in welche Richtung können wir weiterlernen? Wie kann man seine Einsichten am

besten anwenden? (Oft schrieben mir Menschen, die meine Arbeiten über Berührungen gelesen hatten oder einen meiner Vorträge darüber gehört: »Das scheint auf mich zuzutreffen – das wollen wir mal genau überprüfen.«)

Körpermacht-Barrieren durchbrechen

Die Anwendbarkeit der in diesem Buch aufgeführten Erkenntnisse ist vielfältig, und sie wird für viele Leser wahrscheinlich offenkundiger sein als für mich selbst. Hier einige Vorschläge zur Veränderung des persönlichen Verhaltens:

Frauen können aufhören: zu lächeln – es sei denn, sie sind wirklich glücklich; den Blick zu senken oder abzuwenden, wenn man sie ansieht; in der Öffentlichkeit Männern ihren Platz abzutreten; es zuzulassen, daß man sie unterbricht; ihren Körper einzuengen; ungewünschte Berührungen zu akzeptieren.

Frauen können beginnen: anderen Menschen fest in die Augen zu sehen; sie beim Vornamen anzureden; sich freizügiger zu benehmen (angesichts der Tatsache, daß dies eher mit Status als mit Moral zu tun hat); andere zu berühren, wenn die Situation es angemessen erscheinen läßt.

Es gibt eine besonders wichtige Sache, die Frauen tun können: ihre Schwestern nonverbal unterstützen. Frauen stehen in dem Ruch, sich untereinander nicht zu mögen – zweifellos eine Folge ihrer Unterdrückung. Ich glaube, daß Frauen, selbst wenn sie es eigentlich nicht wollen, diese Zurückweisung durch subtile Gesten zu erkennen geben. In unserer Konkurrenzgesellschaft hat man uns einfach keine solidarischen Gesten beigebracht. Aber trotzdem, so meine ich, haben Frauen die besten Voraussetzungen, sie zu lernen – aufgrund ihrer langen Erfahrung, sich um die gestrandeten Mitglieder der Menschheit zu kümmern. (Wie Phyllis Chesler betont, ist diese weibliche Fürsorgeenergie bisher vor allem Männern zugeflossen und anderen Frauen verweigert worden.)[18]

Auf Parties zeigt sich der Wert, den Frauen auf männliche Gesellschaft legen, oft in verzückten Blicken, unentwegtem Lächeln und darin, daß sie um Männergruppen herumlungern, Männern zuhören und über ihre Witze lachen. Frauen, die ihre Schwestern schätzen, wird es in deren Nähe ziehen; sie werden ihnen mit Interesse zuhören, sich ihnen zuwenden, ohne die Blicke durch den Raum schweifen zu lassen, um die Männer im

Auge zu behalten. Sie werden interessierte Fragen stellen und so weiter. Neben offenkundiger Zustimmung wie Nicken, Lächeln und Berühren können sie andere wohlmeinende Gesten zeigen: teilnahmsvolles Gesicht, während eine andere Frau spricht, sich ihr zuneigen, keine ablenkenden Geräusche oder Gesten machen und die gleiche (oder spiegelverkehrte Haltung) einnehmen, um Unterstützung zu signalisieren. Man kann anderen Frauen Respekt bezeugen, indem man ihnen ihren Raum läßt, sie nicht unterbricht und ihren Raum und ihre Worte verteidigt, wenn andere in sie einfallen.

Männer können aufhören: in den persönlichen Raum von Frauen einzudringen; sie exzessiv zu berühren; sie zu unterbrechen; sich mit ihren Körpern breit zu machen; Dominanzsignale auszusenden; Frauen anzustarren.

Männer können beginnen: zu lächeln; nicht mehr so »cool« zu sein; Gefühle zu zeigen; sich anderen Menschen anzuvertrauen; unterstützende Gesten zu machen; offen zu zeigen, wenn sie sich unsicher fühlen; mit ihren Körpern weniger expansiv zu sein.

Eltern und Lehrer tragen eine besondere Verantwortung beim Veränderungsprozeß: *Eltern und Lehrer können aufhören:* Jungen beizubringen, durch die Welt zu gehen, als gehöre sie nur ihnen; zum Ziel zu kommen, indem sie andere herumschubsen; andere zu unterbrechen, zu berühren und zu bedrängen; ihr Lächeln zu unterdrücken; all ihre Gefühle zu verbergen. *Eltern und Lehrer können aufhören:* kleine Mädchen zu lehren, möglichst wenig Raum einzunehmen; den Blick zu senken; in Diskussionen klein beizugeben; jedem Beliebigen Platz zu machen; zu zögern, andere zu berühren; bei jedermann und jeder Gelegenheit zu lächeln. *Eltern und Lehrer können beginnen:* Jungen zu helfen, ihre Territorien – räumlich, verbal und visuell – so zu begrenzen, daß sie nicht die anderer (vor allem die von Frauen) tangieren; sie zu ermutigen, positive und zärtliche Gefühle zu zeigen; bei Mädchen Selbstbewußtsein, Expansivität und Wut zu akzeptieren; Jungen und Mädchen zu erziehen, nonverbal sowohl Selbstachtung als auch Respekt vor dem andern zu zeigen – ohne dabei submissiv oder dominant zu sein.

Gangbare Wege. Wenn man es ernst meint mit der persönlichen Veränderung, kann man sich hinsetzen und eine Liste aufstellen. Man notiere die Verhaltensweisen, die vom selben Geschlecht (oder derselben Bezugsgruppe) gezeigt werden, dann die, von denen man glaubt, daß man sie selbst zeigt oder nicht zeigt. (Vielleicht muß man einige Tage damit zubringen, sein eigenes Verhalten zu beobachten). Von den Verhaltensweisen, die man zeigt, kennzeichne man die, die man beibehalten, und die, die man ablegen möchte. Von denen, die man nicht zeigt, notiere man die, die man sich zu eigen machen möchte. Dann notiere man die charakteristischen Verhaltensweisen des anderen Geschlechts oder der Gruppe, gegenüber der man sich benachteiligt fühlt. (Auch hier sollte man eine Weile beobachten, ob diese Verhaltensweisen einem selbst gegenüber gezeigt werden.) Und welche dieser Verhaltensweisen benutzt man selbst? Will man sie beibehalten? Und welche, die nicht zum eigenen Repertoire gehören, möchte man sich aneignen? Diese beginne man zu üben, am besten eine nach der anderen, und sobald man eine beherrscht, kann man sie von der Liste streichen. Dann prüfe man, ob einem das eigene Verhalten so besser gefällt und ob es wirkungsvoller ist. Man prüfe auch, ob man bei den andern, mit denen man zu tun hat, entsprechende Veränderungen bewirkt hat.

Die Grenzen persönlicher Veränderung

Was können persönliche Veränderungen bewirken? Ich bin keineswegs der Überzeugung, daß sie die soziale Ordnung zu ändern vermögen. Aber sie sind ein erster Schritt, und zwar ein bewußtseinsfördernder. Und insofern, als das Mikropolitische das Makropolitische stützt und rechtfertigt, wird die Unterminierung dieser stützenden Struktur auch einige Risse in der Sozialstruktur bewirken. Bewußtsein ist die Hauptvoraussetzung zum Handeln, und je mehr wir von dem verstehen, was um uns und mit uns geschieht, um so eher wissen wir, was dagegen zu tun ist. Das Erkennen nonverbaler Taktiken kann uns in die Lage versetzen, Einfluß- und Dominanzversuchen anderer zu widerstehen. Wenn wir nonverbalen Botschaften gegenüber wachsam sind und angemessen auf sie reagieren, können wir anderen Menschen als Vorbild dienen und auch sie in diese verborgene Welt einführen. Ich hoffe, daß dieses Buch zu einem Vokabular verhilft, mit dem die stummen Tricks und Listen der Mächtigen – wie die Hand auf der Schulter, die gesenkte Stimme, der abschweifende Blick, die erhöhte Position – ebenso exakt zu benennen sind wie deren laute Drohungen und offene Bestechungsversuche.

Manche Menschen sind der Meinung, ein verändertes nonverbales Verhalten *sei* der Weg, unsere Gesellschaft zu verändern – wenn jeder einzelne Mensch sich verändert, so glauben sie, werden wir irgendwann auch eine veränderte Gesellschaft haben. Diese Philosophie kann man in den verschiedensten Zusammenhängen von wohlmeinenden Menschen zu hören bekommen, aber ich kann ihr nicht zustimmen. Dieser Glaube an das Langsam-aber-sicher, dem sich viele Menschen verschreiben, weil er Gewaltlosigkeit und Gesetzlichkeit impliziert und ein Minimum an Auflehnung gegen das System erfordert, hat wie ähnliche Pläne seine Schwachstelle darin, daß er seine Hauptenergie auf individuelle (statt gesellschaftliche) Veränderung richtet, d. h. die Lösungen für Soziales im Individuellen sucht. Aber davon abgesehen, wann kommen wir schon in direkten Kontakt mit jenen, die die meiste Macht über uns haben.

Ist dies ein Widerspruch zu meiner Überzeugung, daß nonverbale Kommunikation von wesentlicher Bedeutung für unser Leben ist und dazu beiträgt, Machtstrukturen aufrechtzuerhalten? Nein – es ist das Anerkennen, daß es beides gibt – eine Makrostruktur und eine Mikrostruktur. Sie wirken zusammen und müssen zusammen angegriffen werden. Eine Kombination beider Ansätze wird am ehesten in der Lage sein, eine wirkliche Veränderung herbeizuführen.

Sollen Frauen ihren nonverbalen Stil ändern? Bisher hat man den Unzulänglichkeiten des submissiven weiblichen Stils mehr Aufmerksamkeit geschenkt als jenen Akten und Fakten, die ihn auslösen. Noch weniger Beachtung fanden die nonverbalen Stärken von Frauen. Viele Frauen wünschen sich, sie könnten anders auftreten. Aber wenn wir über weibliche Unzulänglichkeiten nachdenken, müssen wir es vermeiden, männliche Verhaltensweisen über- und die von Frauen unterzubewerten. Es wäre völlig falsch, zu glauben, Frauen setzten sich mit ihrer Körpersprache immer selbst herab und es gäbe keine weiblichen Gesten, die schätzenswert wären. Wir müssen die verschiedenen Verhaltensweisen danach beurteilen, was sie ausdrücken, und dann entscheiden, ob wir sie beibehalten wollen. Gefühlsausdruck und Selbstenthüllung sind hier gute Beispiele: Nur weil sie uns gegenüber anderen, die mit allem hinter dem Berg halten, verletzlicher machen – sollen wir solches Verhalten aufgeben? Besser wäre es, so meine ich, auch Männer entwickelten diese Fähigkeiten und die Gesellschaft als ganze bewertete sie höher, statt uns alle zu emotionalen/sozialen Krüppeln zu machen. Frauen sollten vielmehr versuchen, diese vermeintlichen Schwächen als ihre Stärke zu sehen und auch anderen Mut zu machen, offener zu sein.

Jede oppressive Situation ist dazu angetan, daß die Verhaltensweisen des Unterdrückers von den Unterdrückten imitiert werden. Oft geschieht dies in der Form, daß gerade die schlechtesten Eigenschaften des Unterdrückers übernommen werden – man behandelt seinesgleichen geringschätzig, greift vor allem die Mitglieder der eigenen Klasse an und blickt auf sie hinab. Die schätzenswerten Eigenschaften jener an der Macht müssen sorgfältig von den häßlichen Auswüchsen, die die Macht begleiten, abgesondert werden.

Wenn der Leser der Meinung ist, daß dieses Buch in seinem Versuch, das Wirken von Macht zu beleuchten, eine pessimistische Weltanschauung vertritt, dann habe ich mich nicht verständlich machen können. Weder die lange Geschichte von Macht und die Zähigkeit, mit der sie sich behauptet, noch ihre verwickelten Mechanismen und ihre vermeintliche Unergründlichkeit machen sie zu etwas Unabänderlichem. Die Geschichte zeigt uns vielmehr, daß die Opfer unermeßlicher Unterdrükkung sich irgendwann erheben und für ihre Rechte kämpfen; die Geschichte lehrt uns, daß Macht immer wieder gebrochen und von ihrem Sockel gestürzt wurde. Jede neue Einsicht in ihr Funktionieren mag einen neuen Weg zu ihrer Abschaffung weisen. Ich bin jemand, der daran glaubt, daß die Menschen, wenn sie es nur versuchen, die politische Organisation und die gesellschaftlichen Beziehungen Schritt für Schritt zum Besseren wenden können. Und mit weniger sollten wir uns nicht zufrieden geben.

Anmerkungen Kapitel 11

1 Roger Brown, *Social Psychology*. New York (Free Press) 1965.

2 Irenäus Eibl-Eibesfeldt, *Liebe und Haß. Zur Naturgeschichte elementarer Verhaltensweisen.* München (Piper) 1970. Ders., *Die Biologie menschlichen Verhaltens. Grundriß der Humanethologie.* München, Zürich (Piper) 1984.

3 Eibl-Eibesfeldt, *Liebe und Haß*, S. 14.

4* Man könnte auch zwischen *Dominanzsymbolen* und *Dominanzgesten* unterscheiden. Erstere wären Botschaften aus der nonverbalen Umwelt, wie zum Beispiel überwältigende Größe (Höhe), Amtskleidung und Amtssymbole, die, auch wenn sie keine Gesten sind, doch einen ähnlichen Effekt haben wie Dominanzgesten: Sie entschärfen Aggression und halten die Hierarchie aufrecht.

5 William Ryan, *Blaming the Victim*. New York (Random House) 1971.

6 Kathleen Grady kommt zu einem ähnlichen Schluß in: »Androgyny Reconsidered«, vorgelegt bei den Eastern Psychological Association Meetings 1975.

7 Barrie Thorne, »Is Our Field Misnamed? Towards a Rethinking of the Concept ›Sex Roles‹«, *Newsletter, American Sociological Association Section on Sex Roles*, 1976 (Sommer), 4,2, 4–5.

8 Arlie Hochschild, »A Review of Sex Role Research«, *American Journal of Sociology*, 1973, 78, 1011–29. In Joan Huber (Hrsg.), *Changing Women in a Changing Society*. Chicago (University of Chicago Press) 1973, S. 249–67.

9 Hochschild, »Review of Sex Role Research«, S. 258.

10 Eibl-Eibesfeldt, *Liebe und Haß*, S. 33.

11 Eibl-Eibesfeldt, *Liebe und Haß*, S. 158.

12* Ein extremes Beispiel für diese Regel ist folgendes Phänomen: Körperliche Gewalt unter Männern gilt als die äußerste Form, Macht zu demonstrieren; aber wenn Männer Gewalt gegen Frauen richten, wird das häufig als ein Liebesbeweis interpretiert.

13* Ähnliche Debatten fanden auch in anderen sozialen Bewegungen statt; beispielsweise bei den Diskussionen darüber, worauf das »falsche Bewußtsein« der Arbeiterklasse zurückzuführen sei – auf Gehirnwäsche oder äußere Bedingungen.

14 Redstocking Sister, »Brainwashing and Women«, in Radical Therapist Collective, Hrsg. (J. Agel, Produzent), *The Radical Therapist* (New York: Ballantine, 1971), S. 122. Siehe auch Ann Battle-Sister, Review of *A Tyrant's Plea*, etc. *Journal of Marriage and the Family*, 1971, 33, S. 592–97.

15 Nicole Anthony, »Open Letter to Psychiatrists«, *Radical Therapist*, 1970, 1, 3, 8; 1970 bei der Convention of the American Psychiatric Association vorgelegt.

16 Lynn O'Connor, »Male Supremacy: A Theoretical Analysis«, als Nachdruck erhältlich bei KNOW, Inc. P. O. Box 86031, Pittsburgh, Pa. 15221.

17* Die Selbstbewußtseinstrainings-Bewegung genießt den Ruf, sich der Sache der Frauen anzunehmen. Aber wir müssen wohl die Frage stellen, welcher Frauen sie sich annimmt. Wegen des großen Zeitaufwandes und der hohen Teilnahmegebühren sind es wohl kaum die ärmsten Frauen, die in Selbstbewußtsein und Selbstbehauptung geschult werden. Und selbst wenn sie es sich leisten könnten – würde es ihnen wirklich helfen? »Hochnäsiges« Auftreten bringt einem keine Jobs ein. Aber auch Frauen der Mittel- und oberen Mittelschicht, die die Kerngruppe von Teilnehmerinnen bilden, können es sich ökonomisch und politisch nicht »leisten«, sich denen gegeüber, die mächtiger als sie selbst sind, zu behaupten. Zu fürchten ist, daß sie ihr neugewonnenes Selbstbewußtsein und ihre neue Stärke bei denen ausleben, die gleich viel Macht haben oder weniger, zum Beispiel anderen Frauen, Verkäufern, Kellnern, Bediensteten usw. Und tatsächlich dient dieser Personenkreis in vielen Übungssituationen solcher Kurse als »Versuchsobjekt«; darüber hinaus wird den Frauen empfohlen, auch im wirklichen Leben ihre Selbstbehauptung in solchen »Minimal-Risiko«-Konstellationen zu proben.

18 Phyllis Chesler, *Frauen – das verrückte Geschlecht?* Hamburg (Rowohlt Taschenbuch Verlag) 1974, siehe vor allem Kapitel 1 und 10.

Nachwort

Auf ins Unbekannte
Richtungen für weitere Forschung

Der in diesem Buch vorgelegte Überblick zeigt, daß es noch viel zu lernen gibt. Manchmal wird das, was es noch zu erforschen gilt, unmittelbar aus den Lücken und Fragen in den Untersuchungen, die ich vorgestellt habe, ersichtlich. Hier einige Vorschläge zur Klärung offener Fragen, vor allem jener, die im Zusammenhang mit nonverbaler Kommunikation und Geschlecht stehen.

- Bei teilweise bekannten Phänomenen gilt es, weitere Details aufzuspüren – zum Beispiel beim Unterbrechen und Berühren: Wie sieht es in unterschiedlichen Situationen und Personenzusammenstellungen aus? Wie berühren sich Frauen untereinander?
- Im Experiment die Variablen Status und Geschlecht so anlegen, daß sie gesondert betrachtet werden können.
- Informelle Beobachtungen durchführen, besonders solche, die »das fehlende Glied« für die vorhandenen Analysen bereitstellen können. Lächeln Frauen öfter als Männer? Wenden sie häufiger den Blick ab und unter welchen Umständen? Zeigen Frauen häufiger Zeichen von Unsicherheit als Männer, wie beispielsweise die »Handflächen nach oben«, eine Geste, der eine solche Bedeutung beigelegt wird.
- Die *Dynamik* nonverbaler Macht aufspüren und aufzeichnen (siehe Word, Zanna und Cooper mit ihrem Interview-Experiment zwischen Schwarzen und Weißen, Kapitel 2).
- Nach den Verknüpfungen Ausschau halten, die zwischen weiblicher Kultur und weiblicher Körpersprache bestehen, und bei der Analyse weiblicher nonverbaler Muster diese nicht als »Abweichungen«, sondern als gleichberechtigte Formen interpretieren.
- (Internale und externale) Reaktionen prüfen, wenn Männer gegen die nonverbalen Geschlechtsnormen verstoßen und wenn Frauen dies tun.
- *Innerhalb* der Geschlechter (besonders unter Frauen, deren Macht-Interaktionen kaum untersucht wurden) nach

Machtsignalen Ausschau halten sowie auch nach denen *zwischen* den Geschlechtern.

All dies sind klare Aufgaben; und dem Leser werden sich (so hoffe ich) noch viele weitere Fragen aufdrängen, die für ihn persönlich von Interesse sind. Am wichtigsten ist es jedoch, daß wir unsere grundsätzliche Vorgehensweise bei der Erforschung nonverbalen Verhaltens neu überdenken. Alte Vorurteile und Prämissen müssen fallengelassen werden und neue – ja, sowohl neue Prämissen als auch neue Vor-Urteile (beispielsweise Gleichheit und Non-Sexismus) – müssen den Boden bilden, auf den wir uns stellen.

Vorsicht geboten!

Die Erforschung von Nonverbalem muß *vermeiden*:

- dem Opfer die Schuld zu geben. Da die Handlungen der Machtlosen sich von denen der Mächtigen unterscheiden, wird oft der Schluß gezogen, eben diese Handlungen seien die Quelle der Ungleichheit und die Machtlosen brauchten nur ihre Handlungsweise zu verändern, um zu Macht zu kommen. Es gibt sogar soziale Programme, denen diese Auffassung zugrundeliegt; sie sind mehr als nur Geldverschwendung: Sie sind ein Angriff auf die menschliche Würde.
- den Status quo zu rechtfertigen. Die tiefsten Seelenschichten zu beleuchten, Parallelen zwischen menschlichem und tierhaftem Verhalten aufzuzeigen oder historische und überkulturelle Ähnlichkeiten nachzuweisen – all dies können wichtige Hilfen sein, die Ursprünge und die Prozesse von Unterdrückung zu verstehen; es besteht jedoch keinerlei Notwendigkeit, sie in eine sozialwissenschaftliche Apologetik zu wenden.
- Männer, Frauen und Menschen unterschiedlicher rassischer Zugehörigkeit als unterschiedliche Spezies zu behandeln. In *Blaming the Victim* zeigt William Ryan, daß die Unterschiede zwischen Weißen und Schwarzen durch ökonomische Faktoren bedingt sind, nicht durch ein rassisches Erbe. Weiße und Schwarze sind gleich; und auch Frauen und Männer sind gleich. Es gibt mehr Gemeinsamkeiten zwischen den Geschlechtern als Unterschiede, und die bestehenden Unterschiede gehen viel eher auf die Umstände zurück als

auf Biologie. Wenn man Unterschiede zwischen den Geschlechtern feststellt, dann suche man nach den *Unterschieden in deren Situation.*

- Kulturelle, rassische, Geschlechts- und Macht-Vorurteile. Die abendländisch-weiß-männlich-lastige Status-quo-Norm betrachtet bestimmte Gruppen – Frauen, Schwarze, »primitive« Kulturen, arme Menschen – als »verschieden« (vom Forscher) und versucht, die Verschiedenheit des »anderen« zu beschreiben und zu begründen. Ich freue mich schon auf den Tag, an dem ein Forschungsbericht wie folgt beginnt: Diese Untersuchung wurde in allen ihren Teilen aus der Perspektive des abendländischen Mannes geplant, durchgeführt und interpretiert. Obwohl wir ebenso viele Frauen wie Männer untersuchten und ebenso viele Männer von Frauen abwichen wie Frauen sich von Männern unterschieden, haben wir uns entschlossen, die altehrwürdige Tradition der Sozialwissenschaften fortzusetzen, in der Frauen als die Abweichler betrachtet werden. Demzufolge kamen wir zu dem Ergebnis, daß Frauen emotional sind, eigenartige Reaktionen zeigen, wenn sie angestarrt werden, und nicht wissen, wie man mit Macht umgeht. Wir stellten nicht fest, daß Männer unemotional sind, daß Frauen und Männer unterschiedlich darauf reagieren, wenn sie angestarrt werden, und unterschiedlich mit Macht umgehen.

Was zu tun ist

Dinge, die bei der Erforschung von Nonverbalem unerläßlich sind:

- Darauf achten, daß sich keine unbewußten Vorurteile und falschen Gewichte in die Untersuchung einschleichen: bei der Zusammensetzung des Forscherteams, bei der Fragenkonstruktion, Auswahl der Versuchspersonen, Themen und Arrangement der Experimentsituationen; bei der Vorgehensweise und bei Interpretation, Auswertung und Publikation der Ergebnisse. Beachtet man dies, wird man zu zuverlässigeren Ergebnissen kommen und anderen als Vorbild dienen können. Man mache kenntlich, daß dies die Prämissen waren, unter denen man seine Untersuchung begann, ferner zeige man, daß man versuchte, eine vorurteilsfreie Sprache zu benutzen, und daß dies keineswegs schwierig ist oder die Eloquenz beeinträchtigen muß. Man sollte nicht aufhören, in den Fachzeitschriften zu publizieren, aber darauf achten, daß die Ergebnisse auch diejenigen erreichen, die am meisten davon betroffen sind: Wer Wissen hat, kann mitbestimmen, wer die Macht hat. Feedback und die Verknüpfung von Theorie und Praxis werden die eigene Forschung auf einen noch solideren wissenschaftlichen Boden stellen.

- Das Spektrum der Versuchspersonen erweitern. Soziale Klasse und Geschlecht als Faktoren untersuchen. Man suche die Versuchspersonen nicht nur unter Collegestudenten aus, die alle aus einem weitgehend homogenen sozialen Hintergrund kommen. In der Erforschung von Nonverbalem mußte die Überkonzentration auf diese Gruppe, die sich in einem Alter befindet, in dem die Suche nach dem Lebenspartner eine überaus große Rolle spielt, vielleicht notwendigerweise zu Ergebnissen führen, die den – zweifellos zu hinterfragenden – Eindruck erwecken, bei nonverbalem Verhalten komme dem Ausdruck von Gefühlen größere Bedeutung zu als dem Ausdruck von Dominanz und Macht. Man untersuche deshalb sowohl ältere als auch jüngere Erwachsene.
- Man prüfe, wie sich Macht/Status und Solidarität im nonverbalen Verhalten ausdrücken und betrachte diese Variablen insbesondere bei der Interaktion zwischen den Geschlechtern. Dann dokumentiere man Umfang und Volumen der Dominanzgesten.
- Man halte nach Parallelen zur Sprache Ausschau, zum Beispiel:

Geschlechts-Dialekten: Gibt es in nonverbaler Kommunikation eine »Frauensprache« und eine »Männersprache«? Oder verschiedene Körperdialekte, sozusagen als Parallelen zu den in der gesprochenen Sprache feststellbaren Phänomenen?
Spracherwerb: Linguisten und Psychologen haben darüber spekuliert, daß, da Frauen bei der Kindererziehung die zentrale Rolle spielen, sowohl Jungen als auch Mädchen zunächst eine »Frauensprache« lernen und Jungen sich später die »Männersprache« aneignen müssen. Stimmt das? Und geschieht dasselbe in bezug auf nonverbale Kommunikation? Sind Männer demnach in ihrem Körperausdruck zweisprachig?
Zweisprachigkeit: In zweisprachigen Regionen ist im allgemeinen eine Sprache – aufgrund der politischen Dominanz ihrer

Sprecher – die dominante. Die Angehörigen der anderen Sprachgemeinschaft sind gezwungen, zweisprachig zu werden, wenn sie ihre eigene Sprache beibehalten und auch die der dominanten Gruppe beherrschen wollen. Wenn Männer im Laufe des Sozialisationsprozesses zweisprachig werden, dann wäre dies eine Umkehrung der gewöhnlichen Korrelation von Zweisprachigkeit und Macht. Bei nonverbaler Kommunikation – sind es hier die Männer oder die Frauen, die zweisprachig werden müssen? Wenn es die Männer sind – behalten sie ihre Zweisprachigkeit bei? Wenn es die Frauen sind – eignen sie sich die Männersprache an, weil das eine Frage des Überlebens ist?
Geschlechtsunterschiede und Sexismus: Wie wir in Kapitel 10 sahen, gebrauchen Männer und Frauen Sprache nicht nur anders, sondern die Sprache selbst setzt Status und menschliche Würde von Frauen herab. Geschieht dies auch in der Körpersprache? In welchen nonverbalen Formen kann sich Sexismus zeigen? (Siehe die Erörterungen in Kapitel 7 und 8 zum Männerritual des Händedrucks und der Tabuisierung obszöner Gesten für Frauen.)

- Man vermeide die simplizistische Auffassung von Persönlichkeitsfaktoren. Beim nonverbalen Verhalten beachte man die Umweltdeterminanten gleichermaßen wie die Persönlichkeitsdeterminanten; siehe die Stanford Gefängnis-Studie.[1]*
- Sehr wichtig ist: die vorliegenden Untersuchungen kritisch zu würdigen. Verlieren sie sich in einem abgehobenen Strukturen-Variablen-Konzeptions-Gewirr? Welche Bedeutung hat es, wenn man im Bereich des Verhaltens von »Rassenunterschieden« und »Geschlechtsunterschieden« spricht? Ein Wissenschaftler, der – ohne auf deren Kontext einzugehen – solche Unterschiede feststellt, könnte genausogut eine Gruppe von Ratten mit kurzen Barthaaren in einem Käfig halten, in dem die Reaktion auf rotes Licht mit Futter belohnt wird, und eine andere Gruppe Ratten mit langen Barthaaren in einem anderen Käfig, in dem die Reaktion auf grünes Licht mit einem Mahl belohnt wird, und dann der Welt seine epochemachenden Forschungsergebnisse unter folgendem Titel ankündigen: »Über den Einfluß der Barthaarlänge auf die Reaktionen von Ratten«.

Anmerkung Nachwort

1* In dieser Untersuchung verlegten Zimbardo und Mitarbeiter normale, gesunde, männliche Collegestudenten in ein simuliertes Gefängnis; ein Teil der Studenten spielte die Aufseher, der andere die Gefangenen. Die Studenten bildeten so schnell und zu einem solch pathologischen Grade Aufseher- und Gefangenen-»Persönlichkeiten« heraus, daß das Experiment abgebrochen werden mußte. Als das Experiment begann, hatte jedoch keiner der Studenten solche »Persönlichkeitszüge« gezeigt – durch psychologische Tests und die willkürliche Zuschreibung der einen oder anderen Rolle hatte man sich dessen vergewissert. (Siehe »The Pathology of Imprisonment«, in Zick Rubin, *Doing Unto Others*, Englewood Cliffs, N. J. (Prentice-Hall) 1975.

fi 780/1